新时代北外文库

中华文化对外传播研究

Research on the Overseas
Communication of Chinese Culture

何明星　著

人民出版社

作者简介
ABOUT THE AUTHOR

何明星 博士，曾在新闻出版系统工作 20 多年，历任国家民委所属民族音像出版社副总编辑、中国人民大学出版社事业部主任、高等教育出版社分社长等职，现为北京外国语大学国际新闻与传播学院教授、博士生导师、国际出版传媒研究中心主任、中国文化走出去效果评估中心执行主任。

曾参与中宣部、原文化部、原国家新闻出版广电总局等多个重大对外文化项目的调研，是国家多个对外文化资助工程、计划和项目的评审专家。其中参与起草的"中国当代文学对外翻译与推介工程"在 2013 年顺利实施，成为继中国图书对外推广计划（CBI）、中华学术外译之后的又一个重大对外翻译资助工程，文化部外联局特意发函表彰。

长年致力于中国书刊史、对外出版传播史、中国文化海外传播效果评估研究。发表各类论文 200 多篇，主持国家社科基金重点项目"毛泽东著作的域外传播研究"、社科基金后期资助项目"中华人民共和国外文图书出版发行编年史"、国家新闻出版广电总局"一圈两线国家新闻出版走出去策略研究"、北京社科联"北京现代对外传播体系建设研究"等十多项国家、省部级课题。自 2012 年开始主持"中国图书海外馆藏影响力"评估研究项目，每年在北京国际图书博览会（BIBF）期间发布研究报告，获得业界、学界的积极响应和广泛关注。所开创的"馆藏数据"被媒体评价为与学术论文引文索引一样具有同等理论价值的研究方法。

专著有《著述与宗族——清人文集编刻方式的社会学考察》（中华书局 2007 年版）、《新中国书刊海外发行传播 60 年（1949—2009）》（中国书籍出版社 2010 年版）、《从文化政治到文化"生意"——中国出版的"革命"》（广西师范大学出版社 2013 年版）、《中国图书与期刊的世界影响力研究》（国家行政学院出版社 2013 年版）、《中华人民共和国外文图书出版发行编年史》（上、下，学习出版社，2013 年版）、《中国文化翻译出版与国际传播调研报告（1949—2014）》（新华出版社 2016 年版）、《中国当代文学的世界影响效果评估研究——以〈白毛女〉等十部作品为例》（新华出版社 2018 年版）等 9 部专著。

内容提要
EXECUTIVE SUMMARY

　　本书论述了中华文化对外传播的价值、影响及效果，对中外文化交流和借鉴具有重要的学术价值和社会意义。全书分为三个部分：第一部分"中华文化对外传播概述"，旨在从宏观角度概括中华文化的历史特征，梳理这种独特的思想价值观对于文化传播的影响。中华文化严谨、规范而且传承有序，其中传统文化、学术、文学及其对外翻译等方面，以及主题文化传播等都无不体现出这种独特价值观的影响。第二部分"中国图书文化对外传播概略"，分别探索了中国图书文化对外传播的效果，集中某些区域和国别，尝试历时性地观察中国传统文化及书刊等的对外传播效果。第三部分"中国文学对外传播综述"，则分别从馆藏数据、媒介评论和读者评价三个层面去梳理中国文学的世界传播效果，既有传统力作，也有一些当时的热点书刊等。尝试在传播范围、舆论导向和读者评价等多个层面形成一个系统的文化传播效果评估的理论研究框架，同时也是对历时性集中某些区域和国别的文化传播研究的补充。

《新时代北外文库》编委会

主　编：王定华　杨　丹
副主编：袁　军　贾文键　孙有中
编　委：王　炎　王文华　王文斌　王克非　王明进
　　　　王馥芳　车　琳　文秋芳　石云涛　刘　捷
　　　　米　良　李雪涛　何　伟　何明星　张　威
　　　　张　剑　张　颖　张西平　张建华　林建华
　　　　金　莉　姜　飞　秦惠民　顾　钧　韩宝成
　　　　穆宏燕　戴桂菊　戴曼纯

编委会办公室成员：
　　　　刘生全　刘博然　苏大鹏　张文超　郑大鹏

出版说明

2021年是中国共产党成立100周年,也是北京外国语大学建校80周年。作为中国共产党创办的第一所外国语高等学校,北外紧密结合国家战略发展需要,秉承"外、特、精、通"的办学理念和"兼容并蓄、博学笃行"的校训精神,培养了一大批外交、翻译、教育、经贸、新闻、法律、金融等涉外高素质人才,也涌现了一批学术名家与精品力作。王佐良、许国璋、纳忠等学术大师,为学人所熟知,奠定了北外的学术传统。他们的经典作品被收录到2011年北外70年校庆期间出版的《北外学者选集》,代表了北外自建校以来在外国语言文学研究领域的杰出成果。

进入21世纪尤其是新时代以来,北外主动响应国家号召,加大非通用语建设力度,现获批开设101种外国语言,致力复合型人才培养,优化学科布局,逐步形成了以外国语言文学学科为主体,多学科协调发展的格局。植根在外国语言文学的肥沃土地上,徜徉在开放多元的学术氛围里,一大批北外学者追随先辈脚步,着眼中外比较,潜心学术研究,在国家语言政策、经济社会发展、中华文化传播、国别区域研究等领域颇有建树。这些思想观点往往以论文散见于期刊,而汇编为文集,整理成文库,更能相得益彰,蔚为大观,既便于研读查考,又利于学术传承。"新时代北外文库"之编纂,其意正在于此,冀切磋琢磨,交锋碰撞,助力培育北外学派,形成新时代北外发展的新气象。

"新时代北外文库"共收录32本,每本选编一位北外教授的论文,均系进入21世纪以来在重要刊物上发表的高质量学术论文。既展现北外学者在外国文学、外国语言学及应用语言学、翻译学、比较文学与跨文化研究、国别与区域研究等外国语言文学研究最新进展,也涵盖北外学者在政治学、经济学、教育学、新闻传播学、法学、哲学等领域发挥外语优势,开展比较研究的创新成果。希望能为校内外、国内外的同行和师生提供学术借鉴。

北京外国语大学将以此次文库出版为新的起点,进一步贯彻落实习近平新时代中国特色社会主义思想和党中央关于教育的重要部署,秉承传统,追求卓越,精益求精,促进学校平稳较快发展,致力于培养国家急需、富有社会责任感、创新精神和实践能力,具有中国情怀、国际视野、思辨能力和跨文化能力的复合型、复语型、高层次国际化人才,加快中国特色、世界一流外国语大学的建设步伐。

谨以此书,
献给中国共产党成立 100 周年。
献给北京外国语大学建校 80 周年。

文库编委会
庚子年秋于北外

目　录

自　序 ………………………………………………………… 1

第一篇　中华文化对外传播概述

中华文化的世界贡献 ………………………………………… 3
构建中华文化对外传播体系,增强传播能力 ……………… 10
中国传统图书价值观的当代意义 …………………………… 17
中国学术对外翻译出版的现状以及对策 …………………… 25
中华文化对外翻译出版 60 年 ……………………………… 45
中国的世界出版能力现状与发展契机 ……………………… 57

第二篇　中国图书文化对外传播概略

中国古代图书文化的中国智慧 ……………………………… 73
唐诗在世界(1)——李杜文章在,光焰照世界 …………… 81
唐诗在世界(2)——白居易诗,现实关怀传世界 ………… 87
唐诗在世界(3)——王维诗,诗画意境寰宇传 …………… 93
中国主题图书文化在世界的传播与影响 …………………… 100
中国近现代图书文化的海外传播效果 ……………………… 157

第三篇　中国文学对外传播综述

中国文学对外传播的价值体系 ………………………………………… 217
中国文学的世界影响力 …………………………………………………… 221
中国红色经典在世界的传播效果 ………………………………………… 240
《暴风骤雨》英文版在海外的传播 ……………………………………… 247
中国当代文学的世界影响评估 …………………………………………… 257
莫言作品的世界影响地图 ………………………………………………… 274
　　——基于全球图书馆收藏数据的研究视角
由《解密》的海外热销看欧美对于中国当代文学的"接受屏幕" …… 287
世界读者眼中的麦家 ……………………………………………………… 302
中国当代文学的世界影响评估研究 ……………………………………… 307
　　——以《三体》为例
文化接近性下的传播典型 ………………………………………………… 320
　　——中国网络文学在越南的翻译与出版
中国文学的翻译与传播 …………………………………………………… 331

自　序

收录在本书中的文章，绝大部分都是在近年以来发表在《中国出版》《出版发行研究》《传媒》《出版广角》等业界学术杂志和《人民日报》《光明日报》等主流媒体上的文章。这些文章自认为能够经得起历史的检验，所以不揣浅陋，在学校组织一批同仁出版学术文库之际，有幸入选并得以拿出来结集出版。

回想本人近10年来的学术历程，可以说前20年一直是在新闻出版界的一线实践基础上进行耕耘。我在1990年研究生毕业时就进入了一家地方媒体，有幸赶上了20世纪90年代开始长达20年的报业经营改革，那时年轻气盛，也曾参与发行大战、广告大战，其中有收获也有教训。2000年前后进入图书出版行业，又亲历了学术出版、教育出版过程中一个又一个图书项目经营的"历险"。在一线新闻出版实践过程中的不解和困惑，都成为近10年潜心探索的研究课题。可以说没有前20年的实践积累，就不会有近10年的收获。丰厚的实践积累给了我学术研究的底气。

当然这种底气还与父母的养育息息相关。父母都是在20世纪30年代前后出生的人，父亲是家乡的一名中学教师，使我的童年就有书看，而父亲的许多学生又是我的老师。我对于图书的热爱来自于父亲。与那一代人一样，父母经历过大时代的巨变和生活的困苦。但不管多大的困难，母亲都是带领着全家直面生活。正是父母给了我坚韧执着、从不放弃的精神。不论是新闻出版一线的实践，还是步入高校后相对平静的学术研究与教学生活，都没有虚度光阴。

谨以此书献给2016年逝世的母亲和2019年逝世的父亲，没有父母的养育，我不会有今天的成果。

是为序。

何明星

2020年3月26日

第一篇　中华文化对外传播概述

中华文化的世界贡献

在西方资本主义崛起并主导世界的400多年历程中,世界充满了剥削、奴役、动荡、战争,单是70年前的第二次世界大战,就造成全球约有一亿人伤亡,整个世界的经济损失高达4万亿美元。一些西方有识之士很早就看到了资本主义主导人类社会的种种顽疾,以马克思、恩格斯对资本主义本质的彻底批判与揭露最具有代表性。博大精深的中华文化在与西方文化的激烈碰撞中,其政治制度建设的民本思想、经济发展的以义制利的准则、文化交流的多元共生的理念,逐渐被西方世界有识之士所充分认识和接纳。英国著名历史学家汤因比早在1972年就说过,比世界任何民族都成功地把几亿民众从政治文化上团结起来,中华文化显示出这种政治文化上统一的本领,具有无与伦比的成功经验。中华文化是拯救世界的唯一良方①。事实也正是如此,20世纪下半叶,中华民族取得了民族独立,并经过30多年的改革开放,13亿中华儿女励精图治,时至21世纪已经成为一个经济大国,并在政治、文化上逐步成为一个与西方世界并驾齐驱的强国。今天中华民族所取得的一切伟大成绩,皆应该归功于源远流长、博大精深的中华文化。

2017年初,国务院发布了《关于实施中华优秀传统文化传承发展工程的意见》,标志着从主流重新塑造中华文化的世界地位的时代已经正式到来。这有一个基本原则,那就是必须以中华文化的价值观与思想理念,重塑当今世界的政治、经济、文化发展目标和基本准则,同时也要在这种重塑中吐故纳新,

---

① 【日】池田大作、【英】汤因比:《展望二十一世纪——汤因比与池田大作对话录》,荀春生、米继征、陈国梁译,国际文化出版公司1985年版,第284页。

从而进一步丰富与完善中华文化体系。正是这种开放、包容、吸纳一切的力量才使中华文化源远流长、绵延千年而不中断。

第一,民为邦本、本固邦宁的理念应为世界政治制度建设的基本指针

环顾当今世界,不是拥有社会绝大部分财富的少数资本集团控制政府,使政府成为资本牟利和掘取更大财富的工具,便是狂热的宗教势力以政府组织的面目出现而排斥异己,甚至不惜杀戮征伐,导致当今世界政治局势错综复杂,局部冲突不断,人民流离失所。特别是自2008年美国金融危机以来,以美国为代表的西方一些国家,频频出现"民主乱象、人权乱象、经济困境、民生困难、安全困局"等问题,皆是由拥有绝大部分社会财富的少数资本集团主导的所谓"民主政治",在"精英政治的内核、大众政治的外表"下,走到了资本精英与普通民众无法协调的矛盾困境所致。正如中央党校韩庆祥、黄相怀教授指出的:"一方面,资本主导之下的精英政治的实质,决定了这种调整必然要以削减甚至牺牲普通民众的部分政治权利和权益为代价;另一方面,误以为自己是主要演员的、被西方民主政治惯坏了的大众,无法接受这种调整,从而严重影响了西方国家的自我调节能力,这反过来又加剧了西方的困境。"①。

早在2000年前,孟子就提出"民为贵,社稷次之,君为轻"的民本思想,民本思想成为中国千年历史上历朝历代政权建设的基本宗旨,从秦皇汉武、唐宋元明,直至现代民族启蒙运动的先行者孙中山,民为邦本的理念深入人心。今天中国共产党执政兴国的新理念新举措,均以努力提高人民的物质与精神生活为第一要务。凡是以人民为本的政体,都会赢得人民的信任,都会带来世界和平与稳定。而不以天下苍生为念仅从少数人利益出发的政体,不论势力暂时如何强大,都不会持久,甚至会成为整个世界和平与发展的最大威胁。这是中国五千年历史发展进程中所一再证明了的真理。因此民为邦本、本固邦宁

---

① 韩庆祥、黄相怀:《资本主导与西方困局》,《光明日报》2016年09月28日。

的政治思想,应该成为世界政治发展的基本指针。

第二,以义制利、义利兼顾应成为世界经济发展的基本准则

要清醒地看到,在西方资本主义主导世界经济发展的 400 多年历程中,以资本为主导的、以利润为牵引的技术创新、市场拓展和劳动力升级等所逐步构成的一个全球经济运行体系,这一标榜为"自由市场体系"在全球扩张的过程,也就是西方资本在全球范围内配置各种生产要素的过程。尽管极大地提高了经济生产效率,是人类文明历史上物质水平发展最为快速的历史阶段,但是资本对于利益攫取的贪得无厌,所犯下的各种罪恶亦是罄竹难书:不惜用战争、种族灭绝等非人的手段扩张殖民地,在攫取各种原材料的同时还将人作为奴隶进行贩卖。资本主义不仅带来了全世界范围的两次世界大战,以及无数次局域冲突,时至今日,世界四分之三的人口还忍受着贫穷、饥饿、失业和疾病的困扰。21 世纪的今天,华尔街金融资本集团仍然利用金融工具在重复资本主义殖民化时代所做的事情:不惜用一切手段,攫取利益的最大化。这也正验证了中国汉代大儒董仲舒的话:"今世弃其度制,而各从其欲,欲无所穷,而俗得自恣,其势无极。"看透了西方资本主义本质的辜鸿铭,早在 1901 年就不无忧虑地写道:"看在上帝和人类之爱的份上,千万不要将中国人民交到那些称之为金融家和资本家的现代欧洲高利贷者手中,任凭他们虐待。"他还引用一位英国军人的话语指出西方文化的"病毒"所在:"现代制度的致命错误,在于剥夺了本民族中最精华的元气和灵魂,剥夺了勇敢、不计回报、藐视痛苦和忠实等一切灵魂之物,只是将其冶炼成钢,锻铸成一把无声无意志的利剑;同时保留下民族最糟糕的东西,诸如怯懦、贪婪、耽于声色和背信弃义。"[1]

世界经济发展的最终目标是提高人类大多数的物质、精神生活水平,资本

---

[1] 辜鸿铭:《中国人的精神》,黄兴涛、宋小庆译,海南出版社 1996 年版,第 153 页。

必须在人类的控制之下而不是人类被资本所异化。中华文化有一个贯穿始终的传统，那就是强烈的抑商主义思想，并非中国古代先贤不知道资本的好处，而是很早就看到资本对于人类异化的恶果。因此早在数千年前孔子就提出"君子喻于义，小人喻于利"；及至明代社会工商业发展达到空前的历史水平，但是对于商人与执政者狼狈为奸危害社稷的现象，哲学家王夫之就进一步指出："商贾者，于小人之类为巧，而蔑人之性、贱人之生为已极者也……贾人者，暴君污吏所函进而宠之者也，暴君非贾人无以供其声色之玩，污吏非贾人无以供不急之求。"①正是资本对于人类正常人伦规范的巨大破坏性，因此在中国主流的思想价值体系中，对于商业主义思想就给予了充分抵制，除了在法律、税收等制度上给予严格限制外，还大力在道德伦理方面进行宣扬训诫，以至于"商人重利轻别离"的诗句在普通百姓间广为传颂。人的欲壑难填是本性，抑制人无止境的欲望，必须依靠人自己的道德制约，必须持之以恒的长期文"化"天下。因此士、农、工、商，没有给商人以足够高的社会地位，也没有给予它能够一股独大的舆论空间。彭信威先生的《中国货币史》引用了唐代将军尉迟敬德的一段轶事，他在没有成为将军前曾以打铁为生，并成功经营一个钱庄，即专业从事放贷生意机构"柜坊"。尉迟敬德后来成为唐代一代明君李世民的左膀右臂，史学家只以其军功载于史册，而对于其"钱柜"经营只字不提，这是中国历史最为聪明、智慧的地方。仅以"金融"这个词汇为例，中国人在100多年前遇见这个词汇时，仅给其冠以"钱学"这个名词。因为它不过是众多学问知识中的一种而已。而经营这个行业的钱商，也与陶瓷、木器等行业一样，没什么稀奇。在中国历史的漫漫长河里，视金钱如粪土、舍生取义的仁人志士不胜枚举，义利兼顾、以义制利成为中华民族千百年来久经锻造的精神原型。因此，面对西方资本主义主导世界经济发展所带来的种种危机，中华传统文化是克制这个病毒的良方秘诀，即以义制利、义利兼顾的伦理主义，它在资本主义横行的当下世界里，具有"众人皆醉而吾独醒"的巨大价值。

---

① 王夫之：《读通鉴论》（上），中华书局2013年版，第78页。

第三，文明互鉴、多元共生的思想应成为世界文化交往的基本惯例

要清醒地看到，在西方资本主义主导世界的400多年历史中，资本在全世界的资源掠夺过程中，还伴随着基督教在全世界不同国家、民族中不遗余力地大肆推广，特别是在近200年来以强化所谓"自由、民主、平等、人权"的"普世价值"为目标，党同伐异，唯我独尊，甚至不惜以战争、武力威慑相威胁，干涉他国内政。尤其是进入21世纪以来，美国以反恐为名，对阿富汗、伊拉克、利比亚强行发动战争，又打着民主的旗号鼓动乌克兰发动"颜色革命"，鼓动阿拉伯地区国家发动"阿拉伯之春"运动，这些国家或是被美国用武力强行推广美式民主，或是受其蛊惑从内部"学习"美式民主，导致这些地区的人民民不聊生，国家分崩离析，人民陷入水深火热之中。21世纪以美国为代表的西方意识形态所具有的侵略性，与西方11世纪近200年间对穆斯林世界的基督教十字军东征，具有一脉相承的历史逻辑。

反观中国数千年的历史传统，自始至终都是在维护自身的民族独立、安定团结之时并不向外扩张，主张以德服人，以教化来"协和万邦"。《礼记·中庸》曾有："致中和，天地位焉，万物育焉"，孔子二千年前就提出的"四海之内，皆兄弟也"，已经被世界各国所广泛认可，并成为全人类建立友爱与和谐最广泛、最坚实的基础。"近者悦，远者来"早就是中国历史上用以处理中华民族与周边不同国家与不同民族彼此间交往的基本原则。600多年前的中国郑和船队七次下西洋，践行的就是协和万邦、礼尚往来的国际交往准则。连明代万历年间来华的意大利传教士利玛窦都承认，明朝的军队是他所见到过的世界上数量最庞大、装备最精良的军队，但他发现这支军队完全是防御性的，中国人没有想到过要用这支军队侵略别国。中国近代启蒙思想家陈独秀说："西洋民族以战争为本位，东洋民族以安息为本位。儒者不尚力争，何况于战"[①]。

---

① 李信：《中西方文化比较概论》，航空工业出版社2003年版，第24页。

中国共产党的创始人之一李大钊亦以"一方为安息的,一方为战争的"言中西方之差异,以及至于今天中国政府所一贯奉行独立自主、和平共处五项原则的外交政策,都是中华传统优秀文化思想渊源在当今世界的充分展现。

当今世界,在信息传播技术日新月异的飞速发展下,多种理念、多种力量、多种实践、多种精神风起云涌,此起彼伏,是唯我独尊、党同伐异,还是文明互鉴、多元共生?事实证明,西方主导的唯我独尊、党同伐异的做法日益不得人心。而国际关系体系正朝着相互依存的状态演变,各国之间也寻求通过对话和谈判解决传统的热点问题。因此文明互鉴、多元共生的思想应成为世界文化交往的基本惯例与常识。倡导不同文明之间的对话而不是对抗,增进不同文明之间的理解而不是曲解,推动不同文明之间的互动而不是故步自封,只有这样才能扩大共识,化解冲突,推动全球政治、经济、文化的稳定、健康发展。

中华文化是中华民族在长期的历史发展过程中,积淀而成的思维模式、知识结构、价值观念、伦理规范,足以能够为当今世界的政治、经济、文化发展提供基本准则,指明发展目标和发展方向。但同时也要看到,这种重塑人类文明发展方向也是一种吐故纳新,中华文化也需要时时丰富与完善。比如如何在集体规范的前提下,在基本生活人伦与道德范围内,充分发挥人类个体的创造力,尊重张扬人类个性。笔者至今还记得,2013年《大西洋月刊》对于改编自网络文学的电影《小时代》所发出的振聋发聩的批判,斥责这部作品充满拜金主义、消费主义,"其思想之低俗"令人震惊;对于风靡华人圈子的《甄嬛传》更是嗤之以鼻,有西方学者甚至认为《甄嬛传》是对21世纪人类女性人格的一种侮辱和污蔑,并因此质疑中国历史文化的阴暗面。尽管这些批评有一定意识形态化,但中国传统文化中对于女性地位"三从四德"的贬抑,是在特殊的经济发展水平、政治结构下形成的意识形态,确实不适应当今世界日益张扬的个性主义发展理念。在科学技术以及物质文明高度发达的今天,人类再也无法回到"一箪食,一瓢饮,在陋巷"的时代。这些都是需要中华文化进一步丰富与完善的地方。

总之,开放、包容是中华文化绵延至今最为伟大的力量。中华优秀传统文化不仅能够为当今世界重塑政治、经济、文化的发展目标与方向,也能够在这种阐释世界中完善自己,但前提是必须基于中华文化的基本价值观与基本准则。正如楼宇烈先生指出的:"从古至今,不同类型的文化之间的交流是不断进行着的,互相融通是一种交流,互相冲突其实也是一种交流。这种交流总是以一种文化作为主体去汲取另一种文化中对自己有益的营养成分来丰富和发展自己……不同文化之间的交流,主体意识是不能没有的,否则的话就会出主而入奴,就会沦为其他文化的一个附庸。"[1]在有人类的历史长河里,任何一个民族历史性的崛起与复兴,都是凭借着属于这个民族自己的思想与灵魂才成功的,毫无疑问,中国悠久而漫长的传统文化是21世纪中国经济富强、政治昌明、文化自成一体的土壤和基础。民为邦本、本固邦宁的政治理念,以义制利、义利兼顾的经济发展原则,文明互鉴、多元共生世界文化交往惯例,是中华文化提供给当今世界最为伟大的贡献之一。

(本文原发表在《人民论坛》2017年第6期)

---

[1] 楼宇烈:《中国的品格》,当代中国出版社2007年版,第21页。

构建中华文化对外传播体系，
增强传播能力

党的十八大报告明确指出，"构建和发展现代传播体系，提高传播能力"，同时强调"要坚持社会主义先进文化前进方向，树立高度的文化自觉和文化自信，向着建设社会主义文化强国宏伟目标阔步前进"。"文化自觉"与"文化自信"这两个关键词，是新形势下中华文化海外传播体系与传播能力建设的理论基础，同时也为中国文化走出去战略实施进一步深化提出了更高的要求。根据笔者的理解，这里主要有如下三个层面的内涵。

一、传播能力建设事关和平崛起的民族大业

要清醒地看到，当今世界的政治秩序、经济秩序以及文化格局都是由西方国家一手建立起来的，中国经济的迅速崛起不仅对西方国家主导的世界经济秩序形成冲击，也对现有的世界政治秩序、文化格局产生挑战。这对于已经主导世界政治、经济、文化格局100多年的西方国家来说，无疑是一个不愿意面对的现实。从21世纪十年来西方政界、学界以及舆论对于中国政治、军事、经济、文化等全方位的高度关注来看，种种迹象表明，西方社会具有足够的政治资源和舆论准备，再加上冷战时代以美国为首的西方国家所建立的军事组织，不管中国人民是否愿意，把中国的和平发展有意"塑造"成为与挑战西方的一股力量，把局部的经济摩擦、文化不适、政治分歧逐步演化成为东西方社会的全面对立和冲突的危险正在日益增大。

在中华民族的崛起过程中,化解冲突、增强互动、促进理解,为中华民族的顺利崛起争取一个宽松、和平的发展环境,是中华文化海外传播体系与传播能力建设的历史使命。然而,与西方传媒巨头相比,中国出版传媒企业的规模、实力还普遍比较弱小。在当今世界传媒格局中,欧美媒体垄断了全世界90%的新闻信息,美联社在美国全境内的媒体用户是5700家,国外媒体用户是8500家;路透社的财经新闻和国际新闻拥有55.8万家国际订户,法新社的新闻覆盖150多个国家和地区。西方这三大通讯社的日发稿量相当于84个其他国家新闻单位组成的不结盟通讯社提供新闻量的1000倍。在世界文化市场中,截至2011年底,美国、欧盟、日本、韩国等国家所占比重依次为43%、34%、10%和5%,而中国仅为4%位列第五,与世界经济大国的地位严重不相称。而其中大部分为依托中国廉价劳动力资源而获得成本优势的"硬件产品",属于内容和创意的"软件产品"则比例不高。中国对外文化交流和传播严重"入超""文化赤字"的局面还没有得到根本的改变。可以肯定的是,中华民族的崛起已经是不可阻挡的历史大势,而西方国家能否让中国人民选择和平发展道路,不再仅仅是中国人民自己的主观意愿,而是需要去争取、去努力的一项重大国际政治目标。因此,迫切需要业界进一步解放思想,构建现代传播体系,提升中华文化在全球的传播能力。而这已经是事关中华民族和平崛起的一件头等大事。

二、传播能力建设事关中国特色、中国风格、中国气派的话语体系创新

中国具有五千年文明史,厚重的历史积淀给我们留下了丰富的精神资源,而中国经济的崛起是当今世界最为重大的政治事件,它并不仅仅是一种经济的崛起,而是一个具有深厚历史积淀的中华文明的复兴,不仅有别于西方工业文明的崛起,而且还包含着超越西方工业文明的许多智慧。将当代中国与古代中国统一起来,基于中华历史文明立脚点上展开中西对话,这正是中国特色、中国风格、中国气派哲学社会科学话语体系创新的丰厚历史资源。

中华民族经过60多年的努力探索特别是改革开放40多年的辛勤劳动,

创造了举世瞩目的经济发展奇迹,一个百年积弱的东方大国重新焕发出巨大的生机,13亿中华儿女通过自己的辛勤劳动初步解决了温饱问题,正在逐步走向一个国家富强、人民幸福的小康社会。中国经济由小到大、由弱转强的发展历程,中国社会由封闭到开放、由单一到多元的发展创新,与西方国家在崛起历程中曾经伴随着资本的贪婪掠夺和殖民的血腥扩张相比,是人类历史上最为伟大的一次和平崛起,一项前无古人的巨大实践,这是自强不息的中华民族在人类发展方向的问题上,贡献给当今世界的一份宝贵财富,理应成为当代世界文明的一个有机组成部分。这是中国特色、中国风格、中国气派哲学社会科学话语体系创新的现实基础。

  自明末清初以来,在中华文化与西方文化的互动交流的400多年历程中,有相当长的历史阶段是由传教士、水手、商人和外交官等西方人主导中华文化对外传播的局面,这种局面只有到新中国成立后才得到改变。不可否认的是,展现在西方社会面前的中国形象多是作为西方主流文化补充或者替代的角色,有些还带有严重的误读成分。因此,中华文化的海外传播一个最为重要的任务就是不仅要解释当代中国所进行的伟大实践,还要从西方社会所熟悉的古代中国、历史中国形象中做出清晰合理的逻辑勾连,以国际上听得懂的方式和语汇,向世界介绍中华文明的核心精髓,阐释中国道路和发展模式,从而增强文化亲和力、扩大中国国际影响力。这不是一件简单的事情,而是中国特色、中国风格、中国气派哲学社会科学话语体系创新的逻辑起点。

三、构建现代传播体系迫切需要管理体制改革创新

  一个国家文化的影响力首先取决于其传播能力,谁的传播能力强大,谁的思想文化和价值观念就能更广泛地流传,谁就能更有力地影响世界,因此构建现代传播体系,是中华文化海外传播能力建设的前提。

  以外宣为主的中华文化对外传播体系从1949年新中国成立伊始,至今70多年间基本没有大的改变,行业分工、专业管理成为中国对外传播体系建设发展的主要思路。以对外宣传为主对外传播格局是新中国成立之初极为严

峻的国际形势下的一种被迫选择,但在国际形势已经发生了深刻而巨大变化的21世纪,这种行业分工、专业管理的发展方式已经严重不适应国际传播业态的发展实际。突出体现在如下三点:

第一,多媒介融合是世界传媒业不断壮大发展的基本规律,是自20世纪70年代以来至今在全世界范围内进行媒体扩张的主要形式。这个时间与中国经济改革开放的时间基本吻合。美国新闻集团从澳大利亚起家,经过30年的全球业务扩张,由最初单一的报刊业务发展到今天涵盖电影、电视节目的制作和发行,无线电视、卫星电视和有线电视广播,报纸、杂志、书籍出版以及数字广播、加密和收视管理系统开发业务等跨媒介、跨国别的国际传媒巨头,已经成为与AOL时代华纳、迪斯尼、维亚康姆等世界传媒巨头处于同一竞争地位的传媒集团。反观中国各类传媒企业,因为各种原因,并没有随着中国实体经济1979年改革开放的步伐同步进行,而是被延迟到20世纪末21世纪初,才开始大规模进行体制改革,丧失了宝贵的30年时间。长期以来存在着体制僵化、管理落后的弊病,导致全国近500多家出版社、2000多家报社、9000多家杂志社、4000多家电视台、广播电台之中,不仅没有诞生一家世界级的传媒企业,而且全行业丧失了宝贵的产业升级契机,时至今日依然处于产业转型的阵痛之中。

第二,文化产业链协调互动、全行业参与国际文化竞争的模式已经成为通用模式,而且国际经贸往来、政治外交以及跨国企业在全世界的投资经营活动都已成为国际文化竞争战略的重要一环。以美国为例,美国在2002年发布的《国家安全战略》报告中就明确提出,要在全世界推行、保卫美国式的价值观念和生活方式,是美国安全战略的灵魂与核心。美国文化软实力的战略体系包括:一是以价值观为核心,宣扬并输出美国的民主、自由、人权观;二是构建以美国为中心的国际机构体系,主导国际机制和规范的制定和修改,形成国际制度霸权;三是综合运用文化、经济、公共外交等多种形式对世界其他国家和地区进行渗透和推广;四是特别强调要以企业为中心向全世界推广美国的文化价值观[1]。美国这种大文化的世界战略有效地维护了其在全世界的文化霸

---

[1] 江凌:《中国文化软实力建设的十个问题——基于中美文化软实力比较的视角》,《福建论坛》(人文社会科学版)2012年第6期。

主地位,以至于2008年爆发的金融危机也没有对其文化地位产生丝毫的负面影响。

反观中国的对外传播体系建设却存在着严重不足,首先是国际文化传播与国际经贸缺乏跨界协调。"十一五"期间中国有1.3万家投资者在海外设立的境外企业已经达到1.6万家,中国境外总资产已达1.5万亿美元。而在"十二五"开局的2011年,除在外各类劳务较上年同期减少1.7万人之外,对外直接投资、对外工程承包、外派劳务等数量均又有大幅增加①。随着中国各类企业在境外投资活动的金额、规模、数量日渐增大,中国经济发展已经深度国际化,并与西方资本在技术、资源、人才等方面展开了全方位的竞争。西方跨国企业为了应对中国经济的竞争,迅速整合媒介、舆论、外交等文化、政治资源,对于中国企业在海外的投资经营活动蓄意"妖魔化",有的甚至颠倒黑白、无中生有,"中国威胁论""中国新殖民主义"等舆论甚嚣尘上,导致一些能源建设工程受阻、并购失败、项目运营亏损。据不完全统计,除2012年两会期间商务部部长陈德明公布的利比亚项目损失超过200亿人民币之外,自2004年至2011年年底,还有14家央企在海外投资产生巨额亏损,14个项目累计亏损达到950.5亿元人民币。其中主要原因之一,是西方资本利用媒体负面报道中国企业在当地的经济活动。在大部分的西方舆论攻击中,很少见到中国传媒企业与中国海外投资企业协调一致,针锋相对地给予澄清和有效反击,这既与中国缺少世界性传媒企业相关,更是中华文化传播体系存在着严重不足所致。

其次,不同媒介载体之间缺少有效配合问题。众所周知,自中国文化走出去战略实施以来,中华文化海外传播取得了明显成效,国际竞争力和影响力显著增强。截至2011年底,由国内出版社、报社、杂志社、印刷厂等企业在境外投资或设立分支机构的达到459项,经过体制改革之后的中国新闻出版企业焕发了巨大活力②。在广播电影电视领域,各级各类广播电视媒体立足各自实际,瞄准世界先进水平,从基础设施建设到人员配备、从节目海外落地到本

---

① 中华人民共和国商务部网站 http://www.mofcom.gov.cn/tongjiziliao/tongjiziliao.html。
② 柳斌杰:《大力提升我国新闻出版业的国际竞争能力》,中国出版网 http://www.chinaxwcb.com/2011-12/23/content_235054.htm。

土化采编制播网络构建,从传统媒体到新媒体,从中央媒体到地方媒体,全球覆盖态势初步形成。在对外文化交流领域,我国同大多数国家和地区及联合国教科文组织等国际组织建立了多种形式的文化交流机制,与145个国家签订政府间文化合作协定,签署了近800个年度文化交流执行计划,与近千个国际文化组织和机构开展文化交往。在对外汉语教育领域,目前已在100多个国家和地区设立了350多所孔子学院,孔子课堂达500多个[①]。但不可否认的是,上述成绩的取得多是立足在本行业本系统内部进行的,跨越不同部门、行业限制在全球范围实施的书、刊、报、网、电视、电影、广播、电信等多媒体参与、全业态进军国际市场的成功案例还不多,同时受制于行业管理、专业分工的管理体制,即便在同一个国家和地区还经常存在着相互配合问题,一些传播项目不仅缺少针对性,甚至互相重复造成巨大浪费,严重阻碍了对外文化传播的效果的实现。

再次,中华文化海外传播的实践发展已经远远超越了以外宣为主的管理模式,亟须体制创新、机制创新。随着经济全球化的深入发展,21世纪的中华文化海外传播,已经从图书、期刊、报纸、电视、电影、广播、互联网等大众媒介传播,转变成为组织传播和部分地区、部分国家的人际传播。这主要是指上万家中国海外投资企业、几十万中国留学生和在全世界各地从事劳务、工程承包的近百万中国产业工人以及成千上万个中国制造产品,它们在不同层面上承载着中华文化的信息而成为对外传播的载体。从理论上讲,这些都是中华文化对外传播体系的一个有机组织部分。然而无论是业界还是政府主管部门,都还停留在以外宣模式为主体、依靠大众媒介实现的中国对外文化传播体系层面上,一些具有广泛传播效果的资源、传播手段、传播渠道还没有充分调动和组织起来,迫切需要管理机制创新、体制创新。如何拓展新形势下的中华文化海外传播框架,把已经在海外投资、工程承包以及劳务承包的上万家企业主体以及中国制造的各种产品,同时赋予其文化传播主体功能,这是需要政府主管部门、学术研究机构、对外传播机构合力探索才能完成的重大理论与现实课题。

[①] 孔子学院总部网站 http://www.hanban.org/report/index.html。

总之，整合现有传媒资源，着力打造一批语种多、受众广、信息量大、影响力强、覆盖全球的国际一流媒体，形成一批涵盖书、报、刊、电影、电视、互联网等多媒介融合产业机构，构建成包含大众媒介传播、组织传播、人际传播的现代传播体系，才能真正提高中华文化全球传播能力，从而在创新具有中国特色、中国风格、中国气派的哲学、社会科学话语体系中，为中华民族的和平崛起做出贡献。

（本文原发表在《中国出版》2013年第3期）

中国传统图书价值观的当代意义

在网络、电视等全天候的声讯媒介包围中,在报纸、杂志等铺天盖地的大众传媒面前,图书出版应该如何找回自己的边界？回顾中国近三千年图书文化史,"书于竹帛,传遗后世子孙"的图书价值观念,恐怕是今天图书出版界最值得继承的最珍贵的思想遗产,它让人们清醒地认识到,图书内容的边界是能够"传遗后世子孙"的内容,而图书生产的最高标准是"留取丹心照汗青"的永垂不朽,图书与人生连在一起。对这种上升到人生高度的图书价值观念的探析,具有重大的现实意义。

一、图书的政治符号功能强化了图书的历史价值

"传遗后世子孙"的图书内容观念,形成于纸张发明之前漫长的历史时期。它有两个来源,一是文字、图书的政治符号功能,权利的实施者为了保证当世权势的永久实现,用各种外在的形式强化文字图书的这种政治符号功能,从而使图书记载的内容一定是围绕皇权行使的重大政治事件。著名学者钱存训认为,"在纸尚未发明并用于书写以前,中国人即以采用种类极多的材料供写作文书档案、历史纪录、私人信函以及与鬼神和后代子孙交流之用。……一般说来,在陶土上刻写,中国可以上溯到新石器时代,为期至早;骨、甲、象牙、青铜及竹之用于铭刻和书写则可以上溯至商代;以石、玉、丝帛及某种金属作为书写材料源于周代初期;书写于木简则始于汉代。某些坚硬耐久、不易磨蚀的材料,主要用于永久性的记录与纪念庆典的铭文,易于湮失蚀灭的材料如

竹、木、丝帛之类则广泛用来抄写书籍、文件及其他日用文字。前一类材料用于延续多年的纵向信息传递,后一类型的材料则主要供同时代人之间进行横向信息交流。"①从公元前1300年左右开始,殷商时期的甲骨文到东汉元兴元年,再到公元105年蔡伦将制纸法奏闻和帝后纸张出现的历史时期。可以说,这是中国图书的皇权时代,图书使用范围基本限于皇权、贵族、士大夫等统治阶层,内容主要是总结治理国家的经验教训、传达士大夫思想感情、记录最重要历史时刻等,使用的目的是"文书档案、历史纪录、私人信函以及与鬼神和后代子孙交流之用"。

图书在皇权时代是为皇帝、贵族、士大夫等社会特殊阶层的一种政治服务,在政治生活中的地位是一种治世驭民的工具,带有强烈的政治符号功能。皇权时代的图书是与普通人的精神生活无缘的,用清人的观点来说,"秘府之书,既不刊布,而简册繁重,笔墨拙滞,又不便于移写,传副本于民间,故民间知有书者,仅赖外史达之,至其全书,则非身入清秘不能窥见。"②对图书政治符号功能的外在强化,表现在每一朝代开始时都伴随大量的图书搜集工作,对历史及前朝的优秀典籍分别给予重新整理、编辑,然后作为统治工具,分别采取不同的手段,或者广泛传播或者密藏深宫。记载前朝社会活动的历史典籍的图书文字成为一种象征,拥有这些图书,就等于拥有了天下和历史,图书的政治符号作用被大大加强。

比如,纸张出现之前即存在刻有分封田地文字的碑铭、铸有王朝姓氏文字青铜器皿、在石头上雕刻的经文,纸张之后有玉石、玛瑙、檀木等不同材质的卷轴图书,有倾国家之财力修订的《永乐大典》《古今图书集成》等超过千万文字的历史巨著,等等,都是一种希望当世权利永续不断的政治表达。中国的历代政府都设有专门收集、管理、典藏和编撰出版图书的专业机构。在商代藏于宗庙,周代承殷商之制,也设天府等宗庙性质的机构专门收藏、保管盟约、大事记等典籍;先秦时期是一些史官代管,并由史官整理编撰,直到汉代,进一步发展为系统的专门机构并出现了专门的官职。从东汉开始,编撰、出版和收藏、保

---

① 钱存训:《中国纸和印刷文化史》,广西师范大学出版社2004年版,第26页。
② 《中国出版史料(古代部分)》第二卷,山东教育出版社、湖北教育出版社2004年版,第392页。

管图书成为中国图书历史上一个蔚为大观的政治系统工程；在隋代，图书是根据内容分级保存的，如将典籍分为上中下三品分藏各处，上品红玻璃轴，中品绀玻璃轴，下品漆轴。"窗户、床褥、橱幔，咸极珍丽。每三间开方户，垂锦幔，上有二飞仙，户外地中施机发，帝幸书室，有宫人执香炉前行践机，则飞仙下，收幔而上，户扉及橱扉皆自启，帝出，则复闭如故"①。这种通过皇权赋予图书文字的符号象征功能，形成了贯穿中国近三千年图书历史的政治传统，在漫长的历史进程中，图书的历史价值被大大强化，时至今日仍然活在人们的政治生活中。

二、史书传统赋予了图书的历史载体功能

中国图书历史价值观念的第二来源是图书的历史传播功能，这与最初的文字主要是巫师、占卜师等用于与神鬼交流的神秘性符号发源有关，后逐步演变到用来与子孙后人"纵向传递"的史书文字。在殷商时期就有独立的史官设置，专门记载王权的政治、生活等一切活动。由于文字是与神鬼交流的中介，具有一定的神秘性，因此史官与王权之间具有一定的距离。"在中国，有文字记载的礼书、历史和史书可以上溯到史前时期。早在最古老的传说中，古文字就被说成为神奇的东西，识文断字的人被视为神奇的卡里斯马的化身。而且，我们将看到，今天依然如故。但是，这些人之所以有威望，并非由于魔力的卡里斯马，而是由于文字和文学知识本身"②。

在中国图书典籍的历史传承总量中，史书超过了60%的比例，每一个王朝都注重修史，每一个朝代都要自己的历史。从《春秋》《左传》发端，中国历史典籍中既有史家独立编撰的著述，如著名的司马迁写就的《史记》和班超、班固的《汉书》，也有粉饰与事实交杂的官修史书"二十四史"，一直到《清史》，同样也有分门别类的专业史书和民间流传的野史、杂史。这种历史载体

---

① 李致忠：《中国典籍史》，上海人民出版社2004年版，第303页。
② 马克斯·韦伯：《儒教与道教》，商务印书馆1993年版，第160—161页。

意识是中国人赋予文字、图书的独特功能,希冀文字将现世瞬间变为永恒的观念,深深扎根于中国文化历史的源头。图书的历史载体意识成为中国知识阶层一种普遍的价值追求,并因此成为中国图书编撰、生产和价值衡量的最高行业性标准——图书具有独特性、差异性内容,才具备历史传承价值。《墨子》中《尚贤下》中有这样的文字:"古者圣王,既审尚贤,欲以为政,故书于竹帛,琢之盘盂,传以遗后世子孙,于先王之书《吕刑》之书然……",《明鬼下》中说得更清楚:"又恐后世子孙不能知也,故书于竹帛,传遗后世子孙。咸恐腐蠹绝灭,后世子孙不得而记,故琢之磐盂,镂之金石以重之。又恐后世子孙不能敬莙以取羊,故先王之书,圣人一尺一帛,一篇之书,语数鬼神之有也。"①自春秋战国时代开始,墨子描述的这一浓厚的历史意识,是中国图书生产者和消费者共同的心理情节,它既是图书的刻写、生产动力,也是图书阅读消费的动机,并经过几千年的升华,成为中国图书编辑出版行业的职业准则。《典论·论文》中的"年寿有时而尽,荣乐止乎其身;二者必至之常期,未若文章之无穷""富贵愿足,则慕神仙;黄白之术既绌,文章之尚斯专;度人生之不析,久视弗若名传"的话语,在思想精神层面上,它是中国知识阶层特有的一种人生道德追求。

三、"著述行世,可以不朽"历史理念成为传统知识阶层普遍的人生追求

在漫长的图书文化历史发展中,"富贵利达,朝荣夕萎;而著述行世,可以不朽"逐步成为中国知识阶层的人生理念,这种观念由于中国知识阶层同时又是官僚阶层的双重身份带来了巨大的示范效应,逐步放大形成全社会的普遍认可的道德规范。图书,成为一种重要的社会区隔标志和文化权利象征,并因此推动着中国图书生产—消费—再生产—再消费的良性循环。中国的图书历史显示了这样一个图书生产的规律:即图书是一种个体的精神产品,它永远

---

① 李零:《简帛古书和学术源流》,生活·读书·新知三联书店2007年版,第41页。

是以个体为生产单元,个性化的创作是图书生产的动力和源泉。众多的创作个体才能形成丰富多样的图书创作群体,这种精神产品生产又反过来促进图书消费,形成越滚越大的雪球。越滚越大的雪球核心,永远是——以内容的差异性、独创性为主要追求目标,以进入主流社会视野、拥有文化权力的标志才能够广泛流传于世为前提。这一目标即是中国传统知识阶层孜孜追求的最高目标。

我们看到古人为一本图书的写作,经常是以十年、二十年、三十年甚至一生的时间写就一段传世文字、一篇文章、一本著作,蕴藏其中的是"文章经国之大业,人生不朽之盛事"的人生理念。司马迁在《报任安书》中写道:"盖文王拘而演《周易》;仲尼厄而作《春秋》;屈原放逐乃赋《离骚》;左丘失明,厥有《国语》;孙子膑脚,《兵法》修列;不违迁蜀,世传《吕览》;韩非囚秦,《说难》《孤愤》;《诗》三百篇,大体圣贤发愤之所为作也。"这段文字既可以是中国古代图书生产供给的最好说明,也可以看作是中国知识阶层在困厄中而著述的唯一精神寄托。中国历史上有许多史学、文学著作产生于逆境之中,正是图书这种精神产品的生产特性,"文章憎命达",成为中国知识阶层对精神产品生产规律的自觉认识,并内化为自己的人生实践之中。狱中著书、残而著书、落第著书、老而著书的事例在中国历史记载中层出不穷,著述成为中国知识阶层人生追求的最高目标,是将自己有限生命无限延续的唯一精神寄托。

除人所共知的司马迁外,后世还有大量的模仿者,如明代太监作家刘若愚,在狱中写就《酌中志》,留下了大量的宫殿规制、内俯职掌、内臣服佩、饮食风尚、内版书数等历史资料,今传的《明宫志》五卷直接选自《酌中志》一书。明代周亮工的《书影》也是因事系狱,追忆平生见闻而完成的。残而著书的有西晋文学家、史学家、医学家皇甫谧(215—282年),少家贫,带经而农,人称"书淫"。他博通百家之言,淡泊名利,屡召不致,刻意著述,史书称"轩冕未足为荣,贫贱不以为耻"。42岁患风痹之症,半身不遂,卧床不起,仍然手不释卷,以顽强的毅力战胜病魔,编撰了中国历史上第一部针灸学专著《针灸甲乙传》,此外,还有《帝王世纪》《年历》《高士传》《玄宴春秋》等著述留于后世。宋人黄亢,字清臣,身材矮小,史称"侏儒",但嗜学强记,文词齐伟,著有《东溪集》。宋人曾巩(1019—1083年),著有《元丰类稿》,是在屡次落第之后写就的,直到嘉祐二年(1057年)欧阳修主持科举考试,才金榜题名,史称"唐宋八大家"之一。明代散文家归有光(1507—1751年),八次科举不第,坚持撰写40卷的《震川文集》,终成反对贵古贱今的复古主义诗文及推崇唐宋朴素派诗文大家。清代文学家蒲松龄(1640—1715年),每隔三年就要参加一次科举考试,次次败北,他在《寄紫庭》中写道:"三年复三年,所望尽虚悬",考场失意使他用毕生精力完成了《聊斋志异》这部传世之作。

四、图书与人生——图书价值观形成了中国独特的传统图书文化

立言不朽的图书历史价值观,直接影响了著述、刊刻与收藏,形成了中国独特的传统图书文化。在图书著述理念上,图书被看作自己有限生命的历史延续而倍加珍惜,而财富官职所带来的显贵与荣华在图书面前均一钱不值。相反,对图书创作却能够自陷于困厄之境,安贫乐道,精益求精,这种独特的著述思想成为中国图书历史所独有的价值观念和职业操守,是值得当代学人提倡和继承的光辉思想。

比如北宋名医唐慎微"治病百不失一",但他"为士人治病,不收一钱,但以名方秘录为请。以此士人多喜之。每于经史子集中得一药名,一方论,必录以告。"积久集成《经史证类备急本草》一书,全书采北宋以前经史典籍与医书,收药1746种,其中很多由士人提供。李时珍盛赞该书"使诸家本草及各药单方,垂之千古不致沦没者,皆其功也。"明太医院御医龚廷贤,万历21年,鲁敬王之妃张氏,患臌症重病,经龚调试,半年终获安全。鲁王大喜,赐匾额一方,题曰"医林状元",并酬以千金。但龚不受,唯愿将多年所集医方加以刊刻,以利后世,鲁王佳其志意,出资赞助。于是龚氏将自己医方和鲁府所藏秘方编在一起,刊刻出版,名之为《鲁府禁方》,流传至今。龚廷贤不以千金为贵,而以医书为重,其目的为功在万世。清代名医何梦瑶也曾为官,但他认为"富贵利达,朝荣夕萎;而著述行世,可以不朽。"故辞官归乡,悬壶自给,甘贫乐道,室中除琴书药囊之外,绝无余物,终日以著书为乐,著有《医碥》等多部

医著。明代名医吴鞠通,为使后世医家治疗温病有所遵循,"有志采辑历代名贤著述,去其驳杂,取其精微,间以己意,以及考验,合成一书,名曰《温病多辩》,然未敢轻易落笔。"时过六年,在友人敦促下,始将书稿整理编定,然而吴鞠通犹"未敢自信,恐以救人之心,获欺人之罪……罪何自赎?"又将书稿收藏15年之久。直至嘉庆十七年(1812年),时疫流行,友人再次鼓励吴氏早日刊行于世,使天下之民,咸登仁寿者,此天下后世之幸,亦吴子之幸也。吴氏方将《温病多辩》刊行于世。清代朱彬评此书为"其为方也约以精,其为论也宏以肆,俾二千年之尘雾,豁然一开",今已成为温病之经典著作。(《中国医药报》2004年12月6日)。

在图书的刊刻、收藏方面,这种历史传承观导致了中国私人刻书成为历史最稳定、质量最精良、学术价值最高的"家刻"传统,图书家藏成为版本最全、最精甚至国家收藏都无法媲美的私人藏书系统。家藏、家刻虽然在规模上可能次于官刻,但千年绵延不绝并分散于千万个独立的学术与文化家族、科举家族之中的"家刻""家藏",以血缘、宗族为传承纽带,成为中国图书几次浩劫之后文化复兴的母体和再生土壤。这些文化行为的背后,直接源于图书历史传承价值的清晰追求,在中国图书历史上,留下了一个个个性鲜明的人生轨迹。清代有著名的藏书家、刻书家叶德辉(1864—1927年),他的《书林清话》《书林余话》,记载了宋、元、明等历代关于书籍印刷、出版、收藏、鉴赏等种种史迹,可说是中国古代出版研究的必读著作。他在"总论刻书之益"一章中列举了宋、明几位著名刻书家的事例,阐明"积金不如积书,积书不如积阴德""积书与积阴德皆兼之,而又与积金无异,刻书也""其书终古不废,则刻书之人终古不泯灭"的刻书动机。叶德辉本人,也同样是这种思想观念的实践者。他是湖南长沙人,清光绪十八年(1892年)进士,一生致力于古书收藏、校勘和刊刻出版,"不以避兵为苦,而以还乡为乐""五十余年,未尝稍解",终于取得了"所以绍往哲之书,开后学之派别"的成就及筚路蓝缕之功,使在此后的中国目录版本学、印刷历史研究有了长足的发展。

《左传》云:"太上有立德,其次有立功,其次有立言,虽久不废,此之谓不朽。"可见古人把立言著书视为不朽之功业并作为人生理想来追求。中国历史上这种珍贵的图书价值观念,是中国悠久的文化历史传统留给今人的宝贵思想遗产,是中国几千年读书、写书、刻书历史中所形成的,这种带有宗教心理特征的图书价值观,是当今中国图书出版业所最缺乏的。

今天的图书出版,不再具有远古社会生活中的唯一信息传播媒介的显赫地位,在面临电视、报纸、杂志和网络等多样化竞争的媒体世界中,图书再也不会提高到人生的高度,而成为唯一精神寄托。然而,什么是精神产品的生存价值?几千年的图书历史证明,思想的原创性增加历史厚重感,历史厚重才能使图书具有传世之功用。精神产品的价值就在于,以金钱是无法来衡量人类思想历史的原创性。我们的祖先将图书这种精神属性与人生不朽完美地结合在一起,并跨越了财富金钱、政治利达的现实欲求,形成了中国独特图书的历史价值观念。而反观当今世界出版业,学术、科技、教育、出版恰恰都深陷在金钱泥沼之中。在一切以金钱为衡量标尺的消费时代里,获得经济商业利益是出版物的唯一标尺吗?我们的祖先早在几千年前就成功地超越了这个界限,给出了十分明确的答案,它是贡献给全世界的最宝贵的图书出版理念。在商业化浪潮席卷全世界的大背景下,中国传统出版文化的历史价值观念,或许是能够让我们驻足思索一下前进方向的一阵阵雷声。

(本文首发在《中国图书商报》(现更名为"中国图书出版传媒商报")2007年3月20日;《新华文摘》2007年第11期"论点摘编"选载)

中国学术对外翻译出版的现状以及对策

21世纪以来,围绕增强中国软实力、扩大对外文化交流及提升中华文化的话语权建设方面,国家做出了一系列相关部署。2005年推出"中国图书对外推广计划"(简称 CBI),2009年推出"中国文化著作翻译工程"并由中华人民共和国国务院新闻办公室与原国家新闻出版总署主持实施,对于反映中国当代社会政治、经济、文化等各个方面发展变化,反映国家自然科学、社会科学重大研究成果,介绍中国传统文化、文学、艺术等具有文化积累价值的图书给予翻译资助。同年,原国家新闻出版总署主持实施了经典中国国际出版工程,重点资助"中国学术名著系列"和"名家名译系列"等图书,评审委员会办公室设在新闻出版总署对外交流与合作司。2010年推出了"中华学术外译"计划,由全国哲学社会科学办公室主持实施。侧重对于中国特色社会主义理论体系研究成果,反映中国道路、中国经验的学术著作,以及体现中国社会科学前沿的最新研究成果给予翻译资助。与之同时启动的还有"经典中国"的对外翻译资助计划。

中国图书对外推广计划自2005年开始至2014年已经实施了10年时间,经典中国国际出版工程自2009年开始已经进行了4年时间,中华学术外译项目自2010年开始实施也已经满3年。那么,这些学术翻译资助图书的传播范围到底有多大?对于增强中华学术话语权建设起到了哪些推动作用?其中资助内容、学术专家、外译语种以及出版机构遴选等方面还需要哪些改进?北京外国语大学"中国文化走出去"效果评估中心基于海外大型数据库,与海外学者共同进行了专题研究,从世界中国主题研究的论文、图书的出版情况、中国学术图书翻译出版情况,存在问题以及解决对策等三个方面提出了自己的思考与建议。

一、世界中国主题研究论文的基本情况

21世纪以来,随着中国综合国力日益增强,世界关于中国研究的图书、论文日益增多。其中收录这些主要研究成果的学术性文献,一是日本的东洋文库,主要以中文、日文和朝鲜文为主,但东洋文库一直没有开发电子版。另一个是美国亚洲研究协会的亚洲研究文献目录数据库(简称BAS),收录了中、日、韩、俄以外的西文语种的论文和学术图书目录,自1971年至2013年底已接近90万条记录(不包含1991年之后的出版的学术图书目录)。由于BAS收录了欧美学术界的主要中国学研究机构的论文成果,早在1998年就完成了电子化,以数据库方式服务于全世界的学术界,因此影响力远远超越了东洋文库。通过BAS数据库可以发现欧美关于中国研究论文的基本内容、关注热点、作者队伍等基本情况。

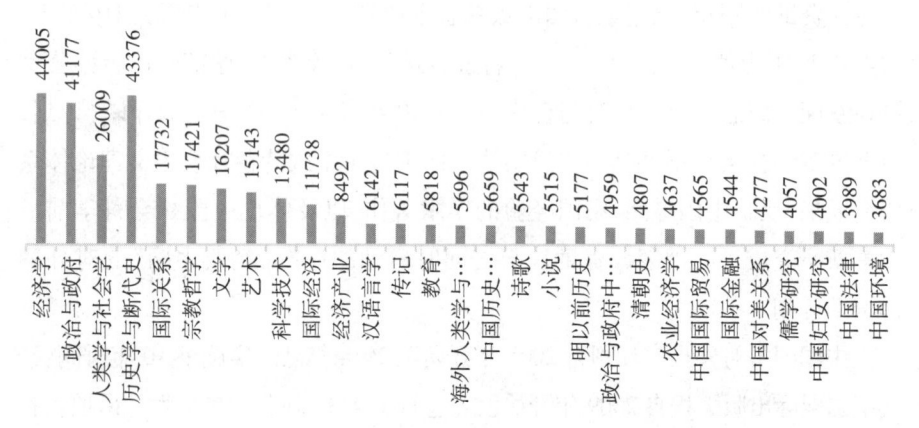

学科	数量
经济学	44005
政治与政府	41177
人类学与社会学	26009
历史学与断代史	43376
国际关系	17732
宗教哲学	17421
文学	16207
艺术	15143
科学技术	13480
国际经济	11738
经济产业	8492
汉语言学	6142
传记	6117
教育	5818
海外人类学与…	5696
中国历史…	5659
诗歌	5543
小说	5515
明以前历史	5177
政治与政府中…	4959
清朝历史	4807
农业经济学	4637
中国国际贸易	4565
国际金融	4544
中国对美关系	4277
儒学研究	4057
中国妇女研究	4002
中国法律	3989
中国环境	3683

图1 欧美关于中国研究的论文学科分类统计

图中的学科为美国国会分类法,统计时间为1971—2013,依据BAS数据库统计。

由于BAS还收录有亚洲其他国家的主题研究文献,上图1是依据BAS数据库,对于1971年至2013年除中文、日文、汉文、俄文之外的语种,发布的学术论文、图书的内容记录分类。从中可以发现,超过4万条记录的分别是经济学主题44005条、历史与断代史主题43376条、政治与政府主题41177条,超

过 2 万条的是人类学与社会学主题 26009 条,超过 1 万条以上的分别是国际关系主题 17732 条、宗教哲学主题 17421 条、文学主题 16207 条、艺术主题 15143 条、科学技术主题 13480 条、国际经济主题 11738 条。由于 BAS 采用的是美国国会分类法,一些内容分类相对较细,而且之间很难严格界定。将上述内容按照中国图书分类法归类之后,具体如图 2。

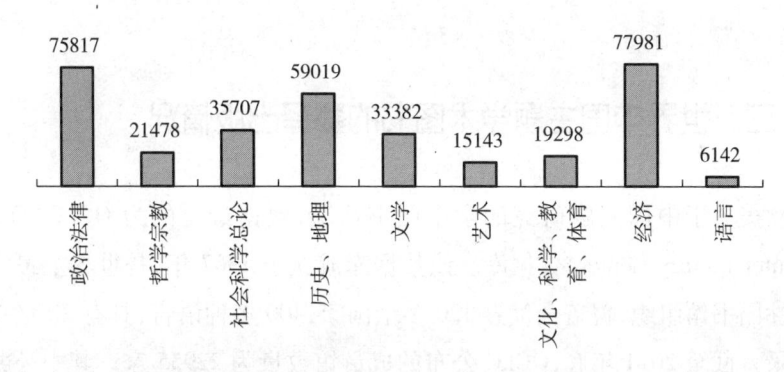

图 2 欧美关于中国研究的学术论文内容分类

政治法律 75817、哲学宗教 21478、社会科学总论 35707、历史、地理 59019、文学 33382、艺术 15143、文化、科学、教育、体育 19298、经济 77981、语言 6142

根据 BAS 文献目录数据库整理。

从图 2 可以看出,欧美学术界对于中国经济领域的关注与研究,对于中国政治、法律制度发展的关切,已经超越了欧美学术界传统上对于中国历史文化和典籍的研究。可以说,世界关于中国学术研究的热点主要集中在中国的政治、经济体制以及中国社会发展道路上。

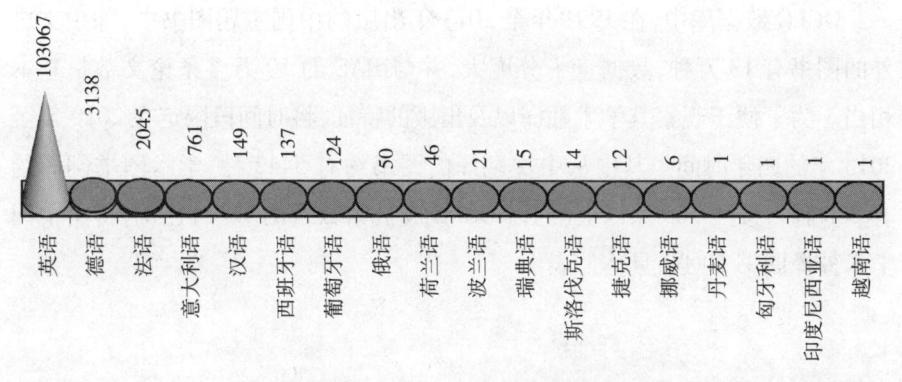

图 3 欧美中国研究学术成果发表的语言统计

英语 103067、德语 3138、法语 2045、意大利语 761、汉语 149、西班牙语 137、葡萄牙语 124、俄语 50、荷兰语 46、波兰语 21、瑞典语 15、斯洛伐克语 14、捷克语 12、挪威语 6、丹麦语 1、匈牙利语 1、印度尼西亚语 1、越南语 1

1900 年至 2013 年,根据 BAS(美国亚洲研究文献目录数据库)统计整理。

27

从图3论文的发表语言上看,英语一枝独秀,英语成果为103067种。当然BAS的数据库主要以收录西文为主,但这个数据可以清晰地提醒相关部门,德语、法语、西班牙语以及葡萄牙语等影响力远远不能与英语相比。这组数据为中华学术外译的语种选择、资助体裁提供了直接的数据依据。

二、世界中国主题学术图书的翻译出版情况

欧美关于中国主题研究的学术图书情况,数据最全的为OCLC(Online Computer Library Center)数据库。该数据库成立于1967年,是世界上最大的公益性图书馆组织,覆盖全世界120多个国家,400多种语言,具有70亿条图书记录。截至2011年底,OCLC公布的成员馆数量为22955家。其中公共图书馆5152家、大学以及专业学院图书馆4793家,中小学校图书馆7692家,各级各类政府图书馆1683家,职业学院和社区学院图书馆1102家、企业商业图书馆1241家,国家图书馆108家,基金会和协会机构图书馆624家,其他图书馆204家。依据该数据不仅能够获得欧美学术界关于中国主题研究的学术图书的出版情况,还能够依据收藏图书馆数量衡量出中国学术外译图书的世界影响力情况。

OCLC数据库中,在1991年至2013年出版的中国主题图书中,除中文之外的图书有13万种,数据量十分庞大,并与BAS的10万多条论文数量基本相当。为了便于观察其学术翻译以及出版的特征,将时间段限定在2010年至2013年的四年时间。其中从中文翻译的图书约有5442种,学术图书翻译约有200种。按照300家以上(约占OCLC成员馆数量的15%)比例,得出中国学术外译图书50强,具体如表1。

中国学术对外翻译出版的现状以及对策

表1 欧美翻译出版中国学术图书的 TOP50

排名	书名	出版年	著者	资助	出版社	馆数量
1	华夏美学(The Chinese aesthetic tradition)	2010年	李泽厚,Samei,Maija Bell		夏威夷大学出版社	1188
2	中国古代家庭哲学;孝经节译(The Chinese classic of family reverence a philosophical translation of the Xiaojing)	2009年	Rosemont, Henry, 1934–; Ames, Roger T		夏威夷大学出版社	1143
3	中国大战略:中华人民共和国的视角(Inside China's grand strategy the perspective from the People's Republic)	2011年	华世平主编(Ye, Zicheng); Levine, Steven I.; Liu, Guoli		肯塔基大学出版社	1056
4	传统与现代:人为主义的视界(Tradition and modernity a humanist view)	2009年	陈来(Chen, Lai)		荷兰布睿尔出版社	1004
5	理解中国的十个关键词(China in ten words)	2011年	余华(Yu, Hua, 1960—) Barr, Allan Hepburn.		纽约万神殿图书公司	920
6	基督教在东北亚历史进程中的作用研究(Christian Presence and Progress in North-East Asia Historical and Comparative Studies.)	2011年	刘家峰,吴梓明,Jongeneel,Jan A.B.		法兰克福彼得·朗出版社	901
7	牛津汉英大辞典(Oxford Chinese dictionary: English–Chinese, Chinese–English)	2010年	于海江(Yu, Haijiang, 1965—)Kleeman, Julie.		牛津大学出版社	896
8	中国的民主与法制(Democracy and the rule of law in China)	2010年	俞可平(Yu, Keping)		荷兰布睿尔出版社	870
9	临济义玄语录新译(The record of Linji)	2010年	Yixuan, –867.; Sasaki, Ruth Fuller, ; Kirchner, Thomas Yuho		夏威夷大学出版社	867

29

续表

排名	书名	出版年	著者	资助	出版社	馆数量
10	基督教神学——当代中国的文化运动（Sino-Christian theology a theological qua cultural movement in contemporary China）	2010年	赖品超（Lai, Pan-Chiu），Lam, Jason		法兰克福彼得·朗出版社	867
11	中国走向法制30年（China's journey toward the rule of law legal reform, 1978—2008）	2010年	蔡定剑，王晨光.（Cai, Dingjian. Wang, Chen'guang）	中华学术外译资助	荷兰布睿尔出版社	862
12	学与教：中文课堂教学的个性化（Learning and teaching in the Chinese classroom responding to individual needs）	2011年	Phillipson, Shane N.; 林碧霞（Lam, Bick-Har）		香港大学出版社	861
13	政府改革（The reform of governance）	2010年	俞可平（Yu, Keping）		荷兰布睿尔出版社	861
14	中国刻书：900—1400年间的知识生产（Knowledge and text production in an age of print China, 900—1400）		贾金珠（Chia, Lucille）魏希德（De Weerdt, Hilde）		荷兰布睿尔出版社	844
15	墓碑——大饥荒（Tombstone: the great Chinese famine, 1958—1962）	2012年	杨继绳（Yang, Jisheng 1940—），Friedman, Edward, Guo, Jian		美国FSG出版社	844
16	哥伦比亚中国民歌和通俗文学选集（The Columbia anthology of Chinese folk and popular literature）	2011年	Mair, Victor H.; Bender, Mark.		美国哥伦比亚大学出版社	810
17	两个中国大跃进的英雄故事（Heroes of China's great leap forward two stories）	2010年	李准; King, Richard		夏威夷大学出版社	798

续表

排名	书名	出版年	著者	资助	出版社	馆数量
18	跨国重重高山：一个藏族家庭的大迁徙（Across many mountains: a Tibetan family's epic journey from oppression to freedom）	2011年	扬佐姆（Brauen, Yangzom）		美国圣马汀出版社	764
19	小评论，林语堂双语文选（Liberal cosmopolitan Lin Yutang and middling Chinese modernity）	2010年	Qian, Suoqiao.		荷兰布睿尔出版社	745
20	中国震撼（The China Wave: The Rise of A Civilizational State）	2012年	张维为		新加坡世界科技出版公司	746
21	长子乱世：中国当代小说的苏童，余华（Contemporary Chinese fiction by Su Tong and Yu Hua coming of age in troubled times）	2011年	李华（Li, Hua, 1969— ）		荷兰布睿尔出版社	728
22	活态的宗教：萨满教（Popular religion and Shamanism）	2011年	马西沙、孟慧英（Ma, Xisha; Meng, Huiying）		荷兰布睿尔出版社	719
23	中国革命时期的语言，词汇和背后的故事（Words and their stories essays on the language of the Chinese revolution）	2010年	Wang, Ban		荷兰布睿尔出版社	717
24	上帝是红色的（God is red: the secret story of how Christianity survived and flourished in Communist China）	2011年	廖亦武（Liao, Yiwu）		美国哈伯柯林斯出版社	640
25	中国宗教社会学研究的理论与方法（Social scientific studies of religion in China methodology, theories, and findings）	2011年	杨凤岗（Yang, Fenggang）Lang, Graeme.		荷兰布睿尔出版社	628
26	哥伦比亚中国话剧文集（The Columbia anthology of modern Chinese drama）	2010年	陈小媚（Chen Xiaomei）		美国哥伦比亚大学出版社	596

中国学术对外翻译出版的现状以及对策

31

续表

排名	书名	出版年	著者	资助	出版社	馆数量
27	中国教育发展政策 30 年(China's education development and policy, 1978—2008)	2011 年	张秀兰(Zhang, Xiulan)	CBI	荷兰布睿尔出版社	574
28	中国社会变迁 30 年(Thirty years of reform and social changes in China)	2010 年	李强(Li, Qiang)	中华学术外译资助	荷兰布睿尔出版社	572
29	中国教育蓝皮书第三卷:深入推进教育公平(The China educational development yearbook Volume 3)	2011 年	杨东平(Yang, Dongping)	CBI	荷兰布睿尔出版社	560
30	中国法制蓝皮书(第五卷)The China legal development yearbook. Vol.5	2011 年	李林(Li, Lin)	CBI	荷兰布睿尔出版社	551
31	简明中国文学史(A concise history of Chinese literature)	2011 年	骆玉明(Luo, Yuming, 1951—)Ye, Yang		荷兰布睿尔出版社	539
32	沃尔玛在中国(Walmart in China)	2011 年	陈妍颖(Chan, Anita)		美国 ILR 出版社(康奈尔大学出版社分支机构)	537
33	哥伦比亚中国通俗文学选集(The Columbia anthology of Chinese folk and popular literature)	2011 年	梅维恒(Mair, Victor H.); Bender, Mark		美国哥伦比亚大学出版社	493
34	六四的挽歌(June fourth elegies)	2012 年	刘晓波(Yang, Jeffrey)		美国格罗夫出版社	463
35	艾未未的博客:书写,采访和笔记,2006 年—2009 年(Ai Weiwei's blog: writings, interviews, and digital rants, 2006—2009)	2011 年	艾未未(Ai, Weiwei.) Ambrozy, Lee		美国麻省理工学院出版社	450

中国学术对外翻译出版的现状以及对策

续表

排名	书名	出版年	著者	资助	出版社	馆数量
36	20世纪中国艺术史（A history of art in 20th-Century China）	2010年	吕澎，(Lü, Peng, 1956—)		意大利米兰Charta出版社	438
37	浮云：中国禅僧诗（Clouds thick, whereabouts unknown poems by Zen monks of China）	2010年	Egan, Charles.; Chu, Charles		美国哥伦比亚大学出版社	422
38	我在狱中的生活：中国的政治异见人士的回忆录（My life in prison: memoirs of a Chinese political dissident）	2012年	Jiang, Qisheng, 1948—		美国罗曼和利特尔菲尔德出版集团公司	401
39	儒学在现代中国的发展与超越（Confucianism and spiritual traditions in modern China and beyond）	2011年	杨凤岗（Yang, Fenggang），Tamney, Joseph B		荷兰布睿尔出版社	393
40	一个中国人的一生（A Chinese life）	2012年	李昆吾（Li, Kunwu），illustrator. Gauvin, Edward		英国英雄自造出版公司（Self MadeHero）	385
41	中国经济解密（Demystifying the Chinese economy）	2012年	林毅夫（Lin, Justin Yifu, 1952— ）		英国剑桥大学出版社	382
42	这一代：中国最受欢迎的文学新星和赛车手（This generation: dispatches from China's most popular literary star (and race car driver)）	2010/2012年	韩寒（Barr, Allan Hepburn, 1982— ）		美国西蒙和舒斯特出版社	360
43	中国:新文化史（China: a new cultural history）	2012年	徐卓云（Xu, Zhuoyun, 1930— ）		美国哥伦比亚大学出版社	358
44	民主是个好东西（Democracy is a good thing: essays on politics, society, and culture in contemporary China）	2009年	俞可平（Yu, Keping）		美国布鲁斯金会出版社	348

33

续表

排名	书名	出版年	著者	资助	出版社	馆藏数量
45	孟子(Mencius)	2009年	孟子(Mencius.) Ivanhoe, P. J.; Bloom, Irene		美国哥伦比亚大学出版社	337
46	金色的云(Beyond golden clouds: Japanese screens from the Art Institute of Chicago and the Saint Louis Art Museum)	2009年	Katz, Janice.; Hu, Philip K.		美国耶鲁大学出版社	336
47	革命尽头:中国的现代性及其局限(The end of the revolution: China and the limits of modernity)	2009年	汪晖		英国沃索(Verso)出版社	334
48	评弹:1949年中国政治与戏剧(Gilded voices economics, politics, and storytelling in the Yangzi delta since 1949)	2012年	何其亮(He, Qiliang, 1974—)		荷兰布睿尔出版社	325
49	宫廷创作:《文选》编撰和萧统(501—531)的时代(The age of courtly writing Wen xuan compiler Xiao Tong(501—531) and his circle)	2012年	王平(Wang, Ping, 1973—)		荷兰布睿尔出版社	323
50	古代思想:现代中国的力量(Ancient Chinese thought, modern Chinese power)	2011年	阎学通(Yan, Xuetong) Bell, Daniel; Sun, Zhe		美国普林斯顿大学出版社	310

表1中50种图书,可以说是世界影响力最大的中国学术翻译图书,基本上体现了世界翻译出版中国学术的基本面貌。通过以上数据,似乎可以做如下三点分析:

第一,是中国当代政治、经济以及法律制度的研究与关注是世界学术图书翻译出版的重点,这一点与BAS数据库超过10多万份学术论文的内容分类所得出的结论一致。从学术图书的内容上看,中国当代政治与法律主题有27种,占上榜图书比例的54%;其次是中国传统历史、文化主题图书有11种,比例为22%;中国当代文学研究主题内容有10种,比例为20%;汉语教育有2种,具体比例如图4。

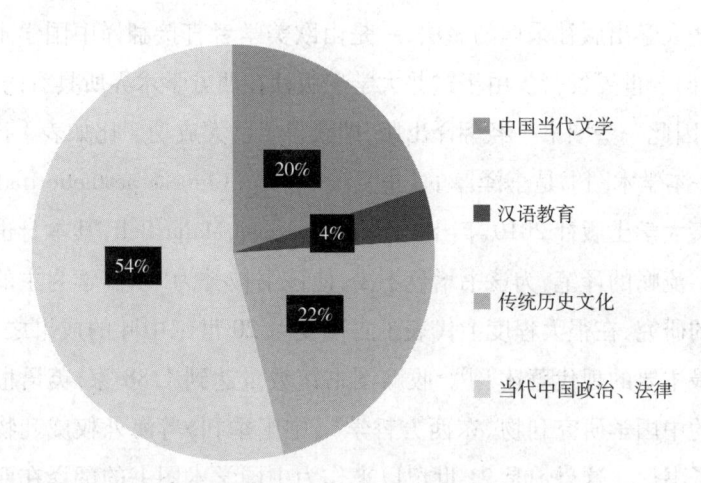

图4 世界最有影响力的中国外译学术图书内容分类

与此同时还应该看到,这些关于当代中国的图书,有相当一部分是基于其自由、民主、人权等价值观和意识形态为底色的西方意识形态视野所选择翻译出版的图书,有些学术界尚没有定论,有些纯粹是围绕一些政治事件进行恶意炒作,以赚得所谓的"政治轰动"效应。如杨继绳的《墓碑——大饥荒》、廖亦武的《上帝是红色的》、刘晓波的《六四的挽歌》、艾未未的《艾未未的博客:书写,采访和笔记,2006年—2009年》和《我在狱中的生活:中国的政治异见人士的回忆录》,等等。但这些图书也进入了欧美主流图书市场,以亲历、见闻、历史等噱头进入欧美各大图书馆,成为严重干扰着正确理解和认知中国国家形象的一股负面力量。

第二,是世界一流的学术出版社成为中国政治、经济以及法律等人文社会科学等学术图书翻译出版的主力。表1的出版社名单中,既有世界一流的大学、研究机构所属的出版社,如夏威夷大学出版社、肯塔基大学出版社、牛津大学出版社、香港大学出版社、美国哥伦比亚大学出版社、美国康奈尔大学出版社、美国麻省理工学院出版社、英国剑桥大学出版社、美国耶鲁大学出版社、美国布鲁斯金学会出版社等,还有世界著名的跨国出版集团,如美国纽约万神殿图书公司、美国FSG出版社、美国格罗夫出版社、美国哈伯柯林斯出版社、美国西蒙和舒斯特出版社,特别是具有400年历史的荷兰布睿尔出版社一家就出版了19种,显示了这个具有悠久历史学术出版机构的影响力。

这些大学出版社采取的做法,一是由欧美学者直接翻译中国学术图书后出版,面向全世界发行。由于这些大学出版社在西方学术界所具有的权威性、专业性,因此一些图书一经翻译出版,即获得了巨大成功。比如表1世界影响力最大一本学术图书是李泽厚的《华夏美学(The Chinese aesthetic tradition)》,由夏威夷大学出版社2010年出版,译者为Samei,Maija Bell,其本身也是一位哲学家。流畅的译笔,为该书增色不少,使该书被誉为"以儒学为主的中国传统美学的研究,在很大程度上代表了自冯友兰20世纪中叶的成果之后,在美学方面最主要的现代著述"[1]。收藏图书馆数量达到1188家,英语世界中最为权威的中国学研究刊物《东西方哲学》《中国季刊》等海外权威刊物都为此书发表了书评。这恐怕是21世纪以来作为中国学术图书的翻译在西方影响力最大的一本。

除纯粹的翻译出版之外,另外一个做法是欧美大学出版社近些年还大力出版中国学者的英文著作,特别是一些国际热点问题,邀请中国学者参与撰写,从而更为直接地传播中国声音。如肯塔基大学出版社2011年出版的《中国大战略——中华人民共和国的视角(Inside China's grand strategy the perspective from the People's Republic)》一书,就邀请北京大学的专家学者就中国国际关系战略问题进行阐述,涉及中美大国关系、中国与周边国家关系、中国与非洲拉美关系、台湾问题等多个方面。该书收藏图书馆数量为1053家,影

---

[1] 《以儒学为主的美学》,《中华读书报》2013年8月9日。

响力大大超过此前由中国大陆出版机构翻译出版的此类图书。直接翻译与直接出版中国学者英文著作，成为近些年欧美大学出版社翻译出版中国学术图书的一种主要做法。

第三，据不完全统计，出自于政府翻译资助的中国图书对外推广计划、中华学术计划的图书有5种上榜，政府翻译资助作用初步得到显现。这五种图书分别是排名第11位的《中国走向法制30年》（中华学术外译），收藏图书馆为862家；第27名的《中国教育发展政策30年》（中国图书对外推广计划），收藏图书馆为574家；第28名的《中国社会变迁30年》（中华学术外译），收藏图书馆为572家；第29名《中国教育蓝皮书第三卷：深入推进教育公平》（中国图书对外推广计划），收藏图书馆为560家；第30名的《中国法制蓝皮书（第五卷）》（中国图书对外推广计划），收藏图书馆为551家。这是中国学术图书提升中华文化影响力、增强中国学术话语权建设所迈出的最为关键的一步。

中国图书对外推广计划已经进展了10年时间，有3种上榜；中华学术外译项目自2010年开始仅有3年时间，有2种图书上榜。两个出自于国家财政支持的项目，在资助图书内容选择的针对性、出版社遴选、语种资助等方面，显然中华学术外译要高于前者。

三、中国图书对外推广计划（CBI）存在的问题和不足

中国图书对外推广计划自2004年开始在法兰克福书展上提出，2005年正式开始运作，截至2012年，合同签约已经达到了1095项，资助出版机构已经达到了61个国家的486家出版机构。但根据2013年CBI办公室公布的已经出版书目数据统计情况看，在项目进展、出版机构遴选和资助效果影响力方面，还存在许多问题。

第一，是项目签约后的监控、管理失控，合同执行缓慢。已经出版图书为948种，仅占签约总数的30%。特别是一些翻译项目，有的已经超过了合同期仍然没有执行完，一些海外译者在拿到首笔资助后已经失去了联系，给国家造

成了不小损失。已经出版图书品种占签约总品种之比,具体详见下图5。

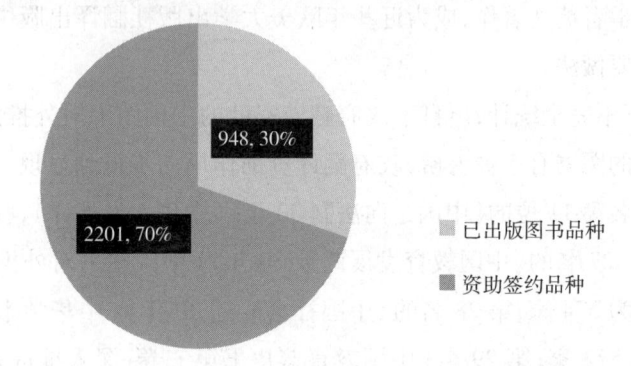

图5 中国图书对外推广计划已翻译出版图书品种与总签约图书品种比例对比
2004—2012,根据CBI办公室2013年公布的书目数据整理。

第二,资助翻译图书内容太过广泛,没有集中在世界主要关注中国的政治、经济以及法律制度等关键领域,没有起到引领和导向作用。图6是根据已经出版的948种图书内容所做的内容分类。

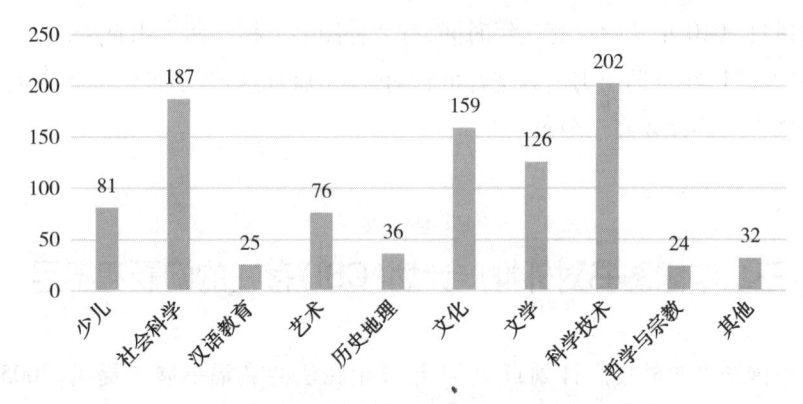

图6 中国图书对外推广计划已出版图书内容分类
2004—2012,根据CBI办公室公布的书目数据整理。

从图中可以发现,科学技术方面的内容为202种,社会科学(包含中国政治、法律、经济以及社会科学总论三类)部分为187种,文学外译126种,文化159种,而对于能够阐释中国价值、中国道路的哲学内容仅有24种,没有突出重点。事实上,无论是从BAS的学术论文内容分类来看,还是从OCLC数据库学术图书的出版来看,中国历史文化典籍曾经在很长的历史时期是欧美学术研究与出版的热点，并形成了鲜明的欧洲汉学特色。而在20世纪80年代以来，以关注当代中国政治、经济、文化的北美中国学迅速崛起，并逐渐在世界学术界取得了话语权。北美中国学的研究视角、研究方法以及研究工具，甚至很大程度上给中国学术界带来了巨大影响。

根据北京外国语大学张志洲教授的研究，冷战后美国和西方主导的国际话语，大致可以分为三种类型：一是以其自由、民主、人权等价值观和意识形态为底色的国际政治话语；二是在具体国际议题或国际问题上的国际话语；三是一系列有关国际政治的新的概念、范畴和表述。第一种类型的话语，包括"历史终结论""文明冲突论""霸权稳定论""民主和平论""社会主义失败论""民主化第三波""邪恶轴心论""失败国家论"，以及直接针对中国的"中国崩溃论""中国威胁论""霸权挑战论""在非洲新殖民论""国强必霸论""中国责任论"，等等。第二种类型的话语，包括气候暖化议题和气候责任、反恐怖主义、反核扩散，以及直接与中国有关的美国"重返亚太论""南海航行自由论"，等等。第三种类型的话语，包括"软实力"概念的提出、"权力转移"的论证，等等。无疑，这些话语都存在这样或那样的问题，或论证逻辑不够严谨，或概念定义不够严密，或数据存在偏差，或对事实本身存在误解，不一而足，针对中国的话语更显示其对事实认知的偏差或价值观念上的偏见。然而，不容否认的是，这些西方话语的主流部分，是以学术著述的面貌出现的，尤其如"历史终结论""文明冲突论""霸权稳定论""民主和平论""民主化第三波"等都基于一些著名学者和理论家的学术研究，多种"中国威胁论"也有着学术言说。尽管对于基于事实歪曲和价值偏见的西方话语，中国学术界很难认同，但批驳它们的最好方式不是道德审判和价值的谴责，也非政策宣示性的否定，而是学术上的回应。而这些话题领域恰恰都属于中国政治、法律制度以及经济发展等方面的重大话题，急需要中国学术界给予回应，需要在学者组织、语言翻译以及出版社营销推广方面给予大力资助。

第三，资助的翻译出版机构普遍小、散、弱，有相当一些是专业以翻译出版中国图书为主营业务收益的华裔出版机构，甚至是国内出版机构的海外分支，套取国家资助意图明显。出版机构遴选缺少科学评估，这是中国图书对外推广计划10年来的明显失误。

表2 承担 CBI 出版任务的海外出版社(10种以上)名称、品种一览表

排名	出版社	品种数量
1	德国施普林格出版集团	135
2	法国友丰出版社	69
3	澳大利亚中国(悉尼)出版有限公司	63
4	法国蓝出版社	57
5	新加坡圣智学习出版公司	37
6	新加坡 Enrich Professional 出版社	23
7(2家)	荷兰布睿尔出版社	22
7(2家)	西班牙 Editomal Popular	22
8	韩国大家出版社	18
9(2家)	美国海马图书公司	16
9(2家)	英国查斯出版社	16
10(2家)	土耳其 Tohum Basim Yayincilik 出版社	15
10(2家)	越南胡志明联合出版社	15
11(4家)	日本东方书店	14
11(4家)	新加坡世界图书出版社	14
11(4家)	英国大通国际出版有限公司	14
11(4家)	西班牙 Cooperación Editorial	14
12	新西兰克劳德出版有限公司	13
13(2家)	日本勉诚出版有限公司	11
13(2家)	越南国家出版社	11
14	新加坡世界科技出版社	10

在承担 CBI 出版任务的 222 家海外出版机构中,10 种以上的仅有 21 家(见表2),翻译出版 2 种以上的出版社为 101 家,仅出版 1 种的出版社为 121 家,占总数的 54%。可见,有一半以上的出版社是偶然为之。散、小、慢、不专业的特征一览无余。

在中国图书的翻译出版前 10 名的出版机构中,只有美国施普林格出版集团(135 种)、新加坡圣智学习出版公司(37 种)、新加坡 Enrich Professional 出版社(23 种)、荷兰布睿尔出版社(22 种)等出版社为世界知名出版机构,渠道

广泛,译者队伍专业,具有很强的抗风险能力。排名第二位的法国友丰出版社(69种,柬埔寨华裔经营)、澳大利亚中国(悉尼)出版有限公司(63种,中国图书进出口公司所属分支机构)、法国蓝出版社(57种,华裔经营)等均为专业以翻译出版中国图书为主的出版机构,经营业务单一,依赖性强,一旦失去翻译资助就彻底失去后续经营能力。出版机构所存在的这些问题,也直接导致了中国图书对外推广计划的翻译出版内容不集中、执行合同缓慢等弊端的出现。

四、对策与建议

从根本上说,以人文与社会科学为主的中国学术研究是国家理论生产的场所和主流价值观构建的阵地,也是政府决策的智库和大众教育的重要知识来源。它对于国家如何构建国际政治观念和外交哲学、如何设置国际议题、如何回应外来关切、如何消解外部的话语霸权并提供替代性的自身国家话语,以及如何做到理论话语的自给和外来话语的取舍,都具有不可替代的功能。概言之,中国的人文和社会科学学术话语权,是其国际话语权的基础,也是构建国家国际话语体系的支柱。

要提升中国学术话语权,涉及两个方面的基本内容,一是要具备"向世界说明中国"的能力,避免误解,增信释疑,这涉及中国人文社会科学的理论创新和学术话语创新,不可能一蹴而就。二是必须从国家战略的高度构建中国话语的对外传播体系,其中相关学术研究内容的资助、对外出版传播就成为一个关键环节。具体建议如下:

第一,通过学术课题研究资助、翻译资助等方式,引导世界一流学者参与中国政治、法律以及经济发展模式、中国道路的研究,通过学术资助引导中华文化话语权建设。

以学术研究资助方式引导全世界学者进行有关国家关注课题的研究,这是发达国家在舆论领袖、高端知识精英阶层培养亲善力量的一种通行做法。以美国为例,自第二次世界大战后至今,美国形成了以原子能委员会、海军办公室、国家科学基金会、卫生研究院、能源部、国防部、农业部及美国航空航天局(NASA)的机构在内的美国联邦科研资助体系，面向欧洲、日本、韩国等大学和专业研究机构发布研究课题，每年资助金额从1957年的310亿美元到2009年的530亿美元，这还不包括各个行业设立的名目繁多的各类基金。这些庞大的科研资金投入吸引全世界最为优秀的人才来到美国，使美国迅速超过欧洲，成为世界一流科技、教育、文化中心。美国以联邦为主、各类基金为辅的科研资助体系对于维持美国近百年的世界政治、经济、文化中心地位，起到了不可估量的作用。

自2008年金融危机以来，美国整体经济回升缓慢，欧洲陷入持续衰退，目前欧美学术界学术研究经费日益减少，一些规模较大的研究基金自2008年金融危机后，逐步削减学术经费资助额度，近五六年来一直没有增长。一些大学研究、出版机构，多方寻找研究资金。个别大学已经开始利用与中国合作开设孔子学院的方式寻求中国经费来资助学术研究。斯坦福大学就是将中国国家汉办资助的200万美元作为学术研究基金，资助斯坦福的学者进行有关中国课题研究。荷兰布睿尔出版社自2007年开始，邀请德国格廷根大学的施耐德(Axel Schneider)和香港城市大学的张隆溪教授主编一套"中国人文学术丛书"，已经翻译出版了洪子诚的《中国当代文学史》、陈平原的《触摸历史与进入五四》、陈来的《传统与现代：人为主义的视界》（进入欧美翻译中国学术图书TOP50，详见表1）、骆玉明的《简明中国文学史》（进入欧美翻译中国学术图书TOP50，详见表1）、葛兆光的《中国思想通史》，已经列入出版计划的还有中国学者朱维铮、罗志田、何怀宏、蒋寅等若干人。据张隆溪教授介绍，这套丛书的翻译资助也是源自于德国哥廷根大学孔子学院的经费。

目前中华学术外译项目已经取得了较好的开局，关键是要放开翻译资助门槛，特别是国籍限制，通过组织汉学家、中国学者参与的国际学术委员会，在全球遴选资助内容、译者和出版社招标，引导世界一流汉学家、中国学者加入中华学术外译的队伍中来，推动当代中国的人文社会科学学术研究进入世界主流学术圈，并逐步形成中国自己的学术话语体系。

第二，委托专业机构，加强译者、出版机构的遴选与科学评估，吸引世界一流出版机构进入中国学术图书的翻译出版阵营。通过表1欧美学术翻译中国图书TOP50的排行榜的名单可以发现,世界一流的大学、研究机构所属的出版社,如夏威夷大学出版社、肯塔基大学出版社、牛津大学出版社、香港大学出版社、美国哥伦比亚大学出版社、美国康奈尔大学出版社、美国麻省理工学院出版社、英国剑桥大学出版社、美国耶鲁大学出版社、美国布鲁斯金学会出版社等都赫然在列。而在CBI的资助名单中,也有一些渠道覆盖范围广、知名度高的跨国出版集团申请了中国图书的外译资助,如美国哈伯柯林斯出版集团、企鹅出版集团、兰登书屋、麦格劳希尔出版集团等。这些知名的跨国出版机构涉及中国学术图书外译,虽然还不够规模,大部分出于偶然试水的尝试阶段。但相关数据表明,这些知名出版机构不仅有意愿翻译中国图书,而且在有些领域已经开始获得市场回报。如在中国当代文学外译的领域,世界著名的大众文学读物出版机构——英国企鹅集团、美国的双日出版社、德国格罗夫出版社,近些年就加大了在中国文学市场的掘金力度,他们不仅签约一些知名作家,也通过台湾的文学经纪人在大陆逐渐挖掘一些后起文学新秀,收获颇丰。只要适当地加强引导,鼓励中外学者积极居中组织选题、联络译者,并通过建立译者、出版社机构影响力的评估程序,一批学术影响权威、知名度大、渠道覆盖广的著名出版机构就会加入到大中华学术外译的队伍中来,中国学术图书的传播范围和影响力就会迅速提高,类似CBI计划中出版机构小、散、弱的缺陷就可以得到避免。

第三,加大对外译图书翻译出版后落地营销环节的评估,由重翻译到重推广。通过表1欧美最有影响的中国外译图书可以发现,出自两个国家资助项目的外译图书上榜率仅有5种,特别是CBI计划中已经出版的948种图书中,绝大部分在图书馆系统的能见度很低,也很难在全球最为重要的销售和展示平台,如美国亚马逊、英国亚马逊、西班牙亚马逊、日本亚马逊等见到这些图书的身影。这表明CBI外译图书在发行、推广等方面的监控环节缺失。

当然,这个问题的出现与出版机构的选择密切相关。一个具有推广实力的出版社,其出版图书的传播范围就广泛,反之亦然。因此,有必要在翻译图书的推广、营销环节上加大考核力度,甚至将资助外译经费的一部分比例,明确用于落地推广环节上。这就需要在外译资助程序中,引入第三方评估机构,并定期发布影响力报告,从而加大外译图书的传播力度,为提高中华学术影响力,提升话语权做出实实在在的努力。

（本文以上、下两篇原分别发表在《出版广角》2015年第3、4期）

中华文化对外翻译出版 60 年

把自己的母语——汉语大量翻译成外语,这是世界语言史上的伟大实践。中华人民共和国自 1949 年建立后,就开始大规模地对外翻译出版,时至今日已达 60 多年,对于 60 年发展历史的总结,将为科学组织和规划中华文化对外译介提供有益的参考和借鉴。

对外翻译出版的 60 年历史,以 1979 年为界大致可以分为两大历史时期,即 1949—1979 年的前三十年和 1980—2009 年的后三十年,对前后三十年发展特征的把握,是理解整个 60 年对外翻译出版历史的核心和关键。在对外翻译出版内容、出版机构以及外译语种三个方面,前后三十年呈现出完全不同的文化特征。

一、对外翻译出版内容的变化

在 1949—1979 年的三十年间,中国共用 44 种外文翻译出版了 13 类中国文化图书,总品种数量为 9356 种。其中马克思、列宁主义和毛泽东思想、邓小平理论类图书出版的品种数量最多,为 3045 种;其次是中国政治、法律类内容出版了 2709 种;这两类内容占据了整个中国文化外译图书出版总品种的 62%。其余为社会科学总论类出版了 424 种,综合性图书出版了 1138 种,中国文化、科学、教育、体育类出版了 1232 种,中国文学类出版了 190 种,中国艺术类出版了 344 种,中国历史、地理类出版了 187 种,中国哲学、宗教类出版了 24 种,中国医药类出版了 31 种,中国经济类出版了 25 种,语言文字类出版了 7 种。

在出版品种最多的马克思、列宁主义和毛泽东思想、邓小平理论的对外翻译中,毛泽东著作选集(1—4卷)、毛泽东各种著作的单行本、毛主席语录等占了绝大多数。如1961—1976年,外文出版社用18种外文,出版了《毛泽东选集》(1—4卷),共印429万多册;用13种外文出版了《毛泽东军事文选》。毛泽东著作外文版中,单行本占相当大的部分,毛泽东著作中的一些著名篇目基本上包括在其中。《毛泽东诗词》的各种外文版,在1959—1963年出版了英、法、西、荷、印地、印尼6种文字的19首本和法文版21首本。1976—1979年,又出版了英、法、西、阿拉伯、朝、印尼等6种文字和汉英对照版的39首本。1979年出版了日文版、泰文版的42首本。1966年至1972年,外文出版社用37种外文出版了《毛泽东语录》1008万册。此外,还用英、法、西、俄、德5种外文出版了张贴式《毛泽东语录》,印数为133万张。在第二类中国政治、法律类图书翻译出版中,主要有中华人民共和国宪法、土地法、中国共产党党章、党代会文件、政治会议决议、历次人民代表大会文件、中国与其他国家建交公报、联合声明等发布性法律文件、外交公告等,除此之外,还有大量的政治声明,诸如在与苏联关系破裂之后,中苏两党关于国际共运论战的"九评"文件、声援印度支那三国人民的抗法斗争及声援非洲、拉丁美洲人民的民族独立运动等政治文件,都属于此类内容。

在1980年至2009年的后三十年里,对外翻译出版内容则与前三十年截然相反。从总品种来看,后三十年对外翻译出版了9763种,仅比前三十年的9356种多407种,总量上并没有增加多少,但从翻译出版的内容分类来看,品种最多的一类内容则是历史地理类,达到2426种,前三十年最多的是马克思、列宁主义和毛泽东思想、邓小平理论这一类内容,在1980—2009年的三十年间成为最少的一类,仅有48种。中国政治、法律类,为2079种,仍然位列第二位。再次为中国艺术类,为1347种,文化、科学、教育、体育类为1018种(其中包含中国武术类),中国文学类993种,中国经济类745种,语言文字类493种,中医药类315种,哲学宗教类181种,社会科学总论类118种。这是前后三十年对比最为显著的不同。

前三十年的这种内容特征,与前三十年中国对外关系的发展变化密切相关。中国对外关系在前三十年里大体经历了四个发展阶段,即新中国成立初期的"一边倒",50年代后期逐渐形成的"反两霸",70年代的"一条线",80年代以后逐步形成的"全方位"等四个阶段。

第一个阶段是"一边倒"时期,指的是1949年新中国成立后至50年代中期,新生的中华人民共和国在国际斗争中,将坚定地站在以苏联为首的社会主义阵营一边,包括与东欧的罗马尼亚、波兰、南斯拉夫等社会主义国家(当时称"新民主主义国家")建立了政治、经济、文化等全方面发展关系[①],因此东欧语种的外译、出版就是在这样的背景下迅速发展起来的。向世界阐释新中国的建国理念、政治制度、法律法规就成为对外翻译出版的核心内容之一。比如1949年12月就有《论人民民主专政》的英文版、法文版、印尼文版,印刷发行量分别是27301册、135769册、15165册,英文版、法文版的定价分别是0.2元,印尼文版则是0.4元,此后该单行本在1950年又出版了德文版,定价0.4元,印刷发行了39428册。与毛泽东《论人民民主专政》单行本同时发行的还有刘少奇的《论党》(英文版1950年7月出版,精装定价2.3元,平装定价1.3元,印刷发行37000册)和毛泽东、朱德署名的《七亿人民拥护和平》(英文版1950年6月出版,定价1元,印刷发行13000册),以及毛泽东、陈云署名的《经济战线上的新胜利》(英文版1950年8月出版,定价0.6元,印刷发行10000册)。毛泽东的《论人民民主专政》之所以首先得到出版,这和当时新中国建国伊始,要向世界说明新政权的理念、新政权的性质紧密相关,并且是以一个领导集体的形象来向世界说明的。

第二个阶段就是"反两霸"即"两个拳头打人",时间从50年代中期到60年代末,指依靠广大亚非拉国家,反对美国为首的帝国主义和苏联为首的"修正主义以及各国反动派"。整个60年代,"反两霸"是中国外交的主旋律和对外关系格局的特点。这个时期新中国的外交战略被形象地比喻为"两个拳头打人"。1969年苏联对中国领土珍宝岛的入侵,导致了中国和苏联的关系跌到了谷底,苏联成为中国安全的最大威胁,同时,这件事也使得另一个超级大国美国看到了社会主义阵营中的两个大国的不和,加上美国在越南战争中的

[①] 参见张蕴岭:《中国对外关系:回顾与思考(1949—2009)》,中国社科文献出版社2009年版,第2—7页。

失利，使得美国的战略开始出现了调整。在这种国际格局下，毛泽东同志提出了"一大片、一条线"的外交方针。"一条线"是指按照大致的纬度划出一条连接从美国到日本、中国、巴基斯坦、伊朗、土耳其和欧洲的一条战略线，团结这条"线"的外面的国家（这就是一大片），共同抗衡野心最大的苏联。此时已经开始改变以意识形态划线的办法来处理国际关系。这种中外关系的变化使这一时期关于国际共运论战的"九评"文件，得到大量翻译出版，"九评"文件的外译语种、对外发行量都占据了相当大的份额。亚非文字中的越南语、泰语、缅语、柬埔寨语、老挝语、印度尼西亚语、波斯语、斯瓦希里语、豪萨语、菲律宾语、尼泊尔语、普什图语、古加拉提语等都是在这个时期发展起来的。对外翻译事业作为国家政治外交、对外宣传以及塑造新中国国际形象的重要工具和手段，在突破以美国为首的西方大国对站在社会主义阵营的新中国的全面封锁，配合抗美援朝战争的宣传动员，从舆论上支持越南、柬埔寨等印度支那等国家的抗法战争及支持亚非拉民族解放运动等发挥了巨大作用。新中国外交战略的三个阶段，在前三十年的中国对外翻译出版历史上留下了明显的烙印。

以1972年中美关系正常化为标志，直至1978年中国全面走上改革开放的发展道路，中国不仅恢复了联合国的合法席位，还与世界上110多个国家建立了大使级外交关系，从根本上改变了与美国、日本和西欧等主要资本主义国家的关系。因此对外文化翻译出版成为中外沟通、文化交流的桥梁和使者。从1978年国家走上全面改革开放，以经济建设为主的发展道路至今的30多年间，对外招商引资、国际经贸往来、教育文化交流以及社会民间对外交往等社会各个层面，对外翻译都发挥了核心关键作用。这种变化，突出表现就是在国家经济改革开放的大背景下，对外翻译承担起向世界全面深入介绍中国、说明中国的中介职能，顺应了经济改革开放的社会发展大势。而经济改革开放的第一波，就是中国特有的自然风光、历史遗迹的对外推介，并由此逐步深入到对外招商引资、法律法规、科技资料等经济建设各个关键环节。因此，中国历史、地理类的翻译出版就成为改革开放后三十年最为重要的内容之一。

中国历史地理类图书的对外翻译出版，在1980年至2009年三十年间，大体走过了三个发展阶段：

第一个阶段是由简单到精细、再到艺术化的历史阶段。实际上，面向世界介绍中国悠久历史和秀美自然风光,在1949—1979年的前三十年里就已经开始起步,只不过是作为大量政治文献的附属品来对外翻译出版的,这类内容的出版形式多以黑白明信片、彩色明信片为主,形式简单,负载信息量很少。因此1980年之后明信片逐步减少,以各类旅游地图、导游图取而代之。为了提高此类产品的市场竞争力,一些出版社后来朝着更专业的领域拓展,尝试把艺术摄影与历史、地理风光介绍融为一体,出版一些大型艺术画册,以装帧精美、印刷精良为特点,这是历史地理类内容从明信片、导游图、旅游图的一种升级换代产品。

改革开放之初,受国内印刷业技术水平的限制,一些对外介绍风景名胜的产品往往因为印制环节的缺陷而达不到国际水准,为了增强这类图书的制作水准,增加在国际图书市场上的竞争力,中国的出版社开始尝试采取中外合作出版的方式,这是中国图书出版历史性的一次突破,并由此开启了中国图书出版走向世界的滥觞。

第二阶段,历史、地理类内容的对外翻译成为政府开展对外宣传的工作内容之一。20世纪末至21世纪初的中国经济改革开放,已经从沿海到内地、由经济到文化的深层次发展阶段,再到对外推广本地区旅游资源、文化资源与招商引资、产业发展融为一体,呈现彼此互相协调促进的局面。这类历史、地理类图书的翻译出版,不仅能够间接增强对外文化传播效果,还能够直接拉动本地区的旅游业,因此一些地方政府极为重视,并逐步纳入各级各类政府新闻办公室开展对外宣传的工作内容之一。在这样的大背景下,对于历史地理类内容的翻译出版,就不再仅仅是自然风光、历史遗迹,而且还包含社会生活、教育文化等多方面的对外展现。因此,地方政府出面有组织地翻译出版这类历史、地理类图书就成为后三十年的一个重要特点。

第三阶段,由外国人直接撰写中国历史、地理类图书,贴近传播对象,增强传播效果。由于中国翻译出版的图书,长期存在着翻译生硬、质量不高,甚至出现各种错误的现象,除了语言水平之外,还有对于对象国文化、传播对象接受心理、思维模式的熟悉和了解程度等问题,因此耗费大量人力物力的对外产品一直效果不佳。随着中国文化走出去战略的实施,中外人才往来的密切,在中国历史、地理类图书对外翻译出版方面,开始出现由外籍作者直接用外文撰写中国内容,由中国的出版机构对外出版发行的案例。类似的案例还不多,但这是一个非常值得推广的大胆尝试,是中国对外文化译介的一种努力方向。因为从传播效果来看,它不仅跨越了文化翻译过程中的语言转译障碍,而且直通接受者的心理认知与思维习惯,直接实现了文化对外翻译的终极目标。

二、对外翻译出版语种的变化

在对外翻译语种方面,前后三十年也经历了一个显著的发展变化。在前三十年里,中国对外翻译译介的语种达到了 43 种,其中欧美文字 20 种,亚非文字 22 种,再加上一个多语种对照,总共为 43 个语种。多语种对照指的是一个出版物分别配上二个以上语种,如中、英对照,中、英、法对照,甚至是中、英、法、德、西班牙四种以上文字对照,还有英、阿拉伯对照和英、乌尔都对照等等,这类出版物多是明信片、摄影、画片、连环画等图书。多语种对照出版物适应了当时风云变幻的国际形势,图文并茂,易于接受和理解,取得了十分良好的对外传播的效果。下面分别从欧美文字、亚非文字两个方面开始说明。

欧美文字的变化。在前三十年里,欧美文字的对外翻译达到了 20 种,每个语种翻译出版数量分别是英语 1579 种,法语 1044 种,西班牙语 863 种,俄语 590,德语 775 种,葡萄牙语 190 种,意大利语 135 种,塞尔维亚语 33 种,罗马尼亚语 17 种,瑞典语 14 种,阿尔巴尼亚语 12 种,捷克语、荷兰语各 8 种,葡萄牙(巴西)语 4 种,波兰语 3 种,匈牙利语 2 种,芬兰语 2 种,希腊语、保加利亚语各 1 种,而并不通用的世界语却达到了 266 种。欧美文字总量为 5544 种。除了英文、法文、西班牙文、葡萄牙文、德文、俄文等 6 种为通用语外,其余还有 14 种为非通用语,分别是意大利文、塞尔维亚文、荷兰文、瑞典文、阿尔巴尼亚文、波兰文、捷克文、匈牙利文、保加利亚文、希腊文、挪威文、芬兰文、葡萄牙(巴西)文和世界语。

但 20 个欧美文字的对外翻译,在 1980—2009 年的后三十年里,则大幅减少到仅有 10 种,分别是英语 6301 种、法语 1076 种、西班牙语 916 种、德语 689 种、俄语 519 种、葡萄牙语 121 种、世界语 111 种、意大利语 24 种、拉丁语 1

种、丹麦语5种。其中拉丁语、丹麦语属于前三十年没有的语种。而前三十年的塞尔维亚语、荷兰语、瑞典语、阿尔巴尼亚语、波兰语、捷克语、匈牙利语、保加利亚语、希腊语、挪威语、芬兰语、葡萄牙(巴西)语等10个非通用语在1980年之后就再没有出版。英语出版一枝独秀,非通用语大幅减少则是前后三十年里欧美文字对外翻译出版的主要变化。

这种变化的原因在于,中国开始于20世纪80年代的经济改革开放,主要是与西方发达的资本主义国家打交道,因此学习和掌握英语,能够用英语与外界交流,曾经一度是中国社会改革开放程度的一个标志。同时,随着全球化和信息化的到来,英语在全世界各个领域被广泛应用,包括政治、经济、贸易、文化、外交、旅游、通讯、自然科学和人文科学的学术研究等。因此,着力用英语翻译介绍改革开放的中国就成为一种历史必然选择。

亚非文字的变化。在前三十年里亚非文字的翻译出版数量最多,达到22种文字,比欧美文字多2种。分别是日语644种,越南语537种,阿拉伯语385种,此后依次为缅甸语357种,泰语320种,印地语276种,斯瓦希里语245种,印度尼西亚语240种,乌尔都语201种,波斯语188种,朝鲜语139种,豪萨语96种,蒙古语75种,老挝语60种,孟加拉语53种,泰米尔语43种,土耳其语31种,普什图语4种,菲律宾语3种,柬埔寨语、尼泊尔语、古加拉提语各1种。亚非文字总量为3900种。除日语、阿拉伯语为通用语之外,其余20种为非通用语。

这种情况在1980年至2009年间的后三十年间却发生了变化,表现为非通用语种大幅减少了9种,加上新增的1种,后三十年仅剩下14个语种。亚非文字翻译出版的总数量为2231种,其中日语最多,达到789种;其次为阿拉伯语,420种,印地语225种,孟加拉语190种,朝鲜语144种,越南语114种,乌尔都语102种,泰语86种,斯瓦希里语60种,缅甸语54种,僧伽罗语31种,土耳其语9种,泰米尔语、蒙古语均是2种。减少的9种分别是老挝语、印度尼西亚语、波斯语、豪萨语、菲律宾语、柬埔寨语、尼泊尔语、普什图语、古加拉提语,意味着这9种文字在1980年之后再没有一本图书出版过。

语种变化的原因。欧美文字与亚非文字翻译出版在前后三十年所发生的巨大变化,与新中国60年对外关系的发展变化密切相关。以亚非文字的翻译出版为例，以1955年印尼万隆会议召开为标志，中国开始确立和平共处五项原则的外交理念，积极支持第三世界国家的民族解放和反对霸权主义事业，因此大量用亚、非文字翻译介绍中国的时间是在1955年，形成高潮则是在1969年左右。在亚洲文字中，以印尼语的翻译出版最早，延续时间最长。从1949年就开始出版，并形成了两个出版高峰，一个是1955年至1958年，一个是1968至1970年。这和新中国与印度尼西亚的外交关系在前三十年间曾经产生过巨大波动有关。而日语、缅甸、越南语的翻译出版能力形成差不多是在同一时期，都是在1956年开始出版第一本日语、越南语、缅甸语、泰语图书，三种文字的年度翻译出版量在1967年至1970年达到出版最高峰。而其中日语图书的翻译出版一直很稳定，年度出版翻译数量、对外发行量都居亚非22种文字之首，越南语的出版则是起伏变动最大，1969年年度出版达到89种，超过英语38种、法语62种、俄语42种，但到了1979年后则开始全部终止出版，这是中国与越南两国关系从"兄弟加同志"的亲密关系一下子跌落到兵戎相见的巨大波折所致。

同样，中国与南亚、西亚、北非国家的政治、外交关系也在这些国家的语言翻译上有所体现。用阿拉伯语翻译介绍中国各个方面的图书出版从1953年就开始了，形成出版能力的是在1958年，年度出版达到6种，此后1959年至1975年的17年间，一直保持年度出版10种以上的规模，最高的年份是1959年，达到48种。与阿拉伯语类似，中国用印地语的翻译介绍中国的图书出版也很早，在1957年开始出版第一本印地语图书，此后的1958年就达到年度44种，超过了俄语26种、西班牙语38种，此后到1971年，始终保持年度出版5种以上规模，只是在1962年为3种。印地语、阿拉伯语在南亚大陆、西亚、北非地区的使用人口数量都超过了一亿人，从这两个语种的年度翻译出版数量和出版时间来看，都充分体现了中国对于这些地区的重视程度。

总之，前三十年的43个外译语种，在后三十年里则仅存24种，减少了19种，这些语种均为非通用语，使用人群数量少，绝大部分属于经济不发达地区。从投入与产出回报来看，这些语种的开发，是新中国在财力、物力极为短缺的时代千辛万苦建立起来的，30年前形成的基础在后三十年里没有得到很好的继承，客观原因很多，但很难说是完全正确的一种选择。即便是通用语的翻译,限于当时新中国的人力、财力,并不是一下子全部配置齐的,而是根据国际外交局势的变化以及对外宣传的需要逐步积累起来的。比如前三十年间的欧美文字翻译,大体历经了两个高峰,第一个高峰是 1959 年,第二个高峰是 1965 年,此后的翻译出版大体上趋于平稳。新中国成立后的五年间,主要欧美文字的译介一直处于很低的水平,1949 年有俄、英、法 3 种,1950 年仅有德、英 2 种,1951、1952、1953 年连续三年仅有英、法、德、俄 4 种,直到 1954 年才有第一本西班牙语的出版物,1955 年达到 7 种,到 1956 年才超过了 10 种。1958 年第一次出版芬兰语图书,1959 年出版第一本荷兰语图书。基本形成出版规模的是在 1959 年,主要欧美文字,英、法、德、俄、西班牙等语种的图书品种数都超过了年度 20 种以上,语种数量达到 15 种。而这个目标,可以说是新中国在百废待兴的国家建设过程中,动员各种力量才实现的,正是这第一个十年的艰苦努力,才形成了整个中华人民共和国对外翻译事业的基础。

从理论上讲,一个国家掌握世界其他国家语言文字的数量,反映出一个国家在文化、教育方面的实力。美国是移民国家,有自然语言 380 多种;美国军方可以掌握 500 多种语言;美国可以为公民开设 200 多种语言课程。而我国所掌握的外语可能只有百种左右,能够开设的外语课程 50 种左右,要将欧盟的官方语言开齐都还很费劲。中美之间国家语言能力的差距,为总结中国文化外译 60 年历史提供了一个深刻思考的维度。

三、对外翻译出版机构的变化

在对外翻译出版机构方面,前后三十年也有很大的变化。突出表现在以下两个方面:

第一是前三十年里,对外翻译出版以高度统一、计划和国家背景的财力支持,统一由指定的外文出版社、国际书店等专业出版发行机构来承担对外翻译出版工作。比如在 1949—1979 年的整个三十年间,中国一共对外译介出版了 9356 种图书,外文出版社出版了 9220 种,占所有外译图书的 98%。人民体育出版社、新世界出版社、民族出版社、上海人民美术出版社、人民美术出版社、地图出版社等62家出版机构,仅仅出版了2%的图书。这种对外翻译出版高度集中的现象,与在前三十年国家集中主要物力、财力和人力,全力打造一个对外文化出版传播的阵地的外宣政策紧密相关。

这种情况在1980年至2009年的后三十年里,则出现了截然相反的变化。在后三十年对外翻译出版的9763种图书的出版机构中,除外文局系统5家出版机构之外,由专业出版社、地方出版社翻译出版的品种比例达到了85%,如外语教学与研究出版社、中国对外翻译出版公司、中国财政经济出版社、高等教育出版社、新华出版社、国际文化出版公司、少年儿童出版社、五洲传播出版社等56家,一改前三十年98%的品种由外文局所属系统出版社独家翻译出版的局面。参与对外出版的机构的变化是中国对外翻译出版60年的另外一个基本特征。这也正是我国对外翻译出版单位在经济改革开放的大潮中逐步走向市场化、多样化的一个重要标志。

第二个变化就是外国出版机构开始介入中国对外翻译事业,开创了中外专业机构协力翻译介绍中国文化的新局面,从传播效果、语言文字水准等方面,都是前三十年所没有的。

外国出版机构介入到中国对外翻译事业中来的标志,就是由国务院新闻办公室、原国家新闻出版总署联合主持的"中国图书对外推广计划"和全国哲学社会科学办公室主持的"中华学术外译计划"实施。"中国图书对外推广计划"自2006年实施以来,截止到2010年底,"中国图书对外推广计划"工作小组已同美国、英国、法国、德国、荷兰、俄罗斯、澳大利亚、日本、韩国、越南、巴西等46个国家的246家出版社签订了1350项资助出版协议,资助出版了1910种图书,涉及26个文版。2011年共与29个国家124家出版机构签订了240个资助协议,涉及240个项目、文版20个,资助金额超过1500万元[①]。"中华学术外译计划"自2010年启动,外译资助文字有英文、法文、西班牙文、俄文、德文五种,2011年又增加了日本语、韩语和阿拉伯语,外译语种达到8种。2010年立项资助13项,2011年资助两批共达到40项。由于"中国图书对外

---

① 张雁彬:《中国图书对外推广计划工作小组2011年度工作报告》,国务院新闻办公室门户网站。

推广计划"和"中华学术外译计划"的推动,中国对外翻译事业形成了由政府推动、中外出版机构积极参与的崭新格局。

四、60年对外翻译出版的启示

中国对外翻译出版60年的发展变化,对于今天的启示在于:

第一,传播中华文明是对外翻译出版事业的核心。60年的历史证明,对外翻译出版不仅仅是一项语言中介事业,而且是与国际政治格局变化、中外关系发展密切相关的事业。21世纪的中国已经成为当今世界上一个举足轻重的大国,这是西方资产阶级工业革命以来人类历史上最重大的事件之一,中国在21世纪的崛起并不仅仅是一种经济和政治力量的崛起,而且是一个具有深厚历史积淀的古老文明的崛起。党的十八大报告中明确指出,"要坚持社会主义先进文化前进方向,树立高度的文化自觉和文化自信",以国际上听得懂的方式和语汇,向世界介绍中华文明的核心精髓,阐释中国道路和发展模式,不仅仅是增强文化亲和力、扩大中国国际影响力的重要形式,也是中国人类文明发展道路所做出的一份宝贵贡献,理应成为世界文明的一个有机组成部分。这是一个时代的重大命题,也是中国翻译界所应承担的社会责任和历史使命。因此,传播中华文明的核心理念和智慧是今后对外翻译事业的核心。

第二,要站在中华文化话语权建设的高度制定翻译标准。所谓制定翻译标准,指的是中文与世界各个语种之间的字、词、句的对译标准,即翻译辞典建设,这是中译外事业的基础工程,同时也涉及中文与世界主要语种之间的解释权问题,是中文在世界上话语权表现的核心部分,尤其是在今天互联网、数字出版以及影像交流成为国际文化传播主流的时代,制定语言翻译标准已经成为国际交流语汇的基本单元,等同于产品出口的技术标准和游戏的基本规则,涉及中华文化的话语权建设,特别值得充分重视。

第三,要在全世界的范围内开展对外翻译出版事业。中国60年的对外翻译历史证明,中译外事业涉及翻译家、出版载体以及在发行对象国家、地区的传播效果等诸多环节问题,翻译人才、出版机构、发行渠道的本土化是一个行之有效的办法。因此,出版机构的中外结合、翻译人才的中外结合,以及翻译资助与邀请更多的汉学家来华工作相结合,把海外汉学家的中国学文化研究与翻译出版相结合,打通国内与国外之间的渠道,理顺行业与产业之间的壁垒,拓展新媒体、新技术的传播渠道、传播手段,并进一步使之制度化、规范化,应该是今后中国文化对外翻译出版的必由之路。这或许是中国文化对外翻译出版60年最为珍贵的启示之一。

(本文原发表在《出版发行研究》2013年第6期)

中国的世界出版能力现状与发展契机

本文所说的世界出版,指的是以某一语言为主要载体的图书、期刊、数字化以及影像产品的读者群,至少要超过两个以上的国家、民族的读者;出版该语言文化产品的出版传媒机构至少要在两个以上的国家和地区进行;该出版传媒机构的人员至少来自两个以上或更多的民族、国家。即跨语种、跨文化的出版内容,跨地域、跨国家的出版市场,跨国别、世界化的出版队伍。按照这一标准来衡量,英语、法语、德语、西班牙语等西方主要语言的图书、期刊、数字化以及影像产品,都是具有世界性的出版物,围绕这些出版物所进行的编辑、出版、发行与传播,都是属于世界出版活动。

西方英语、法语、德语、西班牙语出版物世界出版地位的确立,是随着西方资本主义在全世界的殖民扩张,在近500年的历史过程中形成的。其中西方资本的殖民霸权、工业垄断、科技、金融等先发优势,使这些西方语言迅速成为美洲、非洲、拉丁美洲甚至部分亚洲国家的官方语言,有的甚至成为近百个国家、多个民族语言文化区的通用语的主要原因。因此世界出版至少有两个方面的基础:具有一定国际地位的语言与使用该语言的民族、国家的政治、经济、文化的国际影响力。即意味着某一语言的世界出版水平高低,与该语言使用人数的数量多少没有必然联系,还须与使用该语言的民族、国家的政治、经济、文化的综合发展能力水平结合在一起,而这个能力的综合体现就是出版。一个语言的世界出版水平越高,不仅意味着该语言的世界影响范围广、使用人口数量多,还意味着依托于该语言所进行的知识生产、文化传承的教育、文化水平也高。比较不同语言的年度出版品种数量,就可以衡量不同语言的世界出版能力大小,发现不同语言世界的教育、文化水平之间存在着的差距。

因此本文考察的中国出版参与世界出版的能力与水平，着重从两个维度来分析：一是英语、法语、西班牙语世界里有关汉语图书、期刊、数字化以及影视产品的品种数量，并以此评估汉语的国际地位。本文选取纽约、伦敦为英语图书出版中心城市的代表，选取柏林为德语图书出版中心城市的代表，选取巴黎为法语图书出版中心城市的代表，选取马德里为西班牙语图书出版中心城市的代表，分析这5个出版中心城市在2014年至2016年三年来出版的非母语图书的出版品种，并将汉语品种与之进行交叉对比，评估汉语在世界出版中的真实影响。二是以北京为汉语世界出版中心的代表，分析北京三年来出版的英语、法语、西班牙语、德语图书的平均品种，并辅助以中国大陆21个城市三年来的英语品种，以此评估中国出版机构的世界出版能力。

一、汉语在世界出版中的地位

众所周知，英语、法语、德语、西班牙语的世界地位是伴随着西方资本主义的殖民扩张而确立的，与之不同的是，汉语的国际地位是在数千年间的人际往来、经贸交流、潜移默化的文化影响过程中形成的，并主要依靠儒家文化的自身魅力而渗透、濡化而形成的汉语言文化圈，也称为"汉字文化圈"或"儒家文化圈"。

这个文化圈有两个层面的含义：一是以汉语为母语、交际语的读者群。在地理位置上，以中国大陆的十几亿读者为主，但同时覆盖东南亚以及在欧洲、北美、澳洲等地生活的华人和海外华侨、华裔读者，这个群体也能够毫无障碍地阅读以汉字为载体的图书、期刊、数字化产品、影像文化产品。二是以儒家文化为核心特征的文化群。即在东亚、东南亚等地区长期深受中华儒家文化影响，使用日语、朝鲜语（韩语）、泰语、马来语、印尼语、越南语、菲律宾语等语言的读者群体，即学术界公认的儒家文化圈。由于儒家文化在几千年的历史过程中慢慢向周边传播、渗透，作为这个文化圈的核心特征——汉字对于这个文化圈的语言有很深刻的影响，如日语、朝鲜语（韩国语）就是借助汉字而单独形成的一种独特语言。同时儒家文化的价值观、思想理念在这个文化圈内也得到广泛认可甚至被完全接受,某种程度上儒家文化是这些国家和民族地区的文化底色。因此,在某种程度上,汉语出版(包含中国的香港、澳门、台湾)是与英语、德语、法语、西班牙语的出版物一样,具有一定程度的世界性,属于世界出版范畴之内一个出版类型。

按照上文所阐述的维度,本文依据 OCLC 世界图书馆数据平台,检索出纽约、伦敦(英语世界的出版中心)、柏林(德语世界的出版中心),巴黎(法语世界的出版中心)、马德里(西班牙语世界的出版中心)在三年来出版的汉语图书(含简、繁体)品种,具体如图 1 所示。

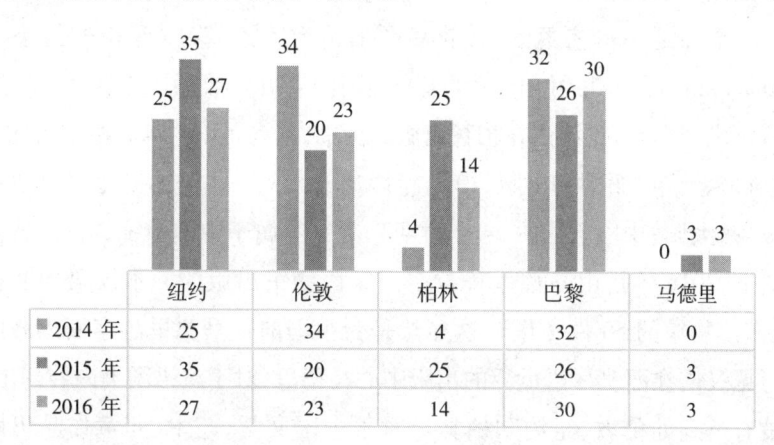

	纽约	伦敦	柏林	巴黎	马德里
2014 年	25	34	4	32	0
2015 年	35	20	25	26	3
2016 年	27	23	14	30	3

图 1 世界主要出版中心(不含北京)城市出版汉语图书品种图(2014—2016)

图 1 可以看作是汉语在世界主要出版中心的影响标志。从品种上看,汉语出版在伦敦的三年品种是 26 种,在纽约、巴黎的平均品种都是 29 种,汉语在英语出版中心伦敦、纽约以及法语出版中心的地位相差不多;而在德语图书的出版中心柏林,汉语三年平均品种为 14 种,在西班牙语图书的出版中心马德里,汉语三年平均品种仅为 2 种。可见汉语的影响力在德语世界要小于英语,而在西班牙语世界的影响力最小。

从五个世界主要出版中心所出版的汉语图书内容上也能看出这一点。如在伦敦,2014 年由伦敦弗朗西丝·林肯(Frances Lincoln)童书出版社出版的《一、二、三,我的第一本童谣书》,收藏图书馆为 85 家;2015 年由伦敦学术论文出版社出版的《2014—2015 年度展览评论:艺术评论最佳国际奖项评选》,收藏图书馆为 12 家;2016 年由伦敦宙斯之首(Head of Zeus)出版社出版的中文小说《今夕是何年(Any minute now)》，收藏图书馆为31家，伦敦的汉语图书内容涉及儿童、学术以及文学。在纽约，2014年由纽约连线出版社与上海新闻出版发展公司合作出版的中英双语儿童绘本书《木兰》，收藏图书馆是248家；2015年由著名出版集团DK出版的《汉英双语辞典》，收藏图书馆为328家；2016年由纽约古根海姆博物馆出版的《故事新编》，收藏图书馆为110家，纽约的汉语图书内容涉及儿童、汉语辞书和文学。而柏林，2014年由柏林的迪斯塔恩茨(Distanz,音译)出版社出版的《徐震》，收藏图书馆为79家，是一本中国艺术家的作品集；2015年由斯特恩伯格(Sternberg)出版社出版的《强迫透视》，是一本艺术图书，收藏图书馆为5家；2016年由安提杰卡茨(HatjeCantz,音译)出版社出版的《金光闪闪的宝贝》，收藏图书馆为17家，也是一本艺术图书，可见汉语在柏林出版的图书，基本是以艺术为主。而在马德里，2014年没有汉语图书出版，2015年影响较大的一本是由马德里月饼出版社出版的《太阳：中国历法的24个时期》，是一本属于中国传统文化的普及层面的图书；2016年是由马德里普拉多国家博物馆出版的一本汉语导游指南《普拉多博物馆的50件杰作》，这显然是为中国前往马德里游客而出版的图书。可见汉语在西班牙语世界的出版中心马德里，对于汉语图书内容的出版，还远没有达到如伦敦、纽约和柏林等对于中国文学、艺术、儿童作品出版的高度。

但是要衡量汉语在世界出版中的真实地位，仅靠英语、法语、德语、西班牙语的横向品种对比还是不够的，还必须要在四个主要语言世界中与其他语言品种进行交叉对比，才能得出汉语的真实影响状况。因此本文分别选取了纽约、伦敦、巴黎、柏林、马德里五个出版中心城市在2014年至2016年出版的法语、德语、西班牙语品种，并分别与汉语三年平均品种进行对比，得出英语世界、法语世界、德语世界、西班牙语世界中汉语的出版地位现状。

图2显示了法语在世界主要出版中心的地位与影响。在英语世界的出版中心纽约、伦敦，法语的三年平均品种数分别是230种、224种，而汉语在纽约、伦敦的三年平均品种数仅为29种、26种，汉语仅仅是法语的13%（纽约）、英语的12%（伦敦）。在德语世界的出版中心柏林，法语是377种，汉语是14种，汉语是法语的4%。在西班牙语世界的出版中心马德里，法语是208种，汉

图2 世界主要出版中心（不含巴黎）城市出版法语图书品种图（2014—2016）

语仅仅是2种，汉语是法语的1%还不到。这表明在西方世界里，汉语与法语相比，在英语世界、德语世界、西班牙语世界的出版地位，仅仅是其12%强、4%、1%弱。汉语与法语之间的这种悬殊差距，其原因是多方面的，既有历史上政治、经济等方面发展过程中的差距，也有东西方在思想宗教、文化传统等方面的区别与差异。

与法语在西方世界出版中心所具有的较大影响相比，法语在汉语世界的出版中心北京，三年平均品种数则仅是7种，与北京能够出版1500种英文图书相比（详见图7）具有很大的差距。这个数据一方面表明了中国出版与法语文化区之间的合作与交流程度以及法语教育、人才积累的不平衡，同时也从另一个侧面反映了法语在中国的影响地位。

图3显示了西班牙语在世界主要出版中心的地位与影响。在英语世界的出版中心，纽约、伦敦的西班牙语图书三年平均品种分别是741种、160种，而汉语在纽约、伦敦的三年平均品种数仅为29种、26种，汉语与西班牙语相比，大约是其4%、16%。在汉语与西班牙语的对比中，由于美国大约有5750万说西班牙语的拉丁裔，占全美国人口的17.4%，因此西班牙语在美国等同于母语，不属于第二语言，因此汉语与西班牙语品种相比4%的比例，不具有代表性。但在英语图书的出版中心伦敦，汉语图书品种大约是西班牙语品种的16%，与在纽约出版的法语品种13%相近，应该是汉语在西方语言世界中的真实地位写照。西班牙语在法语世界的出版中心巴黎出版的品种是167种，汉

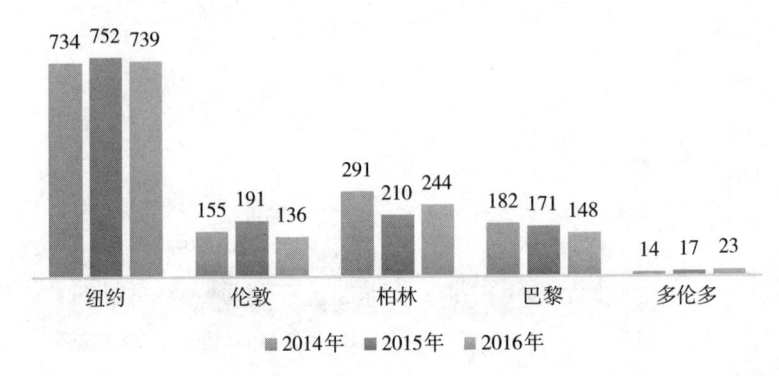

图3 世界主要出版中心(不含马德里)城市出版
西班牙语图书品种图(2014—2016)

语在巴黎的三年出版品种是29种,汉语与西班牙语相比大约是其17%,与伦敦的比例相近。西班牙语在德语世界的出版中心柏林,三年平均品种是248种,而汉语图书在柏林出版的品种是14种,二者相比,汉语仅是西班牙语的6%。与西班牙语相比,汉语在伦敦16%、巴黎17%、柏林6%,这也表明了汉语的影响力,在柏林要低于巴黎、伦敦。

在汉语出版中心北京,西班牙语图书的三年平均出版品种是17种,虽然远远低于英语的1500种,但要高于法语的7种,这也显示了中国出版与西班牙语文化区之间的交流合作的水平、中国西班牙语方面的教育和人才积累现状,以及西班牙语在中国的影响力现状。

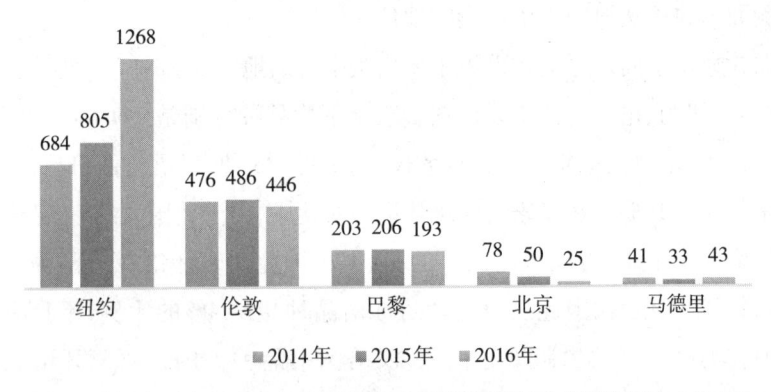

图4 世界主要出版中心(不含柏林)出版德语图书品种图(2014—2016)

图4显示了德语在世界主要出版中心的地位与影响。在英语世界的出版中心纽约,三年平均品种为919种,而汉语品种为29种,汉语与德语相比是其3%左右;德语在伦敦三年的出版品种310种,而汉语是26种,汉语与德语相比,大约是其8%左右,在伦敦的影响要高于纽约。在法语世界的出版中心巴黎,德语三年平均品种为200种,而汉语是29种,汉语与德语相比,是其15%左右,显然与德语相比,汉语在巴黎的影响力要远远高于纽约、伦敦。在西班牙语世界的出版中心马德里,德语的三年平均品种是39种,而汉语在马德里的平均品种是2种,汉语与西班牙语相比是其5%。这个比例高于纽约,但低于伦敦。

德语在北京的出版品种,2014年至2016年三年平均为50种,要远远高于法语的7种、西班牙语的17种,这突出体现了中国出版与德语世界的交流合作程度,以及德语在中国的影响要远远高于法语、西班牙语。

综合以上对比数据,整理出如图5。

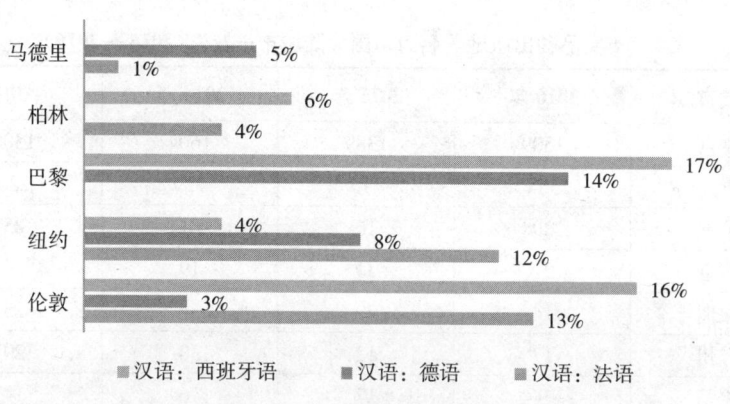

图5 汉语在世界出版中心的地位(与法、德、西班牙语对比)图

通过图5的综合对比,通过汉语与法语、德语、西班牙语的对比数据,可以发现汉语在巴黎的综合影响最大,最高的数据比为17%,要高于纽约的12%、伦敦16%,而马德里的影响最低,最高的比例为5%。在柏林的影响6%稍高于马德里。这一结论似乎可以说明,汉语在法语世界的出版地位其实要高于英语世界,德语世界次之,在西班牙语世界的影响最低。这个结论充分提醒中国出版界,今后要努力工作的目标和方向。在发展英语图书出版的同时,还要

加大法语、德语、西班牙语图书的翻译与推广,注意主要世界出版语言的平衡发展。

二、中国的世界出版能力发展现状

中国用汉语之外的语言出版图书、期刊、影视以及数字化产品的能力,是衡量与评价中国的世界出版能力的另外一个维度。因为这与中国出版机构的出版内容、品种的国际化程度,中国出版机构的世界市场占有率,中国出版人才的国际化程度等多个方面密切相关,是中国世界出版现状的一个真实体现。

本文依据 OCLC 数据库平台,按照署名出版地,检索出了英文图书署名的中国大陆的 21 个城市,在 2014 年至 2016 年三年出版的品种,按照三年平均品种,形成表 1。

表 1 英文品种出版地署名为中国大陆城市一览表(2014—2016)

城市	2016 年	2015 年	2014 年	平均值
北京	1509	1389	1604	1500
上海	358	175	129	220
杭州	29	16	31	25
南京	21	31	19	24
深圳	14	22	34	23
广州	17	12	30	20
沈阳	9	17	16	14
哈尔滨	19	6	10	11
天津	9	15	10	11
武汉	16	7	10	11
桂林	5	11	11	9
成都	9	13	5	9
西安	9	6	9	8
合肥	2	6	8	5
长沙	7	3	1	4

续表

城市	2016 年	2015 年	2014 年	平均值
济南	3	2	3	3
郑州	2	0	5	2
长春	1	1	4	2
青岛	1	1	0	1
重庆	1	1	1	1
兰州	1	0	1	1

通过表 1 的数据可以发现,署名出版地为北京的英文品种最多,三年平均为 1500 种,这个水平虽然不能与柏林的平均 1.3 万种、巴黎的平均 3973 种相比,但比马德里的平均 1450 种多出了 50 种,具体详见图 6。

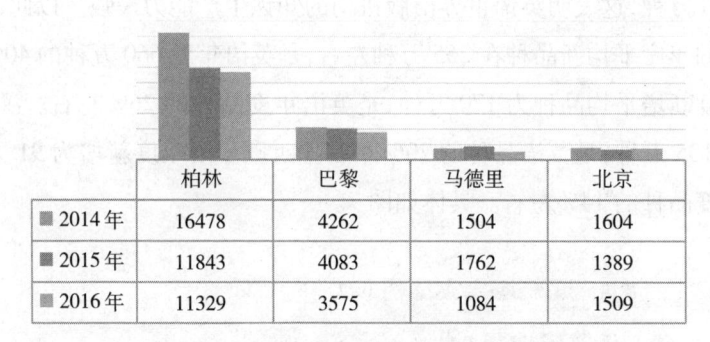

	柏林	巴黎	马德里	北京
■ 2014 年	16478	4262	1504	1604
■ 2015 年	11843	4083	1762	1389
■ 2016 年	11329	3575	1084	1509

图 6　世界主要出版中心(不含纽约、伦敦)城市
出版英语图书品种图(2014—2016)

中国大陆城市中除北京之外,署名出版地为上海的品种为 220 种,杭州为 25 种,南京为 24 种,能够出版英文品种的城市除沿海发达城市之外,还有内地的城市成都、西安,东北的哈尔滨、长春、沈阳,累计达到了 21 个。这表明中国出版机构的世界出版能力不仅在文化中心城市北京、上海,而且具有一定的广泛性,中国大陆出版机构的世界出版能力已经积累了一定的实力。表 1、图 6 的数据充分表明,中国出版除了汉语图书的出版之外,英语出版能力已经可以与西班牙语世界的出版机构并驾齐驱。

三、中国提升世界出版水平的最佳时机

随着中国经济改革开放以来的快速发展,特别是党的十八大以来中国综合世界影响力的日益增大,汉语的国际地位正在迅速提升。

本文借助OCLC世界图书馆系统,通过每年汉语出版的新品种入藏增长比例来看,汉语已经超过了西班牙语。借助OCLC的数据,本文特别整理了2014年至2016年五大语种的年均新品种增长比例,其中结果如下:英语出版物截至2013年入藏品种达到了1.19亿种,2014年达到了1.27亿种,比前一年净增加了633万种;2015年为1.32亿种,比2014年增加690万种;两年平均为660万种,这表明英语世界出版机构的知识生产能力最强。以此计算,德语世界的年度平均新品种在265万种左右,是英语年度660万种的40%左右。法语年度新增平均品种为170万种,是英语年度品种的26%左右。汉语年度新增为135万种,是英语品种的20%左右。西班牙语年度新增为91万种,是英语年度品种的14%左右。具体如图7。

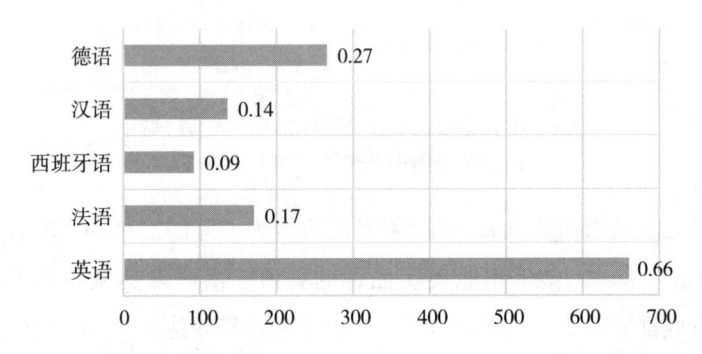

语种	比例
德语	0.27
汉语	0.14
西班牙语	0.09
法语	0.17
英语	0.66

图7 世界图书馆系统(OCLC)年度平均入藏五大语种新品种图书比例

由图7可以得出两个发现:一是从知识生产能力的排名上看,英语世界的知识出版能力最强,德语次之,按百分比排名第二位,法语排名第三,汉语排名第四,西班牙语排名第五。而从品种数量上看,汉语的知识生产能力已经远远超过了西班牙语,并与法语接近。

汉语的世界地位随着中国世界综合影响力日益增大正在快速提升的事实,也在国际出版商协会(IPA)与世界知识产权组织(WIPO)合作推出的2016年全球出版行业调查报告中得到了验证。根据IPA发布的报告显示,2015年,全球的出版商一共发行了超过160万种读物,其中有约一半来自中国和美国。报告显示,在全球25个最大的图书市场中,中国贡献了约47万种新书,占总数的28%,美国为33.9万,占总数的20%[①]。

上述研究表明,中国在政治、经济、文化等方面日益增强的世界影响力,是汉语提高世界出版地位千载难逢的历史机遇,汉语初步具备了与英、法、德、西班牙语一样成为世界出版语言的基础。在这个历史机遇面前,中国出版要主动抓住这一难得的历史机遇,尽快完成如下三个层面的能力建设。

第一,提高跨语种的出版能力。即中国出版机构的图书、期刊、数字化产品不仅能够满足中文本土读者的需要,还要能够被不同国家、民族以及不同文化区的人们所乐意接受和喜爱。

通过本文的研究发现,中国大陆的英语出版能力虽然大幅提高,并与西班牙语世界的出版机构并驾齐驱,但在法语、德语、西班牙语等西方语言的品种出版方面,还很不平衡。具体如图8。

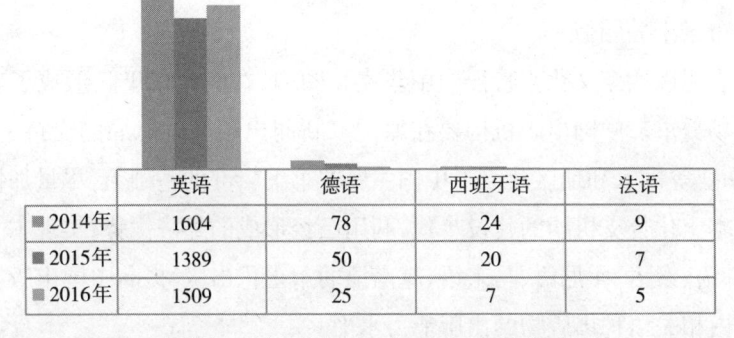

	英语	德语	西班牙语	法语
2014年	1604	78	24	9
2015年	1389	50	20	7
2016年	1509	25	7	5

图8 北京出版英语、法语、德语、西班牙语图书品种图(2014—2016)

通过图8可以发现,在北京,德语、西班牙语的出版活跃程度要好于法语,

---

① 详见 A Pilot Survey by the IPA and WIPO, *The Global Publishing Industry in* 2016, pp. 7-11。

德语的三年平均品种为50种，西班牙语图书为17种，而法语图书三年平均数量仅为7种。这个数据既一方面反映了中国出版与相关语言文化区在政治、经济、文化等方面的交流与合作程度，也反映了中国相关语言人才的教育、培养发展的不平衡现状。因此要加强不同语言图书出版之间的平衡发展，特别是在"一带一路"国家和地区使用人口数量大、对于中国发展道路与经验具有强烈需求的国家和地区的语种图书出版方面，如阿拉伯语、印地语、乌尔都语、孟加拉语等的图书出版，要改变目前极其匮乏的现状，尽快借助"一带一路"倡议的实施契机，加快相关语言的出版能力建设。

除注意西方主要世界出版语言的平衡发展之外，还要在以儒家文化为标志的东亚、东南亚中华文化圈内，加快东南亚语种的出版能力建设。笔者在2018年7月实地考察了泰国曼谷的图书出版市场，以泰国的新鲜（jamsai）出版社为例，该出版社是泰国专门以出版青少年的文学读物为主的出版社，近些年专门从中国大陆购买悬疑、探秘、爱情等浪漫文学作品出版，每年的品种能够达到200多种，最畅销的品种能够达到1万册左右，定价在200泰铢至500泰铢之间。这些泰文图书的版权购买多是根据台湾读者的风向标走，如果某一本图书中国台湾购买了大陆的版权，这家出版社也会跟着购买，并翻译成为泰文面向泰国的青年人进行推广。这与中国网络文学在越南、印尼、马来西亚的图书市场十分相似。

这表明以儒家文化为特征的中华文化圈内，在新时代里又形成了新的共同的市场需求。中国出版机构要在原国家新闻出版广电总局的支持下，在东亚、东南亚等国家和地区建立了中国主题图书编辑部的基础上，尽量加快中国出版的本土化分支机构的建设步伐，利用已经形成的经济优势，实现本土化的日语、韩语、泰语、印尼语、马来语、越南语的本土化出版，提高中国出版在中华文化圈内相关语种出版物的出版能力水平。

第二，扩大跨地域的市场占有率。跨地域、跨国别的出版市场，即意味着未来中国出版机构不再以中国大陆为单一市场，还要面对世界不同国家、地区的读者需要，在出版对象国有针对性地开展出版活动。一个国家出版的文化产品是否能够占有跨地域、跨国别的市场，在多大程度上占有，是这个国家是否为出版大国的核心指标。

即在以儒家文化为标志的中华文化圈内,要尽快加强跨地域的市场占有率。在这方面云南新知集团已经大胆进行了一个很好的先期尝试。新知集团自 2011 年开始,已经在柬埔寨、老挝、马来西亚、缅甸、斯里兰卡、泰国、尼泊尔、印尼建设了 8 个国际连锁华文书局,总营业面积 16 万多平方米,员工 2200 多人,经营图书、音像制品 35 万多种,是全国率先走出国门探索国际连锁发展的发行企业。第一个开业的新知柬埔寨金边华文书局,位于金边市堆谷区毛泽东大道与金日成大道交汇处,面积 1500 平方米,书局在醒目位置设"当代中国图书专柜",重点陈列中国梦、中国道路系列图书;设"柬埔寨图书专柜",集中展示柬埔寨国家领导人传记、经济科技等图书;专设"滇版图书专柜",重点展示云南省各出版社出版的有关云南的自然风光、民风民俗、特色民居等图书。除一、二楼为书局外,三、四楼是中华国际全日制学校,现有在校学生 120 人;五楼是职业学校;六楼是舞蹈学校和多功能厅;七楼是舞蹈室、武术室、书画室、音乐室;八楼是展厅、棋牌室、办公室、生活区;九楼是茶体验馆、会议室、露天剧场、花园式休闲露台等。在新知集团在东南亚已开设的 8 个华文书局中,已经有柬埔寨金边、马来西亚吉隆坡、缅甸曼德勒 3 个书局实现盈利,泰国清迈、老挝万象两个书局正走向盈利[①]。

第三,汇聚世界化的出版人才。所谓世界化的出版人才,即意味着未来中国出版企业不仅仅以中国员工为主,还要大量具有不同文化背景、不同国家和地区的编辑、出版和发行人才。当今世界的跨国出版集团,无一不在全世界各地拥有分支机构,员工可能来自十几个国家,文化以及宗教信仰可以千差万别。2013 年,企鹅与兰登这两家世界性出版公司的合并手续,就经过了美国、澳大利亚、新西兰、欧盟和加拿大、南非和中国等 7 个国家监管部门的批准。目前旗下拥有分布在五大洲的独立出版公司 250 家,拥有上万名员工,每年出版 1.5 万种图书,每年发行的图书、音像和电子书的数量是 8 亿多册(份),是当今世界真正意义上的出版帝国,在出版人才的世界化、多元化方面,为中国出版企业树立了一个未来长期努力的目标和典范。

以此标准来衡量中国 600 家出版企业,其差距更是显而易见。目前中国

[①] 《新知集团李勇:华文书局走出去正当其时》,《云南日报》2018 年 8 月 24 日。

大陆每年大约能够吸引 8000 名至 10000 名世界各个国家、地区的外籍人才到中国就业，但 85% 以上服务于跨国企业在中国的分支机构，其余 15% 集中在中国金融、法律、科技以及教育领域，而直接能够雇佣外籍员工的中国出版企业还十分罕见。

与跨语种的出版能力、跨国别的出版市场相比，人才是制约中国世界出版能力发展与提升的一块短板。而人才恰恰是图书出版等文化产业的核心竞争力，而中国出版国际化人才队伍十分匮乏的现状，值得整个行业以及政府主管部门的高度重视。因此中国出版要认真研究，如何在世界层面上进行筛选和组织人才，不仅要在传统出版的策划、编辑、印刷、发行等层面，具有吸纳世界一流人才的能力，还包括要拥有数字出版、网路出版、移动终端和社交媒体等领域的创新人才队伍。人才队伍建设非旦夕之功，中国出版应及早出台中国出版人才的国际化目标、规划以及建设保障措施，从出版人才国际化的建设角度推动中国出版走出去。

（本文原发表在《出版发行研究》2018 年第 12 期）

第二篇　中国图书文化对外传播概略

中国古代图书文化的中国智慧

一、《道德经》：影响世界的中国智慧

2017年，英国伦敦连续发生多次恐怖事件，整个英国上下，对于恐怖分子充满着一股仇恨而又无可奈何的气愤情绪。就在人们对于每天必须经过的地铁、广场等公共空间提心吊胆的时候，一则来自中国《道德经》名言，"天下莫柔弱于水，而攻坚强者莫之能胜"被很多人反复咀嚼着，思忖着。这则古老的中国名言，犹如一盆冷水，提醒了很多人，对付暴力的最好态度是以柔克刚，要彻底克服和消除恐怖主义，不能以暴易暴。许多伦敦市民在这则名言的启示下很快恢复了平静，逐渐回归到正常的生活状态。

事情起因是，在伦敦地铁线上有一个名字为欧维尔的地铁站，一名工作人员因为喜欢中国《道德经》，所以就经常在告示栏里，抄写一些名言警句，以此来鼓励、安慰南来北往的地铁乘客，每天一个"金句"也感动了很多行人。有人在社交媒体上感叹道："欧维尔地铁站的工作人员完全可以得到新年大奖！要论鼓舞人心，他们比政客们强多了。"

的确，《道德经》是2500多年前期的中国思想，不仅哺育和滋养了中华民族的心灵，也在漫长的历史中不断被翻译、介绍、传播到世界各地，历久弥新，今天已经成为世界各国人民共同的精神财富，特别成为鼓励人们克服、消除恐怖主义的东方智慧。

二、翻译语种最多、再版最多

翻译语种、版本数量是一本图书世界传播范围的客观标志。翻译语种、版本越多,说明该书的传播范围越广,影响越大。《道德经》这部诞生于中国东汉时期的图书,最早被传教士介绍到欧洲,目前较为明确的历史记录是1788年,西方传教士将该书翻译成为拉丁文作为礼物献给伦敦的皇家学会,但真正受到西方学者的关注则是在19世纪,法国汉学家雷慕莎将"道"等同于希腊语中的"罗格斯",此后雷慕莎的学生儒莲,在1841年完成了第一部带有注释的法译本《道德经》,开始将"道"翻译成为"通道(way)"。在1868年出现了第一个英译本《道德经》。而最为权威的是传教士理雅格在1861年至1885年编译的五卷本中国经典文献,确定了《道德经》的基础概念和标准词汇翻译,一直延续到20世纪。20世纪后半期,《道德经》在欧美的翻译蔚为大观,此时也出现了许多备受欧美读者欢迎的英译本。

笔者依据全世界图书馆联机书目平台的最新检索发现,迄今为止,《道德经》在全世界图书馆依然流通的语言译本有45种,比之2009年河南社科院丁巍教授的统计,多了300多个版本,新发现了7种语言的译本,这7个新语种分别是旁遮普语、南非荷兰语、古吉拉特语、马其顿语、克罗西亚语、加泰罗西亚语、乌尔都语。如果加上之前的女真语、满语,《道德经》的翻译语种已经超过了50种。

表1 《道德经》的翻译语言、版本(截至2018年3月30日)

序号	《道德经》翻译语种	版本数量(含再版)
1	英语	406
2	日语	399
3	德语	161
4	西班牙语	152
5	意大利语	94
6	朝鲜(韩语)语	91

续表

序号	《道德经》翻译语种	版本数量（含再版）
7	法语	39
8	泰语	30
9	瑞典语	14
10	丹麦语	13
11	希伯来语	12
12	土耳其语	12
13	匈牙利语	10
14	荷兰语	10
15	泰米尔语	7
16	挪威语	5
17	越南语	4
18	芬兰语	3
19	俄语	3
20	波兰语	3
21	旁遮普语（新发现语种）	2
22	南非荷兰语（新发现语种）	2
23	马来语	2
24	罗马尼亚语	2
25	捷克语	2
26	古吉拉特语（新发现语种）	2
27	阿拉伯语	2
28	印地语	1
29	希腊语	1
30	斯洛伐克语	1
31	世界语	1
32	葡萄牙语	1
33	印尼语	1
34	乌尔都语（新发现语种）	1
35	马其顿语（新发现语种）	1
36	拉脱维亚语	1
37	拉丁语	1

续表

序号	《道德经》翻译语种	版本数量(含再版)
38	克罗西亚语(新发现语种)	1
39	克罗地亚语	1
40	加泰罗西亚语(新发现语种)	1
41	梵语	1

再版数量是衡量一本图书的思想被不同时代的人们所接受的重要指标,再版次数越多,说明该书的思想、智慧越具有普遍性,其思想越具有跨越不同时代的穿透力。本次检索,将再版数量也进行了统计。笔者发现,此次 45 个语种的版本数量累计达到了 1500 多个版本,许多都是老版本的重新再版,而且有些是中国大陆读者所不熟悉的译本。如古吉拉特语 2007 年出版的《道德经》,就是 1971 年在新德里版本的再版;2007 年丹麦语译本的《道德经》是 1997 年哥本哈根的再版,之后 2009 年又再版。《道德经》再版热成为 21 世纪以来一个重要的文化现象,仅 2010 年至 2017 年的 8 年里就新增了 136 个版本,涉及语种 16 种。具体如图 1。

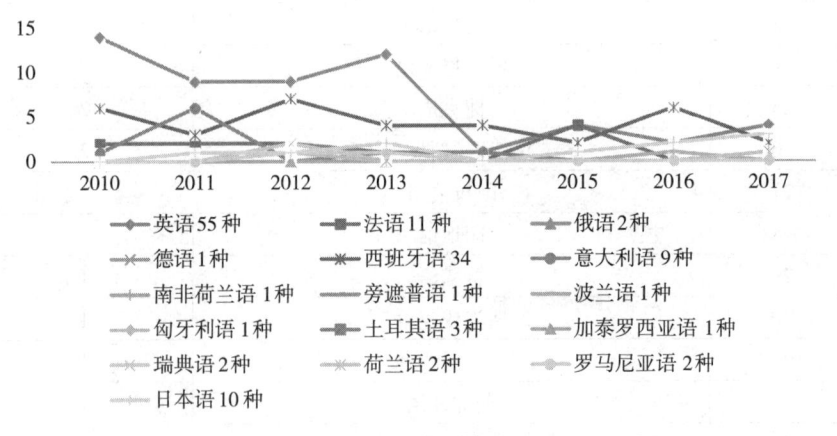

图 1　2010—2017 年《道德经》新增的版本、语种图

通过翻译语种、再版数量的统计,可以说,《道德经》是迄今为止世界传播范围最广的一本中国图书。

三、专业评价最多、读者评价最多

一本图书影响力的形成,通常是由专家、学者(舆论领袖)的评价延伸到普通读者,这两类人群的评价、态度和数量,与翻译语言、再版数量一样是评估一本图书影响力的重要指标。

收录了欧美最为权威的学术期刊专业数据库是 JSTOR,笔者依据这个数据库,在 2018 年 3 月 30 日检索发现,仅就英语、德语、法语、西班牙语等欧美语种的统计显示,关于《道德经》的研究图书、研究文章等就有 7100 多种(篇),其中专业图书为 1093 种,专业书评有 916 篇,研究文章达到了 4129 篇,其他题材有 959 种。这个数据,是迄今为止中国图书在欧美学术界影响的最高纪录。

这里特别值得关注的是刊发《道德经》书评、研究文章的学术期刊,均为西方学术界最有影响的专业期刊,如创办最早、迄今为止具有 300 年历史的《华裔学者》,英国最为知名的东方研究机构伦敦亚非学院的《亚非学院学刊》,美国夏威夷大学东西方哲学研究中心的《东西方哲学》,迄今为止世界影响最大的美国亚洲研究协会(AAS)的《亚洲研究》及哈佛大学的《中国季刊》,等等。具体如表 2。

表 2　刊发《道德经》研究文章的主要学术杂志及刊发数量

学术期刊名称	文章数量 (截至 2018 年 3 月 30 日)
华裔学志	343
东西方研究学刊(国际东西方研究学会)	305
东西方哲学(夏威夷大学)	264
亚洲研究杂志(美国亚洲研究学会)	221
伦敦大学亚非学院学报	215
亚洲艺术周刊(纽约大学)	148
中国季刊(哈佛大学)	135

续表

学术期刊名称	文章数量（截至2018年3月30日）
中国文学(印第安那、威斯康星大学等)	115
汉学书评(法兰西高等社会科学研究院)	96
英国皇家亚洲协会杂志	78
宗教季刊(芝加哥大学出版社)	56

《道德经》是20世纪以来欧美学者关注度最高的一本书,并深深影响了欧美现代哲学、心理学、文学艺术,甚至现代物理学等相关理论的发展与完善。根据美国新泽西州州立罗文大学韩爱国教授的研究发现,德国后现代哲学家海德格尔的名著《存在与时间》,其主要思想就来源于中国的道家。有充足的证据显示,海德格尔甚至曾经翻译过《道德经》和《庄子》的部分章节。德国心理学家荣格的心理分类理论就直接来源于道家的阴阳之说。美国著名的过程派哲学家怀海德(Whitehead)就吸收了《道德经》中的"道法自然"的观点,认为宇宙是一个自足、开发和不断自我调整的一个自足系统。《道德经》的影响甚至延伸到现代西方自然科学领域,美国物理学家卡普拉(Fritjof Capra),在他的名著《物理学之道》中,高度评价了中国道家的观点,卡普拉认为"道家的哲学思想体现了基本的科学态度,并像现代科学一样揭示了自然现象之间相互关联、相互作用、不可分割的本质"。

除了这些如雷贯耳的欧美学者之外,还有一批在欧美学术界享有盛誉的华裔学者,如曾经在美国夏威夷大学、达特茅斯学院任中国哲学教授的陈荣捷先生和美国俄勒冈大学东亚系杜润德教授,及布朗大学宗教学教授罗浩先生等一大批著名的中国哲学研究专家,均发表了大量关于《道德经》的研究文章,这些文章以及书评,通过专业学术期刊再次广泛传播,影响了更多普通读者对于《道德经》的接受与反馈。

下图是亚马逊网站和全世界最大的读者平台goodreads上读者评价最多的一本英译本《道德经》的封面,是企鹅兰登旗下的Vintage出版社在2017年刚刚推出的纪念版。该书的译者为华裔学者冯家福和妻子简·英格里希,最早由美国纽约克诺夫(Knopf)出版社在1972年出版,此后不断再版几十次。

冯家福1919年出生于上海，自小受到良好的私塾教育，后来毕业于西南联大，1947年到美国宾州获得硕士学位。他的道家思想研究融入了西方文化成分，曾在美国成立了若干个道家研究中心，并四处讲学。因此冯家福的《道德经》的英译本不仅获得西方学术界的高度评价，而且欧美读者也十分喜欢他的译本。除了《道德经》之外，冯家福还翻译有《庄子内七篇》。

冯家福和简·英格里希的英译本《道德经》封面[1]

根据笔者在2018年3月30日的统计，共有86621人对于冯家福的《道德经》英译本参与了评价，读者留言人数达到了3536条，这是迄今为止读者评价数量最多的一本中国图书。绝大多数读者认为，冯家福和简·英格里希的译本通俗易懂，如诗般的语言清晰流畅；而且因为中西译者合译，展现了原汁原味的中国道家文化，在给人带来美的享受之余，还做到形式和内容的完美统一。还有相当一部分的读者认为，《道德经》的永恒智慧在今天的现实中得到了实实在在的应用。

总之，通过翻译语言、版本数量和专业人群、普通读者的人数统计，可以说

---

[1] 图片来自于亚马逊。——笔者注

《道德经》堪称是有史以来在世界上影响最大的一本中国图书,四个数据都创造了历史纪录,迄今为止尚没有被超越。这本图书所主张、倡导的人与自然世界的和谐共生,"道法自然""众生平等"等东方思想,可以肯定的是,还将继续传播下去,并被更多的人所接受。因为当今世界,特别是西方文化主导世界政治、经济、文化发展的500多年来,造成了一系列无法解决的问题,如现代物质发展水平与有限环境生态之间的紧张关系,人类社会传统伦理与科技过渡发展之间的矛盾,不同国家、民族、宗教之间不断爆发的地区冲突与对立等等,而解决这些问题唯一有效的办法,就是中华民族在悠久的历史长河中所积累的东方智慧,从改变外在世界到改变自身的心理世界,改变西方中心主义唯我独尊的理念。正如伦敦市民通过"上善若水"的名言,能够调解自身对于恐怖主义的情绪一样,《道德经》在21世纪的今天,依然是人类社会未来发展的指路明灯。

(本文原发表在《人民论坛》2018年第7期,发表时有删节)

唐诗在世界(1)

——李杜文章在,光焰照世界

近两年神州大地上涌现的诗词热,再次吸引了全世界的目光,有羡慕,也有对千年吟诵不断的中华文化精华——唐诗宋词的赞叹。海内外又纷纷把不同时代的中国诗词再版、上架,世界各国读者与中国读者一道,体会明月、远山、溪流这些千年前就被中国诗人吟诵的自然景观在 21 世纪的新意境。

中国诗词以自然景观入诗,将大自然与人的精神想象结合,强调人的情感与山川名物之间的共鸣,追求物我同心的精神传统,与欧美世界强调主客二分世界大异其趣,因此近 200 多年来西方世界对于中国诗词的翻译、评价与解读不断。

截至 2018 年 2 月 7 日,依据世界图书馆系统数据库检索和相关学者研究发现,李白、杜甫诗歌翻译语种有英语、日语、法语、意大利语、捷克语等 30 多种。

一、对亚洲周边国家影响最早

李白、杜甫诗歌影响以日本、朝鲜半岛、越南等亚洲周边国家、地区为最早。由于汉语长时间在这些地区通行,因此这些地区的人们可以同步吟诵李白、杜甫的诗歌绝句,对当地的文学发展具有巨大影响。全唐诗就收录了唐朝诗人旅居骦州(今越南)创作的很多诗篇,也收录了唐朝在中央政府任职的越南官员的诗作。李白的名篇《哭晁卿衡》就记录了李白与日本遣唐使阿倍仲麻吕之间的友情。唐诗深深影响了日本汉诗创作传统的形成与发展,从奈良一直持续到江户时代,有 1000 多年时间,直到明治维新之后仍保存着汉诗创作的文化传统。根据日本情报研究所数据库的检索可知,截至 2018 年 2 月 7 日,李白诗歌的日语选译、专译本和全译本有 238 种,其中在日本图书馆收藏最多的是日本学者武部利男注译的《李白集》,收入在"中国诗人选集"丛书中,由岩波书店 1957 年至 1958 年间出版,被全日本图书馆收藏的为 379 家。杜甫诗歌的选译、单译本和全译本有 232 种。其中被日本图书馆收藏最多的是由京都大学文学院教授川合康三著的《杜甫》,由岩波书店 2012 年 10 月出版,全日本收藏的大学图书馆为 473 家。

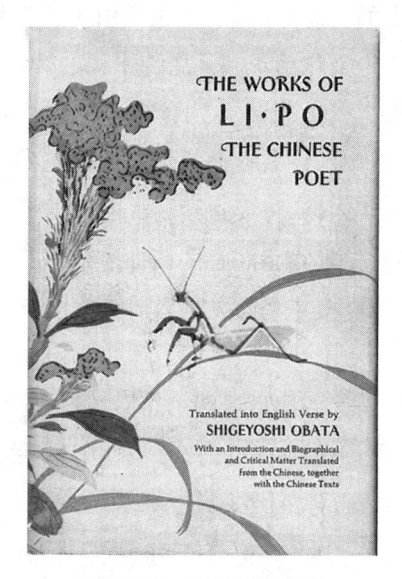

小畑薫良:《李白诗选》①

李白、杜甫诗歌在日本的翻译与传播可谓源远流长,所有设有中国文学系的日本大学均有中国唐诗课程,日本学界不仅有李白、杜甫的专业研究会、研究专刊,一些普通诗歌爱好者还组成诗友会,不断举办各类朗诵活动。李白、杜甫不仅成为日本文学以及动漫的创作题材,甚至还有李白命名的日本清酒。

唐诗宋词,已经成为亚洲周边国家人民共同的精神家园。

---

① 本文图片均来自亚马逊。——笔者注

二、影响西方后现代主义诗歌运动

　　李、杜诗歌译本最多的是英语,并很早就完成了经典化历程,影响从诗人创作延伸到普通读者,十分广泛。根据笔者的检索发现,迄今为止李白、杜甫诗歌的英语选译本、专译本和全译本累计超过 250 种。其中影响较大的有三种,一是美国诗人熊古柏 1973 年翻译出版的《李白和杜甫诗》,列入企鹅经典丛书,全世界 604 家图书馆收藏。在世界最大的读者网站 Goodreads 上,该书的读者评价人数为 332 人,留言数量为 24 条;美国著名汉学家洪业在 1952 年翻译的《杜甫:伟大的中国诗人》,由哈佛大学出版社出版,全世界收藏图书馆为 600 多家,Goodreads 上评价人数为 336 人;由旅美日裔学者小畑薰良翻译的《李白诗选集》,最早由美国杜登出版社在 1922 年出版,全世界收藏图书馆为 738 家,这是第一部李诗英译专集,收录李白诗 124 首。该书 1969 年还在纽约出版,全世界收藏图书馆为 336 家。

　　唐诗在美国的研究,比其他西方国家更加专业化,突出表现在专业研究机构的出现。如 1981 年在美国科罗拉多大学成立的中国唐代学会,科罗拉多大学教授保罗·克罗尔主编了出版年鉴性质的唐诗研究专辑《唐学报》,刊登各国学者的诗歌研究文章和书评。美国亚洲研究学会的年会 30 多年来都有涉及唐代诗歌研究的小组讨论专题会。

　　李白、杜甫诗歌很早就进入了欧美权威性文学作品选集、工具书和大学课堂,在 20 世纪上半叶就已经完成了文学经典化历程。据杨凯的研究发现,在英语世界有 10 多种最权威、影响最大的教科书、工具书收录了李白、杜甫诗歌。如由安德森主编、1961 年出版的《东方文学名著》,白芝主编、1965 年出版的《中国文学选集》,梅维恒主编、2001 年出版的《哥伦比亚中国文学史》,孙康宜与宇文所安合编、2010 年出版的《剑桥中国文学史》等。

　　包括李、杜诗歌在内的中国诗歌,在 20 世纪初开始直接影响了西方的后现代主义诗歌运动的发展,白云、冷月、暮秋等中国诗歌意象开始进入庞德、艾略特等英美后现代主义诗人的诗歌创作之中。正如翻译过李白、杜甫诗歌的

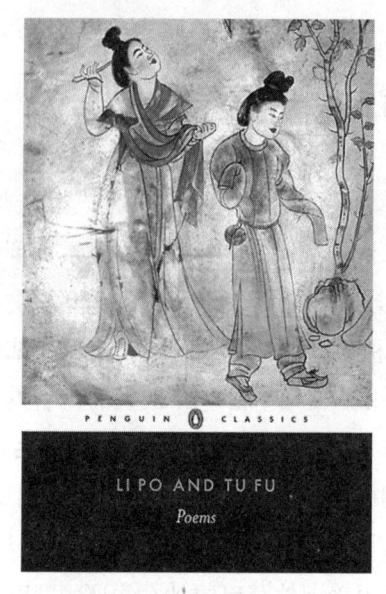

熊古柏:《李白和杜甫诗》

美国超现实主义诗人默温所说:"到如今,不考虑中国诗歌的影响,美国诗就不可想象,这种影响已成为美国诗自己的传统的一部分。"值得提出的是,美国纽约退休教师墨菲,在 2008 年、2009 年翻译出版了《墨菲的杜甫诗集》,以自由体诗歌形式按行释意,累计翻译了 1455 首杜甫诗歌,以自助出版方式由亚马逊旗下的 Create Space 出版社出版。这是英语世界第一个杜甫诗的全译本。2010 年至 2016 年墨菲又以同样形式出版了《墨菲的李白诗集》,翻译的诗歌也超过了 1000 多首。墨菲写道:"这些诗歌不是真正的翻译,更多的是(中国诗歌)读后感。"这个现象表明了李杜诗所代表的中国诗歌在欧美世界的影响程度。

三、法译中国诗歌质量高影响大

李、杜诗歌最早被翻译为西方文字的是法语。法语翻译介绍李白、杜甫诗歌的译者主要以汉学家和诗人为主,悠久的法国汉学传统以及对于中国哲学、思想文化的深刻认识,使这些法译中国诗歌质量最高、影响最大。特别是20世纪一批中国的旅法学者加入,共同构成了法译中国诗歌的200多年历史。

根据钱林森的研究,1778年巴黎出版的汉学著作《北京耶稣会士杂记》中有欧美介绍李白、杜甫诗歌最早的文字。汉学家埃尔维·圣·德尼侯爵的《唐诗选》由阿米欧出版社在1862年出版,翻译质量代表了西方汉学家的最高水平。19世纪法国著名诗人戈蒂耶给女儿朱迪特·戈蒂耶请了一位中国人教中文,并共同译出了一本名为《玉笛》的中国诗集,收录了几十首中国诗歌,1867年出版,在欧美世界影响最大,不断被转译为德语、葡萄牙语、西班牙语、意大利语等其他语言。进入20世纪初后,法国大诗人保尔·克洛岱先后翻译了40多首包含李白、杜甫诗歌在内的中国诗词。1962年法国出版的《中国古诗选》中,单唐朝就选译了李白、杜甫、白居易等40多位诗人的106首诗词。1977年法国知名诗人雅热的《唐代诗人及其环境》,介绍了包含李白、杜甫在内的多位中国诗人。

洪业:《杜甫——伟大的中国诗人》

大量中国旅法学者参与中国诗歌法译是一大特色。如自20世纪30年代至20世纪末,就有梁宗岱、徐仲年、罗大冈、程纪中等著名学者,从中文直接译成法文,将李、杜风格精确地呈现给法国读者,这些旅法学者因此享誉法国文坛。迄今为止，法国巴黎还经常举办中国诗歌的表演年会。

在德语、意大利语世界，形成了一股仿译李白、杜甫等中国诗歌的创作热，大大增强了李白、杜甫在欧洲国家读者中间的知名度。德国研究与译介李白、杜甫等唐诗的后起之秀以著名汉学家顾彬为代表。

最为著名的意大利语译本是由马萨拉尼在1822年出版的《玉之书》，根据法语译本改写，其中就有李白的《静夜思》，该书出版之后受到读者热烈欢迎，不断再版。1943年出版的《中国诗歌集》，由意大利获得诺贝尔文学奖的诗人蒙塔莱撰写序言进行推荐。这种仿译中国诗歌热一直持续到20世纪后期。

李、杜诗歌的俄语翻译介绍，以苏联时期的翻译介绍最为充分。根据李明宾的研究，在苏联时期唐诗俄译流行的译本有两种，一种是1956年出版的《中国古典诗歌集（唐代）》，另一种是1957年出版的《中国诗歌集》第二卷（唐诗），两书的出版者均为国家文学出版社，印数均为35000册。此外还有1967年由苏联著名女诗人阿赫马托娃所选译的《杜甫抒情诗集》等。

新中国成立后，中国诗歌在中东欧国家的翻译与传播得到官方的大力推动，一大批精通汉语的外交官、学者纷纷投身到翻译事业当中，将中国诗歌从中文翻译成捷克语、波兰语、罗马尼亚语、南斯拉夫语、阿尔巴尼亚语等中东欧语种，这在历史上是空前绝后的。

一位署名Al Maki的读者2014年5月17日在Goodreads上写道："汉语诗学传统与欧洲完全不同。我拥有熊古柏的《李白杜甫诗》已经有40年了。我年轻时喜欢李白，因为他非常豪放、自由，但是现在开始改变了，我更喜欢杜甫。"的确，李白、杜甫诗歌在对外翻译与传播的200多年间，一位豪放，一位深沉；一位抒发浪漫性情，一位写尽历史沧桑。通过诗歌所展现的鲜明形象与精神风貌，如一束噼啪作响的火把，不断照亮不同语言世界的读者心灵，不断点燃不同国家的文学之火。正如大诗人韩愈在1000年前就预言的："李杜文章在，光焰万丈长。"

（本文原发表在《人民日报·海外版》2018年2月14日，发表时与江蓝共同署名）

唐诗在世界(2)

——白居易诗，现实关怀传世界

在中华文化源远流长的历史长河中，李白以豪放载入史册，杜甫以深沉名垂千古，白居易则以平易、通俗自成一脉，开创了另一个历史辉煌，李白、杜甫、白居易成为伫立在中国文学史上最为醒目的三座高峰。在梳理白居易诗歌在海外翻译、传播与影响的历史时我们发现，三个诗人既有一致的地方，但在有些国家和地区又有所区别。

一、对日本影响最大的中国诗人

在亚洲周边国家和地区，白居易在日本的影响要超过李白、杜甫，被称为对日本影响最大的中国诗人。

按照北京大学严少璗教授的观点，"在中国古代文学史上，恐怕没有哪一位作家，像白居易那样，对日本中古时代的文学产生过如此重大的影响；也没有像白居易那样，如此深入地打动了当时知识分子的心灵"。白居易诗歌在其本人在世时，就被遣唐使带到了日本。日本有官方记载的最早时间是公元838年，《日本文德天皇实录》上记载："承和五年，太宰少贰藤原岳守因检唐人货物，得《元白诗笔》，奏上。帝甚悦，授依从五位上累官至右近卫中将。"这一年白居易67岁。其实早在公元809年白居易39岁时，他的一些诗歌就已经传到了日本。据考证，当时传到日本的白居易诗歌主要以《白氏文集》《白氏长庆集》为主。在日本9世纪到12世纪的400多年里，白居易诗歌不只是作为异国文学珍品供其鉴赏咏叹,更多的是作为一种文学创作的楷模,供作家们在创作中仿效。这一时期的日本汉诗、和歌、物语、散文,几乎在文学的一切样式中,都不同程度显露了模拟白居易文学的痕迹。日本平安时代的著名学者大江维时编撰的《千载佳句》一书中,收录了中日诗人1110首诗歌,白居易诗歌就有535首,排名第一。

笔者根据日本情报研究所数据库的检索发现,截至2018年2月7日,署名白居易的诗集、选集以及文集的日语翻译本、注释本共有195种,其中以日本著名汉学家冈村繁翻译、注释的《白氏文集》(12卷)影响最大,全日本有528家图书馆收藏,收录在明志书院1988年出版的"新释汉文大系"丛书中。

冈村繁译注:《白氏文集》,明治书院1988年版①

但是囿于接受心理与文化习惯,日本欣赏接受白居易的诗歌,主要是欣赏、接受他的闲适、感伤一类诗歌,对于白居易本人比较看重的讽喻诗,一些日本读者也将其归之于"感伤"类去欣赏仿作。

日本关于白居易的研究很早就进入了专业化阶段。日本学术界很早就成立了白居易研究会,定期出版和发表最新研究文章。由日本勉诚出版社2018年出版的《白居易研究年鉴》,就以"饮酒和吃茶"为主题研究白居易诗歌。专

---

① 本文图片均来自于亚马逊。——笔者注

业研究白居易的日本学者也承前启后，大师辈出。如研究中国唐代文学的泰斗花房英树教授，京都大学名誉教授川合康三，还有提出"唐宋变革论"的日本京都学派内藤湖南、宫崎市定等许多学者，都对白居易有大量的研究。

在白居易在世时便有大量诗歌传入朝鲜半岛，并对当地的早期文学创作产生了很大的影响。迄今仍然在韩国存有当时的一些珍稀版本，如现藏于首尔大学的敦煌残本《白居易诗集》、宋绍兴本《白氏文集》、明朝马元调本《白氏长庆集》、明刻本《白氏策林》、清朝汪立名《白香山诗集》，等等。特别是高丽、朝鲜时代的文学家、诗人，不仅仿照白居易的《长恨歌》《琵琶行》等名篇进行创作，大量化用白居易的诗句，而且还直接将白居易的生活轶事入诗。其中以朝鲜时代著名诗人许筠为代表，他写有《和白诗》25 首。

但是根据韩国成均馆大学的金卿东研究发现，白居易诗歌自 11 世纪传入朝鲜半岛之后的几百年间，白居易的影响都没有赶上杜甫。在整个朝鲜半岛，以忠君、忧国、爱民为己任的杜甫堪称整个朝鲜半岛举国学习的典范。在朝鲜成宗十二年（1481）刊行的《杜诗修解》一书中，有"天下几人学杜甫，家家尸祝最东方"的记载。具体原因，根据金卿东的判断，主要是因为朝鲜半岛历代都盛行崇儒拒佛的治国理念，因此全社会都能够接受杜甫的诗歌，而对于李白、白居易则有的能够接受，有的受到批评。如白居易的《长恨歌》就被朝鲜文人批评为歌颂"宫中行乐""艳丽放荡"之语，不宜为"士族妇女"阅读，这显然存在对白居易诗歌的误读。

二、提倡现实主义风格的西方文学家推崇白居易

笔者依据世界图书馆数据平台检索发现，署名白居易的英译作品数量多达 189 种，其中既有收入白居易诗歌的选译本，也有专集，还有依据白居易的诗作进行改编的戏剧、小说等，白居易诗歌选、文集选、专集超过了 20 种。

在英国，介绍中国诗歌最为全面的是传教士汉学家翟理思。他在 1901 年出版了第一部全面介绍中国文学的《中国文学史》，书中唐朝文学一章介绍了李白、杜甫、白居易等 18 个诗人。该书在伦敦的威廉海涅曼出版社出版后不断再版。

英国著名翻译家阿瑟·韦利十分喜爱、推崇白居易诗歌中浅显平易的风格,因此翻译得也最多。根据相关学者统计,他在1916年、1919年、1934年、1941年、1946年出版的中国诗歌集和1949年出版的《白居易生平及时代》都收录了多首白居易诗。阿瑟·韦利一生差不多翻译了200多首白居易诗歌。笔者依据检索发现,阿瑟·韦利的各种白居易诗歌译本,全世界收藏图书馆累计超过了1200多家,影响最大。1983年,中国外文局所属的新世界出版社遴选了阿瑟·韦利翻译的白居易诗200首,以《白居易诗选200首》为书名出版,全世界收藏图书馆72家。英国政府曾授予阿瑟·韦利"大英帝国爵士""女王诗歌奖"及"荣誉爵士",以表彰他对中国文化研究与译介的卓越成就。

在美国,以著名汉学家华兹生对于白居易的研究与翻译为代表,他2000年翻译出版了《白居易诗选》,由哥伦比亚大学出版社出版,全世界收藏图书馆达到了324家。另外一位译者是美国著名诗人大卫·辛顿,他将诗歌创作与翻译结合在一起,对于白居易诗歌的意境、想象把握准确,文笔优美,是美国翻译白居易诗歌的一个里程碑,获得了很多读者的好评。该书在1999年由纽约新方向出版集团出版,全世界馆藏数量为255家。

阿瑟·韦利:《白居易诗选200首》,新世界出版社1983年版

法语是翻译白居易诗歌最早的西方文字。根据检索发现,署名作者为白居易的诗歌选、文集选以及作品改编的单行本等白居易专集有13种,其中质量最高、影响最大的是1862年由汉学家埃尔维·圣·德尼侯爵翻译出版的《唐诗选》和19世纪法国著名诗人戈蒂耶翻译的1867年出版的《玉笛》。两本最早的唐诗选集都收录了白居易的诗歌。

在德国,署名作者为白居易的德文选译本、文集以及专集等品种仅有31种,而李白的则达到了100种之多。可见,李白在德国的影响最大。笔者推测,这可能因为白居易诗歌中没有李白那么多描写饮酒类的诗作有关。有关饮酒类诗歌特别受到德国诗人、翻译家以及学者的钟爱。但是仍然有一些提倡以现实主义风格写作的德国文学家、汉学家推崇白居易。根据社科院凌彰的研究,德国汉学家勒·沃奇,在1925年就出版了名为《中国诗人与思想家白居易的叙事诗》的专著。德国表现主义诗人埃伦施泰因1923年出版了改译成为德文的《白居易》,1924年出版了《中国控诉——3000年革命的中国诗歌的意译》,其中仿译了白居易的9首诗歌。另外一位对白居易诗歌情有独钟的是原民主德国著名剧作家、诗人贝托尔特·布莱希特,他曾从唐诗英译诗集中转译白居易诗成德文,1938年发表在莫斯科出版的流亡者杂志《发言》上。

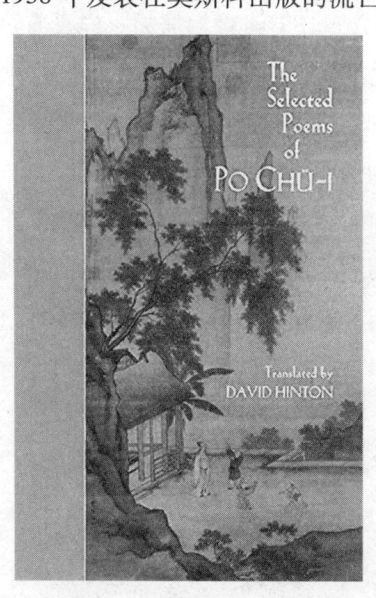

大卫·辛顿译:《白居易诗选》封面,1999年版

三、白居易诗具有超越时空的力量

由于新中国与苏联建立的良好关系,苏联对唐诗的翻译比较充分。根据李明滨教授的研究,在唐代著名诗人的选译本中,白居易的选集最多,多达6种,均为苏联著名汉学家费德林翻译。

白居易诗歌在中东欧地区的翻译与传播十分突出。笔者依据检索发现,署名白居易的捷克语译本有3种,其中高马士1958年翻译出版了捷克文译本《白居易诗集》,并在1964年、1994年、2013年分别再版。

不论对东方还是西方的读者,辉煌灿烂的唐诗都因其汪洋恣肆的精神世界,千百年来让不同时代的人们能够从中找到情感共鸣,不管男女,无论老幼。一位美国读者于2010年2月8日在美国诗人大卫·辛顿翻译的《白居易诗选》后面留言道:"我大约是在十年前知道白居易的,从此之后,我就对他的诗歌着了迷。白居易是一名唐代官员,他的诗抒写自然世界与静谧的美,也写过辛辣讽刺社会的诗作。白居易的诗歌世界超越了他自己所处的时代。在1000年后的今天,我不知道还有谁像白居易一样具有这种超越时空的力量。"的确,白居易诗歌在他本人在世时就已经风靡海内外了,唐宣宗在《吊白居易》一诗中所写下的诗句:"童子解吟长恨曲,胡儿能唱琵琶篇",就是白居易诗歌在当时广泛传播的证明。这种广泛传播的动力,来自白居易诗歌平易通俗的诗句后面,所蕴含的"心中唯念农桑苦,耳里如闻饥冻声"的拳拳之心。英国的汉学家阿瑟·韦利也从白居易诗歌中找到了情感共鸣,白居易诗歌以"文章合为时而著,歌诗合为事而作"的现实关怀而成为世界文学的永恒经典。

(本文原发表在《人民日报·海外版》2018年2月28日,发表时与俞悦共同署名)

唐诗在世界(3)

——王维诗,诗画意境寰宇传

在群星灿烂的唐代诗人中,王维是少数几个在生前获得广泛知名度的诗人之一。杜甫曾用"最传秀句寰区满,未绝风流相国能"诗句来形容王维诗歌的传播情况。确实,王维以"诗中有画、画中有诗"的诗歌神韵,上接老庄的清静无为、逍遥齐物之幽思,下开寄情山水、归隐自然的田园诗脉,开创了中国诗歌历史上极具特色的一个流派。王维诗歌的独特风格,不仅在当时的亚洲周边国家广泛传播,也从18世纪开始对西方世界的文人以及诗歌创作产生巨大影响。王维堪称对世界影响最大的中国诗人之一。

一、日本汉诗受王维田园诗风格影响

由于汉语在亚洲周边国家很长时间里是通用语,在日本、朝鲜半岛以及东南亚的越南等地文人均可同步接触到王维的诗作。公元753年王维与日本遣唐使阿倍仲麻吕的唱和诗作"送秘书晁监还日本国并序"就收入《全唐诗》,并流传至今就是明证。

受王维等田园诗歌风格的影响,日本汉诗创作从7世纪开始,一直到明治维新时期,在大约1200多年的时间里,形成了一股参悟修行的"禅诗"风格,作为汉诗创作主体的日本僧侣尤其接受和欣赏王维诗歌。据王丽娜的考证,较早的一个日语译本《王右丞集》就是由僧人潭清翻译、注释,1929年出版。笔者依据日本情报研究所数据库的检索发现,截至2018年2月7日,在日本

都留春雄译本:《王维》,1958年版①

1200家大学图书馆中,署名王维的诗集、选集以及文集的日语翻译本、注释本共有54种,仅次于李白、杜甫和白居易。其中影响较大的一是著名汉学家都留春雄注释,从清人赵殿成的《王右丞集笺注》选译王维诗95首,取名《王维》,由岩波书店1958年出版,全日本有362家大学图书馆收藏;二是日本京都大学教授小川环树和日本岛根大学教授入谷仙介、都留春雄合作,选译了王维诗百首,每首诗都附题解,取名《王维诗集》,1972年由岩波书店出版,在日本180家大学图书馆有收藏。

  日本学界研究王维的学者也是承前启后。最为知名的王维研究专家是入谷仙介教授,在1976年和1997年出版了《王维研究》《王维的生涯与诗》,迄今为止仍是日本学界研究王维的权威之作。

  在朝鲜半岛,王维诗作被往来不断的使臣、留学生带回来,成为当时汉诗创作的范本。直到15世纪朝鲜文字出现后,仍有大量民间诗歌中频繁出现"渭城""朝雨""阳关""一杯酒"等诗句,可见王维在朝鲜半岛的影响。

---

① 本文图片均来自于亚马逊。——笔者注

二、影响美国意象派诗歌运动

王维诗歌在英语世界的翻译,著名汉学家翟理思 1901 年出版了第一部全面介绍中国文学的《中国文学史》,是英语世界里较早介绍包含王维诗歌在内的唐诗文字。英国著名翻译家阿瑟·韦利也翻译了王维的一些诗作。此后一批美国学者加入翻译和研究队伍,如美国著名汉学家华兹生 1986 年翻译出版了《中国诗选》,收有王维诗英译作品。华裔学者叶维廉 1973 年翻译出版了《王维诗选》。哈佛大学教授宇文所安 1977 年出版《初唐诗》、1981 年出版《盛唐诗》,分别收录他翻译的王维诗 8 首。

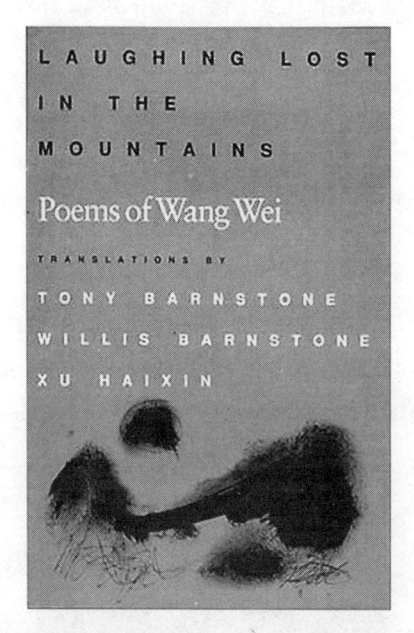

巴恩·斯通与华裔学者合译:《空山拾笑语:王维诗歌》,1991 年版

另一类译者是以诗人为主,集翻译与诗歌创作于一体,侧重诗歌创作。这类诗歌翻译直接影响了美国意象派诗歌运动,影响最大,也最深远,主要以 20 世纪的美国为中心。美国后现代诗人庞德的《华夏集》与意象派女诗人洛威

尔的《松花笺》,并称为对于美国意象派诗歌创作影响最大的两本翻译作品。一直到20世纪后期,对王维诗歌的翻译与创作还在继续。

笔者依据全世界图书馆数据平台的检索发现,署名王维诗歌的英语选译本、专集和研究专著有42种,其中王维的专集有15种;在亚马逊网络书店在销英译图书有97种。在英译王维诗歌专集中,影响最大的有三种:第一种是华裔学者余宝林译的《王维诗新译》,收入王维诗150首,并对王维诗作了深入的分析研究,1980年由美国印第安纳大学出版社出版,曾收入中国"熊猫丛书",全世界收藏图书馆为396家;第二种是美国著名诗人巴恩·斯通父子与华裔学者合译的《空山拾笑语:王维诗选》,由美国新英格兰大学1991年出版,全世界收藏图书馆为399家,第三种是由美国著名诗人大卫·辛顿翻译并于2006年出版的《王维诗选》,该译本吸收了前人的译本精华,对于王维诗的意境把握准确,文笔优美,获得了很多读者好评,全世界馆藏数量为395家。

大卫·辛顿译:《王维新选》,2006年版

三、法国诗人多次将王维入诗

法语是翻译王维诗歌最早的西方文字。笔者依据检索发现,署名作者为王维的诗歌选集、专集以及研究专著有 42 种。其中影响最大的是法国著名的汉学家帕特里克·卡雷 1989 年翻译出版的《蓝田集——诗人、画家王维诗选》,2004 年再版。

法语翻译中国唐诗开创了"仿译"的滥觞。最早的法译本是 1862 年由汉学家埃尔维·圣·德尼侯爵翻译出版的《唐诗选》,收录了包含王维等中国诗人的 97 首诗歌译作,该书的引言被法国汉学界公认为是最早并具有相当价值的中国古典诗歌研究文献。5 年后法国著名诗人戈蒂埃 22 岁的女儿朱迪特·戈蒂埃出版了中国古诗集《玉笛》,并多次再版修订。朱迪特的译诗用一种自然清新又富有诗意的散文式语言重新书写了中国古诗,开创了"仿译中国诗歌"的滥觞。虽然学术界对于这种翻译形式褒贬不一,但她的作品通俗易懂,很适合西方读者赏析,在西方社会引起了很大的反响,使中国古典诗歌在西方开始得到重视并流行一时。

此后类似翻译还有法国著名诗人雅热,在 1977 年翻译出版的带有研究性质的《唐代诗人及其环境》,该书介绍了包含王维在内的多位中国诗人作品。曾经获得龚古尔诗歌大奖的法国诗人克洛德·罗阿,受王维诗歌的影响最大,曾多次将王维入诗,写有《致王维》《王维的友情》等诗作。早在 1967 年就翻译出版了名为《中国诗歌宝库——罗阿的介绍与翻译》,1980 年再版。1991 年罗阿在该译本的基础上,扩大了收录诗歌的范围,收录了王维等诗人的 250 首作品,以《盗诗者——盗自中国的 250 首诗》为书名出版。

根据笔者检索发现,署名作者为王维的俄语诗歌选集、专集以及研究专著为 13 种。俄罗斯关于王维研究,如汉学家艾德林的弟子 G·Dagdanov 在 1984 年出版过专著《王维创作中的禅宗思想》,作者认为王维是唐代唯一在庙里受到教育的中国大诗人,王维一生的创作都在努力寻找禅、诗、画之间的和谐。另外,学者 E·Sukhorukov 还发表过《评俄译王维诗》《王维周围的诗人》

和《王维诗中的社会批评》等论文。

四、诗画意境获得广泛世界影响

王维以"诗中有画、画中有诗"的意境获得广泛的世界影响,而对于西方世界的影响要超过东方一些国家。如果说日本以僧侣为主体的汉诗创作对于王维的推崇与接受,不过是中华文化的传统基因再次发扬光大的话,那么王维在美国、法国等西方世界的影响力,则是一种巨大突破,即寄情山水、物我合一的思想理念对于强调主客二元世界之别的西方价值观是全新的,因此20世纪初期的英语、法语、西班牙语等西方的学者、作家、诗人,都纷纷加入翻译中国诗歌的行列中,并形成了一个新的诗歌创作形式——"仿译"中国诗歌。

加拿大诗人迈克尔·布洛克在1960年翻译出版了王维诗歌集《幽居的诗》,收入了他从意大利语转译成英文的《辋川集》组诗。该译本被联合国教科文组织评为"中国诗歌最佳范本",收入联合国教科文组织代表作品集"中国系列"之中。迈克尔·布洛克深深感受到了王维诗歌所呈现的东西方世界观的差别,他在该书序言中写道:"我必须说,中国人对待自然的态度,即人被认为是自然的一部分,这一点与西方观点不同,即人被视为割裂的观察者与评论者。"美国诗人、"深度意象派"代表罗伯特·勃莱将"仿译"王维诗歌升华为一种带有绘画创作性质的艺术活动。他翻译出版的王维诗作,特别聘请中国艺术家创作具有中国古典山水意境的图画出版,以此充分阐释王维诗歌的山水意境。在拉丁美洲,获得诺贝尔文学奖的墨西哥诗人奥克塔·维奥·帕斯化用唐诗到自己的诗歌创作过程中,如在1971年出版的诗集《回归》中,就直接引用王维"酬张少府"中诗句来抒发思想感情。1993年出版了他转译的王维等的诗歌集《翻译与消遣》。美国作家艾略特·温伯格与帕斯合写了《读王维的十九种方式》,从翻译和诗歌的角度解析了王维诗《鹿柴》在多种语言中的代表性译文。

根据董继平的介绍,挪威有位号称"北欧隐士"的平民诗人奥拉夫·H·豪格,一生待在一个小渔村里,只从事果园种植的园丁生活,亲身体验千年前陶渊明、王维等中国诗人的生活方式。

笔者注意到,在亚马逊、Goodreads 上的读者对于王维诗歌的留言,大部分是在 21 世纪之后,累计超过了 58 人。2017 年 12 月 3 日,一位英国读者在美国诗人巴恩·斯通翻译的《王维诗选》后面写道:"这些诗是美丽的。它们勾画出如此生动的山脉、河流、竹林、荒野和孤独的意象。我是这么地喜欢这些诗,真的很惊讶,这些诗在一千多年后仍然持有如此庞大的力量。这本小书提醒着我们,即使跨越几个世纪和遥远的大陆,艺术的影响力仍然可以如此深远和有价值。"

的确,正如这位英国读者所赞叹的,王维在千年前所创造的诗境,其安静、其深邃在千年后日益繁忙、更加紧张的现代化社会,更具有魅力。

(本文原发表在《人民日报·海外版》2018 年 3 月 14 日,发表时与刘洋共同署名)

中国主题图书文化在世界的传播与影响

一、从"阐释中国"到"中国阐释"——中国主题图书"走出去":七十年回顾与展望

所谓中国主题图书,指的是在内容方面涉及中国政治、经济、文化等方面的图书,出版所用文字不仅有中文,也包含用英文、法文、西班牙文等世界通用语和非通用语出版的图书,当然也包含从中文翻译成为其他文种的图书;出版机构也不仅仅指的是中国的出版社,也包含欧美等发达国家的跨国出版集团和"一带一路"发展中国家的中小出版机构等。

本文所说的"阐释中国",指的是有关中国政治、中国经济、中国文化等相关内容的图书,着眼点在于中国的内容;而"中国阐释"则是站在中国文化、中国价值的逻辑基础上进行相关内容的阐释、说明,除此之外,还包括对于当今世界其他国家和地区所发生的政治、经济、文化现象进行解释和说明。"中国阐释"着眼点在阐释主体,即阐释的理论逻辑一定具有中国特色、中国风格、中国气派。

从"阐释中国"到"中国阐释"的转变,涉及中国哲学、人文社会科学的理论创新,也是现阶段中国主题图书走出去义不容辞的历史使命。

(一) 中国主题图书的出版、传播现状

随着中国综合影响力的日益增强,在世界图书市场上,有关中国主题的学术出版一直是世界出版市场的重点和热点。笔者依据世界图书馆数据平台,

对于近五年来用中文之外的语言出版的有关中国主题图书品种监测来看,2014年为33665种,2015年为34015种,2016年为31916种,2017年为26938种,2018年为22255种,每年均保持在2.2万种以上。对以中文之外的语言出版公布的电子书、研究报告、数据库等互联网资源的监测发现,2014年为11874种,2015年为11946种,2016年为12276种,2017年为11174种,2018年为8456种,除2018年数据低于万种之外,其余均超过了1万种①。

这个判断还可以通过近五年来学术研究文章的发表数量得到验证。笔者依据泰勒·弗朗西斯(Taylor & Francis)人文社会科学期刊数据库检索发现,以"中国"为研究主题的学术期刊文章,2014年为1866篇,2015年为1739篇,2016年为2130篇,2017年为2334篇,2018年达到了2444篇,2019年1月至5月的篇数为1706篇,接近了2014年全年的总量②。鉴于该数据库平台具有1450余种高质量期刊,其中有626种期刊被SSCI及A&HCI收录,可以看作欧美主流学术界对于中国研究趋势的晴雨表。

有关中国主题的图书、电子书以及数据库等互联网资源的大量出版,加上逐年提升的学术研究论文数量,表明中国主题内容的图书出版与学术研究的热度,堪称当今世界的重中之重。

谁在从事中国主题图书出版、传播?对于这个问题的回答,可以通过从中文翻译成为其他语种的品种数据得到答案。笔者在2014年曾经委托OCLC数据部,整理了2009—2013年五年间从中文翻译成为其他语言的图书品种。数据显示,从中文翻译出版的相关学术图书有8752种,其中除2363种由中国大陆出版机构翻译出版之外,其余70%均为世界其他国家的出版机构所为。这些图书涉及52个语种,以英语翻译出版的品种为最多,达到4393种,占总数量的70%以上。除英语外,还有密克罗尼西亚语、保加利亚语、印度尼西亚语、旁遮普语、古吉拉特语、葡萄牙语、罗马尼亚语、僧伽罗语、斯洛文尼亚语、塞尔维亚语、瑞典语、泰米尔语、泰语、土耳其语等46种非通用语。这些图

---

① 检索时间为2019年5月28日,检索方法为主题词包含"ti∶su∶/=china""ti∶su∶/=chinese",检索平台为OCLC数据库。由于图书馆收藏资源的归集原因,与品种出版日期往往会有1年时间差。

② 检索时间为2019年5月28日,检索方法为"title=china/chinese"。

书的出版机构分别坐落在剑桥、伦敦、法兰克福、柏林、汉堡、马德里、罗马、普林斯顿、夏威夷、纽约、巴黎、洛杉矶、芝加哥、纽黑文、波士顿、华盛顿、科罗拉多、费城、东京、雅加达、吉隆坡、新加坡、河内、首尔等40多个城市,涉及美国、英国、法国、德国、西班牙、捷克、丹麦、荷兰、芬兰、瑞典、以色列、印度、斯里兰卡、土耳其、越南、尼泊尔、日本、韩国等30多个国家的200多家出版机构。这个数据表明,从事中国主题图书的出版、传播的出版机构十分庞大,但集中在英语文化区内。

中国主题图书的出版与传播,有哪些特点?以笔者观之,主要有三:

一是紧随有关中国热点问题,对现实性、针对性的内容出版迅速,传播广泛。如2018年中美贸易冲突以来,相关内容的研究报告以纸介图书和电子书、研究报告、数据库等互联网资源等多种媒介形式迅速对外出版发布,传播广泛。又如2019年初在北京中美双方签署的《中美文化交流、资产合作、进出口管理的合作谅解备忘录》,就由美国国务院不久面向全世界公开发布,该备忘录广泛被世界各国机构用户所收藏,OCLC平台显示全世界收藏图书馆有244家。2017年、2018年美国参议院举行了一系列有关中国的听证会,如《人力报告:中国对于美国教育体系的影响》《中国对于新兴技术的追求》《中国在非洲的存在与投资的影响》《中国军事力量:现代化的战斗力和制胜能力》等,都由美国参议院常设调查小组委员会、国土安全委员会和政府事务委员会等相关机构,以美国政府出版物形式及时对外发布。有关中美贸易相关内容的出版和传播成为世界出版界、学术界高度关注的热点,也是全球主要机构用户,如政府、大学、媒体、商界等相关机构用户不惜重金购买收藏的资源。这些关于中国的专项研究评估报告,每一种在全世界的收藏图书馆数量都很大,有的在一两个月内就超过了200家,传播之迅速、广泛由此可见一斑。

二是欧美各个大学、专业中国研究机构的出版社成为中国主题图书出版与传播的主体。在近十年间,欧美各个大学、专业中国研究机构的出版社逐渐成为中国主题图书出版与传播的主体,与世界跨国出版集团的出版活动相媲美。在2014年OCLC数据库提供的数据中,组织翻译中文学术图书的大学出版社就有剑桥大学出版社、普林斯顿大学出版社、夏威夷大学出版社、肯塔基大学出版社等30多家大学出版机构,这个名单还逐步增加,近些年还出现了澳大利亚、加拿大等大学的出版社。如澳洲国立大学出版社组织世界各地从事中国研究学者编辑出版了一套系列丛书《中国年鉴系列》，每年一个主题。又如2017年的《镀金年代：中国制造2017年鉴》(*Made in China Yearbook 2017：Gilded Age*)，由长期在中国从事环境研究的伦敦经济学院教授安德烈(Andrea Pia)等多人撰写；2018年以劳动者权利保护为主题，出版了《狗年的中国制造：2018年年鉴》(*Dog Days Made in China Yearbook* 2018)，主要关注的是经济快速发展的中国社会里关于劳动者、公民权利等相关内容，由澳洲国立大学长期从事中国社会研究的亚太政治学院教授伊万·弗兰切斯奇(Franceschini,Ivan)等世界各地50多位知名学者撰写，全世界收藏图书馆为490多家；2019年是《权力：中国故事年鉴》(*Power：China Story Yearbook*)，领衔作者是曾经在澳大利亚联邦银行就职，现任教于澳洲国立大学的著名经济学家格丽·简(Golley,Jane)，主要从历史、文化和社会角度解读中国在世界的影响力，以及中国经济在与美国爆发贸易战情况下所面临的挑战，2019年4月出版，不足一个月时间，全世界收藏图书馆就已经超过了500多家。

三是有关中国主题的图书，普遍存在着意识形态特征：这些由欧美大学、专业研究机构组织编写的中国主题图书，普遍带有明显的意识形态倾向性，学术界相关阐释中国的理论、观点，再凭借欧美主流大众传媒的传播进一步放大，最后影响读者的阅读选择，由学术界、媒体界到出版界、再到读者，形成了一个关于中国主题图书的编辑、出版、传播的链条。这种意识形态性突出表现在一些标签化概念泛滥方面，如"专制""极权""国家资本主义""人权""自由"等为主题的图书往往得到高度关注，一些借助敏感事件竞相炒作的"中国禁书"，尽管毫无学术价值但却可以堂而皇之地进入大学课堂。特别是在2018年中美贸易战爆发后，美国政界、学界以及媒体界所表现出的基于西方中心主义思想基础的"文明冲突论""冷战思维"甚至是"种族主义"言论，进一步凸显了这种广泛存在的意识形态特征。

受欧美主流学术界、出版界、媒体界的影响，一些发展中国家限于文化发展水平的局限，也自觉不自觉地接受了这种对于中国阐释的意识形态性判断，从而导致对于中国道路、中国方案、中国智慧的误读和曲解。2013年密克罗尼西亚语翻译出版的《太乙金华宗旨》就是一例。《太乙金华宗旨》一书最早由德国传教士卫礼贤介绍到西方社会,该书德文版出版于 1929 年,由卫礼贤与德国著名心理学家荣格联合署名出版,引起西方学术界的高度关注。1931 年该书由德文转译成英文版,从此该书被认为是认识和理解东方宗教、哲学、生命观的经典。密克罗尼西亚作为西太平洋岛国,1989 年 9 月 11 日与中国建交,2014 年 11 月 22 日,国家主席习近平在斐济楠迪会见密克罗尼西亚联邦总统莫里。但此书中文版作者署名为民间传说中人物吕洞宾,实际上是一本民间传播的普通道教练功书,但却是 2013 年密克罗尼西亚联邦唯一翻译出版的一本中文书。类似现象典型地体现了在西方学术影响下"一带一路"国家对于中国知识的误读。

(二)中国主题图书走出去 70 年,成就与挑战

要突破欧美世界对于中国道路、中国智慧、中国方案的意识形态解读,纠正"一带一路"等发展中国家对于中国认知的误读,必须要加快从"阐释中国"到"中国阐释"的转变步伐。可以说,世界有关中国主题图书的关注度越高、品种越多,从"阐释中国"转变到"中国阐释"的迫切性就越强。

中国主题图书走出去,最为直接、最有效的方式就是对外翻译出版,可以说中国对外翻译出版的历史就是中国主题图书走出去的历史。自 1949 年至 2019 年的 70 年间,大体上经历了如下三个历史阶段:

第一阶段,俗称"前三十年",侧重反映新中国"站起来"的历程和经验。在 1949—1978 年的三十年间,累计翻译出版了约 1 万种外文图书,涉及 44 个语种,内容大约有 12 类,第一类为马克思、列宁主义、毛泽东思想、邓小平理论,该类品种数量最多,超过了 3000 种;第二类为中国政治、法律类,为 2800 多种;第三类为中国文化、科学、教育、体育类,三十年间出版的数量为 1400 种,其他为社会科学总论类、中国文学类、中国艺术类、中国历史、地理类、中国哲学、宗教类、中国医药类、中国经济类、中国语言文字类等。前三十年基本没有科学技术类图书的对外翻译[1]。

---

[1] 数据来源详见何明星:《中华人民共和国外文图书出版发行编年史:序言》,学习出版社 2013 年版,第 1—3 页。

前三十年的时代背景是,以美国为首的西方资本主义国家对于新中国采取全面的政治孤立和经济封锁政策,为了突破这种封锁,中国主题图书的对外翻译出版承担了向全世界人民解释新中国的政治、经济、文化理念、主张的历史重任。因此12个大类中毛泽东著作的对外翻译出版、发行在前三十年里占据了绝大部分比重。据中国国际图书贸易总公司统计,1949年至1993年,毛泽东著作外文版对国外、境外发行了39种文版,计有2300多种、3447万多册,发行到世界上182个国家和地区。在中译外的2800多种政治、法律类文献中,包括中华人民共和国宪法、土地法、中国共产党党章、党代会文件、政治会议决议、历次人民代表大会文件,等等。这两类内容占据了前三十年中国对外翻译出版总品种的62%,体现了前三十年间中国主题图书的文化特征,主要是以介绍、说明和展示新中国为主。

第二阶段,俗称"后三十年",以反映中国改革开放为主,侧重"富起来"的发展历程。在1980—2009年的三十年里,根据笔者依据《全国总书目》的统计,累计对外翻译出版了9763种图书,总量上与前三十年接近,但外译语种仅有25个,较之前三十年减少了19种。从翻译出版的内容分类来看,品种最多的一类内容则是中国历史地理类,达到2426种;位列第二位的依然是中国政治、法律类图书,为2079种;其他为中国艺术类,中国文化、科学、教育、体育类,中国文学类,中国经济类,中国语言文字类,中医药类,中国社会科学总论类等。前三十年最多的马克思、列宁主义、毛泽东思想、邓小平理论这一类内容,在后三十年里成为最少的一类,仅有48种。[①] 出现这一变化的原因不难理解,即在中国经济改革开放的大背景下,对外翻译承担了向世界全面介绍中国特有的自然风光、历史遗迹和地方资源的中介职能,由历史地理的介绍开始,逐步深入对外招商引资文件、地方法律法规等有利于经济建设为主的相关内容。

在后三十年里,有两个特点,一是是随着改革开放事业的逐步推进,相关中国法律法规类图书逐步由专业、权威的中国大陆专业出版机构面向全世界

[①] 何明星:《中国文化对外翻译出版与国际传播调研报告(1949—2014)》,新华出版社2016年版,第27页。

出版、发行,改变了前三十年统一由外文出版社对外出版发行的局面;二是由外国人、外籍专业人士直接用外文撰写中国政治、经济、文化的图书,由世界知名出版机构单独或者与中国出版机构联合对外发布的中国主题图书逐年增多,日益成为中国主题图书走出去的一种模式。

第三个阶段,即2010年至今天的新时期,侧重"中国阐释"的新阶段。不难看出,无论是前三十年的"站起来"经验,还是后三十年"富起来"的发展历程,中国主题图书对外翻译的内容都是介绍与说明,侧重点在"阐释中国"。随着中国国际影响力的日益增强,亟须从中国悠久的历史传统、丰富的文化资源出发,对于中国"站起来""富起来"伟大历史实践给予论证、阐发,而不是利用西方文化理论体系、学术话语削足适履,这是中国主题图书走出去在新时期所面临的巨大挑战。

适应这一历史新要求,相关部门推出了一系列支持中国主题图书走出去的重大工程、计划,如2005年启动的"中国图书对外推广计划",2009年启动的"中国文化著作翻译工程"以及同年启动的"经典中国工程""丝路书香翻译工程"、2010年启动的"中华学术外译计划"等,这些项目均强调对于反映中国当代社会政治、经济、文化内容的图书给予支持,并特别强调反映中国特色社会主义理论体系研究成果,反映中国道路、中国经验,体现中国社会科学前沿最新研究成果是重点,突出了"中国阐释"的目标与要求。这一时期,虽然时间不长,但成就很大,突出特点有三:

一是基本形成了输出版权、联合出版、海外出版等多种中国主题图书走出去的形式。在相关工程的引领下,中国主题图书形成了输出版权、联合出版等多种形式。特别是一批中国大陆出版社在海外设立子公司、分公司甚至参股、购买海外出版机构,随着这些出版社在海外从事相关出版活动日益增多,中国主题图书从译者水平、出版质量和发行传播范围等方面,得到大幅提高,中国大陆出版机构成为中国主题图书走出去的真正主力。

二是出现了一批引领性、品牌新的中国主题图书。如外文出版社在2014年面向全世界出版发行了《习近平谈治国理政》(第一卷)的英、法、俄、阿、西等22个语种的版本,集中介绍新时期中国发展理念,截至2017年下半年,该书已发行了642万册。根据全世界最大的图书馆平台(OCLC数据库)显示,截至2017年12月底,该书英文版已经进入全世界245家图书馆。2017年11月8日,外文出版社又发行了《习近平谈治国理政》(第二卷)中文版。在该书的引领下,一大批反映中国道路、中国智慧、中国方案等内容的电子书、影像产品和互联网在线资源迅速推出,丰富了中国主题图书走出去的内容和形式,扩大了传播覆盖范围。

三是"中国阐释"等中国主题图书崭露头角,从"阐释中国"到"中国阐释"的转变已经开始。早在2007年荷兰布睿尔出版社就组织编写了一套"布睿尔中国人文丛书",这套丛书就包含洪子诚、陈平原、骆玉明、荣新江、葛兆光等中国学者的著作,但仍然是从历史、文化的角度进行解释和说明。近些年,一些基于中国文化、中国价值、中国哲学的理论视野回答世界普遍关注的热点问题的学术图书逐年增多,如中国社科院赵汀扬的《天下体系》《天下体系的当代性》等学术图书,侧重"中国阐释",因此获得世界学术界的广泛关注和讨论。除了这种哲学层面的"中国阐释"之外,也开始出现了与西方针锋相对的学术专著。如清华大学阎学通教授用英文撰写的《领导力和大国的崛起》(Leadership and the rise of great powers),在2019年5月由普林斯顿大学出版社出版,并在北京举办了新书发布会。该书指出以"道义"为核心的政治领导力才是国家实力的关键所在,认为中国过去40年取得非凡成就、逐渐缩小与美国综合国力的差距,靠的是中国领导人的政治领导力。直接质疑美国前总统首席战略分析师史蒂夫·班农(Steve Bannon)的所谓中美之争是"模式之争"的观点。该书获得了中外媒体的广泛关注,发布不足一个月时间,全世界收藏图书馆已经超过了200家。

总之,中国主题图书走出去的70年历程所取得的历史成就是巨大的,但挑战也是空前的。从游击战争思想、农村包围城市的思想,到改革开放事业中的"经济特区""一国两制"等体制创新,都是中国共产党人领导全中国人民所进行的前无古人的伟大实践,必须要基于中华文明核心价值基础上得到恰切合理的逻辑阐释。同时,21世纪中国在政治、经济、文化领域的全面崛起,一定会面临已经主导了世界500年发展进程的西方文化体系的全面竞争。因此,中国主题图书走出去,要在文化竞争中完成中国人文社会科学的理论创新,难度之大、挑战之巨可想而知。但是正如《道德经》所言,"飓风过岗,伏草惟存",中国学术界已经历经40年的对外开放,中国出版界基本完成了体制、机制的改革,具备了完成"中国阐释"这一历史使命的基本能力。相信经历过五千年历史风浪冲刷的中华文化,一定能在未来人类社会发展方向上给出一份漂亮的答卷。

(本文原发表在《人民论坛》2019年第9期)

二、天下谁人不识君——毛泽东著作的海外传播

无论后人如何评价,毛泽东都是20世纪中国对世界影响最大的历史人物。毛泽东没有踏入非洲、拉丁美洲半步,但毛泽东思想却在这些地方产生了巨大影响;毛泽东不曾像周恩来、邓小平等领导人一样到过法国,但毛泽东的思想却在欧洲掀起巨大思想波澜,使法国从行为艺术到新电影流派、从结构主义到解构主义、从马克思主义到后马克思主义……每一种思潮似乎都与"毛泽东主义"(Maoism)相勾连。在今天举国上下都在致力于一个文化大国建设的关键时期,回顾毛泽东著作的海外传播历程,对于如何实施中华文化海外传播的战略,发挥中华文化"软实力"作用,具有颇多的启示与借鉴。

(一)为什么毛泽东著作能够在海外广泛传播?

许多人都以为,20世纪中叶,毛泽东著作能够在海外广泛传播,是因为中国当时采取了一种"输出革命"的对外策略,并不计代价的在世界各地大量发行毛泽东著作的结果。其实这种说法是片面的,至少是不全面的。

毛泽东著作能够在海外广泛传播,首先是因为第三世界国家存在着向中国学习摆脱西方列强侵略、获得民族独立经验的强烈愿望。

翻开20世纪五六十年代的《人民日报》,有大量非洲、拉丁美洲、中东和南亚等第三世界的国家领导人、政治组织、经济交流团、文化代表团、新闻代表团来访中国的报道,当时最高领导人毛泽东、刘少奇、周恩来、陈毅等国家领导人接见来访者的报道时常见诸报端。中国对这些国家所具有的吸引力,通过

这些来访机构、组织的一些宣言、来信、报道可以发现一些端倪：

1949年12月8日《人民日报》刊登了突尼斯共产党给新中国的贺信，信中说，"新的中华人民共和国的诞生，曾经在此间当作一个自由和平阵营的重要生力军，和一切被压迫人民在为他们民族解放的斗争中的伟大范例而进行庆祝"；

1949年12月11日伊朗群众党中央委员会给毛泽东发来的贺电中说，"在中华人民共和国的新政府成立之际，伊朗群众党中央委员会向你致兄弟的敬意。中国人民在你领导下反对国内反动派及外国帝国主义的斗争中所获得的胜利，有重大历史意义，特别是对于亚洲被压迫人民来说。伊朗人民从中国大革命的震天动地的胜利中，真正看到他们自己从悠久的外国帝国主义的枷锁和封建商人集团的剥削中解放的前奏"；

1949年12月11日，摩洛哥共产党中央的贺信中写道，"中华人民共和国的成立，对于附属国和殖民地人民，特别是对摩洛哥人民在发展其为争取民族解放的斗争中，是一个宝贵的教育和鼓励"；

……

显然，作为一个长期被蔑称为"东亚病夫"的大国，能够结束100多年列强肆意侵略、任人宰割的历史，无疑是20世纪世界政治格局中的一件大事。中国人凭的是什么？有什么秘诀？获得民族独立的法宝是什么？这些都引起了全世界的广泛兴趣。因此在世界上的一些国家和地区，兴起了一股"学习中国"的思潮，他们通过不同方式与中国建立联系，纷纷来中国取经、来中国学习。

作为领导中国革命胜利的领袖毛泽东的著作，就顺理成章地得到一些国家、政党领袖和组织机构的高度关注。比如毛泽东著作在苏联的传播，首先是来自斯大林的提议。1948年斯大林主动提出要翻译《毛泽东选集》，并派出理论家尤金来到中国。中国由陈伯达、田家英整理中文稿，师哲组织负责中文译成俄文工作。在编译的过程中，尤金向斯大林推荐了《实践论》《矛盾论》《在延安文艺座谈会上的讲话》等文章，斯大林最早阅读了毛泽东的《实践论》，之后便交给苏共中央机关刊物《布尔什维克》，该刊在1950年12月（总23期）发表，同年12月23日，《真理报》全文转载。

1950年英国共产党创办的柯列茨书店就与中国建立了联系。经过三年的沟通,英共所属劳伦斯出版社经理汤姆斯·罗素先生于1953年5月25日访华,并代表英国共产党与国际书店经理邵公文签订了在英国出版《毛泽东选集》英文本的协议,这是新中国成立后第一本委托翻译出版的书籍。劳伦斯出版公司在英国出版的《毛泽东选集》英文本(1—3卷)分为4册,于1956年出版后,第1版印12000册,主要面向欧洲大陆以及英语国家发行,发行对象就是世界各国共产党、左派团体等书店和会员。

此间还有一些国家的政党、组织机构不断提出翻译毛泽东著作的要求,这样才使中国意识到毛泽东著作在海外需求很大,对外宣传策略也逐渐明晰起来,要"输出自己的出版物,把毛泽东思想和中国革命胜利的经验介绍到外国去,特别要介绍给东西方被压迫民族"。但在具体出版品种上,最初毛泽东著作并不多,而中国文化、中国历史以及当代中国文学作品还占据相当比例。根据笔者统计,在1958年之前由外文出版社出版的英语、德语、法语、俄语、印尼语、西班牙语等出版物中,毛泽东著作所占的比例保持在15%—25%之间。比如1954年外文出版社的英文出版物有47种,毛泽东著作有11种,其他还有陈伯达、邓子恢、贺敬之、丁玲、鲁迅、赵树理、周扬、柳青、巴金、刘白羽、张天翼、李季、高玉宝等人的著作;法文出版物有12种,毛泽东著作仅有2种。一直到1960年,中央外事小组在制定外宣工作规划时才明确提出:为了适应世界人民革命斗争的需要,要大大加强毛泽东思想的宣传。要集中力量出好《毛泽东选集》的英、法、西、日等外文版,积极向亚洲、非洲、拉丁美洲和日本等地区和国家推广发行。1962年在《关于改进外文书刊对外发行工作的报告》中进一步把以毛泽东著作的出版发行确定为基本政策,"通过发行书刊向全世界宣传毛泽东思想。出口总方针是配合国际革命运动的发展,经常地、系统地、千方百计地而又稳步地向全世界特别是亚非拉地区发行我国书刊,首先是外文书刊,以毛泽东著作以及其他政治性书刊为主"。直到1966"文化大革命"爆发后,毛泽东著作才成为外文出版物中的大宗品种,比例长期超过50%以上。

其次,毛泽东著作文采熠熠,大量形象、生动的比喻,好理解,易于接受。这一点恐怕是与毛泽东个人所具有的诗人气质相关。单就文采而言,毛泽东的一些著作要比马克思、恩格斯、列宁等人的著作有文采,与刘少奇、朱德、周恩来等同辈中国共产党的领导人相比,文中经常充满妙趣横生的比喻,想象力更是出类拔萃。

因此,一些外国人普遍认为毛泽东的著作充满了吸引人的词语。比如"一切反动派都是纸老虎"这句话就被许多外国人拿过去,变成自己的民族语汇,并且进一步引申和发挥。如非洲一些领导人就把"纸老虎"引申为"被阉割的纸老虎""逃不脱被碾成肉酱命运的纸老虎"。再如"人终有一死,或重于泰山,或轻于鸿毛"这句话在莫桑比克人那里,就转变成"为国家而死,保卫人民利益而死,这种死的分量像戈龙戈萨山(Gorongosa,位于莫桑比克境内,现有戈龙戈萨国家公园,)一样沉重"。再如"军民鱼水情"的比喻,被用作发动最广泛的群众与参与民族独立斗争的理念,上至国家领导人,下至普通一员均能够接受和理解。津巴布韦的总统穆加贝(Robert Mugabe)曾经坦言,有一段时间,他们在远离故土的丛林里与白人作战,一些战士因为思念亲人而开小差,最后是用毛泽东的军民鱼水这一理念,专门开办学习班统一思想,改变了战法,才取得了罗德西亚战役的胜利。在阿尔及利亚民族解放军队伍中,毛泽东的《中国革命战争的战略问题》《抗日游击战争的战略问题》《论持久战》《战争和战略问题》等著作,都被指战员所熟知。有一次,阿尔及利亚民族解放军的政治部主任向媒体记者介绍说:"我们部队的政治和思想教育工作中,有专门的一课是介绍中国革命的经验。我们的官兵都知道毛泽东有句名言:军队与人民的关系是鱼和水的关系。我们按照这一名言来处理我们的军民关系。"

在亚、非、拉地区,有相当一批政党领导人,都阅读过毛泽东著作并深受影响。穆加贝总统曾经被白人殖民地当局关押了10年时间,在监狱里牢房一再转移,扔下不少物品,但他随身总是携带一本《毛泽东选集》,每当提起中国,穆加贝总是充满感激:"没有中国就没有津巴布韦。"以至于2007年,一名津巴布韦的农场主马塔吉对来访的中国记者介绍说:"20世纪80年代末期,津巴布韦执政党党员人手一本毛泽东语录。"南非第一位黑人总统曼德拉(Nelson Mandela)曾经对媒体说过,为了开展武装斗争,他阅读过毛泽东的军事著作,他所创建的"民族之矛"队伍,都曾经送到中国来培训。

（二）向海外传播中国出版物，采取了哪些措施？

在1954年4月，美国总统艾森豪威尔就专门针对新中国，提出一个多米诺骨牌理论，后来的国务卿杜勒斯专门解释道：中国牌子的共产主义比俄国牌子的共产主义威胁更大。因为受中国革命影响的不发达地区有16亿以上人口，如果对中国革命的影响不加遏制，任其蔓延，那么世界上受共产党统治的人口和"自由世界"人口之间的比例，将从2∶1变为3∶1，这将会使"自由世界"陷入极为不利的境地。这是美国在新中国刚刚诞生之初的年代为何会极力采取政治孤立、经济封锁政策最为露骨的说明。

为了突破这种封锁，1949—1978年的30年时间，新中国与西方开展了一场有组织、有系统、有步骤的对外传播策略，今天毫不夸张地说，应该是一场交锋激烈的"文化战争"。

首先是资金支持海外渠道拓展。当时国家财力薄弱，与今天不可同日而语。在当时国家财力极为有限的情况下，分别对海外书刊的发行费、海外渠道的建设等方面都给予了全力支持。以海外渠道建设为例，在1952年8月，当时的政务院文教委员会第33次会议明确决定，由政府补贴对外宣传的书刊出版发行费用；对在国外销售发行中国书刊的客户采取政府津贴其推广费的方式。与此同时，还在不同时期核销海外渠道的一些应收账款，团结稳定中国书刊发行网。前三十年里，国家在海外传播的财政预算一直保持着稳定的预算额度。截止到第七个五年计划，即1983年外文局向文化部提出的预算依然保持在3.8亿元人民币的规模，外汇是5900万美元，其中事业经费3亿元人民币，非贸易外汇5000万美元，固定资产8000万元人民币（含自筹1500万元），外汇额度900万美元（包含由留成内安排250万美元）。这个比例远高于当时国家对其他文化事业的支持力度。

在此政策支持下，在欧洲、北美、非洲、拉丁美洲、南亚、东南亚、东亚等地区迅速打开局面，逐步建立起一个中国书刊发行网。尽管在以美国为首的西方世界严格封锁之下，部分书店店主、代销人经常面临被捕、书店玻璃被砸碎甚至被纵火焚毁等生命危险，但依然坚持与中国保持着长久联系，至今大多数已经成为所在国家、地区经营中国书刊最权威、最专业的文化经营机构。

其次是有利的政策保障。中央统一部署、集中组织，使中国外文书刊的出版发行事业迅速起步。对外传播曾经在很长时间是国家政治工作的中心任务之一，毛泽东、宋庆龄、刘少奇、周恩来、廖承志、陈毅、杨尚昆、胡耀邦等老一辈国家最高领导人，多次对对外宣传工作发表批示、讲话、明确指导意见，以至于具体工作方法都有批示。比如毛泽东在1968年提出的"不强加于人"的指示，廖承志的"细水长流""见缝插针"等意见，胡耀邦在1979年提出的"9亿人向外国说话的一个阵地"等提法，可见对外传播工作曾经提高到一个前所未有的高度，这就在政策层面上保证了对外传播事业的顺利发展。

当时出台的一系列保障性政策，使中国历史、中国文化、传统艺术内容以及当代中国文学作品与毛泽东著作一起，大量传播到世界各地。例如1949年新中国成立后，苏联、东欧等纷纷与中国签订经济贸易协定。其中把文化贸易纳入政府间贸易项目之一，有些国家的文化贸易额还列入政府合作计划之中。协定中不仅规定了国家间彼此相应的文化引进、翻译出版计划，还对书刊定价的折扣、数量、品种、每年的贸易额等，都有对等要求，同时书刊结算都是通过国家间的银行来进行。这样新中国的现当代文学作品不仅得到了这些国家有组织的翻译、引进和出版，而且发行到这些国家的中国出版物回款都很有保障，这是新中国出版的《李有才板话》《小二黑结婚》《阿Q正传》《骆驼祥子》等现当代文学作品能够迅速被东欧地区读者广泛知晓的一个主要原因。此外，新中国出版的大量书法、绘画、荣宝斋水印木刻画、中国民间剪纸等艺术品借助国家间对等贸易，大量销往东欧国家，在很长一段时间里，中国艺术品成为柏林咖啡馆、酒吧以及东欧一些家庭客厅的时尚装饰品。

再如1963年3月，国务院明确要求在国内各港口、机场、车站、国际列车、涉外饭店、国际旅行社等涉外场所，陈列宣传性书刊。同年4月，还要求中国驻外各使领馆协助国际书店在海外建立发行渠道工作。

最突出的是人才保障。毛泽东著作的翻译出版集中了中国最为优秀的人才，并因此培养、形成了中国自己的翻译队伍。毛泽东著作的翻译在新中国成立后由中共中央对外联络部、马克思恩格斯列宁斯大林著作编译局等机构专门承担翻译出版《毛泽东选集》外文版的工作，外文出版发行事业局、国际书店（今中国图书贸易总公司）承担专业对外发行工作，并由中央直接领导。外文出版社集中了全国一大批优秀外语人才,除英语、法语、西班牙语、阿拉伯语之外,还有少见的斯瓦希里文、僧伽罗文、豪萨文、普什图文、泰米尔文等40多个语种的外语人才。这些人才除从社会招考、一些专业外语学校系统培养之外,还大量吸收海外对中国友好、政治上与中国保持一致的外籍人士参与,这些国际性人士的加入成为外文局所属出版社、刊物的重要编辑、发行力量。

(三) 毛泽东著作在海外哪些地区影响最大?

据方厚枢先生的统计,全世界还有54个国家与地区也翻译出版毛泽东著作,有39个国家与地区在报刊上发表毛泽东著作和《毛泽东诗词》;有20个国家以20种文字翻译出版《毛泽东语录》,共有35种版本。笔者根据一些统计资料发现,其中影响最大的地区当属中东地区、非洲和拉丁美洲。

在中东地区,经销量最大的是伊拉克的巴格达出版社、莫珊那书店,其中莫珊那书店是伊拉克历史最悠久的书店。当时伊拉克政府积极谋求摆脱西方控制,因此大量需求中国取得独立胜利的经验,他们组织学者翻译、选译毛泽东的一些著作,1958年的发行量为9万册,到1959年达到33万册,1955—1961年累计发行超过50多万册。叙利亚的大马士革出版社,经理艾迪卜·东巴基三次访问中国,组织学者翻译阿拉伯文版《毛泽东选集》1—3卷,毛泽东著作单行本多种,此外还有《怎样做一个共产党员》《青春之歌》《林海雪原》等十几种图书,并把中国图书发行到沙特、卡塔尔、科威特、阿联酋等国家和地区。大马士革出版社与中国合作长达30多年。埃及的民族出版发行公司、和平书店、环球书店等在此期间也积极发行中国图书,尤其是1956年苏伊士运河事件,中国坚定地站在埃及一边,支持埃及收回运河主权,因此带动中国出版物在埃及的巨大增长,从1955年的不足1000册,到了1957年就猛增到21万册。

在非洲地区,非洲许多国家在20世纪六七十年代自觉把中国当作取得民族独立、摆脱殖民统治的榜样,因此对毛泽东著作的需求量很大。其中埃塞俄比亚、贝宁、马达加斯加、加纳等几个国家都曾由政府领导人发出号召,向中国人民学习,学习中国取得革命胜利的经验。在埃塞俄比亚,一切向中国学习是政府当时的基本策略,1962—1966年订购中国图书累计97万册,其中大量是毛泽东的著作。该国的人民书店曾来信称："你们的图书，像刚出炉的面包，供不应求……"其中"埃塞俄比亚图书文具店"长期代理中国书刊，合作关系一直保持到改革开放后。1986年、1987两年间，仍然订购《邓小平选集》《周恩来传略》《了解中国》等图书54万多册。加纳政府在恩克·鲁玛执政时期，曾大力向中国学习，并由"人民书店""星书刊社""党书店"等单位常年销售中国图书和毛泽东著作。马达加斯加把毛泽东的哲学著作作为中学生阅读辅助教材，学校成批购买；一些学校经常开办中国问题讲座。60年代毛泽东著作在非洲的影响一直延续到70年代，贝宁的一些国营公司还曾在1975—1978年三年间订购中国图书20多万册，主要用于干部教育和学习用的政治书籍。

据统计，1962—1966年五年间，中国书刊在加纳的发行量为138万册，坦桑尼亚53万册，尼日利亚85万册，阿尔及利亚64万册，埃及56万册。此时的毛泽东著作，在非洲大陆是名副其实的超级"畅销书"。

在拉美地区，最初只有一些拉美国家的共产党、左派书店销售中国图书，如在巴西有共产党所办的胜利出版社、旗帜书店，还有对华友好的法罗比书店、文化交流社等。其中巴西胜利出版社曾组织翻译过葡萄牙文版的《毛泽东选集》第一卷和刘少奇的《论党内斗争》等政治图书。旗帜书店发行西班牙文版《人民画报》每期2500册，是巴西发行最多的一家。在阿根廷，阿根廷共产党创办的劳太罗出版社、迪尔普莱书店发行毛泽东著作最多。迪尔普莱书店也是阿根廷经销中国图书、期刊最多的一家，图书每种3000册，《人民画报》每期3000份。乌拉圭共产党所创办的人民联合出版社，曾翻译出版西班牙文版的毛泽东《在延安文艺座谈会上的讲话》，此外还有《帝国主义与中国政治》《中国哲学史》《春蚕集》《李有才板话》。毛泽东著作每种订货基本在1000册以上，每期发行《人民画报》1100册，儿童读物2500册。在古巴，1959年推翻独裁政权后，古巴人民社会党所办的古巴书店、新民主同盟所办的光华书店，都积极发行毛泽东著作，由每种2000册至5000册不等，西班牙文版《人民画报》由每期的2000份，到1961年的5000份，不久增加到10000份。《北京周报》西班牙文版创刊后，也曾发行到5000份每期。1961年中国在哈瓦那曾举办"中国经济建设成就展览"。

1962—1976年,拉丁美洲地区的一些左派政党发生分裂,又历经中苏关系破裂、中古关系冷淡,中国图书的发行受到很大影响,直到70年代后期,才有所好转。墨西哥美洲发行社是墨西哥共产主义运动领导小组成员埃梅里·乌洛来所办,在1967年访华时受到毛主席和周总理的接见。到了在70年代上半期,墨中友协和国际补偿公司成为发行毛泽东著作主力,每次订购数量均超过万册,1974年进口中国图书20多万册,其中毛泽东五篇哲学著作8万册。1975年又曾经提出订购30万册,其中《毛主席语录》10万册。

在哥伦比亚,到了70年代,发行力量由左翼革命运动组织和由加米洛神父命名的革命组织来担任,由于正值哥伦比亚独立运动期间,各种革命党派、革命组织如雨后春笋,因此对毛泽东著作的需求迅速增长,从首都、省会到偏僻乡村,纷纷来信,要求订购毛泽东著作和各种政治小册子,各类图书由1967年的6万多册猛增到1971年的40多万册,期刊由1967年的30多万份猛增到1971年的40多万份。

在智利,60年代初期,由智利共产党分离出来的斯巴达克派与中国国际书店取得联系,大量发行中国图书。1970年,社会党人阿连德当选总统,当时智利形成了一股学习中国、学习毛泽东著作的热潮,智革共、社会党、激进党、左派革命运动等党派纷纷创办书店,一些工人、教师甚至农民都纷纷来信要求发行中国图书。因此,1971年期刊批发量每期达到15125份,订户达到30600份,图书总量为258280册。可惜不久,阿联德政府被推翻,中国书刊遭到查封,一些代销人流亡到国外。

在委内瑞拉,1970年曾在中国新华社工作期满的西班牙文专家维克多·奥乔亚,回国后与人合办东风股份公司,下设东风书店,专销中国书刊,1975年又开设东风画廊经营中国艺术品。奥乔亚积极发行中国书刊,曾经发行西班牙文版《人民画报》每期达到4000份,《北京周报》3000份,《中国建设》每期2000份。1972年、1975年两次访华,得到中国国际图书公司的支持。在1992年阿根廷一家书店自发翻印西班牙版《毛泽东选集》两卷本,面向拉美各国发行,结果很多书店供不应求,在委内瑞拉的首都加拉加斯就销售1000部之多。委内瑞拉仅有600万人口,而且文盲极多,这样一个销量,应该是畅销书的纪录了。

（四）毛泽东著作的海外传播留下哪些文化遗产？

从20世纪50年代至80年代，以毛泽东著作为主的中国出版物向海外传播历经了30年，对于这段历史，中国学术界的研究关注不多，目前已有的成果都是出自西方学者。作为中国学者不能人云亦云，更不能以西方学界的观点左右自己的判断。

前文说过，毛泽东著作曾经在中东地区、非洲、拉丁美洲很畅销，这首先源于这些地区学习新中国获得民族独立的经验的需求，一些政党、组织不断地私下翻译毛泽东著作，直到1960年中国自己才形成了"以输出毛泽东思想为主"的对外宣传策略。30年的海外传播，使许多国家的普通人都知道了毛泽东这个名字，毛泽东提出的"军民鱼水情""纸老虎""百花齐放"等形象、富有思想内涵的名言广泛传播，毛泽东提出的独立自主、自力更生等思想成为一些国家摆脱殖民主义、争取民族独立解放和经济建设的理论之一。应该说，毛泽东著作的对外传播，是自明末西方传教士传播中国文化开始至今，近400多年间中国文化海外传播历史中主动传播的第一次。毛泽东著作的海外传播，留给当代中国的文化遗产是巨大的、多方面的。

第一，塑造了一个新中国的大国形象。这个国际形象的塑造，是以传播新中国取得民族独立胜利的经验为核心，向世界展示了与旧中国截然不同的大国形象。新中国刚刚诞生时，在国际上面临着以美国为首的西方阵营对新中国的全面封锁，20世纪60年代后期又因为中苏关系破裂，国际环境极为险恶，同时国内又面临着工业化初期的繁重任务，但新中国并没有受到彻底孤立，相反还取得了广泛的世界影响力。连一些美国人也不得不认同中国在20世纪六七十年代所取得广泛影响力，远远高于其物质力量所能提供的水平。美国中国问题专家哈里·哈丁说，中国给"当代国际体系中的力量命题提出了解释的难题"，"中国领导人在运用他们掌握的资源时，具有高度的技巧"。

长期在海外生活的华人，对于积弱、贫穷的旧中国时代所受到的蔑视冷眼以及不公正待遇具有切身体会，许多文献也都有记载，这是中国改革开放后的纷纷走出国门的青年人所无法体会的。这个成果的取得，今天怎样评价都不过分。

第二,在世界上培养了一大批熟悉中国文化的读者、朋友和伙伴。

笔者注意到,伴随着毛泽东著作的大量传播,一大批具有中国文化特色的图书、书画、艺术品进入苏联、东欧等地区。从基辅到彼得堡,从莱比锡到柏林,一些中国画报、中国书刊能够及时在这些城市销售。根据外文局第一任柏林办事处主任郭毓基先生的回忆,当时一些咖啡馆、酒吧都挂有徐悲鸿的《奔马》,户县农民画也摆在莱比锡书展的展台上,连东德高速公路的收费处都要挂一幅中国画。这是旧中国所无法做得到的。今天中国书画在欧洲艺术市场上具有如此高的价格,应该是得益于20世纪历经30年的海外文化传播。

尤其值得提出的是富有中国历史智慧的儿童读物,在遥远的非洲、拉美两个大陆培养了一批又一批熟悉中国文化的"小读者"。斯瓦希里文版的儿童读物,如《我要读书》(王绪阳绘)、《马头琴》(顾梅华绘)、《杨司令的少先队》(范一辛绘)等连环画,1964年在坦桑尼亚发行,每种一次就发行10050册。在30年间外文出版社就出版了60种斯瓦希里文儿童读物,累计发行册数达到676482册。这些具有浓厚中国风格特色的儿童读物,受到东非、北非等青少年儿童的欢迎与喜爱。再加上当时东非的一些国家刚刚独立,文化教育事业还不发达,有时就把印刷精美、风格独特的中国斯瓦希里文出版物当作这些地区学校上课用的教材。中国儿童读物随着一大批东非儿童从幼年到成人,这种润物细无声的文化传播力量之巨大、效果之长远在30年后才逐渐显现。1982年,中国国际图书总公司在坦桑尼亚的达雷斯萨拉姆举办博览会时,中国图书展台前经常有一些大人领着孩子前来询问一些当时国内也少见的图书,如《狼牙山五壮士》《海娃的故事》等,工作人员很奇怪,问到他们是怎么知道这些书的,这些大人告诉说:他们小时候经常看这些书,还读过很多中国画报和其他中国书,并当场能够说出毛主席、刘少奇、周恩来等人名证明自己对中国的了解。

第三,今天中国的海外投资、劳务以及工程承包,都是沿着中国书刊曾经的轨迹进行的。"红色世纪"的文化遗产正在发挥作用。

2006年,在北京成功举行48个非洲国家元首参加的中非合作论坛,这是21世纪中国继承"红色世纪"留在非洲大陆文化遗产的开始。根据商务部的统计资料,截止到2009年,中国海外工程承包、海外劳务以及海外投资,每年存量资本超过1000亿美元，绝大部分集中在非洲、拉美和东南亚地区。

笔者曾经作过一个对比，发现今天中国海外投资最多的地区，都曾经是中国书刊发行传播比较多的地方。比如截止到1987年，中国书刊在非洲发行网名单上有68个国家，但来往频率最多的是埃及、坦桑尼亚、尼日利亚、加纳、突尼斯、阿尔及利亚、马达加斯加、摩洛哥、津巴布韦、苏丹、马里、喀麦隆、刚果、赞比亚、苏丹、马耳他、埃塞俄比亚、塞内加尔、贝宁等20多个国家，而这些国家也是中国工程承包、劳务以及海外投资最多的地区，有的几十亿，有的甚至超过百亿美元。

在中东地区，1950年至1987年与中国书刊业务合作最多的国家依次是叙利亚、黎巴嫩、伊拉克、沙特、阿联酋、约旦、科威特，这些国家现在都是中国石油、工程承包等海外业务最集中的地区。

在拉美同样如此。1950年至1987年与中国书刊业务往来频率最多的国家依次是阿根廷、乌拉圭、古巴、厄瓜多尔、秘鲁、哥伦比亚、巴西、委内瑞拉、智利、巴拉圭。而根据中国社科院郑秉文先生的数据，2008年向中国出口石油最多的国家就是委内瑞拉、巴西、阿根廷和厄瓜多尔，四国合计达到1650万吨。中石化、中石油、首钢、中国五矿、紫金矿业、中国铝业等大型国企在拉美的投资以上述国家最多，而中国奇瑞汽车在拉美的生产基地就设在乌拉圭、阿根廷。可见，"红色世纪"的文化遗产正在发挥作用。

当然，以毛泽东著作为主的对外传播，毫无疑问带有那个时代的历史局限。比如浓厚的意识形态色彩，"反帝""革命"特征曾带来一些负面作用，加上国内"文化大革命"极左思潮的影响，也对于中国形象的塑造产生消极影响。毛泽东在1968年就两次批示纠正这种现象："一般地说，一切外国党（马列主义）的内政，我们不应干涉。他们怎样宣传，是他们的事。我们注意自己的宣传，不应吹的太多，不应说的不适当，使人看起来好像是强加于人的印象"，"不要宣传外国的人民运动是由中国影响的，这样的宣传易为反动派所利用，而不利于人民运动"。而当时对非洲、拉丁美洲的大量文化产品输出，有相当比例是非贸易形式，即便是一些贸易销售、记账式销售也占有很大的比重，造成大量浪费和积压。今天看来还存在着许多不足，一些经验和做法也值得深入探讨，这些都为正在走向世界的中国文化出版机构提供了宝贵的经验。

总之，20世纪以毛泽东著作为主的海外传播，留给当代中国的文化遗产是巨大的、多方面的，不管当代中国人是否意识到，21世纪的中国都会在相当长的一段时间里自觉不自觉地继承着这些文化遗产。

（本文初刊在《光明日报》2011年7月5日，《新华文摘》2011年第18期、人大复印资料《毛泽东思想》2011年第9期全文转载）

三、新中国葡萄牙语政治理论图书的翻译、出版与发行

将新中国取得民族独立、摆脱西方列强殖民统治的经验智慧结晶——毛泽东著作等政治理论图书，翻译成为包含葡萄牙语在内的非通用语种图书翻译出版发行，是建国初期对外文化工作的一个头等重要任务。但当时百废待兴，中国没有能力自己培养语言翻译人才，必须通过与外国的专业翻译人士、专业机构合作才能实现目标。在这样的历史背景下，20世纪新中国非通用语种图书的翻译出版差不多就是今天国家对外文化资助出版工程的滥觞，其中外国出版机构的寻找、翻译人员的遴选、翻译出版书目的选择，甚至是中外出版理念的碰撞历程，对于今天中国出版走出去都具有重要的借鉴意义。

此外，从20世纪50年代至80年代，中国书刊海外发行网从建立到解体的历史，更是一个惊心动魄的巨大变迁。本文特别选取葡萄牙、巴西两个国家为典型，说明中国葡萄牙语图书从翻译、出版到发行所遇到的种种历史困难，是今天已经强大的中国所无法想象的。其中由于对外书刊发行政策变化所带来的葡萄牙语书刊发行网的解体，对于中国出版正在全面走向世界的关键时刻，同样具有深刻的启示。

（一）在巴黎组织翻译与出版

毛泽东著作等政治理论图书在葡萄牙语地区的翻译出版就是如此。葡萄牙语是继英语和西班牙语之后世界上使用最广泛的语种之一。全世界有2亿

多人口使用葡萄牙语,把葡萄牙语作为官方语言或者通用语言的国家和地区,有葡萄牙、巴西、安哥拉、莫桑比克、几内亚比绍、佛得角、圣多美和普林西比以及赤道几内亚、东帝汶、中国的澳门地区。南美巴西的葡萄牙语与欧洲本土的语言略有不同,又称葡萄牙(巴西)语,简称葡巴语。

新中国第一批葡萄牙文出版物的组织翻译工作,却不是在葡萄牙、巴西等葡萄牙语文化区的国家,而是在法国巴黎组织翻译出版的。这里有一个大的历史背景,就是新中国独立后长达二十年的时间里,一直受到以美国为首的西方阵营对新中国进行的全面封锁,大多数葡萄牙语国家没有与新中国建立外交关系。再加上在20世纪的六七十年代,中苏关系破裂,中国面临来自两大阵营的压力。在这种严峻的国际形势下,1964年法国成为第一个与新中国建立了外交关系的西方大国,极大地缓解了中国的国际关系,而且也为中国突破两大阵营的"封锁"创造了条件,再加上法国巴黎作为当时西方世界的文化高地,各种人才聚居于此,因此在法国巴黎组织葡萄牙语图书的翻译、出版就成为最佳选择。

1963年4月,时任对外文委副主任兼外文出版社社长的罗俊率代表团访问欧洲以及西亚、非洲等国家,在国外选择外文出版发行据点时,曾与法国的著名出版社——伽利玛出版社(Groupe Gallimard)有过接触,中国驻瑞士使馆建议由罗莫夫人(Mrs.ROMO)出面组织一个出版社,因为罗莫夫人支持新中国的图书出版事业,而且与伽利玛出版社关系密切。罗莫夫人在当时却并没有与罗俊社长正式见面,只是派出了自己的代表前来商谈细节。双方议定由罗莫夫人出面,在巴黎注册一个法国哲学社会出版社,专门翻译出版新中国的葡萄牙文(部分西班牙语)图书,并对广大葡萄牙语国家发行。

法国哲学社会出版社的正式运营,时间应该是从1963年8月开始一直到1967年国内"文化大革命"爆发,加上起始年,前后持续了四年时间。表1是中国资助法国哲学社会出版社翻译出版的葡萄牙语、西班牙语图书目录一览表。

表1 1963年至1966年中国资助翻译出版葡萄牙语、西班牙语图书目录

序号	翻译书名、翻译语种	推荐时间	出版时间	印刷册数	金额（法郎）	出版、发行
1	关于国际共产主义运动总路线的建议（二十五条）（葡萄牙语）	1963.6	1963.8	5000	7507.82	罗莫夫人的哲学社会出版社出版发行
2	关于国际共产主义运动总路线的建议（二十五条）（西班牙语）	1963.6	1963.8	2000	3981	罗莫夫人的哲学社会出版社出版发行
3	列宁主义与现代修正主义（八篇反修文章等合集）（葡萄牙语）	1963.4				1963年8月停止出版，译稿寄回国内
4	关于无产阶级专政的历史经验（与"再论无产阶级的历史经验"合辑）（葡萄牙语）	1963.12	1965.5	2000	8000	罗莫夫人的哲学社会出版社出版发行
5	帝国主义与中国政治（胡绳）（葡萄牙语）	1963.12	1964.3	5000	22375	法国伽利玛出版社出版发行
6	帝国主义与中国政治（胡绳）（西班牙语）	1963.12	1964.3	5000	10249	法国伽利玛出版社出版发行
7	中共中央与苏共中央来往的七封信（葡萄牙语）	1964.7	1965.5	2000	6670	罗莫夫人的哲学社会出版社出版发行
8	论文学与艺术（毛泽东）（葡萄牙语）	1963.12	1965.4	2000	5575	法国伽利玛出版社出版发行，183页，定价500里拉(Lire)
9	论文学与艺术（毛泽东）（西班牙语）	1963.12	1965.4	2000	1620	法国伽利玛出版社出版发行，183页，定价500里拉(Lire)
10	路易·安娜·斯特朗通信集(第一集)（葡萄牙语、西班牙语）	1964.6	1965.4	2000	17210	法国伽利玛出版社出版发行
11	毛泽东军事文选（葡萄牙语）	1963.12	1965.8	5000	10273	译稿寄回国内校订，法国伽利玛出版社出版发行，340页，定价1000里拉(Lire)

中国主题图书文化在世界的传播与影响

通过表1的书目可以发现,自1963年8月至1966年12月,中国共资助31种图书的翻译出版。其中由法国伽利玛出版的有6种,哲学社会出版社出版的有12种,由外文出版社的安哥拉籍专家阿桑特翻译、最后由罗莫夫人审校后寄回国内出版的有11种,2种因国内政治运动(1957年反右、1966年"文化大革命")而停止翻译出版,其中译稿《耕耘记》寄回国内,后由外文出版社出版。这31种葡萄牙、西班牙语图书的翻译组织者、校订者均为罗莫夫人。

今天看来,法国哲学社会出版社的历史贡献有如下三点:

第一,在4年时间里提高了新中国葡萄牙语图书翻译出版能力。根据笔者的统计,在1949年至1963年的14年间,作为中国外文图书出版发行的唯一阵地——外文出版社没有出版过一本葡萄牙语图书,只有外文局系统的《人民画报》葡萄牙文版(1953年开始出版)、《中国建设》葡萄牙文版(1960年开始出版)、《北京周报》葡萄牙文版(1963年开始出版)。但外文出版社从1964年的5种迅速提高到1965年的13种,年均二位数的出版数量一直保持到1969年,截止到1979年,外文出版社翻译出版了190种葡萄牙语图书,对外印刷发行册数合计是1440869册[1]。这些都得益于在巴黎这个当时的世界文化中心,资助了一家专业出版机构的选择。与法国哲学社会出版的合作,使新中国葡萄牙语图书的翻译、出版、发行能力迅速得到提升。

第二,第一次有5种图书借助法国伽利玛出版社面向全世界发行,这是新中国与西方知名出版机构的第一次合作。伽利玛出版社由著名出版家加斯东·伽利玛(Gaston Gallimard)创办于1911年,曾经出版过蜚声世界的"七星文库",以文学大众出版物见长。法国得了12次诺贝尔文学奖,其中有六次是伽利玛出版社的作者,他出版的书还获得过27次龚古尔奖,18次法兰西学院小说大奖,12次联合奖等多项大奖。被称为"法国文学的同义词",在西方世界享有很高的知名度[2]。

通过伽利玛发行的图书分别是胡绳的《帝国主义与中国政治》(葡萄牙语、西班牙语)、毛泽东的《论文学与艺术》(葡萄牙语、西班牙语)、《路易·安

---

[1] 何明星:《中华人民共和国外文图书出版发行编年史》上、下,学习出版社2013年版,第4—6页。

[2] 胡小跃:《伽利玛是怎样炼成的》,《书城》2009年第12期。

娜·斯特朗通信集(第一集)》(葡萄牙语、西班牙语合集)、《毛泽东军事文选》(葡萄牙语)、刘少奇的《论共产党员的修养》(葡萄牙语)。这些政治理论特色鲜明的图书,使新中国的影响与知名度迅速扩大。

第三,巴黎的窗口作用得到了初步体现。笔者在大量档案整理中发现,正是在1963年开始,新中国以国际书店名义在法国巴黎设立了第一个专门管理中国图书翻译出版发行业务的法国办事处,不仅翻译出版中国图书,还为新中国购买各种必需的文献资料。

这里有一个细节,就是与法国哲学社会出版社的合作过程中,经常给中国寄来各种葡萄牙文资料,其中就包括词典等工具书。在1965年法国办事处寄回中国的经费细目中,有资料费139法郎,词典等费用63法郎。这表明当时国内关于葡萄牙语、西班牙语相关翻译资料、文献书籍极其匮乏,如果不是迫不得已,当时的相关部门是不会动用宝贵的外汇,千里迢迢地从巴黎向国内寄送这些翻译出版必备的工具书的。这也从另外一个方面说明,新中国对外翻译出版事业是在一个十分艰难的历史环境下起步的①。

笔者统计1963—1966年中国资助法国哲学社会出版社的经费细目,详见表2。

表2 中国方面资助法国哲学社会出版社的项目、经费一览表

项目	金额(法郎)	费用明细
翻译费	102570.82	31种图书的西班牙、葡萄牙语翻译、审校费
出版费用	30000	图书的纸张、设计、印刷费用
办公、运营项目支出项目摘要	14445.6	办公、杂费明细
	3600	1963年10月至1964年房租,每月300法郎
	3250	创办出版社支付律师费
	2500	办公室粉刷墙壁费
	180	译员卡门·桑托斯(Carmen Santos)去伯尔尼旅费
	378.1	雇员伊莱斯(Henesy,音译)小姐去意大利旅费

---

① 何明星:《法国哲学社会出版社与新中国葡萄牙语图书的翻译与出版》,《出版发行研究》2014年第8期。

续表

项目	金额（法郎）	费用明细
办公、运营项目支出项目摘要	200	雇员伊莱斯（Henesy,音译）小姐费用
	70.5	译员卡门·桑托斯（Carmen Santos）去伯尔尼之前费用
	80	译员卡门·桑托斯（Carmen Santos）来中国杂费
	550	办公室装电话费
	500	给译员阿萨申（Assensin）去阿尔及利亚旅费
	139	寄往中国相关语法图书费用
	63	寄往中国相关词典等图书费用
	1085	书籍发运费
	1850	现场雇佣人工费
三项合计		147016.42

从表2中的项目中可发现，既有翻译费、设计费、纸张费和印刷费、发行费，也有房租、装电话费、差旅费等办公经营，累计总额为147016.42法郎，这在20世纪六七十年代的中国，应该是一笔不小的投入。这在当时寸土寸金的巴黎，不仅有专职办公室、专职秘书，还有一批相对固定的专职葡萄牙、西班牙语翻译人员，表明当时这个出版机构在中国资助下已经初具规模。如果不是国内爆发接二连三的政治运动，这个出版社应当在法国相对宽松的政治背景下，在人才资源最为集中的巴黎做大做强，成为一家具有中国背景的面向广大葡萄牙语地区出版发行中国书刊的专业机构。但历史不能假设，新中国对外文化传播的历史充满了太多这种遗憾。

（二）从文化政治到文化生意的发行变迁

中国出版的葡萄牙语书刊的海外发行国家和地区，主要是针对葡萄牙、巴西等葡萄牙语文化区。其发行历史自1953年开始至1990年彻底结束，前后大约持续了约38年时间。这段历程以1979年改革开放为节点，可以分为前后两个阶段，其特点可以简单概括为从文化政治到文化生意，这种政策的转变又与国际政治形势的变化紧密相关，政策转变所带来的发行机构、发行手段、影响范围等方面的变化，可谓惊心动魄。

125

在第一个阶段里,新中国的葡萄牙语书刊主要是采取非贸易发行为主。所谓非贸易发行,就是将书刊视为宣传品进行无偿赠送、交换发行,并不要求代理商、发行商发行回款的一种书刊发行策略。非贸易发行政策在新中国书刊对外传播历史上,曾经长期占据主流地位,特别是在新中国成立初期,当时主管对外工作的对外文化工作委员会甚至将非贸易发行,作为打开海外市场的经验而推行:"由经济观点到完全服从政治要求的观点是对外发行的主要经验","可靠的赠送应视为主要的发行方法之一"[1]。

在葡萄牙本土,从1953年开始,只有零星读者是中国葡萄牙文书刊的订户,中国书刊发行长期处于无法突破状态。这种长期低迷情况直到1974年4月25日,葡萄牙爆发"康乃馨革命(Revolução dos Cravos)"之后才有了很大的改变。第二次世界大战后,全世界各地涌现出一股摆脱殖民统治、寻求民族独立的浪潮,很多欧洲国家纷纷被迫放弃其殖民地,但葡萄牙的萨拉查极右派政权却拒绝放弃其殖民地,仍然维持着庞大的殖民帝国,因此从1961年开始一直到1974年,爆发了长达14年的葡萄牙与非洲、拉丁美洲殖民国家进行的战争。长久的战争和庞大的军费开支令萨拉查政权失去了民心,特别是中下级军官普遍厌战。一些中下级军官自发组成了"武装部队运动"(Movimento das Forças Armadas,简称MFA),于1974年4月25日在里斯本发起政变,期间还有很多平民参与进来。政变期间,军人以手持康乃馨花来代替步枪,康乃馨革命便由此而来。这场革命推翻了20世纪西欧为期最长的独裁政权,之后引发了两年混乱的"过渡时期",政府更替频繁,10年内更换15个总理。此后葡萄牙政府宣布实行了非殖民化政策,放弃海外殖民地,拉美、非洲的各殖民地国家纷纷脱离葡国统治而独立。

在这种情况下,中国书刊在葡萄牙本土的发行网络迅速建立起来。截至1977年底的统计,仅3年时间,在葡萄牙本土,经销中国葡萄牙文书刊的代理商就有20多家。中国葡萄牙文期刊、图书的读者订户一下超过了2000人,各类图书、艺术画册、插画等艺术品发行量达到162907册(张),其中葡共(马

---

[1] 武庭杰:《中国国际图书贸易总公司四十年》,《中国国际图书贸易总公司40周年纪念文集——史论集(内部文献)》,第12页。

列)经常一次订阅《毛泽东选集》葡萄牙文版图书5000册或者1万册。

在巴西等前葡萄牙语殖民地,中国书刊的发行局面却开局很早,最早可以追溯到1950年。当时主要是新中国出版的英文书刊进入了巴西,直到1955年之后,中国组织翻译出版的西班牙书刊逐渐丰富、增多后,在巴西的书刊发行网才迅速建立起来。在巴西的主要经销机构是巴西共产党所办的胜利出版社、旗帜书店、法罗毕书店和文化交流社等党派机构。其中最为主要的是胜利出版社和旗帜书店,分别在1950年11月、1951年初与外文出版社建立业务联系。

巴西从1822年就开始成为一个独立的国家,但巴西却沿袭葡萄牙殖民统治时期的政治、经济、文化体系,特别是第二次世界大战后巴西追随美国"冷战"政策,对于国内民主运动和左翼党派进行了严厉的镇压。1945年恢复合法席位的巴西共产党,在1947年已经成为一个拥有20万党员的大党,是拉丁美洲最大的共产党组织。此时却被巴西的极右政府所关闭,一些共产党议员被赶出了议会,巴西共产党被迫处于地下状态①。

新中国书刊在1950年进入巴西的时候,正是巴西禁止共产主义阵营的书刊进口的时期。尽管不允许进口,但却不限制本土印刷的共产主义出版物发行,由于此时中国自己还不能翻译出版葡萄牙文版图书,因此巴西共产党的胜利出版社,就自己组织翻译力量,参照英文版翻译出版葡萄牙文版《毛泽东选集》(第一卷)、刘少奇的《论党内的斗争》等政治理论读物。这应该是新中国最早的葡萄牙文版出版物。由于翻译出版的同时,还能够平均每期发行中国的西班牙文版《中国画报》2500多份,图书订货200多种,巴西共产党所创办的旗帜书店,在1957年被当局查封,所经销的大量中国书刊被没收。

随着1959年古巴革命胜利的影响,巴西人民要求摆脱美国、欧洲垄断资本的控制,维护民族权益,要求同社会主义国家建立联系的呼声日益强烈。因此1961年的大选中倾向社会主义的夸德罗斯政府上台,巴西副总统古拉特还在1961年访问了新中国②。尽管夸德罗斯政府仅仅执政了7个月时间,但对

---

① 李春辉等:《拉丁美洲史稿》(下),商务印书馆2009年版,第413页。
② 李春辉等:《拉丁美洲史稿》(下),商务印书馆2009年版,第427页。

于中国书刊发行网的建立起到了巨大推动作用。1964年巴西军政府再次上台,解散了大批工人、农民和学生组织,逮捕数万名工会人士、共产党人和左派人士。巴西军政府的高压政策迫使一些党派书店不断改头换面,继续维持中国书刊的发行。虽然起伏不定,但发行规模、数量和影响却一直很可观。

真正使中国葡萄牙书刊发行网发生巨变的,是1979年中国改革开放后,中国书刊的对外发行政策的变化。一是不再大规模进行非贸易发行,二是开始逐步提高书价,与葡萄牙、巴西等书刊结算改为美元计价,并开始向各个经销商索要书款。这种变化的结果是惊心动魄的,它直接导致了中国在葡萄牙、巴西等地历经30年时间建立起来的书刊发行网彻底解体。

在葡萄牙,1974年之后建立起来的20多家经销商普遍不再经销中国葡萄牙文图书,只有2到3家保持着往来。依靠非贸易发行建立的葡萄牙发行网络基本瘫痪。1984年、1985年、1986年三年间,中国国际图书贸易总公司的拉美处负责同志,三次奔赴葡萄牙,走访多家书刊经销商,请其试销或者代销中国的葡萄牙文书刊,希望重新组建和恢复起发行网络,但都没有成功。

在葡萄牙本土,此间值得一提的有三家图书公司,一是电子书籍有限公司(Electroliber,LDA)。这是一家葡萄牙专业发行期刊的公司,曾经主动要求发行《北京周报》英文版和《中国画报》法文版以及中国新创刊的《对外贸易》法文版,但是很不理想。《北京周报》英文版从1986年第4期开始经销之后,一直到1987年第2期,总共发行了52期,每期实际发行最高达到10份,有时只能实际销售1份到2份;法文版《中国画报》要好一些,从1987年第1期到1988年第10期,先后在葡萄牙发行了22期,同样是最高一期发行15份,最低一期为4份,绝大部分在6至8份之间;中国《对外贸易》法文版从1987年第1期开始至1988年第10期结束,总共发行了22期,也是最高一期为15份,曾经有6期一份也没有销售出去。

第二家是葡萄牙欧美发行社(Publicacoes Europa-Amerca),该公司成立于1945年,拥有11家零售书店和一个印刷厂,是葡萄牙较有实力的一家文化机构。1987年在国图公司的邀请下,其创始人佛朗西斯科·利翁·卡斯特罗先生访问中国,双方商定在1988年举办葡萄牙首届中国出版物展。书展举办得非常成功,葡萄牙总统夫人、前澳门总督以及中国驻葡萄牙大使均出席了展览会。葡萄牙广播电台也进行了采访。但书刊发行得依然不理想。1986年发行图书3014册,1987年发行1365册,1988年仅有46册。

如果电子书籍有限公司因为在葡萄牙发行的是中国出版的英文、法文刊物,所以不理想,尚且情有可原,但是第三家贝尔特兰公司(Bertrand)却发行的是葡萄牙语刊物,但发行局面依然没有打开,着实令人深思。贝尔特兰公司成立于1732年,是葡萄牙出版社和书店业务最大的一家,属于美国通用电话电报公司在葡萄牙的子公司。在整个葡萄牙有10个分部,其中五个在里斯本,两个在波尔多,面向全葡萄牙2500家书刊零售店供货,在葡萄牙铁路干线上还有20个零售书摊。1974年10月与中国建立书刊贸易关系后,曾经订购一些书刊,但数量不大。直到1982年1月签署独家经销《中国建设》葡萄牙文版协议,每期批发2000份,运费、海关费用由中国负担,并享受折扣为60%,折合美元结算。试行到1982年8月份之后,贝尔特兰提出将期发量降低到每期1000册,截止到1982年11月份,再次降低到500份,仍然不理想。只得取消独家经销资格,改为一般代理商。一年后的1983年11月,再次降低到每期250份,仍然大量退货。1986年第6期最后降低到每期150份,依然难以销售,最终在1987年底终止发货。

从国图公司给予葡萄牙贝尔特兰公司的优惠力度看,不可谓不大。而且该公司是主动通过我驻葡萄牙使馆联系,要求发行中国书刊的一家专业机构,发行态度与积极性应该不存在疑问,但一直销售不理想,市场反馈淡薄。这里存在的问题确实值得今天再次探讨。图3是贝尔特兰公司1984年至1987年的实际销售册数。

表3 《中国建设》葡文版1984.1期至1987.9期在葡萄牙
全境实际订购、退货、实际发行数量表

期数	订购数量	退货数量	实际发行数量
1984.1期	250	177	73
1984.2期	250	122	128
1984.3期	250	178	72
1984.4期	250	157	93
1984.5期	250	150	100

续表

期数	订购数量	退货数量	实际发行数量
1984.6 期	250	161	89
1984.7 期	250	185	65
1984.8 期	250	110	140
1984.9 期	250	53	197
1984.10 期	250	164	86
1984.11 期	250	162	98
1984.12 期	250	168	92
1985.1 期	250	143	107
1985.2 期	250	166	84
1985.3 期	250	140	110
1985.4 期	250	134	116
1985.5 期	250	167	83
1985.6 期	250	156	94
1985.7 期	250	159	91
1985.8 期	250	171	79
1985.9 期	250	195	55
1985.10 期	250	191	59
1985.11 期	250	194	56
1985.12 期	250	191	59
1986.1 期	250	175	75
1986.2 期	250	179	71
1986.3 期	250	198	52
1986.4 期	250	194	56
1986.5 期	250	191	59
1986.6 期	150	117	33
1986.7 期	150	80	70
1986.8 期	150	136	24
1986.9 期	150	137	33
1986.10 期	150	131	19
1986.11 期	150	138	12
1986.12 期	150	132	18

续表

期数	订购数量	退货数量	实际发行数量
1987.1 期	150	126	24
1987.2 期	150	120	30
1987.3 期	150	127	23
1987.4 期	150	116	34
1987.5 期	150	113	37
1987.6 期	150	136	24
1987.7 期	150	123	27
1987.8 期	150	101	49
1987.9 期	150	105	45

将表3的数据整理成下图：

图1 《中国建设》葡文版1984.1期至1987.9期在
葡萄牙全境订购、退货、实际发行对比图

根据表3,经简单计算后可知:在每期订量为250册时,《中国建设》葡萄牙文版的期平均发行量为87.55册;在订量为150册时,期平均发行量为31.375册,实际发行量下降明显。参看上图可以更直观地看出,《中国建设》葡萄牙文版在这一时期的订购和销售数量一直呈下降趋势。《中国建设》葡萄牙文版发行情况的变化,是中国葡萄牙文图书在葡萄牙销售情况的一个缩影,反映了中国葡萄牙语图书发行的实际情况。

葡萄牙电子书籍有限公司、欧美发行社以及当时实力最大的贝尔特兰公司,三家公司都在1984年至1988年对于中国出版的英文、法文、葡萄牙文出版物进行过大规模的发行实践,但最终都没有成功。这说明,葡萄牙本土的读者群,对于中国书刊的认可接受,是对于一个完全异于自己文化产品的接受定位:小众化、边缘化,甚至无法进入理解与欣赏的范围之内,更谈不上进行购买和消费了。因此对于这样一个边缘化的文化产品,是无法以商业化、产业化的手段来大规模运作的。

在巴西,随着中国改变非贸易书刊发行政策,也遇到了与葡萄牙相同的情况。在巴西军政府高压政策下没有解体的巴西书刊发行网,在1979年之后则彻底瘫痪。

巴西共产党创办的党派书店,对于中国改变非贸易发行的政策十分不理解,甚至无法接受中国的贸易发行政策。因此一些长期从事中国图书经销的党派书店,此前的一些欠款一拖再拖,不能及时结账,最后逐渐中断往来。这一时期保持往来的仅有少数几家,如1979年3月,巴西的欧米茄出版社提出要求,翻印葡萄牙文版《毛泽东选集》,在巴西多个城市进行发行。中国方面提供了样刊之后,欧米茄出版社在1980年寄回了他们翻印的葡萄牙文版《毛泽东选集》三、四卷样本。1983年还将外文出版社的十几种西班牙文儿童图书翻译成为葡巴文出版,获得了较好的市场反馈。但是该家公司从没有付过中国款项,按照中国贸易书刊政策,在1988年便不再给予其书刊发行,彻底中断往来。

类似的党派机构,还有巴西荷花图书进出口公司(J.C.Amaral Guimaraes Livros e Edicoes Litda),为巴西共产党所创办,1986年与中国建立书刊经销联系之后,曾经代销6000多册西班牙、葡萄牙文图书。1987年巴西举办第三届里约热内卢书展时,国图公司还按照贸易条件支持其图书4000册、艺术品800套,此外还有免费图书1000册和少量艺术品。但书展结束后,这家公司则以种种理由拖欠款项,因此1989年便取消了这家公司的代理商资格,不再与其发生业务关系。

此间国图公司拉美部的负责同志还在巴西物色到一家具有一定实力的专业机构,名为依伯勒克斯书刊公司(Distribuidora de Livros e Material de Escritorio Ltda），并与其建立联系。该公司是巴西较大的书刊发行商之一，在全巴西境内有 600 多家销售网点。1988 年建立代销关系后，曾一次批发葡萄牙文《中国建设》5000 份，订购图书 2100 册，1989 年图书订购增加到 2750 册。但不久也遇到葡萄牙同样的问题，书刊实际发行数量很小，造成大批退货，1989 年开始每期减到 2500 份，此后逐步减少，直到 1990 年彻底结束往来。

这个时候，一些华人华侨在巴西创办的书店，特别是一些具有市场经营能力的文化机构开始与国图公司建立合作关系，并逐渐形成发行主体。如在 1984 年中国举办巴西圣保罗书展时，与光明书店建立了书刊代理关系。该书店主要经营中国台湾、香港的中文图书。自此开始，有一批华人文化机构专门从事中国书刊发行工作，但主要以销售中国书画艺术品为主，帮助介绍中国葡萄牙文版的刊物订户等，过去巴西党派书店所经销的毛泽东著作等时政图书，鲜有人问津。

在华人书店中，最值得提出的是巴西文昌书局。该书局创办于 1964 年，创办者是来自中国福建的华侨何德光，为了丰富侨民的业余生活，从中国香港进了一批中文图书，在圣保罗办起了中文书店，一直惨淡经营了 20 多年。后来何德光的儿子何安在 1983 年从父亲手里接下这家书店。由于书店盈利低，曾在 80 年代初主要以出租、出售中国港台电视连续剧等影视录像带为主，并将"文昌书局"改名为"文昌影视书局"，后来录像带发展为光盘，而且来自中国各地，内容也更加丰富，现在"影视"这一块已经成为书店的主要盈利点。该书店位于巴西最大城市圣保罗最著名的商业中心——自由区，被称为"南美华侨华人的精神家园"。书店的面积很大，上下两层共有 500 平方米，楼上是库房，楼下对外营业。书店装修简单，玻璃大门，四白落地，朴素大方。书架靠墙而立，摆满了各类图书。虽然主要靠影视光盘盈利，但书籍还是占了文昌书局三分之二的营业面积。书局中有相当一部分介绍中华文化、医药、武术和生活常识的图书，有许多中国文学名著和经典武侠作品，甚至还有为数不少的现代言情小说袖珍读本，总数在一万册以上。文昌书局在圣保罗已相当有名，不少华侨华人养成了定期光顾该书局的习惯，甚至不少巴西人也慕名而来，在书店购买学习中文的教科书、字典以及一些介绍中国文化的外文书籍。书店还经常从中国国际图书进出口总公司以及福建老家的一些出版社进口书籍，受到当地华侨华人的欢迎。近些年来,书店多次与中国国内一些发行出版机构合作,也是原国家新闻出版总署 2012 年实施的"全球百家华文书店中国图书联展"工程的参与者之一,先后参与了多次书展,广开供销门路。

从 1979 年之后至今,中国书刊进入巴西的渠道主要以书展的方式,1979 年之前的发行规模、发行数量已经成为历史。

(三)启示与借鉴

本文通过在 1963 年至 1966 年近 4 年的时间里,对中国资助法国哲学社会出版社翻译出版新中国葡萄牙语图书,以及中国书刊在葡萄牙、巴西发行网络前后三十年的巨大变迁的历程梳理,可以在如下三个方面进行深刻反思:

第一,是中国书刊的翻译出版,本土化是必由之路。在 20 世纪 60 年代,在国力并不富裕的情况下,中国资助西方专业人士、机构翻译出版中国图书,这种方法是被当时国际政治大环境所迫,而在国内人才又极度短缺的时代背景下所采取的不得已而为之的做法,但却无意中实施了 21 世纪中国文化"走出去"战略必须实施的一个关键环节——本土化策略。因此中国文化要取得更大的世界影响力,必须更多地采取本土化的策略,其中就包括将中文图书、期刊、报纸以及影视作品大量翻译成为各种本土化语言,而这种翻译与出版最为有效的方法就是通过当地的文化出版机构来承担和实施,这样才能取得事半功倍的传播效果。外文出版社的外文出版能力最高时达到 44 种,其中既有英语、法语、西班牙语等通用语,也有一些像瑞典语、希腊语、斯瓦西里语等非通用语,这些都是通过资助当地专业人士或者专业出版机构才迅速得到提高的。

第二,是在非通用语的翻译出版过程中,最早进行了中外文化机制的碰撞,触及到文化机制改革的深层次问题。在 20 世纪 60 年代,中国资助葡萄牙语等非通用语图书的翻译出版时,让当时的中国出版界发现,那就是除中国特有的图书出版体制之外,还存在着另外一种以资本为纽带的专业文化运营机制。在笔者梳理葡萄牙语这段历史过程中,发现法国办事处往返国内最多的函件就是关于罗莫夫人的账目问题。正是在对待中国资助费用的使用方面,中国方面与罗莫夫人发生了不小的摩擦,反映了当时中国出版理念与西方社会的巨大差别,这是中外文化观念的第一次碰撞。

根据国图公司派驻法国的负责人靳钟琳向国内发回的函件可知,中国方面资助罗莫夫人的经费,每一项都有专业用途,但罗莫夫人总是将钱挪作其他用途,完全不是精打细算。一些和中国图书翻译出版没有关系的花费,也都算在中国出版的项目里。比如她自己去外地旅游度假的费用,也都算在为中国工作的项目上。在雇佣专职秘书一项上,中国方面不同意在开办初期就雇人,但罗莫夫人坚持需要一个秘书协助工作,导致雇佣秘书一项就多花费1500法郎,也使靳钟琳十分不快。1965年2月14日,罗莫夫人一次从使馆支出5000法郎,仅仅过了两个月后,就又要再支付10000法郎,而对于靳钟琳提出的要一本一本地翻译出版中国图书而不要一下子全部上马的建议置若罔闻。

在靳钟琳发回国内的函件中充满了对法国哲学社会出版社的不满。比如罗莫夫人口头上很支持中国,但一些与中国方面斤斤计较、表里不一的实际做法却让中国方面很难理解,有时甚至引发激烈的争吵。有时靳钟琳在信中甚至是愤怒断言,这个法国老太婆不可靠,以"中国共产主义事业""亲中国观点"为幌子,拿钱不少,办事不多,自己捞油水,有时手段十分恶劣,不是一个长期合作的对象。

显然,在20世纪60年代的政治环境下,中国方面是把毛泽东著作、与苏联关于国际共运论战的"九评"等图书翻译出版,当作一件参与国际政治斗争的重大使命来完成。因此,在当时新中国财力还十分薄弱的情况下,无论从项目计划还是花费支出,都是自觉地全方位精打细算。而罗莫夫人方面,则是显然将翻译中国图书当作一件文化生意来做。无论是雇佣秘书、租办公室、支付律师费,都是按照当时法国社会通行的规范来做。中国与罗莫夫人争论的焦点特别表现在,罗莫夫人将自己的旅游度假费用也算作为中国工作的一部分这件事情上,其实这是当时西方社会已经流行的带薪休假做法,是一种社会福利。而这是20世纪60年代以提倡大公无私为整个社会主流价值观的中国所无法理解的。

罗莫夫人与中国方面斤斤计较、反复争论的带薪休假费用计算,是图书出版商业属性在中国文化界的最早呈现。而中国出版界是在30多年后的2003年以后才开始大规模进行出版体制改革。如何处理两种体制之间的矛盾,这在今天的中国出版界也是一个议论纷纷的重大课题。而对这个问题的触摸，在20世纪的六七十年代对外文化出版领域就已经开始了。由于对外文化出版工作的特殊性，而长时间不被业界广泛知晓。一些前期探索实践，甚至是花费巨资投入换回来的经验，也没有引起中国出版界的重视。对于21世纪的中国出版体制改革而言，这不能不说是一种迟到的提醒和借鉴。

第三，是与上一个问题相联系，对外书刊发行政策的调整，从文化政治到文化生意的巨大变迁，所导致的中国书刊海外发行网的彻底解体，迄今为止尚没有进行深刻总结。本文仅仅以葡萄牙、巴西两个国家为例，对于1979年前后书刊发行网所发生的历史巨变，进行了简单梳理，其背后所蕴含的新中国对外书刊发行历史经验、教训的总结，以及未来中国出版进入世界出版领域后发展道路的探求，都还远远没有展开。而这些问题也是十分深刻的，本文仅仅是一个尝试的开始。

（本文初刊在《中国出版史研究》2015年第12期，《出版业》（人大复印资料）2016年第4期全文转载）

四、新中国图书在希腊的翻译出版与传播

希腊是一个人口约为900万的欧洲小国，但由于灿烂的古希腊文化孕育了整个西方文明，所以希腊在整个欧洲乃至西方世界的心目中，都具有相当高的文化地位。新中国在20世纪的六七十年代，由于受到中苏关系破裂的影响，再加上以美国为首的西方阵营对新中国进行政治、经济、文化的全面封锁，中国面临来自两大阵营的压力。以1963年为例，中国的各种外文书刊受到28个国家的抵制。为了突破这种封锁和限制，1963年3月，时任对外文委副主任兼外文出版社副社长的罗俊率代表团访问欧洲以及西亚、非洲等国家，这些国家包括英国、瑞士、巴基斯坦、比利时、卢森堡、荷兰、埃及、摩洛哥、叙利亚、桑给巴尔（今坦桑尼亚的一部分）、坦桑尼亚、索马里、塞拉利昂、尼日利亚等国家，在国外选择外文出版发行据点。正是在这样一个特殊的时代背景下，

希腊就成为突破文化封锁的首选地点之一,中国图书在希腊的翻译与出版就提到了议事日程。

希腊语的使用范围主要包括希腊、阿尔巴尼亚、塞浦路斯等地中海的东部地区,使用人数约在1500万左右。在当时百废待兴的新中国成立初期,中国没有一所高校开设希腊语专业,当然也没有现成的希腊语翻译人才,必须通过资助希腊当地出版商的方式才能实现目标。自1961年至1967年6年间,中国图书在希腊共翻译出版了约100多种,平均每年约有20种左右。这个规模今天看来也许算不得什么,但在当时已是一种历史的突破。这主要体现在三个方面:第一是在中国与欧洲文化交流的漫长历史过程中,中国书刊从没有过如此集中规模地翻译成为希腊语出版物,新中国在20世纪60年代的努力开创了一个新的历史纪录,使中国图书第一次有了希腊语出版物;第二是新中国图书翻译成为希腊语,在地中海东部地区广泛传播,在当地获得了广泛的社会影响,展现了新中国的国家形象,有助于突破两大阵营的封锁;第三是新中国书刊在希腊的翻译与出版,是当时在海外建立出版发行据点建设比较成功的,希腊的成功带动了当时在英国、法国、瑞典、丹麦、意大利、比利时、冰岛等国家的渠道建设,希腊的成功经验对21世纪的中国文化"走出去"战略实施,也有一定的借鉴作用。

(一)希腊费克西斯出版社

希中友好协会是一个促进中国与希腊友好的民间组织,当时担任中希友好协会副会长的是克兹科斯夫人(Bèata.Kitsikis)。克兹科斯家族是希腊社会的一个望族。德米特里·克兹科斯(Dimitri Kitsikis)是希腊著名突厥学专家、国际关系与地缘政治学专家。1958年他参加希腊代表团到中国访问,从此成为一名坚定的毛泽东主义者。1966年毛泽东主席还曾接见克兹科斯的母亲Beata Petychakis-Kitsikis。因此希中友好协会就成为中国书刊翻译出版的重要推动者。根据档案记载,早在1963年1月前,当时正值中苏关于国际共运论战正酣,克兹科斯夫人就主持翻译出版了一套"中国文库"系列丛书,其中有《白蛇传》《中国诗集》(收录先秦至20世纪)、《中国戏剧》《中国历史简编》(翦伯赞著,第一部分)、《中国哲学史简编》(侯外庐著)、《中国寓言》《中国故事选》《毛泽东诗词》等,同时组织专人翻译毛泽东的著作单行本和著名的"九评"。但由于工作量大,克兹科斯夫人提议由专业出版社专门负责翻译出版工作,希中友好协会承担监督与检查任务,并推荐希腊费克西斯出版社(Fexis Publications)和希腊历史出版社(Edition Historigue)两家来接任,于是这两家希腊出版社就开始了与中国合作出版图书的历史。

合作方式:根据希中友好协会的推荐意见,费克西斯出版社属于纯粹的商业出版机构,在雅典的 Aeademias 路 28 号具有一家大型书店,该书店的产权人就是该出版社的负责人 Georges Fexis。费克西斯出版社的发行渠道较多,在希腊首都雅典的勒比莱地区大约能够覆盖 90 多家书店,在外省有 104 家书店,并拥有上万个固定读者会员。该出版社与中国的合作方式,经过几轮谈判,由当时国际书店的代表郭毓基先生与费克西斯先生最终签署。合作条件大体如下:

一是合作时间为 1963 年 7 月 1 日至 1966 年 5 月 31 日,时间为 3 年时间。

二是中国支持费克西斯出版社每年以"怎样更好地进一步了解中国"名义出版有关介绍中国的成就、发展以及一般社会生活的丛书。该丛书的选题要与希中友好协会、国际书店共同确定。翻译费、稿费由费克西斯出版社承担,翻译质量要经希中友好协会确认。为了便于宣传新中国,打开局面,丛书简装本的定价不高于 5 个德拉克马(drachma,希腊货币,1963 年希腊货币与美元的兑换之比为 30 个德拉克马兑换 1 美元),布面精装定价可提高到每本 15—20 个德拉克马。丛书开本为 15.5×22.5 厘米,印刷数量不低于 3000 册,用纸为 80 至 100 克。国际书店每个品种预购 1000 册(7.5 折,后降低为 7 折),希中友协预购 500 册(6 折,后降低为 5.5 折)。其余由费克西斯书店在希腊独家经销。

三是费克西斯出版社承担在希腊宣传、推销中国图书的任务,具体包括:(1)在雅典的中心书店以及外省书店的显要位置摆放中国图书,尤其是一些外省书店要赠送精致的专门摆放中国图书的特制书架。在费克西斯自己的书店在面向 Aeademias 路的橱窗、书店出入口、书店墙壁等显要处长期宣传中国出版物;(2)在外省以及费克西斯固定读者中间优先寄售中国图书,每种图书的寄发读者数量不低于 2 万个会员;(3)因为费克西斯出版社的一位合作股东是雅典广播电台的负责人,因此费克西斯出版社还在合同中承诺在雅典广播电台定期介绍这套丛书的内容,并时常播出一些相关评论;(4)每种图书出版之后,要刊发一些图书广告,并把样书寄送一些报纸、期刊的负责人,并负责收回这些报纸、期刊的评价意见;(5)由费克西斯出版社在联盟会议厅或其他地方组织专门会议,介绍中国经济、文化方面的图书内容。每次会议之前要散发专门宣传的小册子。这些介绍中国的小册子同时寄发费克西斯出版社的固定会员。

作为对于中国书刊推广宣传的回报,中国支持费克西斯出版社每月固定的推广费用,每月约为3600个德拉克马(3600个德拉克马约合120美元),在合同期内由国际书店定期支付。

上述合作条件细致到位,十分有利于中国方面。尤其是对于中国书刊在希腊的推广、宣传方面的条款要求,看得出是期望借助费克西斯出版社扩大中国书刊的影响,宣传新中国的政治主张是当时对外宣传工作的核心目标。

出版品种:笔者依据档案整理了希腊费克西斯出版社出版的新中国图书目录,自1964年开始至1967年共有48种,翻译出版了36种,这36种都有印数,但费克西斯出版社只提供了18种新中国图书的实际销售册数,尚有一半没有销售数据,这是一个十分遗憾的事情。在48种图书中,还有12种因为1967年"文化大革命"爆发而不得已全部停止出版,虽然有的已经翻译完毕,有的已经装订,但都没有面世。具体书目详见表4。

表4 费克西斯出版社翻译出版中国图书一览表(定价单位为当时的希腊货币,德拉克马drachma)

序号	书名	定价	页数	印数	销售数量	出版时间
1	中华人民共和国宪法("怎样更好地进一步了解中国丛书")	65		3000	327	1964.11
2	中印边界问题("怎样更好地进一步了解中国"丛书)			3000	222	1964.11
3	暴风骤雨("怎样进一步了解中国"丛书)	190		3000	644	1964.11
4	中国历史简编(林锋)("怎样更好地进一步了解中国"丛书)	60		3000	675	1964.12

续表

序号	书名	定价	页数	印数	销售数量	出版时间
5	子夜（茅盾）（"怎样更好地进一步了解中国"丛书）	180		3000	670	1964.12
6	火光在前（刘白羽）（"怎样更好地进一步了解中国"丛书）	80		3000	381	1964.12
7	中国小说史略（鲁迅）（"怎样更好地进一步了解中国"丛书）			3000		1964.4
8	毛泽东论中国革命（陈伯达）（"怎样更好地进一步了解中国"丛书）	50		3000	502	1964.5
9	不怕鬼的故事（"怎样更好地进一步了解中国"丛书）	65		3000	640	1964.6
10	长征的故事（"怎样更好地进一步了解中国"丛书）	90		3000	379	1964.6
11	无产阶级在新民主主义革命中争夺取领导权的斗争（李维汉）（"怎样更好地进一步了解中国"丛书）	70		3000	288	1964.7
12	红楼梦（"中国文库"系列）			2000	520	1964.7
13	更高地举起毛泽东文艺思想的红旗（林默涵）（"怎样更好地进一步了解中国"丛书）	40		3000		1964.8
14	辛亥革命（吴玉章）（"怎样更好地进一步了解中国"丛书）	85		3000	440	1964.8
15	王若飞在狱中（"怎样更好地进一步了解中国"丛书）	95		3000	345	1964.9
16	女神（郭沫若）（"怎样更好地进一步了解中国"丛书）	65		3000	505	1965.1
17	耕耘记（"怎样更好地进一步了解中国"丛书）	10		5000		1965.11
18	中国地理概述（"中国文库"系列）	115		5000		1965.11

根据表4可知，新中国许多图书都是第一次翻译成为希腊语，开创了中国图书在地中海东部地区传播的历史记录，如果不是"文化大革命"爆发，会有更多的中国图书得到翻译出版。比如中国经典名著《红楼梦》希腊文版还是有史以来的第一次出版。此外，像《鲁迅小说选》《雷雨》《屈原》《红旗谱》《子夜》《林海雪原》《暴风骤雨》《青春之歌》等新中国代表性文学作品，如果不是

与费克西斯出版社合作,希腊文版的翻译与出版不会在短短的两年时间内实现。以当时新中国的人才状况,不仅没有能够直接把中文翻译成为希腊文的专家,就是英文、法文背景而又准确翻译成希腊文的翻译家也是凤毛麟角。与费克西斯出版社合作后,中国提供一些图书的英译本或者法译本,再由费克西斯出版社在希腊等地组织专人翻译成为希腊文就相对较为容易。如《毛泽东论中国革命》一书由费克西斯出版社推荐名为 Patros Anagnostopou Los 的希腊人翻译,《不怕鬼的故事》由名为 Mrne Costoula Mityopou Los 的希腊人翻译,《长征的故事》由名为 Nicos Atanassia Dis 的希腊人翻译,《从鸦片战争到解放》由名为 Soyros Spengas 的希腊人翻译,《山乡巨变》由名为 Koste Lenos 的希腊人翻译,《林海雪原》由名为 M.H.Petimezas 的希腊人翻译,这些人有的是新闻记者,有的是图书评论家,有的还是一些研究中国的汉学家。虽然全部是从英译本、法译本转译,除个别图书之外,基本保证了中文的原貌。

当然这种委托出版是要付出成本的。根据档案记载,这 48 种图书的翻译出版,国际书店在 1964 年至 1965 年两年间总共支付费克西斯出版社约为 75738.425 美元,期间包含印刷、纸张、排版、翻译、运输等各项费用,平均每本图书的支出为 1577.88 美元。

(二) 希腊历史出版社

希中友好协会在推荐费克西斯出版社这个纯粹的商业出版机构与中国合作的同时,还同时推荐了希腊历史出版社(Edition Historigue)与中国合作,按照当时希中友好协会副会长为克兹科斯夫人(Bèata.Kitsikis)的设想,两家出版社每年出版新中国图书 50 种,希腊历史出版社出版 23 种,费克西斯出版社出版 27 种。而希腊历史出版社是一个左派出版机构,负责人为约瑟克·约达尼迪斯(Jsaac Jordanides),属于希腊左派组织的成员。该社出版的月刊《再生》的一些文章观点,比较倾向于社会主义,并同情中国革命。因此希中友协会副会长克兹科斯夫人早在 1963 年就委托历史出版社出版意识形态较强的一些中国图书,并多次向中国推荐该出版社,可以说希腊历史出版社与中国合作的时间应该是 1963 年 4 月开始,要早于费克西斯出版社。

合作方式:希腊历史出版社的办公地址在 Athenes Themistocleous Rue 27

号,出版规模和发行渠道较之费克西斯出版社要小很多,可以说是一个比较典型的政治组织。最初只有 1 人,后来逐步发展到有 10 名翻译人员,专门从事英文、法文转译希腊文的翻译出版工作。因此根据希中友好协会的意见,历史出版社组织翻译出版的中国图书,国际书店要购买 1500 册的方式资助,并事先预付 50%购书款。其他合作条款与费克西斯出版社的合作方式相类似,主要目的也是寄希望历史出版社大力推广中国图书,扩大新中国的国际影响力。

出版品种:笔者根据档案整理了 1963 年至 1967 年 5 年间,由希腊历史出版社出版的中国图书,总共有 66 种,绝大部分是毛泽东著作、九评等政治理论图书。其中因为"文化大革命"爆发后,停止翻译出版和停售了 6 个品种,具体详见表 5。

表 5　希腊历史出版社翻译出版中国图书一览表(定价为当时希腊货币德拉克马 drachma)

序号	书名	希腊页数	定价	印数	出版时间
1	目前的形势和我们的任务(毛泽东的 10 篇文章合订本)			3000	1963
2	毛泽东哲学著作三篇			3000	1963
3	毛泽东军事文选			3000	1964
4	毛泽东论文学艺术			3000	1964
5	论无产阶级专政的历史经验(一论、二论合辑)			3000	1964
6	哲学社会科学工作者的战斗任务			3000	1964
7	苏共领导是最大的分裂主义者(七评)			3000	1964
8	无产阶级革命和赫鲁晓夫修正主义(八评)			3000	1964
9	新殖民主义的辩护士(四评)			3000	1964.6
10	在战争与和平问题上的两条路线(五评)			3000	1964.6
11	两种根本对立的和平共处政策(六评)			3000	1964.6
12	论人民民主专政			3000	1964.9

续表

序号	书名	希腊页数	定价	印数	出版时间
13	新民主主义论			3000	1964.9
14	中国革命和中国共产党			3000	1964.9
15	湖南农民运动考察报告			3000	1965
16	中国社会各阶级的分析	16	5	3000	1965
17	在延安文艺座谈会上的讲话	64	10	3000	1965
18	改造我们的学习	16	5	3000	1965
19	整顿党的作风	30	5	3000	1965
20	关心群众生活，注意工作方法	16	5	3000	1965
21	中国共产党在民族战争中的地位	30	5	3000	1965
22	论政策	16	5	3000	1965
23	青年运动的方向	16	5	3000	1965
24	星星之火，可以燎原	32	5	3000	1965
25	关于领导方法的若干问题	16	5	3000	1965
26	帝国主义和一切反动派都是纸老虎	32	5	3000	1965
27	毛主席和亚非拉人士的重要讲话	16	5	3000	1965
28	支持多米尼加人民反对美国武装侵略的声明			3000	1965
29	人民战争胜利万岁				1965

由表5可以看出，希腊历史出版社出版的66个品种要比费克西斯出版社48种多出12种，而这12种都是由希中友协主持翻译的中国图书。同时，毛泽东著作的一些单行本以及与苏联进行共运论战的"九评"文件，都是由历史出版社翻译出版的。在当时的政治背景下，希中友协和当时的中国对外宣传部门，显然要倚重政治观点与中方比较一致的左派组织，而且支持力度也较大。根据档案记载，这66种中国图书的翻译、排版、纸张、印刷费、运输、人工开支等诸项费用，由国际书店直接支付希中友协和历史出版社的资助费用，累计达到118218.2瑞士法郎，按照当时4.37瑞士法郎兑换1美元的比例折算，合计为516613.5美元，另加10000美元，累计为526613.5美

元,平均每本图书投入7877.5美元,这在当时百废待兴的新中国应该是一笔不小的投入。

(三) 中国希腊文图书的传播效果

国际书店在1964年至1965年两年间总共支付费克西斯出版社约为75738.4美元,加上支付历史出版社的526613.5美元,累计为592351.9美元,总共翻译出版了128种图书(含没有对外发行的12种),平均每本投入4627.7美元。应该说是一笔大钱,但这种支出所取得的传播效果确实是突破性的,有如下三个事例可以得到验证。

在20世纪的六七十年代,中国受到美国为首的西方资本主义阵营和苏联为首的东方社会主义阵营的两面封锁,这种封锁局面的严峻性是难以想象的,只要是中国图书,连宣传广告都受到阻挠,由此可见一斑。1963年7月,当一本中国有关中国近代革命史的图书翻译出版后,希腊历史出版社拟在雅典的一家较有影响的名为"Augui"的日报刊登图书广告,这家报社得知是中国图书便找出各种理由拒绝刊登,后来经过多次协调,才得以刊登。而到了1963年11月,毛泽东的《实践论》《目前的形势和我们的任务》两书翻译出版后,历史出版社的办事人员再次来到报社,希望刊登两本图书的宣传广告,但这家报纸这次明确拒绝刊登,历史出版社表示要付现钱,但报社的负责人却说道:"不行,绝对不行!我们绝不帮助希腊的亲华运动。"历史出版社的办事人员当场提出抗议,但该报社经理威胁要喊警察来驱赶历史出版社的人。有一家名为《民主变革》的晚报,在不知情的情况下刊登了一本中国图书的宣传广告,结果受到报社上层的严厉斥责,以后这家晚报再也不敢刊登有关中国图书的宣传广告了。

经过各种努力,这种情况到了1964年至1965年之后就逐步得到扭转,其中尤以费克西斯出版社举办的一次书展受到普通民众热烈欢迎得到验证。

中国与费克西斯出版社的合作有一些不愉快,但还算顺利。期间,希中友好协会的副会长克兹科斯夫人(Bèata.Kitsikis)曾多次向国际书店反映,费克西斯出版社只知道赚钱,没有认真执行双方确定的合同条款,如每种图书只印刷2000册,除了销售给国际书店的1000册和希中友好协会的500册之外,他负责推销的数量寥寥无几。另外合同中明确规定的推广、宣传任务，尤其是电台广播中国图书的评论等项目，费克西斯出版社都没有很好地执行。只在当时希腊的一家左派报纸 Apochematihi 的暑期读物上刊登了《长征的故事》一书的宣传。使馆得到这些情况之后，及时约谈了费克西斯先生。在中国方面的督促之下，费克西斯出版社与希中友好协会在 1964 年的 10 月 1 日—5 日举办了一次中国书刊展览会。应该说这是中国第一次在希腊举办中国图书展览会，取得了很好的效果，与 1963 年之前的政治气氛大不相同，尤其是中国绘画、中国儿童连环画的受欢迎程度超出了想象。书展现场征订了 35 个中国书刊的订户，销售了许多中国画册。费克西斯先生私自高价出售了国际书店赠送给他的一个中国山水画轴，售价达到 4 万德克拉马。费克西斯出版社还特别拍摄制作了一个中国书展的纪录片。受此书展的鼓舞，费克西斯先生本人特地向使馆建议，除出版中国政治理论类图书之外，还应该要翻译出版中国儿童图书，由他负责翻译出版，费用均由他承担。这是新中国书刊在希腊翻译出版后获得初步传播效果的第一个事例。

另一个事例是在 1965 年，费克西斯出版社参加了当年 10 月在德国莱比锡举办的世界图书博览会。当地的一家晚报主动报道了希腊费克西斯出版社参加会展的情况，报道中还特别提到三种中国丛书的书目，其中有 10 本，分别是《中国戏剧》《中国一瞥》《中国诗选》《现代中国故事》《红楼梦》《中国童话》《中国文学精华》《毛泽东诗词》《中国哲学史简编》《墙外的中国》第一版、第二版等。"怎样更好地进一步了解中国丛书"袖珍本的 23 种书目都刊登出来，如《毛泽东论中国革命》《更高地举起毛泽东文艺思想的旗帜》等，本文表 1 中"怎样更好地进一步了解中国丛书"大部分图书名单，均显著地刊登在报纸之上，再没有出现连广告都难以刊登的现象了。

第三个事例是 1966 年 3 月 9 日，在一艘名为"ARCHONDULA"的希腊游轮上，中国使馆人员惊喜地发现了一本希腊文的《论共产党员的修养》一书有售。这表明由费克西斯出版社出版的"怎样更好地进一步了解中国丛书"袖珍本的传播面很广泛，有些图书甚至已经摆在轮船上开始销售了。

值得提出的是，中国资助两家希腊出版社出版中国图书，从传播效果来看，当时希中友协和中国方面并不看好的费克西斯出版社，其翻译出版图书的传播效果要好于希腊历史出版社。作为一家专业出版机构，虽然主要是出于营利目的与中国进行合作，但一些做法和建议还是比较专业的。如1965年9月30日至10月6日，费克西斯先生自费来华，与中国外文局商谈如何进一步合作问题，除重新确定一些合作条款之外，费克西斯主动提出"怎样更好地进一步了解中国"丛书要统一封面，每种图书换一个颜色即可，并将字数较多的《红日》《林海雪原》等图书分为上下卷出售，同时建议每种图书的封底要有作者简介，而《成长中的中国人民公社》最好要有插图传播效果才最好。尤其是关于出版中国儿童系列丛书和中国绘画艺术图书的建议，特别具有市场眼光。因为儿童图书文字少，中国特色的白描绘画技法与西方绘画迥然不同，地中海东部地区很少见到，能够获得普通民众的广泛接受。尤其是中国国画艺术作品在欧洲还是一个空白状况，还没有后来日本、中国台湾、中国香港的一些专营东方绘画艺术的经营机构进入。费克西斯先生当时的这种提议在今天看来再正常不过，以市场的方法推广中国文化取得的效果可能更佳，如果得到采纳，中国图书以及中国绘画在地中海东部地区的文化市场将会是另一番景象。但十分遗憾的是，这些富有市场眼光的建议在20世纪六七十年代意识形态至上的环境下，是不可能得到认真考虑的。

本文通过1963年至1967年近五年时间里，中国支持希腊两家出版社翻译出版100多种中国图书的历史回顾可知，中国这种方法是在当时国际政治所迫，而国内人才又极度短缺的时代背景下采取的不得已而为之的做法，但这种方法却无意中实施了21世纪中国文化"走出去"战略必须实施的一个关键环节——本土化策略。中国文化要取得更大的世界影响力，必须更多地采取本土化的策略，其中就包括将中文图书、期刊、报纸以及影视作品大量翻译成各种语言，包括一些非通用语种，而这种翻译与出版最为有效的方法就是由当地的文化出版机构来承担和实施，这样才能取得事半功倍的传播效果。20世纪六七十年代中国书刊在希腊的翻译传播所获得的成功已经证明了这样一个真理。

（本文原发表在《中国翻译》2013年第5期）

五、达奈留斯书店,新中国书刊在瑞典的翻译与出版

2012年莫言获得诺贝尔文学奖,莫言作品的瑞典语译者陈安娜走入国人的视野。这个1965年出生的女翻译家,师从斯德哥尔摩大学东亚学院教授、诺贝尔文学奖评委马悦然先生,长期以来从事中国文学作品的翻译工作,在近20年翻译了包括莫言的《红高粱》,余华的《活着》,苏童的《妻妾成群》,韩少功的《马桥词典》等20多部中文小说,被中国网友赞为"中国文化的使者"。随着莫言的获奖,中国文学图书作品瑞典语的翻译出版再次成为人们关注的焦点。有学者认为,中国作家要想获得诺贝尔文学奖,必须将作品翻译成瑞典语,瑞典语的翻译出版能力就成为核心和关键[1]。

其实,早在20世纪的六七十年代,就有相当一部分新中国书刊翻译出版了瑞典语版,这是有史以来第一次在北欧国家的主动传播。只不过当时的目的不是为了获奖,而是为了突破新中国成立后以美国为首的西方阵营一直对新中国进行的政治、经济、文化封锁,以及20世纪60年代初因为中苏关系破裂而来自苏联阵营的压力。以1963年为例,中国的各种外文书刊受到28个国家的抵制。正是在这样一个特殊的时代背景下,北欧的瑞典、芬兰、挪威等国家就成为新中国突破两大阵营封锁的首选地点,中国图书在瑞典的翻译与出版就提到了议事日程。

(一)中国出版海外本土化的最早样本之一

瑞典语的使用范围主要为瑞典、芬兰(尤其是奥兰岛),使用人数超过900万人,在美国、巴西、阿根廷等地也有部分使用者。在当时百废待兴的新中国成立初期,国内没有一所高校开设瑞典语专业,当然也没有现成的瑞典语翻译人才。作为新中国最为重要的外文出版阵地——外文出版社,一直到1962年才有瑞典语出版物,但也仅仅是《中国风光(摄影)》明信片,简单配有瑞典文

---

[1] 《中国作家首获诺贝尔文学奖,翻译作用功不可没》,《民族文学》2012年第4期。

解释，1962年向海外发行了860册，1963年又出版了王拓明设计、河山绘的幼儿画册《小鸭子和朋友们去航海》，向海外发行了1050册。1964年没有出版，1965年又有两种，分别是《越南人民必胜，美国侵略者必败》（画册）和《越南人民必胜，美国侵略者必败（画册，第二集）》，分别向海外发行了5600册和5550册，1967年出版了该画册的第三集、第四集，1968年又出版了第五集，都是在画册上配上简单的瑞典语解释[1]。

要提高中国书刊的瑞典语出版能力，必须找到一家瑞典当地的出版机构合作才能实现目标。本着这样的宗旨，国图公司曾于1964年9月3日将《鲁迅短篇小说选》（1953年出版）的英文版交由瑞典的博·卡纳维斯出版社（BO CAVEFORS）出版，不久又将《毛泽东军事文选》委托给该家出版机构。随着需要出版的图书越来越多，扶持一家专业机构的意向越来越迫切。恰在此时，瑞典共产党左派负责人尼尔斯·郝尔木拜（Nils Holmberg）在1964年9月来华访问，提出可以创办一家出版机构，专门将中国出版的英文图书转译成瑞典语，并在瑞典出版发行。由于符合工作急需，此事在尼尔斯·郝尔木拜来访的第二个月，即1964年10月12日就得到当时负责对外文化工作的中央领导李一氓同志的批准。

根据档案记载，这家机构的全称是达奈留斯贸易与出版公司（Danelius Handels Förlags AB），为股份制形式，主要管理层有三人，尼尔斯·郝尔木拜任董事长，由曾经在《人民画报》社工作过的瑞典人克拉斯·艾瑞克·达奈留斯（Claes Eric Danelius）出面经营，地址位于瑞典哥德堡市的Husargatan 41 A。这个注册地址共有两间大屋子，都有临街的橱窗，中间有壁炉，还有一个里间可供办公，是个理想的经营书店场所。每年租金为3000克朗，租期自1965年1月开始算起。此外还需要支付4500克朗的房屋顶费。房屋修缮、油漆、安装货架和购买柜台费用需要2000克朗。合计经费总额为9500克朗，均由国图公司前期垫付。这个书店计划仿照伦敦的科列茨书店经营，除专门翻译出版的中国各种书刊外，还向哥德堡的当地民众出售来自中国的绘画、贺年卡、中国陶瓷制品、唐三彩、手工艺品等。在1965年该书店开张时，国图公司曾经于1965年4月22日专门空运到该书店展品21包，其中包含中国著名绘画大

---

[1] 何明星：《中华人民共和国外文图书出版发行编年史（下）》，学习出版社2013年版。

师齐白石的原作《菊花》2张和17张木版水印绘画艺术品。这些来自遥远的中国的东方艺术品,由于别具一格的艺术风格,在当地引起轰动性的影响。

表6 中国图书在瑞典出版发行的瑞典语版书目一览表

序号	书名	出版时间	母本文别	资助经费数目（瑞典克朗）	出版机构及版次	印刷发行册数	译者备注
1	鲁迅短篇小说选	1964.9	英文	4965	博·卡纳维斯出版社（BO CAVEFORS），1965年2月出版	3000	
2	毛泽东军事文选	1964.10	英文	15000	同上，1965年9月出版	3000	尼尔斯·郝尔木拜（Nils Holmberg）
3	毛泽东选集（卷一）	1964.10	英文	每卷印数为3000册，印费为21000克朗，三卷全部需要70000克朗	1967.4	3000	
4	毛泽东选集（卷二）	1964.10	英文	同上	计划由达奈留斯（Danelius Handels Förlags AB）翻译出版		由尼尔斯·郝尔木拜夫人翻译，计划1967年6月出版
5	毛泽东选集（卷三）	1964.10	英文	同上	计划由达奈留斯（Danelius Handels Förlags AB）翻译出版		由尼尔斯·郝尔木拜夫人翻译，计划1967年9月出版
6	论共产党员的修养（刘少奇）	1964.10	英文		计划由达奈留斯（Danelius Handels Förlags AB）翻译出版		因国内爆发"文化大革命"，1967年1月13日函告停止出版，但译稿已翻译完
7	中国的社会主义工业化和农业集体化	1964.10	英文		计划由达奈留斯（Danelius Handels Förlags AB）翻译出版		同上

续表

序号	书名	出版时间	母本文别	资助经费数目（瑞典克朗）	出版机构及版次	印刷发行册数	译者备注
8	安娜·路易斯·斯特朗通信集（第一集）	1964.10	英文		计划由达奈留斯（Danelius Handels Förlags AB）翻译出版		因国内爆发"文化大革命",1966年8月18日停止翻译出版
9	红岩（罗广斌、杨益言）	1964.10	英文		计划由达奈留斯（Danelius Handels Förlags AB）翻译出版		同上
10	青春之歌（杨沫）	1964.10	英文		计划由达奈留斯（Danelius Handels Förlags AB）翻译出版		因国内爆发"文化大革命",1967年1月13日函告停止翻译出版
11	红旗谱（梁斌）	1965.4	英文		计划由达奈留斯（Danelius Handels Förlags AB）翻译出版		同上
12	小城春秋（高云览）	1965.4	英文	3800克朗翻译费；2000册纸平装和1000册布面精装,3000册印刷费为11800克朗	由达奈留斯（Danelius Handels Förlags AB）翻译出版,瑞典文译名拟为"从监牢里冲出去"		同上
13	我的前半生（上,溥仪）	1965.4	英文	3200翻译费；2000册纸平装和1000册布面精装,3000册印刷费为10000克朗	由达奈留斯（Danelius Handels Förlags AB）翻译出版,瑞典文译名拟为"从皇帝到平民",并附有溥仪的两张照片		同上

续表

序号	书名	出版时间	母本文别	资助经费数目（瑞典克朗）	出版机构及版次	印刷发行册数	译者备注
14	评苏共领导从3月1日在莫斯科召开的会议	1965.3	英文		由达奈留斯（Danelius Handels Förlags AB）在1965.6翻译出版	10000	1965年3月21日在瑞典报刊上刊发宣传广告
15	三千万越南人民的庄严誓言	1965.4	英文		由达奈留斯（Danelius Handels Förlags AB）在1965.7翻译出版	10000	每期随使馆的瑞典文公报发行4800份
16	人民战争胜利万岁（林彪）	1965.4	英文		由达奈留斯（Danelius Handels Förlags AB）在1966.6翻译出版	3000	
17	毛主席语录	1966.10	英文	10000	由达奈留斯（Danelius Handels Förlags AB）在1966.12.20翻译出版	3000	
18	毛泽东四篇哲学论文	1966.12	英文		由达奈留斯（Danelius Handels Förlags AB）在1967.7翻译出版	3000	

  经销中国艺术品、手工艺品等仅仅是瑞典达奈留斯书店的一个部分，主要业务还是翻译出版中国图书。表6是1964年至1967年3年间中国资助在瑞典翻译出版的中国图书目录，约有18种。从图书内容可知，这些图书主要是毛泽东、刘少奇等人的著作以及介绍新中国政治制度发展变化的理论图书和中国当代文学图书。18种图书中的领导人著作以及政治理论图书属于中国

方面向达奈留斯书店推荐翻译的,而文学图书则是当时达奈留斯书店的负责人根据北欧瑞典读者的需求情况主动选择的。如溥仪的《我的前半生》作为新中国成立后新旧社会巨大变迁的典型形象,具有广泛的读者市场,而杨沫的《青春之歌》、高云览的《小城春秋》体现的是中国青年一代从旧社会向新时代的精神追求历程,是文学性与时代性高度融合的优秀作品,也具有一定读者需求。

这些图书的翻译出版经费,按照当时达奈留斯书店与国图公司达成的协议,均由中国方面支付。每本图书出版后,再以50%折扣批发,所得利润留给书店。但由于中国书刊的翻译出版刚刚开始,一些中国书刊尚不能很快获得利润,同时一些中国艺术品、工艺品销售满足不了房租支出。从现有资料来看,书店经营者达奈留斯本人仍属于无偿义务为中国工作,尚且没有生活费用。因此,1965年7月2日,尼尔斯·郝尔木拜与我驻瑞典使馆协商,每月向达奈留斯本人提供生活费用1200克朗。由达奈留斯每月翻译中国文件100至120页瑞典语文件或资料,翻译资费标准是按照每页33行、每行65个字母支付10—12克朗。该生活费用由国图公司与我驻瑞典使馆各自承担一半,暂定时间为一年时间。当该费用仍不足时,可由国图公司支付该书店在瑞典图书推广费中先期垫付。从档案资料来看,当时书店的全职工作人员只有达奈留斯1人,直到1966年6月份才新雇用了一个助手,每月支付800克朗,达奈留斯本人的月薪提高到1300克朗。而到了1966年3月8日,国图公司再次加大支持力度,期望达奈留斯书店出面将每种瑞典语图书向当地瑞典报社免费赠送50册样书,并刊发图书广告,广告费用由国图公司支付。并再次降低图书批发折扣达到40%,其余全部留给达奈留斯书店,并由达奈留斯书店承担瑞典境内的邮资、货运、包装费用。从这些政策可以看出,当时中国对于达奈留斯书店的支持,即着眼于初期的扶持,同时又鼓励其积极开发瑞典市场。今天看来,这些政策都是极其正确的。

从董事长尼尔斯·郝尔木拜到达奈留斯本人,熟悉和了解中国,而且政治理念与中国高度一致。当时哥德堡地区物价很贵,生活远不像今天这样方便稳定,但达奈留斯本人任劳任怨,认真负责,从没有抱怨,是十分难得的书店经营人选。书店在1965年5月开业后,经营到1966年1月24日,半年多时间,就用邮购方式销售了 50 多册各种毛泽东著作(英文版、瑞典文版),同时以每张 0.75 克朗的价格销售了 200 多张中国特色的贺卡。一些外文出版社出版的古典历史、文化图书获得了瑞典读者的认可,而且是所有图书中销售得最好的品种。译自英文版的《评莫斯科的三月会议》"九评"的第一评,在瑞典报刊上刊发了一批广告,中国与苏联关于国际共运论争的观点,第一次在北欧国家得到了广泛传播。中国图书开始在北欧国家初步打开了局面。达奈留斯书店也成为中华人民共和国成立以来,以国家资助的形式组织海外知华、爱华等友好人士,翻译出版中国图书、销售东方艺术品、传播中国声音的最早成功尝试。

(二) 新中国文学进入北欧的开始

今天看来,达奈留斯书店的开设具有非同寻常的意义,这主要表现在两个方面:

第一是使当时新中国唯一一个对外文化的翻译出版机构——外文出版社,在芬兰语、希腊语、丹麦语等欧洲非通用语种之外,又增加了一个非通用语种,出版范围、翻译人才储备得到了增加。

新中国成立初期,突破以美国为首的西方国家对新中国的文化封锁斗争,使外文出版社迅速提高了英、法、德等通用语种的出版能力。到 20 世纪 60 年代初中苏关系破裂,又与苏联展开国际共运大论战,非通用语种出版能力又再次得到提升。截止到 1967 年,外文出版社能够出版 44 个语种的外文图书,拥有不同国籍的翻译人才超过 100 人,这是中国几千年历史上的第一次,外文出版社一跃成为世界上翻译出版能力最强、国际化水平最高的出版机构之一。达奈留斯书店的筹备、营业到主营翻译出版的历程,是中国开拓非通用语种图书出版过程的生动展示。

表7 中国资助瑞典语图书的翻译出版经费

日期	项目摘要	付款办法	资助金额(克朗)
1965 年 8 月 26 日	预付《小城春秋》等图书翻译出版费	汇往使馆	30000
1965 年 9 月 3 日	支付《鲁迅短篇小说选》购书款	同上	4965

续表

日期	项目摘要	付款办法	资助金额（克朗）
1965年9月15日	预付《毛泽东军事文选》出版费	同上	15000
1965年10月15日	预付《三千万越南人民的庄严誓言》小册子等费用	同上	50000
1965年	支付达奈留斯书店1965年10月至11月的生活费、翻译费	使馆代付	3400
	支付《我的前半生》《小城春秋》的翻译费	同上	1000
1966年	支付1965年12月以及1966年1月的生活费	同上	2400
合计	106765克朗		

　　表7是中国资助瑞典语图书的翻译出版经费明细，自1964年开始截止到1967年，三年时间累计为106765克朗，这个经费按照购买力计算，相当于今天的640590美元。这在百废待兴的新中国，显然是一笔十分可观的投入。但遗憾的是，由于1966年国内爆发"文革"，一些已经翻译好的书稿都没有来得及出版面世便中途停止了。由表6可知，18种瑞典文图书，在当时只有8种得到付印并在瑞典得到公开发行，而10种只完成了译稿，有的甚至是一部分译稿。原因是这些图书的作者或被打倒或者成了右派，因此不得不停止外文版的翻译出版，《论共产党员的修养》及《小城春秋》《我的前半生》《红旗谱》《青春之歌》等都属于此。

　　尽管资助达奈留斯书店的瑞典文翻译出版没有完全取得预期成果，但却使外文出版社获得了一批瑞典文译稿，并与瑞典方面建立了密切联系，此后迅速提高瑞典语图书的出版能力。如在1969年党的"九大"召开期间，就由外文出版社翻译出版了2种瑞典文出版物，分别是《中国共产党章程》，100开精装，定价为0.22元人民币，还有一种是林彪署名的《在中国共产党第九次全国代表大会上的报告》，64开平装，定价为0.23元人民币。这些都是1968年以前的以瑞典语简单解释配图、摄影、幼儿画册所无法比拟的。

　　第二是以达奈留斯书店为中心的瑞典语图书翻译出版活动，持续的时间不长，但却影响了北欧国家对于汉学研究的转向，使新中国文学进入北欧学术界的视野,这种影响今天无论怎样评价都不为过。

　　欧洲汉学界长期以中国传统、历史研究为主,许多学者不屑于当代中国研究。瑞典汉学界长期有"独尊先秦"的学术传统,但在1970之后一些瑞典学者开始主动加入翻译中国当代文学的队伍。如以研究《春秋繁露》《公羊传》和《谷梁传》为主的著名汉学家马悦然,自20世纪70年代以后,开始专注于中国当代文学的研究与翻译。截止到1991年年底,马悦然前后译介了约60种文学作品给北欧读者,其中包括《水浒传》《西游记》等古代名著,毛泽东、郭沫若、艾青、闻一多、卞之琳等人的诗歌,以及老舍、沈从文、张贤亮、李锐等人的小说。1985年,马悦然获选加入瑞典学院,成为18位终身院士中唯一的汉学家,拥有诺贝尔奖的投票权,大大增加了这一从事诺贝尔文学奖评选工作的机构了解中国当代文学的机会[1]。目前虽然没有直接证据表明汉学家马悦然与达奈留斯书店有关系,但在当时整个国际左翼运动如火如荼的欧洲,中国资助瑞典语的翻译出版活动,无疑对于瑞典学术界的转向起到了间接的影响作用。一直到21世纪,马悦然的学生陈安娜把中国当代作家莫言的作品翻译成为瑞典语在北欧出版发行,助力中国当代作家获得诺贝尔文学奖,这种薪火相传应该说始自于20世纪60年代的达奈留斯书店。

　　2011年,笔者委托在瑞典留学的儿子前往哥德堡探访,发现达奈留斯书店的房屋旧址依然存在,门牌号依然如昨,房屋样式一一如档案记载。这是新中国在北欧国家主动传播的努力所留下的历史印迹。

　　本文通过1964年至1967年近三年时间里,中国资助新中国图书在瑞典翻译出版的历史可知,这种方法是在当时国际政治所迫,而国内人才又极度短缺的时代背景下所采取的不得已而为之的做法,但却无意中实施了21世纪中国文化"走出去"战略必须实施的一个关键环节——本土化策略。中国文化要取得更大的世界影响力,必须更多地采取本土化的策略,其中就包括将中文图书、期刊、报纸以及影视作品大量翻译成为各种本土化语言,包括一些非通用语种,而这种翻译与出版最为有效的方法就是通过当地的文化出版机构来承担和实施,这样才能取得事半功倍的传播效果。假如不是国内爆发"文化

---

[1] 张静河:《瑞典汉学研究概述》,《传统文化与现代化》1995年第4期。

大革命",无论是从北欧国家瑞典的大社会环境来说,还是达奈留斯书店的经营人选,这个书店肯定会取得不小的社会影响。这个事例再次证明,中国对外文化工作务必保持政策连贯性的重要性,而运动型、一阵风式的对外文化工作作风,不仅不符合跨文化传播规律,还会为国家造成巨大损失。这是20世纪仅仅存活了3年时间的瑞典达奈留斯书店留给今天最为宝贵的启示。

（本文原发表在《中国翻译》2014年第6期）

中国近现代图书文化的海外传播效果

一、《中国哲学史略》的世界之旅

随着中国文化走出去战略实施的逐步深化,以2012年教育部推出的"中国哲学、社会科学繁荣计划"出台为标志,中国学术走出去已经提到议事日程。在纪念侯外庐先生诞辰110周年之际,笔者无意中发现,侯外庐先生在半个世纪前出版的一本英文书《中国哲学史略》(*A short history of Chinese philosophy*)在世界收藏图书馆数量达到208家,这个数据着实令人振奋。

对于跨文化传播而言,一本图书如果能够进入传播对象国的图书馆系统,其实就等于该书的国际影响力到达了这个国家。图书馆的收藏数据是衡量影响力的标志。一个国家的图书馆系统收藏了某本图书,代表了这本图书在这个国家知名度的大小,这种知名度包含了作品的思想价值、创作水平以及出版机构品牌认知等各种因素,尤其是对于出版机构的评估,世界图书馆系统往往在某一些学科、领域划定几个核心出版社作为图书采购收藏的依据。

那么,作为出版于1959年的《中国哲学史略》,究竟是怎样走出去的?取得了哪些学术影响?对于这个案例的总结与梳理,对于中国学术走出去具有一定的借鉴和参考作用。

(一)《中国哲学史略》在世界的传播

目前世界上最大馆藏数据在线系统是OCLC(Online Computer Library Center),即联机计算机图书馆中心,截至2011年年底,加盟图书馆数量已达

23815家(包括公共图书馆5051家、大学图书馆4833家、中小学校图书馆8897家、各类政府图书馆1604家及职业学院、社区学院图书馆1074家、企业图书馆1296家、协会机构图书馆661家,以及其他图书馆297家),涉及全世界112个国家和地区,470多种语言。依据OCLC的数据基本可以查到一本图书在全世界绝大部分图书馆的收藏数据。但美中不足的是,一些国家的小型、专业图书馆没有和OCLC联网,因此还必须借助单一语言的数据库系统,如日本最大的CiNii数据库进行深入检索。CiNii数据库是由日本国立情报学研究所(National Institute of Informatics,简称NII)开发的日本学术期刊数据库,是目前世界上最大的日文学术期刊网,收录了日本各学术机构及团体图书馆收藏的期刊、论文及大学学报论文。本文以OCLC为基础,再借助CiNii数据库辅助检索发现,收藏《中国哲学史略》(英文版)的图书馆数量为208家,覆盖14个国家、地区,这是迄今为止由现代作者撰写的、在全世界收藏图书馆较多的一本中国哲学书之一。

《中国哲学史略》(英文版)书影①

由图1可以看出,收藏《中国哲学史略》(英文版)最多的国家是美国,图

---

① 图片来自于孔夫子旧书网。

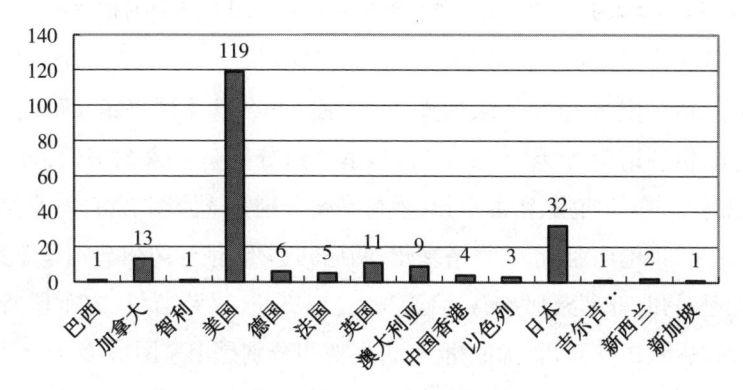

中国近现代图书文化的海外传播效果

图1 《中国哲学史略》(英文版)的传播范围

书馆数量达到了119家,其次加拿大13家图书馆,日本32家图书馆①,英国11家图书馆,澳大利亚9家图书馆,德国6家图书馆,法国5家图书馆,中国香港3家图书馆,新西兰、巴西、智力、吉尔吉斯斯坦各1家图书馆。这份数据,应该是侯外庐先生《中国哲学史略》所获得国际影响的基本面貌了。

为了进一步梳理该书所面对的读者群,有必要梳理一下这些图书馆的性质以及收藏《中国哲学史略》的基本用途,下面按照国家一一梳理分析。

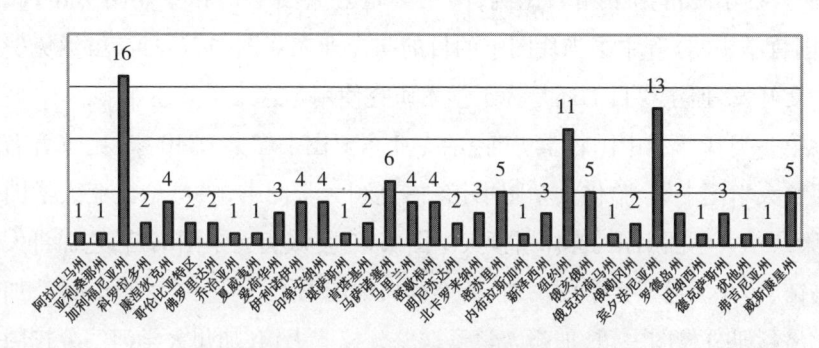

图2 美国各州收藏该书的图书馆数量图②

1.《中国哲学史略》在美国

由图2可以发现,美国这119家图书馆分布在全美33个州。收藏该书最

---

① 日本32家图书馆的数据,是该书英文版与中文版收藏图书馆的合计。——笔者注
② 由于隔行显示原因,图中只出现了美国32个州名。——笔者注

159

多的是加利福尼亚州16家图书馆,宾夕法尼亚州13家图书馆,纽约州11家图书馆,这三个州差不多都是美国高校最多的州之一。其次是马萨诸塞州6家图书馆,俄亥俄州、北卡罗来纳州、威斯康星州各5家图书馆,康涅狄克州、密歇根州、伊利诺伊州、印第安纳州、马里兰州分别是4家图书馆,德克萨斯州、罗德岛州、新泽西州、密苏里州、爱荷华州分别是3家图书馆,科罗拉多州、佛罗里达州、哥伦比亚特区、肯塔基州、明尼苏达州、俄勒冈州分别是2家图书馆,阿拉巴马州、亚利桑那州、乔治亚州、夏威夷州、堪萨斯州、内布拉斯加州、俄克拉荷马州、田纳西州、犹他州、弗吉尼亚州分别是1家图书馆。

美国的119家图书馆,可分为三大类,第一类是专业的东亚图书馆,主要收藏中国、日本、韩国、东南亚各国及非洲等地区的各类文献资料、历史档案、手稿等,这些专业图书馆对于新中国出版的各类图书、期刊、报纸,只要有学术价值的,就一并收藏。《中国哲学史略》作为新中国成立后不久面向海外发行为数不多的一本英文学术书,其重要性、权威性不言而喻,属于必须收藏之列;第二类是开设了社会学、历史学、文学、语言学等与东亚相关的专业和学科,收藏该书的目的主要是为了学习和了解当代中国的社会思想之用。这类学校最多,而且神学院占据了相当比例;第三类是公共图书馆和专业图书馆,收藏《中国哲学史略》等中国当代图书的目的与专业东亚图书馆一致,虽然免费对于公众开发,但主要目的还是为了学术研究使用。这三类分述如下:

第一类,收藏《中国哲学史略》的专业东亚图书馆共有30家:比较著名的有耶鲁大学图书馆、哈佛大学图书馆、伯克利大学图书馆、哥伦比亚大学图书馆、康奈尔大学图书馆、普林斯顿大学图书馆、夏威夷大学图书馆、芝加哥大学图书馆、宾夕法尼亚大学图书馆、斯坦福大学图书馆、华盛顿大学图书馆、加州大学洛杉矶分校图书馆、加州大学圣迭戈分校图书馆、加州大学河滨分校图书馆、密歇根大学图书馆、伊利诺伊大学图书馆、弗吉尼亚大学图书馆、爱荷华大学图书馆、匹兹堡大学图书馆、印第安那大学图书馆、布朗大学图书馆、俄亥俄州立大学图书馆、马里兰大学图书馆、霍普金斯大学图书馆、威斯康星麦迪逊图书馆、堪萨斯大学图书馆、明尼苏达大学图书馆、佛罗里达大学图书馆、亚利桑那大学图书馆等等。这30家图书馆,多半设立在开设有东方学研究院系和中国学研究中心下面,根据本校东方学、中国学研究的需要,为本校学者、师生提供丰富的研究资料,因此收藏《中国哲学史略》的目的主要是为了学术研究之用。

值得提出的是耶鲁大学东亚藏书室,有中文藏书38.3万卷,日文藏书21.1万卷,韩文藏书9000卷;期刊2474种(包括中文、日文、韩文);缩微胶片7900个(包括中文、日文、韩文)。藏书室珍藏着1500册文渊阁《四库全书》,14集共4400册的《四库全书》珍本、古本小说集成、多种汉学研究专著、韵书和方言汇集、省志和县志,《中国哲学史略》(英文版)属于必藏之列。耶鲁大学最著名的中国学学者以史景迁为代表。

哈佛大学哈佛学院图书馆(HARVARD UNIV,HARVARD COL LIBR)、哈佛燕京图书馆(HARVARD UNIV,YENCHING LIBR)均收藏了《中国哲学史略》。这两所图书馆均位于马萨诸塞州。哈佛大学图书馆除中心馆外,还设有90多所院系分馆和专业分馆,它们大都设在马萨诸塞州坎布里奇和附近的波士顿校区,有的设在华盛顿哥伦比亚特区。哈佛大学馆藏总量仅次于美国国会图书馆,现共有图书13.14万册,内含大量珍本,仅1501年前的出版物即有4000册,另有缩微复制品814.6万多件[①]。哈佛燕京图书馆是由中国人裘开明先生在美国创立的第一家东亚图书馆,他是美国东亚图书馆的创始人,也是美国第一位东亚图书馆的中国馆长。在40年的工作中,裘开明先生为哈佛燕京图书馆的中文和其他亚洲文种的文献收藏奠定了基础。其中文收藏主要包括人文和社会科学领域的中文文献以及在中国大陆、台湾、香港和其他地区出版的文献,尤其是中华人民共和国成立以来的各类报纸、期刊尤为广泛,除《人民日报》《光明日报》《文汇报》《解放军报》全部收齐外,各个地方的报纸期刊也在其间。近年来,哈佛燕京图书馆还利用了网络中文资源,包括中国学术期刊网等等,这些中文收藏在哈佛大学的中国学研究中起到了重要作用。《中国哲学史略》作为新中国成立后不久,面向海外发行为数不多的一本英文学术书,显然会受到关注。哈佛大学中国学研究人物以费正清为代表的,其后有麦克法夸尔、傅高义、裴宜理、柯伟林等著名学者。

哥伦比亚大学图书馆收藏中国文献最多的是斯塔尔东亚图书馆(C.V.

---

① 杨子竞:《哈佛大学图书极其所藏中文文献》,《高校图书馆工作》2001年第4期。

Starr East Asian Library, Columbia University)。斯塔尔东亚图书馆创建时间已有100多年,馆藏以哥伦比亚大学接受的捐赠图书为基础,目前有70多万册东方文献,其中包括中文、日文、韩文、藏文、蒙文、满文。中国文献馆藏偏重于中国历史、文学和社会科学领域。其中还有一个克雷斯(Kress)特藏阅览室收藏有大量的珍本,特别是中国地方史和宗谱以及中国远古时期的甲骨文收藏、20世纪早期的中国宗教文献等。英文版《中国哲学史略》属于必须收藏之列的学术图书之一。哥伦比亚大学有一个全球著名的美国智库——布鲁金斯学会,云集了全美国一流的中国学研究专家,以鲍大可(A. Doak Barnett)、黎安友等人最为有名。

普林斯大学东亚图书馆全称为普林斯顿大学葛斯德东方图书馆(East Asian Library and the Gest Collection, PrincetonUniversity)。盖恩·穆尔·葛斯德(Guion Moore Gest, 1864—1948)是该图书馆的创办人,20世纪的前20年,葛斯德从事中美贸易,其间收集了大量的中文文献,收藏的中文图书数量仅次于国会图书馆和哈佛燕京图书馆,中文图书大约42.5万卷,缩微胶卷2.3万个。收藏重点在文学和历史方面,也兼收哲学和宗教、地理等方面的图书。所藏的中医学方面的书籍为西方同类藏书之首。胡适曾于1950—1952年担任该图书馆的馆长。

耶鲁大学、哈佛大学、哥伦比亚大学、普林斯顿大学四家图书馆可以作为30家收藏《中国哲学史略》的东亚图书馆的代表,它们千方百计地收购各类中国图书、文献,打造全美乃至世界一流中国学研究机构。

第二类,主要是开设了语言学、文学、史学、社会学等与中国相关专业的大学图书馆,收藏《中国哲学史略》图书主要是为了本校师生学习专业、了解中国社会思想之用,这类图书馆有86家。主要有位于阿拉巴马州的阿拉巴马大学、加州大学北部分校、加州大学多明格斯山分校、加州大学佛雷诺斯分校、加州大学圣塔芭芭拉分校、加州大学长滩分校、加州大学北岭分校、圣塔克拉拉大学、克莱蒙特学院、先锋南加州大学、克罗拉多州梅萨大学、丹佛美国空军学院、康涅狄克州三一学院、哈特福德大学、卫斯理公会大学、迈阿密大学、埃默里大学、格里内尔学院、北爱荷华大学、北伊利诺伊大学、南伊利诺伊大学、波尔州立大学、厄勒姆学院、印第安纳州立大学、堪萨斯州立大学、南方神学院、肯塔基大学、阿默斯特学院、波士顿学院、马萨诸塞大学安姆斯特分校、威尔士学院玛格丽特克拉巴图书馆、佛洛斯特堡州立大学、胡德学院、蒙哥马利学院、马里兰大学巴尔第摩郡图书馆、密歇根州立大学、奥克兰大学、韦恩州立大学、卡尔顿学院、明尼苏达大学阿波利斯分校、密苏里大学圣路易斯分校、威廉伍兹大学德拉尼图书馆、戴维森学院、杜克大学图书馆、北卡罗来纳州立大学格林波若分校、北卡罗来纳州立大学教堂山分校、维克森林大学、达特茅斯学院、西东大学、纽约大学城市学院、科尔盖特大学、世界宗教研究所、曼哈顿维尔学院、纳萨勒学院、纽约大学、沙拉劳伦斯学院、雪城大学、安体奥学院、丹尼森大学、约翰卡而大学格拉塞利图书馆、阿克伦大学、戴顿大学、俄克拉荷马大学、佛罗里达州立大学、俄勒冈大学、阿卡迪亚大学、布鲁斯堡大学、布林茅尔学院、迪金森学院、宾州爱丁堡大学、哈佛福德学院、国王学院、兰开斯特神学院、圣约瑟夫大学、斯沃斯莫尔学院、天普大学、罗德岛学院、罗德岛大学、范德堡大学、西南浸信会神学院、德州大学奥斯汀分校哈里森图书馆、犹他大学、雷克兰学院、圣诺伯特大学、威斯康星大学绿湾分校、威斯康星大学华基莎分校等。

　　加州大学拥有10个校区,其伯克利校区、洛杉矶校区、圣塔芭芭拉校区、圣地亚哥校区和旧金山校区(研究生)都是世界一流的学府,这些校区互为独立又紧密联系,共同组成了享誉全美的加州大学(UC)系统。加州大学的中国学研究机构与哈佛大学齐名,除洛杉矶分校、圣迭戈分校设有专业东亚图书馆收藏《中国哲学史略》之外,还有加州大学北部分校、加州大学多明格斯山分校、加州大学佛雷诺斯分校、加州大学圣塔芭芭拉分校、加州大学长滩分校、加州大学北岭分校收藏了《中国哲学史略》一书,但与洛杉矶分校图书馆、圣迭戈分校图书馆服务于专业中国学研究不同,主要是为了这些校区的师生进行专业学习和了解当代中国社会思想之用。

　　值得提出的,在收藏《中国哲学史略》一书的85家大学、学院中,还有一批属于教会系统开办的神学院。美国的许多大学都是由教会主办的,因此美国很多大学都具有悠久的教会传统,甚至一些著名大学至今都还开设神学课程,各种建筑风格的教堂俨然成为校园一景。如哈佛学院、威廉·玛利亚学院、耶鲁学院就是由三个不同教会兴建的。哈佛学院创办于1636年,是美国属于英国殖民地时期不同教会之间斗争的产物,被称为"宗教改革时代的学校"(thesehool。fthe:eformation),如今已经变成一所五花八门、兼容并蓄的世界著名学府①。美国的神学院承担着直接为教会输送牧师、教士人才的专业学院。以兰开斯特神学院(Lancaster Theological Seminary)为例,该院位于宾夕法尼亚州,每年有相当一批毕业生直接进入教会系统任职。教会对于美国教育、政治乃至外交关系都具有重大影响。美国福音派的势力范围可以覆盖全美15个州,2004年小布什总统大选连任,就直接得益于福音派的支持。目前尚不清楚这样一本宣传无神论的图书为什么被神学院的图书馆收藏的真正原因,但有一点可以确定的是,《中国哲学史略》一书被美国一些神学院收藏,标志着以信仰、精神力量影响美国社会的美宗教系统对于当代中国哲学思想的关注。

第三类,收藏《中国哲学史略》的公共图书馆和专业图书馆,共3家,纽约公共图书馆、伍德布里奇公共图书馆、QUESTIA媒体在线图书馆。

纽约公共图书馆是美国最大的公共图书馆之一,创立于1895年,经过100多年的发展,现在已经拥有4所研究图书馆和90多所分馆。总馆是研究性图书馆,为具有大学以上学历的读者提供服务,是一所著名的学术兼公共图书馆,藏书丰富,达3000多万册。被称为"充满抱负的场所,一个移民和儿童寻找知识、信息和心灵安慰的地方",图书馆问讯台前,志愿者为川流不息的来访者指点方向,整天人流不断。纽约公共图书馆设有中国文献藏书室,不仅收有一大批《中国哲学史略》为代表的中国出版的英文图书,还有丰富的中文出版物,而且还有古代珍藏,如17世纪中叶出版的北京地图,善本阅览室内保存着宋版《〈资治通鉴〉纲目》残本和刻本《论语》(1346年刊)等珍贵文献。

伍德布里奇公共图书馆位于美国新泽西州伍德布里奇镇,本地居民大约2万人,这是一个州立公共图书馆,主要为伍德布里奇本地居民提供免费的阅读、信息、娱乐等服务。《中国哲学史略》(英文版)能够进入这样一个小镇的公共图书馆,比之进入大学图书馆要有意义。它表明20世纪50年代中国出版的一本英文哲学书,能够突破中国图书在西方世界长期处于边缘化、小众化的圈子,开始与西方社会的普通民众贴身接触。虽然只有1家图书馆,但具有

---

① 罗杰·L·盖格:《美国高等教育的十个时代》,《北京大学教育评论》2006年第2期。

一定的标志性意义。

QUESTI 媒体在线图书馆是美国比较著名的在线图书馆，专业提供人文和社会科学的图书、期刊、杂志和学术论文的在线收藏。该图书馆将《中国哲学史略》一书电子化，提供给相关专业人士使用。这表明了该书的重要性与学术思想价值。

这三类图书馆收藏《中国哲学史略》的用途有一些区别，但之间也有联系。第二类大学图书馆，收藏《中国哲学史略》等当代中国书刊是为了学习相关专业用途，但也可能是服务于研究用途，只不过大学图书馆面对人群可能要比专业东亚图书馆广泛些。而第三类的专业图书馆与第一类东亚图书馆用途也相近，专业研究与专业中国研究都属于研究性质。三类图书馆的分类主要是主办单位不同，经费多寡有别，面向人群有的广泛有的专业。至此基本可以推断出《中国哲学史略》在美国的读者群，主要是大学教授、专家学者和青年学生，只有极少部分公共图书馆面向美国普通民众。

另一方面，作为20世纪50年代出版的一本英文书，能够进入这么多美国著名大学的图书馆甚至一些神学院的图书馆中，也显示了该书所具有的学术思想价值。

2.《中国哲学史略》在加拿大

在加拿大收藏《中国哲学史略》一书的有14家图书馆，分别是加拿大考格瑞大学图书馆、西蒙弗雷泽大学图书馆、不列颠哥伦比亚大学图书馆、维多利亚大学麦克佛森图书馆、布兰登大学约翰·罗宾图书馆、曼尼托巴大学图书馆、纽芬兰纪念大学伊丽莎白二世图书馆、麦克马斯特大学图书馆、滑铁卢大学图书馆、约克大学图书馆、协和大学图书馆、蒙特利尔大学图书馆、多伦多大学罗伯茨图书馆、里贾纳大学图书馆。

这14家图书馆中不列颠哥伦比亚大学、多伦多大学下设专业中国学研究机构，图书馆收藏中国文献主要是为了研究性用途。不列颠哥伦比亚大学在加拿大开设了130门有关亚洲的课程，在亚洲研究中还设有中国研究中心，研究水准与多伦多大学齐名。图书馆收藏有中文图书超过20万册，其中也包含中国出版的各种外文图书。《中国哲学史略》一书也属于其中之一。

多伦多大学始建于1827年，是加拿大最古老的大学之一，在世界大学的多个排行榜中均为加拿大第一,曾培养出包括4位加拿大总理、15位最高法院大法官及10名诺贝尔奖获得者,中国著名科学家钱伟长就曾经就读在多伦多大学。其东亚图书馆藏书丰富,拥有大量当代中文文献,《中国哲学史略》一书自然也是首选馆藏之一。

加拿大其余12家图书馆均开设了与中国相关专业的大学,图书馆收藏《中国哲学史略》一书主要是为了专业师生学习、了解当代中国社会思想之用。如里贾纳大学创建于1911年,位于加拿大南部,也是加拿大著名的公立学校之一,中国的两位前人大委员长万里和乔石都曾在这所大学接受了名誉法学博士学位。西蒙·弗雷泽大学成立于1965年,以探索温哥华地区的探险者西蒙·弗雷泽命名。西蒙·弗雷泽大学一共分为六个学院,特别是在政治科学、社会科学和人类学学院最为有名。维多利亚大学麦克佛森图书馆馆藏最丰富,而布兰登大学、曼尼托巴大学、纽芬兰纪念大学、麦克马斯特大学、约克大学、协和大学、蒙特利尔大学都是加拿大一流的综合性大学,在人文社会科学方面各具特色。

显然,《中国哲学史略》一书在加拿大面对的主要人群是以大学的学者、教授和青年学生为主,以学习、了解中国的用途为最多。

3.《中国哲学史略》在澳大利亚、新西兰

在澳大利亚,共有9家图书馆收藏《中国哲学史略》一书,这9家分别是拉筹伯大学图书馆、莫纳什大学图书馆、莫道克大学图书馆、澳大利亚国家图书馆、纽卡斯尔地区图书馆、新威尔士公立图书馆、新南威尔士大学图书馆、昆士兰公立图书馆、悉尼大学图书馆。

澳大利亚的9家图书馆中,有莫道克大学、悉尼大学、莫纳什大学3家图书馆设有专业的中国文献收藏机构,收藏当代中国出版的各种图书、期刊,主要是为了满足该校的中国学研究。在《中国哲学史略》出版的1959年,正是澳大利亚中国学研究快速发展的时期,两个"中国"学研究的重镇悉尼大学、澳大利亚国立大学等图书馆经费充足,因此大量中国图书得以在这个时期进入澳大利亚。

莫道克大学成立于1973年,是一所研究型大学,命名源于澳大利亚杰出的学者、评论家沃尔特·莫道克先生。该校很早设有亚洲系,近些年有大批中国留学生。著名汉学家蒂姆·赖特曾担任该校亚洲系主任。赖特先生长期从事中国经济史的研究，撰有《20世纪初的中国经济》等数本专著，《中国经济和社会中的煤炭业》一书影响最大，该书的中译本于1991年由东方出版社出版。澳大利亚研究理事会于2003年公布的资助13项与中国研究有关的课题，由莫道克大学承担的题目为"新加坡、香港地区和中国的大学对全球化的回应"，主持人是J·K·柯里教授等，资助总金额为10万澳元，2005年完成。该课题将调查全球化怎样对新加坡、香港地区和中国的大学产生影响，通过与西方国家大学的比较政策分析，考察亚洲地区大学对全球化的回应。

悉尼大学是澳大利亚历史最悠久和最负盛名的大学，被称为"澳大利亚第一校"，成立时间可以追溯到1850年。悉尼大学是澳大利亚开展中国研究最早的大学，在20世纪50年代就开设了中文专业。悉尼大学从事中国文化研究的学者集中在亚洲研究院。从整体上看，中国古典文化研究是悉尼大学中国文化研究的强项，该校本科生必修课中开设中国古典文学介绍课程，设立了中国古典文学奖学金，并成立了中国古典文学研究中心，这在澳大利亚的大学中是独树一帜。从研究主体上看，该学院形成了一个中国文化研究的学术团队，如著名汉学家戴维斯、皮埃尔·瑞格蒙斯、斯特芬·奥弗斯卡、梅布尔·李、萧虹、毕熙燕等人最为有名。悉尼大学图书馆中文藏书丰富，著名汉学家戴维斯于1955年主持悉尼大学的东方研究系时，就开始拨款购买中文书籍。迄今为止，该图书馆共有中文藏书8万多册，收藏的中文资料仅次于澳洲国立图书馆和澳洲国立大学图书馆，其中包括许多线装书和若干善本，自然，《中国哲学史略》一书也在悉尼大学图书馆收藏之列。

莫纳什大学位于维多利亚的墨尔本市，该大学的中国研究与莫道克大学不相上下，拥有一批中国学研究的学者，1991年曾经作为东道主，与澳大利亚中国学研究会、格里菲斯大学的亚洲问题研究中心联合举办过中国学研讨会。

与前三所大学不同的是，拉筹伯大学、新南威尔士大学则属于开设相关学科、专业的大学，收藏《中国哲学史略》一书主要是满足相关专业师生了解当代中国哲学思想用途。拉筹伯大学始建于1967年，人文与社会科学突出，新南威尔士大学的八大学院中，也以文学与社会科学院声誉最高，因此图书馆收藏有《中国哲学史略》一书与两所学校的专业优势密切相关。

在澳大利亚收藏《中国哲学史略》一书的9家图书馆中,澳大利亚国家图书馆、新威尔士公立图书馆、昆士兰公立图书馆、纽卡斯尔地区图书馆4家带有公共图书馆性质。澳大利亚国家图书馆位于首都堪培拉,历史并不长,前身是1901年成立的联邦议会图书馆,1956年才成立国家书目中心,1968年才正式开馆,1981年形成国际书目数据库。经费主要来自政府拨款,年度大约在2亿—3亿澳元。近些年由于书籍价格上升和澳元实际购买力下降,海外书刊采购量逐年下降。1996—1997年度海外专著入藏16640件,与5年前相比总量下降了40%,同时砍掉了13000种海外期刊。

新威尔士公立图书馆、昆士兰公立图书馆、纽卡斯尔地区图书馆都属于地区性的公共图书馆,主要为当地居民提供免费的图书阅览、借阅服务。《中国哲学史略》一书出版的1959年,正是澳大利亚中国学研究全面发展的繁荣时期,因此在进入悉尼大学、莫纳什大学、莫道克大学的中国学研究机构图书馆时,也进入了澳大利亚的公共图书馆系统。

在新西兰,收有《中国哲学史略》一书的有新西兰国家图书馆、奥塔哥大学图书馆。新西兰国家图书馆成立于1965年,是由1920年成立的亚历山大·特恩布尔图书馆、新西兰议会图书馆及新西兰国家图书馆服务处合并而成,具有完整的学校、乡村图书馆免费服务网络。《中国哲学史略》一书通过新西兰国家图书馆能够进入整个新西兰社会主流人群。

奥塔哥大学成立于1869年,是新西兰历史上最悠久的国立大学,该校位于省会城市丹尼丁,在文学和法律方面具有独特的研究优势,收藏《中国哲学史略》一书的主要目的是为了专业学生了解中国学术之用。

通过上述梳理可知,《中国哲学史略》一书在澳大利亚、新西兰共有11家图书馆,除悉尼大学、莫纳什大学、莫道克大学设有中国研究机构,三所大学收藏《中国哲学史略》一书是学术研究用途,而拉筹伯大学、新南威尔士大学、新西兰的奥塔哥大学则是为了相关专业学习、了解中国哲学思想的用途。其余的澳大利亚国家图书馆、新威尔士公立图书馆、昆士兰公立图书馆、纽卡斯尔地区图书馆、新西兰国家图书馆5所均为公共图书馆性质,面向人群要比大学教授、学者、青年学生广泛得多,带有一定的思想传播性质,这是上述八家图书馆收藏《中国哲学史略》一书与美国、英国、德国、法国等欧美国家最大的

中国近现代图书文化的海外传播效果

不同。

4.《中国哲学史略》在日本、新加坡、中国香港地区

在日本收藏《中国哲学史略》英文版一书的有12家图书馆,而收藏该书中文版的要多过英文版,达到有29家图书馆。收藏中文版的29家图书馆基本包含了英文版的9家图书馆,即只有3家图书馆只收有英文版《中国哲学史略》,而没有收藏《中国哲学史略》中文版。中文版为1958年中国青年出版社的版本。这主要是日本许多学者大都能够读懂中文,因此,中文收藏要比英文多出一半以上。因此,在考察《中国哲学史略》一书在日本的影响力时,就要把中文版的数据与英文版的数据合并,得出的是32家图书馆。

这32家图书馆,分别是日本爱知大学丰桥图书馆、青山学院图书馆、日本中国研究所图书馆、日本樱美林大学图书馆、大阪大学附属图书馆、大阪大学所属外语图书馆、大阪市立大学综合情报研究中心、大阪府大学图书馆、学习院大学图书馆、九州大学图书馆、神户大学图书馆、神户大学外语图书馆、琦玉大学图书馆、东洋文库、信州大学图书馆、东京大学研究生院人文社会系研究科文学部图书室、东京大学东洋文化研究所图书室、东北大学附属图书馆、同志社大学附属图书馆今出川馆、奈良大学图书馆、日本贸易振兴机构亚洲经济研究所、一桥大学图书馆、广岛大学图书馆、福井大学图书馆、北海道大学文学研究科文学部图书室、桃山学院大学附属图书馆、丽泽大学图书馆、和光大学附属梅根记图书馆等29家,外加只收藏英文版的京都产业大学图书馆、岐阜大学图书馆、拓殖大学图书馆3家,合计32家。

这32家也可以分为四类:第一类是专业中国研究机构的图书馆,共有4家,因为主要是从事中国研究,所以收藏《中国哲学史略》一书等当代中国书刊的主要目的是为了学术研究用途。分别是中国研究所图书馆(社团法人)、東洋文库图书馆(社团法人)、日本贸易振兴机构亚洲经济研究所图书馆(特殊法人)。

中国研究所于1945年10月开始筹备,从日本宣布战败到中国研究所成立,时间不到半年,1946年1月20日开始运转,在日本学术界的简称为"中研"。中国研究所的成立使大批因战败后的社会混乱而濒于散失的有关中国问题的历史资料得以有效地保存,同时也聚集了大批中国问题研究专家。

169

1951—1972年,是该研究所的事业不断发展、影响力不断增强的时期。这一时期增设了图书馆,开办了汉语学校,编辑发行了《中国研究月报》《中国年鉴》等。目前,中国研究所下设经济研究会、日中经济交流史研究会等几个研究小组。现代中国发展中的诸多问题,如西部大开发等都是日本中国研究所关注研究的重点。

日本贸易振兴机构成立于1958年,以全面振兴日本贸易为宗旨。日本亚洲经济研究所成立于1960年,隶属日本政府通商省,1998年与日本贸易振兴机构合并为特殊法人。主要研究发展中国家的政治、经济、社会等各种问题,同时开展田野调查、资讯交流、成果推广与普及等各项业务。

东洋文库位于东京都文京区,是日本最大(也是全球第五大)的亚洲研究图书馆,也是日本三大汉学研究重镇之一,专门以中国历史、中国文化作为主要研究对象的研究所。前身是英国人莫里逊(Geoge Ernest Morrison)在北京创立的莫里逊文库,包含1897年到1917年的二十年间,莫里逊在中国收集图书文献24000册,地图画卷1000多份文献。今天东洋文库所藏中国方志和丛书约4000部、中国方言辞典500多册,以及中国家谱、清版满蒙文书籍、中国探险队报告、中国考古学资料、《顺天时报》《华北正报》及各种版本的大藏经和其他西藏文献3100件等,有大量稀世珍藏。

第二类是在大学里设有中国研究机构的大学图书馆,这类图书馆共有4家,收藏《中国哲学史略》一书的目的与第一类相同,主要是爱知大学、东京大学、拓殖大学、同志社大学4家图书馆。

爱知大学是日本中国学研究的大本营。该校的前身是1901年由日本东亚同文会在上海建立的东亚同文书院(后改称东亚同文书院大学),1945年停办,1946年以此为基础在日本爱知县创立了爱知大学。该校自建立以来一直坚持重视中国和亚洲的学术传统,建校伊始即在法律系设立了中国政法专业,在经济系设置了中国文学、东方历史、东方哲学等专业。1948年创立的国际问题研究所也是以现代中国为中心,广泛研究亚洲、中欧、东欧、西欧、北美等地区的政治经济情况。1991年,该校研究生院增设了日本第一个专门研究中国的中国学专业,1994年开设博士课程,1997年4月,该校正式成立现代中国学院,这是日本国内第一个以"中国"命名的院系。学院成立后组建了现代中国学会,开始出版《中国21》杂志。

京都大学与设有日本最高水准的专业中国学研究机构。京都大学是继东京大学之后成立的日本第二所国立大学,其中东方研究部的中国研究最为著名,以中国的社会、政治、历史、革命史、古典文学为重点,在唐诗、元曲、尚书正义、天工开物、汉书律历志的研究上远胜于日本其他大学,为世界大学中的佼佼者。所内藏有研究汉学的珍贵中国文献41万册,有些是连中国国内也难找到的。比如,商甲骨文、汉籍拓本,以及从中国各地搜集回来的相片、地图、录像带、缩微影片等,都极其珍贵。

东京大学研究生院人文社会系研究科文学部图书室、东京大学东洋文化研究所图书室均收有《中国哲学史略》一书。东京大学是日本最为著名的国立大学,创办于1877年,位于东京都文京区。该校曾经设有"东京大学中国哲学文学会",简称"东大中哲会"。1985年6月,"东大中哲会"改名为"东大中国学会",1993年1月1日改为"中国社会文化学会"。该学会虽成立时间较晚,但很有时代特色。不仅吸收文学、哲学、历史等人文科学以及法律、经济等社会科学专业的人员,还吸收了天文学等自然科学和医学方面的专业人员,以中国为研究对象的各个领域的专家学者都可以加入该学会,会员并不局限于日本学者,还包括中国、韩国、美国、欧洲、澳大利亚等地的相关学者,是一个具有国际特色的学术组织。该学会已有1200余名会员,出版物有《中国——社会与文化》。目前在人文社会系下开设文学部,并有中国语言文学专业、中国思想文化史专业。

拓殖大学位于东京都文京区,是1922年建立起来的一所著名的私立大学。在1918年前曾以东洋协会大学名义在台湾开设台湾商工大学,在大连设有大连商业学校、大连女子商业学校,在沈阳开设奉天商业学校,服务于日本海外殖民战略。该校很早就开设了中国语言专业,该校图书馆具有大量中国出版的中外文图书、报刊,主要是为了研究中国之用。

同志社大学是位于日本京都的著名私立大学,以神学、史学、文学较为有名。日本著名的中国学研究专家保阪正康就毕业于该校,同志社大学今出川图书馆收藏的《中国哲学史略》一书等当代中国文献主要是为了学术研究之用。

第三类是开设中国语言、中国文学、中国经济、中国政治等相关专业的大学，这类图书馆共有22家，收藏《中国哲学史略》一书的主要目的，是为了青年学生学习、了解中国。收藏《中国法学史略》中文版的有青山学院图书馆、樱美林大学图书馆、大阪大学附属图书馆、大阪大学所属外语图书馆、大阪市立大学综合情报研究中心、大阪府大学图书馆、九州大学图书馆、神户大学图书馆、神户大学外语图书馆、琦玉大学图书馆、信州大学图书馆、东北大学附属图书馆、奈良大学图书馆、一桥大学图书馆、广岛大学图书馆、福井大学图书馆、北海道大学文学研究科文学部图书室、桃山学院大学附属图书馆、丽泽大学图书馆、和光大学附属梅根记图书馆等；收藏《中国法学史略》英文版的有京都产业大学图书馆、岐阜大学图书馆。

在上述22家日本大学图书馆，值得提出的是樱美林大学。该校由基督教传教士清水安三先生创办。清水安三先生曾在1921年在北京建立了崇贞学园，专门给年轻的中国女孩子们提供基本教育，传授手工技艺，使她们能够自食其力，曾先后培养了700多名毕业生。日本战败后崇贞学园被中国收回。清水安三先生回到日本后在1946年创办了樱美林大学。该校开设中国语言文学专业。图书馆收藏大量当代中国书刊，除了为了方便学生学习中文、了解当代中国之外，还与创始人清水安三先生特殊的中国情缘相关。

丽泽大学是位于日本千叶县的一所私立大学，1950年获得大学教育资质，校名直接取自于中国的《易经》"象曰，丽泽兑。君子以朋友讲习"。该校主要专业为外国语，很早就设有汉语和中国文化专业。

第四类是公共图书馆，只有1家，即东京都立中央图书馆。该图书馆位于东京栖川公园内，大约有藏书170万册，每年有大约30万人次研究者以及大学生前往该图书馆阅览书籍。东京都立中央图书馆还和分布在东京各市、町的260家图书馆相联，形成一个大的图书网络，《中国哲学史略》一书进入该图书馆，能够随时被日本普通读者所浏览、借阅。

在中国香港地区，收藏《中国哲学史略》一书的有香港中文大学、香港城市大学邵逸夫图书馆、香港浸会大学、香港大学四家。除浸会大学为教会大学，收藏《中国哲学史略》一书主要是为了了解当代哲学思想之外，其余三所大学均设有相关中国研究机构，收藏的目的主要是为了学术研究之用。

值得提出的是香港中文大学和香港大学。香港中文大学是由香港新亚书院(1949年成立)、崇基学院(1951年成立)及联合书院(1956年成立)合并组成,是在1963年正式成立的唯一实行书院联邦制的大学,此后又合并了1986年成立的逸夫书院,世界排名仅次于香港大学。三名诺贝尔奖获得者杨振宁、詹姆斯·莫理斯、罗伯特·蒙代尔目前都在香港中文大学任教。以中文和英文两种语言授课。香港中文大学的中国研究中心,在国际经济、文化、政治等方面进行当代中国研究,成就卓著,在亚洲大学中名列前茅。香港中文大学图书馆所收藏的中文文献最多,以大学图书馆为中心馆,下设6个成员馆。目前收藏有约240万册图书,西方语文与东方语文图书的比例为6:4,订购80多份报刊,14440种各类现期学报期刊,31280种电子期刊,多媒体资料达到72590件,缩微资料386489件[①]。

香港大学创办于1910年,中文校训为"明德格物",在人文、法律、政治及生物与医学等学术领域极为出色。早在1927年就开设了中国语言文学系。香港大学图书馆拥有40余万册图书及非印刷型资料,涉及有关香港及中国内地、远东、东南亚等地的资料最为丰富。主要中文图书收藏于冯平山图书馆,收藏有大量内地出版的中外文图书,在1984年,该馆中文藏书已达25万余册,期刊4500种,报纸114种。

在新加坡,收藏《中国哲学史略》一书的有新加坡南洋理工大学。新加坡南洋理工大学是新加坡政府建立的顶尖大学,排名位于全球科技大学前25名,亚洲高校综合实力排名第6,首任校长为林语堂先生,它树立了海外华文教育发展的里程碑。该校图书馆收藏有大量中国当代文献,收有《中国哲学史略》一书的主要目的是为了学术研究之用。

显然,《中国哲学史略》在中国香港地区、新加坡这四所大学图书馆中,除香港浸会大学属于教会大学之外,其余均属于东南亚地区的一流大学,并且分别设有专业中国研究机构,以学术研究用途为主。

5.《中国哲学史略》在英国、苏格兰、爱尔兰

在英国,收藏《中国哲学史略》一书的图书馆,有大英图书馆、剑桥大学图

[①] 杜云:《香港中文大学图书馆采编工作的现状和启示》,《图书馆杂志》2008年第5期。

书馆、爱丁堡大学图书馆、苏格兰国家图书馆、阿伯丁大学图书馆、利兹大学图书馆、伦敦大学亚非学院图书馆、诺丁汉大学图书馆、牛津大学图书馆、谢菲尔德大学图书馆10家。这10家大学图书馆除苏格兰国家图书馆为公共图书馆外，其余9家都是英国一流大学的图书馆。

英国这10家图书馆也可分为三类，第一类是开设与中国研究相关课程的大学，具有专业东亚图书馆或东亚文献特藏室的大学图书馆，这类图书馆有剑桥大学、伦敦大学亚非学院、牛津大学、利兹大学、爱丁堡大学、谢菲尔德大学6家。剑桥大学图书馆，建馆六百余年，藏书六百余万册，中文藏书约十万种。本馆中文部所藏包括商代甲骨、宋元明及清代各类版刻书籍、各种抄本、绘画、拓本以及其他文物，其中颇多珍品。剑桥大学中国研究中心是欧洲著名的研究机构，以李约瑟先生最为著名，他主编的《中国科技史》世界闻名。该图书馆收藏大量当代中国出版的中外文图书，包含现当代期刊超过1000种，英文版《中国哲学史略》一书也在收藏之列。

牛津大学图书馆是欧洲馆藏中文图书最丰富的图书馆之一，不仅收藏有大量中国古籍，如古代线装书有4000多种，其明版善本书就有150多种，还有许多是明代以前的，同时还收藏有大量当代中国图书，截至2011年总数已超过10万册之多。牛津大学的中国学研究与剑桥齐名，著名汉学家戴维·霍克斯，在1948年来北京大学做研究生，1951年回到牛津大学在万灵学院做研究员，精通汉语和日语，自1973年开始就着手翻译《红楼梦》，直到80年代才翻译出版完四卷本，语言优美，在英语世界上的影响巨大。牛津大学图书馆收藏《中国哲学史略》一书，主要为研究中国社会思想之用。

英国利兹大学建立于1831年，是全英第二所大学。在20世纪60年代，英国政府出台的支持大学加强东方研究的《海特报告》，利兹大学在政府资助下，开设了中国学研究中心，增设相关的中国学课程。利兹大学图书馆作为英国最大的研究性图书馆之一，分布在学校五个地区，拥有285万本书籍、26000本印刷和电子书刊、850个数据库和30万本电子图书。收藏《中国哲学史略》等当代中国出版的英文图书，主要是为服务于该校的学术研究。

与利兹大学一样，伦敦大学亚非学院也是在1966年建立了五个地区的研究中心，即非洲中心、近东研究中心、南亚研究中心、东南亚研究中心、远东研究中心,并于1967、1968年在美国福特基金会资助下,建立了现代中国研究所,迄今为止已发展成为欧洲和英国制定相关亚洲与非洲战略最重要的智囊机构。在伦敦大学亚非学院图书馆拥有的100多万册藏书中,以东方学、法律、历史、社会学、东南亚语言方面的书籍最为齐备,中文书库不仅藏有许多中国古籍珍本和孤本,在研究和收藏方面都具有相当高的学术价值,而且还收藏有大量中国出版的外文图书、期刊,《中国哲学史略》一书也在收藏之列。

爱丁堡大学成立于1583年,是英国第六古老的大学。该校也是与利兹大学、伦敦大学亚非学院同时开设中国学研究课程的大学,人文与社会科学学院是爱丁堡大学的三大学院之一,在该学院下设中国语言文学专业。因此,该校的图书馆设有专业中国文献藏书室,收藏英文版《中国哲学史略》主要是为了学术研究用途。

谢菲尔德大学也是在《海特报告》出台后,建立了日本研究中心,同时顺便收藏了大量中国当代图书报刊,《中国哲学史略》一书也在其中。该校建校历史可追溯到1828年,是世界著名的教学科研中心,科研实力稳居英国大学前十名,是英国六所最佳研究型大学之一,曾有五位学者获得诺贝尔奖。谢菲尔德大学图书馆拥有藏书140多万册,学习座位2200多个,还有广泛的电子资源。

诺丁汉大学创建于1881年,当时称诺丁汉大学学院,到1948年正式改名为诺丁汉大学。诺丁汉大学设有64个学系,专门开设有当代中国学学院。收藏《中国哲学史略》一书主要是为满足该校学术研究之用。

第二类图书馆是开设与中国相关专业的大学图书馆,收藏《中国哲学史略》一书主要是为了专业学习用途。这类图书馆有2家,为阿伯丁大学图书馆和爱尔兰的都柏林三一学院图书馆。

在爱尔兰的都柏林三一学院(trinity coll dublin),位于爱尔兰首都都柏林,是1592年英国女王伊丽莎白一世下令兴建的,学院下设六个学院,其中工程学院、社会学院、人文学院最有名。都柏林大学三一学院图书馆,是爱尔兰最古老也是规模最大的研究类图书馆,馆内藏书达到425万册,其中许多书籍都堪称爱尔兰的国宝,和英国牛津大学的图书馆、大英图书馆并称为欧洲最大的图书馆。

英国的阿伯丁大学位于苏格兰的阿伯丁市,1495年创立,是苏格兰著名的教育和研究中心,主要有教育学院、医学院和神学院。收藏《中国哲学史略》一书,估计是为了神学院的学生学习、了解当代中国社会思想用途。

第三类图书馆是公共图书馆,主要有2家,分别是大英图书馆和苏格兰国家图书馆。大英图书馆具有丰富的中国文献收藏,最早的馆藏可以追溯到18世纪大英博物馆初建时。早期收藏主要来自前往远东地区的各色人等合法或非法的收集捐献,包括香港殖民官员、传教士的收藏以及斯泰因的敦煌收藏。这些图书,虽不丰富,却有一些非常重要的藏本,比如说在印刷史上具有重要意义的公元868年印刷的《金刚经》,又如45卷的《永乐大典》等。大英图书馆的15个部门中有5个按地区划分的部门,分别为美洲、亚太与非洲、欧洲及当代不列颠和当代爱尔兰。中文书籍与中国出版西文书籍都收藏在亚太与非洲部门中,涵盖人文社科与政治领域的大部分图书。因此,《中国哲学史略》一书自然会收藏在其中。由于大英图书馆向所有持有效证件的人开放办理阅览证,被称作是全英(乃至旅英)民众的免费书架,因此,该书所面向的读者群会比专业开设中国学研究的大学图书馆广泛一些。

苏格兰国家图书馆创立于1682年,位于爱丁堡市中心,图书馆建筑外观带有教堂风格。主要收藏以人文历史类图书为主,丰富的藏书免费为全苏格兰乃至英国读者服务。中国文献也有一定数量收藏,《中国哲学史略》作为20世纪中国出版的一本英文哲学书,自然会收藏在内。

显然,《中国哲学史略》一书在英国、苏格兰、爱尔兰的11家图书馆中,有7家图书馆属于中国研究用途,2家大学图书馆为相关专业学生学习、了解中国思想之用,2家为国家公共图书馆。显然《中国哲学史略》一书在英国的用途与美国一样,主要是面向大学的学者、教授和青年学生,学术研究为其主要用途。

6.《中国哲学史略》在德国、法国

在德国,收藏《中国哲学史略》一书的图书馆有6家,分别是巴伐利亚国家图书馆(bayerische staatsbibliothek)、萨克森国家图书馆(sachsische landes-bibliothek)、慕尼黑大学图书馆(universitä tsbibliothek lmu mä nchen)、德国维尔茨堡大学图书馆(universitä„tsbibliothek wrzburg)、莱比锡大学图书馆(universitat leipzig, universitatsbiblio)、佛莱堡大学图书馆(universitatsbibliothek freiburg)。

德国收藏《中国哲学史略》的6家图书馆中,其中有都设有专业收藏中国文献的分馆,慕尼黑大学、维尔茨堡大学、莱比锡大学、佛莱堡大学还是德国汉学研究的重镇。

巴伐利亚国家图书馆位于慕尼黑,是一座享誉全球的顶级国际学术图书馆,其专业收藏中国文献的传统,使《中国哲学史略》一书得以进入该图书馆。另外,慕尼黑与汉堡、莱比锡构成了德国汉学研究三大重镇,学界称为德国汉学研究的三大流派。"慕尼黑学派"的汉学代表人物是傅海波,他在1952至1979年期间,一直担任慕尼黑大学汉学系主任。他在1968年撰写的《中华帝国》在西方影响很大。因此,在慕尼黑地区,不仅有巴伐利亚国家图书馆,而且慕尼黑大学图书馆也大量收藏中国各个时期的文献,以服务于当地的汉学研究。德国维尔茨堡大学也位于巴伐利亚州,很早就开设了中国语言文学专业,并设有1个汉学教授席位,与慕尼黑大学一道构成了德国汉学研究的"慕尼黑学派"。

德国汉学研究的另一个学派是"莱比锡学派",以莱比锡大学为核心构成,莱比锡大学在第二次世界大战前就设有汉学研究机构,1922年开始设立汉学教授席位,贾柏莲、孔好古都是"莱比锡学派"的代表人物。第二次世界大战后莱比锡大学继承了战前的汉学研究传统,由孔好古的女婿叶乃度担任东亚系主任。叶乃度的主要研究方向是中国古代史和文学史中的民俗与民间传说,并有《古代中国的马》《古代中国的狗》《古代中国的猪》等论文,影响很大。

萨克森国家图书馆位于德国最东部的联邦州——萨克森州,其东部与波兰、南部与捷克共和国接壤,是德国东部人口最多、工业化程度最高的州,萨克森国家图书馆与巴伐利亚国家图书馆一样,属于德国公共图书馆系统,进入该馆的《中国哲学史略》可以随时能够被德国广大民众所浏览、借阅。

弗莱堡大学,全称为阿尔布莱希特·路德维希·弗莱堡大学(Albert Ludwigs Universität Freiburg),位于德国巴登符腾堡州的弗莱堡市,建校于1457年,是德国最古老的大学之一。该校一直保持神学、法学、医学和哲学教育的传统,当时的哲学即包括所谓"五艺",为所有学生必修科目。该校最有名的专业是基督教学科,曾经拥有过海德格尔、哈耶克、马克思、韦伯等享誉世界的著名思想家。收藏《中国哲学史略》一书,显然是因为该校独有的基督教学科和哲学学科特色,了解当代中国的社会思想是其主要目的。

在法国,收藏《中国哲学史略》一书的有5家图书馆,斯特拉斯堡国立大学图书馆(BIBLIOTHEQUE NAT & UNIV STRASBOURG)、巴黎东方语言文化学院图书馆(BIU LANGUES ORIENTALES BIBLIO)、巴黎政治学院图书馆(FONDATION NAT DES SCI POLITIQUES BIBLIO)、东亚语言研究中心图书馆(INTERUNIV DES LANGUES ORIENTALES BIBLIO)、法国里昂第三大学图书馆(LYON3- BIBLIOTHEQUE)。

收藏《中国哲学史略》一书的法国5家图书馆,有3家是收藏东方文献的专业图书馆,主要服务于法国的汉学研究。法国的汉学研究主要分布在三大城市:巴黎、里昂和波尔多,作为文化和政治中心,巴黎当然拥有该领域最强的实力。在巴黎尤以国家科学研究中心(CNRS)的汉学研究小组、东亚语言学研究中心和巴黎东方语言文化学院(INALCO)是法国汉学研究的核心力量,而巴黎东方语言文化学院则是将教学与研究融为一体的典型。巴黎东方语言文化学院创建于法国大革命时期的1795年。到1914年,这个学院的语言教学达有20多个语种;到第二次世界大战前,这个学院的语言教学已有近50个语种;1944年,学生人数首次超过了1000人。1971—1985年间,它曾附属于巴黎第三大学,此后直接隶属于法国教育部。如今,这个学院的语言教学已达近90个语种,这些语言遍布世界所有大陆。在2004—2005年度,这个学院注册学生人数超过11000人,而中文系可能是世界上(除中国外)规模最大的,在校生达到2000人左右。

今天巴黎东方语言文化学院图书馆已成为具有全国影响的、校际交流的、研究型的图书馆。涉及语言、文学和文明等方面的馆藏资源十分丰富,文献涉及的地域范围很广,从近东(对于欧洲而言)到远东,从非洲到大洋洲,从印度半岛到中欧、东欧,乃至斯拉夫世界。馆藏图书55万册、9600种刊物,其中有些很珍贵,是法国其他任何地方都难以见到的。特别是在东方学研究领域,无论是在法国还是在世界范围内,东方语言文化学院图书馆都以其兼有大量的古代和现代的文化遗产而占有非常重要的地位。自1994年起,BIULO成为法国国家图书馆的东方语言联合中心。

巴黎东方语言文化学院的汉学研究具有重要影响,众多权威的汉学家都在这里工作或学习过。他们当中有安托万·巴赞(Antoine Bazin,1799—1862)、斯坦尼斯拉斯·朱利安(Stanislas Julien,1799—1873)、阿尔诺·维斯耶(Arnold Vissiere,1858—1930)、伯希和(pauI Pelliot,1878—1945)和保尔·戴密微(pauI Demievil1e 1894—1979),后者为最著名的佛学家、禅宗专家,同时也是中国文化和诗歌方面的大学者;还有法国大学中汉学席位的教授:罗尔夫·斯坦因(Rolf Stein)、谢和耐(Jacques Gernet)和皮耶尔—艾蒂内·威尔(Pierre Etienne Will),等等。

斯特拉斯堡国立大学、巴黎政治学院、里昂第三大学在政治学、社会学、经济学和历史学、法学、哲学等人文社会学科享有国际盛誉,这些大学图书馆收藏《中国哲学史略》一书,显然与所属大学的学科优势相关。

7.《中国哲学史略》在巴西、智利

在巴西,收藏《中国哲学史略》一书的有巴西圣保罗大学(UNIV OF SAO PAULO,SIBI),1934年创办,初设哲学、自然科学、人文科学学系,至今已经达到35个院系,是由33个学院、科研所,还有4座博物馆和2所大学附设医院组成的一所综合性现代大学。现有教师5000多人,学生50000余名。该校主要培养教师、研究人员和工程技术人员。该大学图书馆收藏中国1959年出版的英文版《中国哲学史略》一书,看来主要与该校的哲学传统学科有关。

在智利,收藏《中国哲学史略》一书的为智利国家图书馆(Biblioteca Nacional de Chile),该图书馆位于智利圣地亚哥奥希金斯大街,历史可追溯至19世纪初,现在的图书馆于1925年建成,迄今一直在使用。智利国家图书馆馆藏丰富,涵盖拉丁美洲各领域,是南美洲最大图书馆之一。除了保存有智利相关文献外,还是智利联邦政府出版物的版本库。

中国出版的图书进入巴西、智利图书馆,这是迄今为止所发现的第一本中国图书。这些发展中国家图书馆能够收藏该书,反映了该书的学术思想价值对拉丁美洲的影响。

8.《中国哲学史略》在以色列、吉尔吉斯斯坦

在以色列,收藏《中国哲学史略》一书的有3家,分别是希伯来大学图书

馆(HEBREW UNIV)、以色列国家图书馆(NATIONAL LIBR OF ISRAE)、以色列海法大学图书馆(UNIV OF HAIFA)。

以色列国家图书馆是犹太国家图书馆和耶路撒冷犹太人居民的公共图书馆,比以色列建国还要早15年,是当今世界上保存犹太人和希伯来人手稿最多的地方,包括爱因斯坦、本·古里安等人的著作手稿。联合国教科文组织1988年的一次调查表明,在以犹太人为主要人口的以色列,14岁以上的以色列人平均每月读一本书;全国有公共图书馆和大学图书馆1000多所,平均每4500人就有一所图书馆,人均拥有图书量、获诺贝尔奖的人口比例,在人均拥有图书和出版社以及每年人均读书的比例上,以色列超过了世界上任何一个国家,为世界之最。

希伯来大学始创于1918年,落成于1925年,现已发展成为一所充满活力、集教学和研究于一体的综合性大学。希伯来大学的7大学院中以文学院、社会科学院最为有名,而且是世界犹太人研究中心。以色列海法大学是一所公立研究大学,其加尔默耳校园建于1963年,是以色列北部地区高等教育的中心,海法大学大致分为6个学院:人文,社会科学,法律,科学和科学教育,社会福利和健康研究,以及教育学院,学校课程在人文学和社会科学方面丰富多彩。《中国哲学史略》一书得以进入这两所大学的图书馆,主要与这两所学校的人文、社会学科优势相关。

在吉尔吉斯斯坦,收藏《中国哲学史略》一书的有中亚美国大学(AMERICAN UNIV CENTRAL ASIA),这是一所位于吉尔吉斯斯坦境内的比什凯克的美式教育学校,学校主要以英语授课,并且提供来自美国巴德学院(Bard College)的学位证书。与美国巴德学院是一种合作办学的关系,并且定期将吉尔吉斯斯坦的学生送往美国巴德学院去留学或者做交换生。巴德学院位于美国新泽西州,以社会科学、历史学、外国语言文学著名,是一所私立大学。受巴德学院的影响,该校图书馆也收藏了出版于1959年的《中国哲学史略》一书。

通过上述梳理,收藏《中国哲学史略》一书的208家图书馆的性质、用途,可以具体细分如图3。

图3中的公共图书馆、专业中国研究用途的图书馆和学习、了解中国用途的图书馆,三者之间不是截然分开的。在欧美的公共图书馆里,也设有专业的

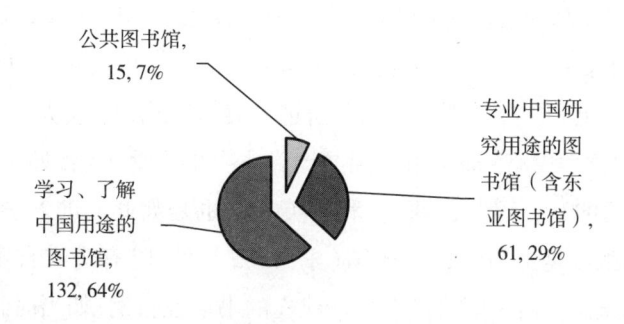

中国近现代图书文化的海外传播效果

图3 收藏《中国哲学史略》一书208家图书馆性质、用途

东亚馆藏部门,也面对相关研究机构的学者开展服务,而专业中国研究的图书馆有很大部分是由大学开设的,主要服务于本校的相关中国研究机构。尤其是一些大学图书馆也具有向所在社区居民免费开放的公共图书馆功能。之所以这样区分,是为了更好地说明《中国哲学史略》一书在海外传播的范围和所面对的人群特征。至此,可以得出的结论是,全世界收有《中国哲学史略》一书的208家图书馆中,仅有15家为公共图书馆,比例为7%;61家专业中国研究用途的图书馆,比例为29%;有132家属于学习、了解中国社会思想的图书馆,比例为64%。《中国哲学史略》一书在海外的传播范围主要以大学校园、研究机构为主,经常面对的一个读者群体就是大学教授、学术界的专家以及青年学生,同时也通过公共图书馆系统面向海外社会的普通民众传播中国哲学思想,通过本书了解中国的比例要大大高于研究中国的比例。作为20世纪中国出版的一本英文哲学书,可以说成功地实现了传播中国思想的目标。

(二)《中国哲学史略》的学术影响

《中国哲学史略》一书中文版由中国青年出版社出版,封面署名为侯外庐先生主编,张岂之、李学勤、杨超、林英等编写,1958年出版,首印22000册,此后又经过两次加印,累计发行超过5万册。英文版由外文出版社1959年9月出版,署名与中文相同,翻译由外文出版社英文组的王正中先生担纲,当时印发了5350册。王正中先生,曾翻译过《毛泽东诗词四十三首》等多部重要文献,属于当时英文翻译的权威。该书经过国际书店遍布世界的发行网络(当时称为"同业")发行之后,很快得到了积极的反馈。当时正值以美国为首的西方社会对于新中国采取全面封锁的策略,因此,中国出版的书刊是不能直接发行到美国本土和一些欧洲国家,因此,进入美国、加拿大、澳大利亚等国家图书馆的《中国哲学史略》都是由英国共产党主办的一些书店,如中央书店、科列茨书店转运的,以色列、巴西、智利的英文版也是如此。进入法国、德国的《中国哲学史略》是由当时民主德国(东德)发行的,唯有进入日本图书馆的《中国哲学史略》是由中国自己在日本建立的书店发行网,如当时日本共产党主办的科学书店、大安株式会社以及日本共产党员安井正幸为社长的极东书店对外发行的。

该书在海外学术界取得的影响大体可以从两个方面得到验证。

第一,西方学者发表在SCI/SSCI/AHCI收录的核心期刊的学术文章大约有18篇,对于该书思想观点进行了引述与评价,这是学术图书影响的一个重要标志。本文依据西方著名的JSTOR数据库[①]对于该书以及主编侯外庐先生进行组合检索,发现自该书出版后的1959年至2011年50多年间,对于侯外庐先生的相关思想观点评述的文章合计18篇,其中,直接提及《中国哲学史略》一书书名的学术文章有2篇。这18篇文章分别发表在加利福尼亚大学的《近代中国》(Modern China)、荷兰布睿尔出版社的《通报》(T'oung Pao)、伯克利大学的《亚洲调查》(Asian Survey)、伦敦大学的《世界考古》(World Archaeology)、夏威夷大学的《东西方哲学》(Philosophy East and West)、剑桥大学的《亚洲研究》(The Journal of Asian Studies)及《中国哲学前沿》(Frontiers of Philosophy in China)、《中国文化:学术、文章、书评》(Chinese Literature:Essays, Articles, Reviews)、《世界历史》杂志(Journal of World History)、《哈佛亚洲研究》杂志(Harvard Journal of Asiatic Studies)等十几种刊物上。

引用或者评述侯外庐先生关于中国历史分期、农民战争、中国明清启蒙哲

[①] 全名为Journal Storage,是以收录西文期刊闻名的全文数据库,收录范围涉及政治学、经济学、哲学、历史、文学等人文社会学科领域和自然科学领域。JSTOR中收录的大部分期刊提供从创刊号至最近三至五年前的期刊全文,有些期刊可回溯至1665年,具有非常珍贵的学术价值。JSTOR选刊标准十分严格,通过综合评价期刊的订购数量、引用分析、专家推荐以及出版时间等因素来选取相关领域最具有代表性的学术期刊。目前,JSTOR共收录期刊674种,其中被SCI/SSCI/AHCI收录的核心期刊达385种,占全部期刊总数的57%。

学思想、中国资本主义起源等思想观点的评论、引述较多,这类文章发表在《近代中国》杂志上的也最多。美国著名左派学者、美国杜克大学阿里夫·德里克(Arif Dirlik)的发表了题为"Chinese Historians and the Marxist Concept of Capitalism:A Critical Examination"的文章,发表在 Modern China 上,Vol.8,No.1(Jan.,1982),pp.105-132上,本文对于侯外庐先生的中国历史分期、中国资本主义思想的萌芽的引述与评论;伊丽莎白、佩里、汤姆常(译音,Elizabeth J. Perry,Tom Chang),发表了题为"The Mystery of Yellow Cliff:A Controversial "Rebellion" in the Late Qing"的文章,发表在 Modern China 上,Vol.6,No.2(Apr.,1980),pp.123-160上,文章对于侯外庐先生、翦伯赞先生的中国16至19世纪的启蒙哲学思潮的进行了评述;日本学者岸本美绪(Mio Kishimoto-Nakayama),发表了题为"康熙萧条和清朝早期地方市场(The Kangxi Depression and Early Qing Local Markets)"的文章,发表在 Modern China 上,Vol.10,No.2(Apr.,1984),pp.227-256,文章对于侯外庐先生的农民战争思想、中国经济思想进行了评述。张光直(K.C.Chang),发表了题为"考古学与中国史学史(Archaeology and Chinese Historiography)"的文章,刊发在 World Archaeology 上,Vol.13,No.2,并在 Regional Traditions of Archaeological Research I (Oct.,1981),pp.156-169,文章引用了侯外庐先生的中国古代社会史论中的观点思想;澳大利亚国立大学的梅约翰(John Makeham),发表了题为"Names, Actualities, and the Emergence of Essentialist Theories of Naming in Classical Chinese Thought"的文章,刊发在 Philosophy East and West 上,Vol.41, No.3 (Jul., 1991), pp. 341-363,文章对于侯外庐先生的中国古代思想史论进行引述,其中涉及到董仲舒的先天概念说、董仲舒的"人事论";著名美国南明史研究专家司徒琳(Lynn A.Struve),发表了题为"Huang Zongxi in Context:A Reappraisal of His Major Writings(黄宗羲思想:一位值得重新评估的著作)"的文章,刊发在 The Journal of Asian Studies 上,Vol.47,No.3(Aug.,1988),pp.474-502,文章引用了侯外庐先生有关黄宗羲思想的评述,印证来源为《中国思想史通论》(人民出版社1956年版)和《中国哲学史略》;普林斯顿大学历史系和东亚系教授艾尔曼(Benjamin A.Elman),发表了题为"Imperial Politics and Confucian Societies in Late Imperial China:The Hanlin and Donglin Academies(皇权政治和中华帝国晚

期的儒家社会:翰林和东林书院)"的文章,发表在 Modern China 上,Vol.15, No.4(Oct.,1989),pp.379-418,文章对于侯外庐先生的"论明清之际的社会阶级关系与启蒙思潮的特点"一文进行了引述评论;著名历史学家魏斐德(Frederick Wakeman,Jr),发表了题为"Rebellion and Revolution:The Study of Popular Movements in Chinese History(混乱与革命:在中国历史上的民众运动的研究)"的文章,发表在 The Journal of Asian Studies 上,Vol.36,No.2(Feb.,1977), pp.201-237,文章对于侯外庐先生的"中国历代大同思想理想"进行了评论与引述;著名明清史专家、意大利人史华罗(Paolo Santangelo),发表了题为"A Neo-Confucian Debate in 16th Century Korea.Its Ethical and Social Implications"的文章,刊发在 T'oung Pao, Second Series 上,Vol.76,Livr.4/5(1990),pp. 234-270,文章对于侯外庐先生的16、19世纪启蒙思想做了引述与评论;华裔学者,现为美国罗文大学的王晴佳(Q.Edward Wang),发表了题为"Beyond East and West: Antiquarianism, Evidential Learning, and Global Trends in Historical Study"的文章,刊发在 Journal of World History 上, Vol.19, No.4 (Dec.,2008),pp.489-519,文章评述引用了侯外庐先生的中国早期启蒙思想史的观点;台湾的陈德鸿(Leo Tak-Hung Chan),发表了题为"Narrative as Argument:The Yuewei caotang biji and The Late Eighteenth-Century Elite Discouse on The Supernatural"的文章,刊发在 Harvard Journal of Asiatic Studies 上,Vol. 53,No.1(Jun.,1993),pp.25-62,文章对于侯外庐先生的农民战争思想进行了引用与评述。悉尼大学东南亚系主任邓海伦(Helen Dunstan),发表了题为 "Orders Go Forth in the Morning and Are Changed by Nightfall:A Monetary Policy Cycle in Qing China, November 1744-June 1745"的文章,刊发在 T'oung Pao, Second Series 上,Vol.82,Fasc.1/3(1996),pp.66-136,文章对于侯外庐先生的中国封建社会史论思想进行了引述。

除了对于侯外庐先生的一些思想观点的引述与评价之外,还有关于中国政治运动、文化大革命以及毛泽东思想的研究,涉及侯外庐先生的治学环境压力等方面进行研究。这类论文不多,其中比较有名的是格雷戈尔、张霞(A. James Gregor,Maria Hsia Chang)发表了题为"反儒家思想:毛泽东的最后一场运动"(Anti-Confucianism:Mao's Last Campaign),刊发在 Asian Survey 上,Vol.

19，No.11（Nov.，1979），pp.1073-1092，直接提及了《中国哲学史略》英文版，引述了其中的思想观点，是受到控制的学术研究。在该文中还提及了刘少奇的《论共产党员的修养》英文版。德国的左派汉学家马汉茂（Helmut Martin），发表了"Soviet Scholarship on Chinese Literature of the Ming and Qing Dynasties"的文章，刊发在 Chinese Literature：Essays，Articles，Reviews（CLEAR）上，Vol.6，No.1/2（Jul.，1984），pp.151-178，文章评述了侯外庐有关顾炎武、黄宗羲、王夫之等思想观点，考察了侯外庐先生的写作时代背景压力与思想结论之间的关系。

第二，该书的英文版50年后的2002年，由 University Press of the Pacific 重新再版，署名与外文出版社的署名一样，这是《中国哲学史略》在海外学术思想界获得持续影响的另外一个重要标志。

《中国哲学史略》太平洋大学出版社的2002年再版书影

太平洋大学（University of the Pacific）位于加利福尼亚州，成立于1851年，是一所四年制私立大学，隶属美国循道会。该大学出版社重版外文出版社1959年的一本英文书，并在亚马逊网络书店上售卖，目前尚不知道具体原因。但作为一本中国哲学思想的图书，在50年后依然能够再版，表明书中的思想观点依然具有一定当代价值，是获得持续社会影响的另外一个标志。

本文梳理了《中国哲学史略》一书在世界14个国家和地区的208家图书馆收藏的性质和基本用途,同时又找到了引述或者评价该书的18篇学术文章,刊发在10多种世界影响最大的研究刊物上。尽管还有许多不为人知的原因,但基本上可以确定的是,该书所以能够获得西方世界如此大的关注,首先是因为该书被翻译成为英文,而且是除毛泽东的各种著作之外的第一本哲学书,这恐怕是最为重要的一个原因之一。据笔者统计,该书除英文版之外,当时的国际书店还曾组织海外的学者、出版机构,以英文版为基础,翻译过法文版、葡萄牙文版、西班牙文版、希腊文版、阿拉伯文版甚至瑞典文版。英语使用的广泛性,使该书的思想、观点得到了广泛的传播。今天看来,虽然该书的思想、观点还有局限,而且也不是侯外庐先生最具有代表性的、最精彩的思想,却得到了广泛传播,这就是跨文化传播的风云际会的特征所致。因此,对于中国学术走出去而言,翻译恐怕是第一道门槛。

(本文原发表在《中国图书评论》2013年第6期)

二、从《海娃的故事》到"乌贾马运动"——中国斯瓦希里文书刊的海外传播

今天的中国儿童对于《海娃的故事》(改编自《鸡毛信》)知之甚少,但在20世纪六七十是年代的非洲东部,《海娃的故事》等中国出版的斯瓦希里文儿童读物,却是当时东非少年儿童手不释卷的心爱之物。这到底是怎么一回事?

话还需要从中国的斯瓦希里文书刊的出版发行说起。中国最早开设斯瓦西里语专业的是北京外国语大学和北京广播学院(今天的中国传媒大学),始于1960年;最早的斯瓦西里语广播节目,是在中国学习斯语第一人陈家宇先生与桑给巴尔斯语专家通力合作下,于1961年9月1日零时向东非开播的;最早出版斯瓦希里文书刊的是外文局的外文出版社;最早的一份斯瓦希里文杂志是《人民画报》(1964年版)。从1964年开始到1979年,其间历经中苏国际共运大论战以及中国的十年"文化大革命",但中国此时的斯瓦西希里文书

刊出版却保持了15年的高速发展,直到1979年才开始减少,到1980年当年仅出版4种,此后再无新书出版。本文截取1964年至1979年这15年间关于斯瓦希里文出版物的品种、内容、发行历史,考察其间所取得的经验、教训,重点是对所取得的传播效果进行评估,从而为21世纪中国文化海外传播提供借鉴。

(一) 中国出版、发行了哪些斯瓦希里文书刊

1. 图书:外文出版社于1964年组建斯文部,承担图书编辑出版工作,此后一些外籍斯文专家和中国斯瓦希里文学者还被抽调出来参与毛泽东著作的翻译工作。根据现有统计资料,从1964年至1979年的15年间,外文出版社出版斯瓦希里文图书总品种数是230种。从内容上可分为毛泽东著作、政治理论书籍、国情介绍读本、文学艺术图书、儿童读物五类,而文学艺术图书包括回忆录、散文、画册、明信片等;儿童读物包含连环画、儿童画册等。

其中毛泽东著作94种,是新中国斯瓦希里文出版物的最大宗。最早出版的是《毛泽东主席同亚洲、非洲、拉丁美洲人士的几次重要谈话》(1964),具有代表性的图书是《全世界人民团结起来,打败美国侵略者及其一切走狗》(1965)、《中国社会各阶级的分析》(1965)、《毛主席语录》(1967)等,毛泽东著作占总品种数的40%。儿童读物有60种,位列新中国斯瓦希里文出版物的第二位。最早出版的是连环画《狐狸》(严个凡绘,1964)、《骄傲的将军》(特伟绘)、《我要读书》(高玉宝原著,王绪阳等绘,1964)等,占总品种数的26%。政治理论读物有41种,位列新中国斯瓦希里文出版物总品种的第三位。最早出版的是《关于国际共产主义运动总路线的建议》(1964)、《新殖民主义的辩护士——四评苏共中央的公开信》(1964)等,代表性的图书有林彪的《人民战争胜利万岁——纪念中国人民抗日战争胜利20周年》(1966)、《无产阶级文化大革命胜利万岁》(1967)等,政治理论读物占总品种数的18%。文学艺术类图书有20种,最早出版的是散文《董存瑞的故事》(左林著,1965),代表性的图书有系列摄影画册《越南人民必胜,美国侵略者必败》(1966)、回忆录《跟着毛主席长征》(陈昌奉著,1973)等,占总品种数的9%。国情介绍类图书有15种,最早出版的是《中国地理概况》(任育地著,1965),代表性的图书是《西

藏巨变》(1973)、《红旗渠》(1975)等,占新中国斯瓦希里文出版物总品种的 7%。

《鸡毛信——海娃的故事》外文版封面①

  在发行方面,斯瓦希里文出版物的海外发行,基于特殊的时代背景得到了快速发展。20 世纪 60 年代,由于受中苏关系破裂的影响,中国各种外文出版物从 1963 年开始受到 28 个国家的限制,为了突破这种封锁和限制,1963 年 3 月,时任对外文委副主任兼外文出版社副社长的罗俊率代表团访问欧洲以及西亚、非洲等国家,这些国家包括英国、瑞士、巴基斯坦、比利时、卢森堡、荷兰、埃及、摩洛哥、叙利亚、桑给巴尔(坦桑尼亚的一部分)、坦桑尼亚、索马里、塞拉利昂、尼日利亚等国家,在国外选择外文出版发行据点,落实刘少奇的"打出去"指示。1963 年 4 月,国际书店即派王庸声等赴加纳建立国际书店办事处,此后分别在阿尔及利亚、贝宁等地建立了国际书店办事处。

  其中,东非是发行重点。在东非地区除发行英文书刊外,主要就是斯瓦希里文书刊的发行。国际书店在东非的发行网络,主要是通过国际书店支持的同业来开始的。这种支持具体表现在这些书店的门市、店面的房租费、运输车购置等前期开办费由中国先期垫付。有些出版物的文稿在中国翻译好之后,

---

① 图片来自于孔夫子网。——笔者注

以这些书店的名义在东非出版、印刷、发行,所花费用均由国际书店支付。自1962年开始,最早发行中国斯瓦希里文出版物的有桑给巴尔革命书店(1959年创立,最初的名字是乌玛书店)、坦葛尼喀书店,后来逐步增多。规模较大的有坦桑尼亚每日新闻发行公司、坦桑尼亚友谊书店、坦桑尼亚卡塞书店、埃塞俄比亚红星书店、埃塞俄比亚图书文具店、索马里的东方书店、莫桑比克图书唱片公司,等等。其中桑给巴尔革命书店、坦桑尼亚友谊书店属于中国最早支持的海外同业。而埃塞俄比亚图书文具店、乌干达的米梯亚纳书业中心、坦桑尼亚友谊书店、坦桑尼亚卡塞书店等到80年代后期还一直与中国保持业务联系,属于国际书店在东非发行网络的骨干同业。

  1964至1979年中国斯瓦希里文图书的海外传播,按照品种划分,发行数量最大的是毛泽东著作、政治理论读物、国情介绍等图书,这三类十五年累计发行达到3304522册,儿童读物的总发行册数是676482册。

  2.期刊:除斯瓦希里文图书之外,还有斯瓦希里文期刊发行。其中发行量最大的是《中国画报》。斯瓦希里文版《中国画报》的筹备始于1963年底,斯瓦希里文专家有曼苏尔、萨利姆等参与,不久就有中国第一批斯语学者鲁宗惠、文庆梓、胡公锡、金荣景、陈元猛等相继加入。《中国画报》于1964年正式出版,由外文局所属的中国画报社编辑出版,一直到1998年12月停刊,35年间共出版了420期。编辑部人员除编辑画报外,80年代还翻译出版过斯瓦希里文的《中国一瞥》等精美小册子①。

  关于斯瓦希里文版《中国画报》的发行数量,目前笔者尚未找到该刊的准确发行量数字,但依据国图公司负责期刊发行的老职工宋广浦先生在1988年所提供的发行数据,结合长期从事东非发行工作,且目前仍然健在的一些老国图职工的回忆可做一些估算,大体情况基本清楚。

  作为唯一发行中国外文书刊的中国国际图书贸易总公司(1949年至1982年的名称为国际书店、中国国际书店,1983年更名为中国国际图书贸易总公司,简称"国图公司"),在1988年成立四十周年之际作了一次全方位的总结,其中1951年就进入国际书店工作的老职工宋广浦先生专门撰写了《外文期刊

---

① 陈元猛:《斯瓦西里语在中国的传播》,《现代传播》1999年第2期。

发行概述》一文,对1949年至1987年近四十年的外文期刊发行情况作了介绍。

其中值得重视的是西亚、非洲的发行数据,1965年12月份是22854份,1973年的数据是74429份。此期间中国在西亚、非洲发行量最稳定、数量最大的期刊主要是《中国画报》《中国建设》《北京周报》三份刊物,假如由此数据平均估算,《中国画报》在西亚、非洲的数量分别是:1965年12月份的发行量是7618份,1973年12月的发行量是24809份。但这个数据是包含了《中国画报》英文版、阿拉伯文版、斯瓦希里文版等三种文版数据,如果再进一步平均估算,可得出《中国画报》斯瓦希里文版的发行量大体上是:1965年12月发行量为(7618/3)2539份,1973年12月的发行量为(24809/3)8269份。由此可得出斯瓦希里文版《中国画报》在1964至1979年的十五年间平均发行份数在5404份左右,十五年累计总发行量在90—100万份之间。这份数据的可靠性,通过负责斯瓦希里文期刊发行的国际书店老职工李书文老师的回忆得到了验证。

李书文老师生于1941年,从部队被选拔出来,参加了当时主管对外工作的陈毅副总理提议的香山外语训练班,在1965年3月到1966年12月,跟随桑给巴尔专家苏莱娅等学习斯瓦西里语,此后参加坦桑尼亚援建,在坦喀尼葛农场、桑给巴尔农场担任翻译长达七年之久,1972加入国际书店后一直负责西亚非洲出版物的发行工作直到退休。据李书文老师回忆:当时斯瓦希里文《中国画报》的读者面很广,每期发行量最少几千份,最高时超过万份。尤其是1966至1976年的十年间,是《北京周报》《中国建设》《中国画报》三刊发行量增长最快的时期,而且一般是只要读者来信索要其中的任何一种,就同时赠阅其他二刊,即三刊同时入订,一订三年。这样就使发行量在非洲、拉美地区急剧增长。笔者再结合中国第一批斯瓦希里文学习者、并曾经一度从事斯文版《中国画报》编译工作的陈元猛教授提供的数据,可知斯瓦希里文的《中国画报》自1964年创刊后直到1998年12月停刊,35年间共出版了420期,70年代发行量最高,达到每期3万份,90年代最低,每期300份都卖不完[①]。以

---

① 陈元猛:《斯瓦西里语在中国的传播》,《现代传播》1999年第2期。

此可知《中国画报》斯瓦希里文版在东非的发行量最高时期是在20世纪六七十年代,前15年累计发行在90—100万份是站得住脚的,80年代后期至90年代,则是处于绝对的低潮阶段,每期300份对于一个期刊而言几乎处于维持阶段。

根据《中国画报》原总编辑黄楚安先生的回忆,斯瓦希里文《中国画报》最初定价1个坦桑尼亚先令,等同于无偿赠送。在20世纪六七十年代,《中国画报》的定价标准长期维持在0.15元至0.5元人民币之间,以50%、60%的折扣批发给东非的书店,这些书店再以坦桑尼亚先令销售。在东非当地的销售价格很长时间曾经是5个坦桑尼亚先令,此后分别提高到10个、20个坦桑尼亚先令,80年代最高达到50先令。20世纪六七十年代的1元人民币大约合10个坦桑尼亚先令,而《中国画报》50%、60%的批发折扣在币值上一下子亏损50%,可见斯瓦希里文《中国画报》的出版、发行基本上没有利润,大部分外文期刊长期处于亏损状态,发得越多,亏损越大。

上述斯瓦希里文图书、期刊这些出版物,从中国空运到遥远的东非各个国家,运费支出均由中国承担,不需要订购者花一分钱。1960年,对外文委曾上报国务院,在陈述把《中国画报》由双月刊恢复到月刊的理由时,提到《中国画报》每期航空邮费是50万元①,1960年,《中国画报》期发量是80万份,相当于每期额外再增加邮费0.625元。国际书店的老职工武庭杰曾经撰文,以《北京周报》为例说明运费的投入之大。《北京周报》在1986年没有调价之前的价格为0.4元人民币,而航邮一份杂志则需要额外支付1.3—1.7元人民币。以斯里兰卡为例,1985年斯里兰卡销售一份《北京周报》的售价仅为1.3卢比,按照当时的比价折合人民币仅为0.15元,即使是1986年调整定价之后,也仅仅增加了0.08元人民币,从币值比来换算,如果完全卖出一份《北京周报》,仅仅收回定价的33%②。武庭杰先生提供的《北京周报》航邮到斯里兰卡的费用也可以用来计算《中国画报》斯瓦希里文版投递到东非的邮递费用,因为,从北京到东非的距离比北京到斯里兰卡的距离还远。即在编辑出版斯

---

① 《中国外文局五十年大事记(1)》,新星出版社1999年版,第110页。
② 武庭杰:《试论外文书刊对外发行中的几个关系问题》,《出版与发行》1986年第12期。

瓦希里文版《中国画报》之外，额外投入邮递费用的金额为(90—100万份×1.3—1.7元人民币)117—170万元人民币之间。

可见，《中国画报》斯瓦希里文版的编辑、出版、发行在1964至1979年的前15年是发展的高峰时期，而20世纪80年代之后一直到1998年停刊的后20年时间，是发展的低潮阶段。一个基本的事实是，发行《中国画报》斯瓦希里文版的35年间，如果没有国家财力的大力支持，仅靠期刊本身的运营是难以维系的。

（二）十五年对外发行传播，取得了哪些传播效果

斯瓦西利语(kiswahili)主要在坦桑尼亚、肯尼亚、乌干达、马拉维、布隆迪、刚果、赞比亚、津巴布韦、莫桑比克、索马里等东非国家使用，约有5000万人(也有学者认为有一亿人左右)。在东非国家中，肯尼亚是斯瓦希里语的发祥地之一，有66%的肯尼亚人把斯瓦希里语当作母语。斯瓦希里语早期是桑给巴尔以及东非沿海地区的语言，后来逐步发展到东非内陆地区，成为使用最广的一个语种。

20世纪六七十年代，东非国家大部分刚刚独立不久，面对部族众多，信仰、宗教各不相同的政治形势，亟须要用统一的民族语言增强文化认同，而斯瓦希里语恰好承担了此项历史使命。在坦桑尼亚，1961年坦葛尼喀独立时就把斯瓦希里语定为国语，1963年又成为桑给巴尔的官方语言，1967年两党合并后，斯瓦希里语成为唯一的官方语言。坦桑尼亚规定在政府、政党工作以及会议用语必须使用斯瓦希里语，还在学校、军队里推广使用斯瓦希里语，并培养斯瓦希里语教师，还设有一个斯瓦希里语研究院和斯瓦希里语委员会，负责斯瓦希里语的教育、发展和推广使用。此外，坦桑尼亚的《自由报》《民族主义报》都出版斯瓦希里文版。肯尼亚在1974年把斯瓦希里语作为官方语言，并在中小学广泛教授斯瓦希里语，1985年又开始在政府工作人员中教授并推广使用斯瓦希里语办公。斯瓦希里语在东非民族整合、构建统一民族文化和心理进程中发挥了独特的作用。

1.《海娃的故事》等中国连环画的巨大影响

中国斯瓦希里语书刊的出版与发行，与东非这些国家大力发展斯瓦希里

语言教育、用斯瓦希里语构建民族认同恰好属于同一个历史时期。刚刚独立的一些国家不仅缺少斯瓦西里语教师,更缺少斯瓦希里文教材。中国专门出版斯瓦希里语书刊的出版社,虽然只有外文出版社一家,但出版速度快、质量好、品种多而且印刷精美。中国的斯瓦希里文出版物便顺理成章地成为东非一些刚刚获得独立,而且教育出版事业极不发达的国家用来进行斯瓦希里语教育、民族心理建构的文化载体。

尤其是一些儿童画册,如《我要读书》(王绪阳绘,印发10050册)、《马头琴》(顾梅华绘,印发10050册)、《杨司令的少先队》(范一辛绘,印发10050册)、《小马过河》(陈永镇等,印发11030册)等不仅调剂了书刊的品种、内容,还走进了成千上万的非洲儿童心灵世界。由中国聘请的斯瓦希里语专家翻译后的这些书籍,通过当时国际书店在桑给巴尔、坦葛尼喀的同业发行到东非各地时,受到热烈欢迎。

坦桑尼亚在英国殖民地时期,在小学期间均使用斯瓦西里语教学,而升入中学、高中后又改为英语,英语是官方积极倡导的语言,这种做法在坦桑尼亚独立后沿袭下来,因此斯瓦西里语的教材出版在刚刚独立的坦桑尼亚并没有得到及时的发展①。有许多当地的少年儿童甚至是第一次看到斯瓦希里文的印刷体出版物。因此《小马过河》《宝葫芦》《珍珍的奇遇》《蚌姑娘》等儿童读物,就成为当地少年儿童的启蒙、识字读物,甚至是小学教材。中国斯瓦希里文的儿童读物所建构的东方世界,不仅有别于前殖民地时期的英语读物,而且充满了神奇与智慧,在东非少年儿童的心中产生了巨大影响,使其有些儿童故事家喻户晓。中国儿童读物在当地孩子心里产生了巨大的影响,而且这种影响之深远,是当时所有在中国从事斯瓦希里文书刊的编辑、出版、发行的从业者都想象不到的。

当时中国对外书刊发行采取的是以政治宣传为主、文化贸易为辅的对外发行政策,基本上是有需求,中国就尽量满足的来者不拒的发行方式。因此,大量的斯瓦希里文书刊就这样源源不断地来到了东非,许多非洲儿童只需要花五个先令给中国寄封信,就可以免费获得一份全年的《中国画报》。因此,

---

① 来炳:《坦桑尼亚斯瓦西里语初探》,《黑龙江史志》2009年第13期。

非洲儿童来信就如雪片一样源源不断。据国际书店负责西亚非洲地区发行的老职工屠琳芳、景连如的资料,西亚、非洲的读者来信数量是全世界来信最多的地区,1972年—1987年的16年间,来信总量为93.59万封,平均每年5万多封,读者来信最多的是1976年,为98687份,平均每天270封,1970年的订户数量最高达到11.6万户。

其中来信最多的就是少年儿童。根据李书文的回忆,当时西亚非洲处最大量的工作就是处理堆积如山的非洲儿童来信。他在1987年的回忆文章中写道:

> 十年前为一位退休同志举行的欢送会上,这位同志不胜感慨地说:"我在国际书店干了20多年,一直跟孩子们打交道(非洲一些国家中小学生来信订购期刊的信函)。办公桌上永远是看不完的一堆堆孩子的来信,一批孩子长大了就不见了,又来一批新的,永远是小学生的水平。"讲话的人不无遗憾之意,流露出对一生工作的价值和意义的怀疑;听的人大多数似有同感,目光中透漏出对自己处理那些成千上万封字迹歪斜难辨,文理不通的小学生信件的怀疑①。

当时,每天从非洲各地寄来的信件都要装满两个大麻袋,而信封里的信永远都是歪歪扭扭的儿童字体,有要寄画报的,有要寄儿童画册的,以至于当时国际书店的工作人员感到这些中国书刊的读者永远都长不大。这从一个侧面反映了中国斯瓦希里文书刊对东非世界的影响。

儿童读物的影响是持久的,往往伴随着这个儿童从幼年到成人的整个历程。李书文在20世纪80年代后期的坦桑尼亚书展上所亲历的一幕验证了中国书刊的传播效果。他在1987年的回忆文章中写道:

> 1982年7月,我曾参加坦桑尼亚达累斯萨拉姆国际贸易博览会,在我图书展台不时遇到一些大人领着孩子来指名买一些当时展台上没有的书,如《小马过河》《狼牙山五壮士》《海娃的故事》。我感到有些奇怪,问他们是怎么知道这些书名的。他们得意地告诉我,他们小时候看过这些书,还读过好多其他中国书和中国画报。他们还提到毛主席、周总理、毛

---

① 何明星:《新中国书刊海外发行传播60年(1949—2009)》,中国书籍出版社2010年版,第292—293页。

中国近现代图书文化的海外传播效果

主席语录来证明对中国的了解,并说中国是坦桑尼亚最好的朋友。听到这些,我心里热乎乎的。当年我们的"小学生"读者今天又成为我们的成人读者了。

在和坦桑尼亚最大的政府报纸《每日新闻》的发行经理卡西卡纳的攀谈中,了解到他原来是我们60年代的"小学生"读者,他在小学校学习时订阅了中国书刊。由此认识了我在坦桑尼亚代理书店经理哈桑先生。中学毕业后到友谊书店当了店员,后来又到《旗帜报》(《每日新闻》的前身)搞发行工作。他对中国书刊有着特殊的感情。现在是他是我在坦桑尼亚最大的同业,每期发行我各种刊物17540份,商业信誉很好①。

由这段记述可知,在60年代纷纷给中国写信,要杂志、要儿童读物的小读者,今天已经成为非洲大陆的中坚力量,他们在任何地方,只要见到中国人,一种从幼年时期建立的亲切感就油然而生,这种对中国文化的熟悉与亲切感,正是通过中国出版的斯瓦希里文儿童读物所建立起来的。这也跨国文化传播效果的最高境界。

2."乌贾马运动"

文化传播的直接动力往往是从最现实的需要出发的,这是使传播者与接受者建立联系,并沿着关注彼此、感兴趣直到接受、再到有行为变化的这样的过程,实现其传播效果。如果中国斯瓦希里文儿童读物是从教育与心灵的塑造方面发挥了久远的影响的话,那么大量的毛泽东著作、政治理论读物在东非的传播则首先是因为东非一些国家争取民族独立和国家建设的迫切需要。

中国斯瓦希里文毛泽东著作以及政治理论读物,出版发行最繁盛的一段时间是"文化大革命"时期。其中单本发行量最大的是1968年出版的毛泽东的《全世界人民团结起来,打败美国侵略者及其一切走狗》,印发了580659册;其余的如《中国社会各阶级的分析》《星星之火,可以燎原》《关心群众生活,注意工作方法》《青年运动的方向》《反对自由主义》等毛泽东著作单行本共87种,平均印发数量均超过5万册。此外还有40多种政治理论文件,如

---

① 何明星:《新中国书刊海外发行传播60年(1949—2009)》,中国书籍出版社2010年版,第292—294页。

《人民战争胜利万岁》（1966年出版，印发51170册，斯瓦希里文）、《列宁主义，还是社会主义——纪念列宁诞生100周年》（1970年出版，印发50010册）、《全党动员，大办农业，为普及大寨县而奋斗》（1976年出版，印发11024册）、《红旗渠》（1975年出版，印发8070册）、《开滦新貌》（1977年出版，印发10024册），等等。

毛泽东著作的斯瓦希里文版在东非的传播，在20世纪六七十年代的中国经常被作为一件具有重大政治意义的事件来宣传报道，笔者收集了《人民日报》关于毛泽东著作在东非国家的传播情况，通过这些略带有夸张性的报道，大体可体会到斯瓦希里文毛泽东著作的传播情况。

1964年3月24日的《人民日报》刊登了一篇题为"桑给巴尔人民争购毛主席著作"的文章，副题为"奔巴岛一青年说桑人民可以从毛主席著作中学到经验与教训，用来解决和克服桑在建设新国家时所遇到的困难和障碍"，报道中提道：在革命之后，这里的人民最需要斯瓦希利文的出版物。上月份早一些时候，第一批500本有斯瓦希利文增刊的中国画报运到人民书店后，立即在四天之内销售一空，需要更大的数量。这位经理还要求中国国际书店把订货增加到每期1500本①。

人民书店属于桑给巴尔执政党所办的书店，是中国国际书店在东非发行中国出版物的同业之一，在当地影响较大。因此，中国出版的《人民日报》给予远在东非桑给巴尔岛的人民书店的活动给予特别报道，并提到了斯瓦希里文版《中国画报》在四天之内销售500本，还要在以后增订到1500本。

另一份当时中国发行量较大的报纸《参考消息》也经常有选择地转载外国报纸的报道，其中就有毛泽东著作传播情况的报道，从一些当时作为反面文章的摘录中可以发现一些传播效果的记载。

1965年2月19日的《参考消息》刊登了一篇题为："法《快报》对非洲革命形势表示不安，惊呼中国革命思想在向非洲'渗透'"的文章，全文如下：

【本刊讯】法国《快报》二月八日以《颠覆：在非洲的中国人》为题发表文章，摘要如下：

---

① 来源：《人民日报》数据库。

中国近现代图书文化的海外传播效果

在一九六四年初,周恩来在非洲的一次旅行之后说:"黑大陆是革命的大好形势。"

一年后不久,人们可以算一下:刚果、安哥拉、莫三鼻给和葡属几内亚燃烧起来了。在尼日尔和喀麦隆有游击队。刚果(布)、桑给巴尔和坦噶尼喀(后两个国家合并成了一个国家:坦桑尼亚)已建立了革命的领导,马里已使它的社会主义强化,苏丹发生了革命,使共产党人执了政。

……

微笑的黄种人,口袋里装着毛泽东著作,旅行袋里装着冲锋枪,信手可以提出办法:这些中国人正在非洲的神话中代替那个口衔屠刀的人。……

真正的威胁,并不是一些中国人到了那里,他们只愿意接待他们的各国政府的谦虚的、审慎的、有能力的技术顾问的作用,而是中国的思想和技术向非洲革命者的渗透。

……

毛泽东的门徒仅仅向一些人提供了一种理想和一种方法……

非洲革命者从北京学到的首先是:中国共产党人胜利实行过的武装斗争更适应于非洲的现实。他们也学到了——在这方面中国人表现出不那么教条——不应该奴仆式地模仿这种作法,而是必须使之适合于原始森林、荆棘丛林、部族社会和精神世界。

……在非洲渗透吗?无疑是的。但是,这并不是口衔屠刀的黄种人在渗透。这是中国革命对贫困这种奴役方式带来的答案在渗透①。

这篇在1966年2月8日登载在法国《快报》上的文章,其出发点是提醒西方世界警惕中国在非洲的日益增大的影响来报道的,但中国《参考消息》的转载,则是告诉当时的国人,毛泽东思想的力量使前殖民者法国人感到恐惧。该篇报道虽然没有具体署名,但从另一面可以作为毛泽东著作在刚果(布)、桑给巴尔和坦噶尼喀等地区传播效果的证据。

确实,新中国取得民族独立的经验确实被非洲许多国家学习借鉴。"向

---

① 来源:《参考消息》数据库(1957—1997)。

中国学习"成为当时第三世界的一股社会思潮。以津巴布韦为例,非洲民族联盟的领导人穆加贝在民族独立过程中,采用毛泽东的游击战争思想,在津巴布韦与坦桑尼亚的密林中经过7年的斗争,终于在1972年控制了罗得西亚2/3的农村,并用"人民大众像水,军队像鱼"等思想处理游击队与当地民众的关系,直至1982年获得独立。毛泽东的名字被一些游击队指战员拿来命名,津巴布韦民族联盟队伍中常常有几个毛泽东、几个周恩来。穆加贝对毛泽东充满敬意,他曾被白人殖民当局关押了10年,在狱中阅读了大量毛主席著作,因为牢房总是转移,他扔下不少物品,但随身却总是带着毛泽东的著作一再阅读。

1964年1月,莫桑比克解放阵线主席爱德华多·蒙德拉纳访问北京,当年中国派出一些军事专家在坦桑尼亚的阵营里,为莫桑比克培训了数万名游击队员。除了培训枪械武器的使用常识、中国的地雷战以及制造地雷的技术之外,毛泽东著作中的关于开展游击战争、赢得农民支持的经验总结,是中国军人对莫桑比克游击队传播最多的战略思想。1975年,莫桑比克独立后,用毛泽东的名字命名一条东西走向的林荫大道,他们以此来感谢中国政府和人民对莫桑比克人民解放事业的巨大支持和贡献①。

中国影响最为深远的,还是那些把中国思想与非洲传统相结合的部分,这就是坦桑尼亚革命党(Chama Cha Mapinduzi)领导人尼雷尔总统推广的"乌贾马运动"。乌贾马的原意是指非洲社会中集体劳动、共同生活的家族关系,尼雷尔总统在此基础上将之进一步发挥成为:没有剥削现象,基本的生产资料为全体成员所有;人人必须参加劳动,接受领导分配;每个成员的权利是平等的,成员之间发扬民主互助精神。每个乌贾马村由村民选举产生管理委员会,但书记、主席由坦桑尼亚联盟任命。国家资助乌贾马村建设学校、医疗站、俱乐部、商店等福利设施。尼雷尔总统希望创造的是"只要他乐意工作,就不必为每天发愁,也不必去积累财富……这是过去的非洲社会主义,也是今天的非洲社会主义"。60年后的今天,冷静地评估尼雷尔总统的乌贾马社会主义运动,与中国的人民公社化运动似曾相识。

---

① 胡锦山:《非洲的中国形象》,人民出版社2010年版,第164—168页。

中国近现代图书文化的海外传播效果

有一个细节足以解释当时普通坦桑尼亚人对中国思想价值观的接受程度。

1966年8月,一封来自坦桑尼亚的检举信,辗转到了毛泽东的手里。坦桑尼亚朋友来信的主要内容是批评中国驻坦桑尼亚大使馆的招待会,搞得太豪华、太奢侈、太浪费。说大使夫人穿戴着昂贵的衣服和首饰,在追求高雅;大使乘坐的是西德奔驰牌轿车,在显示高贵。随信还附来了一张中国驻坦桑尼亚大使夫人身穿高档旗袍,带着一串珍珠项链的照片。毛泽东当夜就看了这两封批评信,还作了一个重要批示:"退陈毅同志,这个批评文件写得好,值得一切驻外机关注意。来一个革命化,否则很危险。可以先从维也纳做起。"毛泽东批示之后,还在他的名下画了一个大红圈,并签上了日期:1966年9月9日。第二天,陈毅接到毛泽东的批示后,立即来外交部召集部党委开会,传达毛泽东的批示精神,并决定将这一批示立即转发到各驻外使领馆,要求他们按照勤俭办外交的方针,在对外活动和礼宾方面进行一些必要的改革。①

在乌贾马社会主义运动的影响下,坦桑尼亚自1967年开始实行以建设集体农庄为中心的国有化和计划经济。坦桑尼亚的大部分人口居住在农村,直到1984年,全坦桑尼亚仍有9230个乌贾马村。乌贾马运动由于脱离国情,造成经济发展严重滞后。从1986年起坦桑尼亚接受国际货币基金组织(IMF)和世界银行的调改方案,连续三次实行"三年经济恢复计划"。直到近几年,坦政府将脱贫作为政府工作重点,推进经济自由化和国有企业私有化进程,坚持适度从紧的财政、货币政策,才使国民经济得到缓慢回升。

值得提出的是,中国在1978年实施改革开放之后,国家走上以经济建设为中心的道路,然而此时却是中国斯瓦希里文出版物的绝对低潮期。到了1980年,仅有《青少年时期的周恩来同志》(定价0.75元,100页)、《宝葫芦的秘密》(张天翼著,吴文渊插图,定价1.5元)、《八百鞭子》(24开连环画,任朴编文,赵洪武绘,定价1.2元)、《哪吒闹海》(电影连环画,定价2.2元)这四种斯瓦希里文出版物出版发行。

从东非一些国家的发展历史看,改革开放后四十多年中国经济建设所取

---

① 《老外的检举信》,《党政论坛》2008年第7期。

得的经验,似乎比中国革命胜利的经验要更有价值,而真正代表中国经济改革、及时反映中国发展与改革经验的出版物,反而没有传播到东非等国家和地区。曾经作为文化传播者主体的中国,没有再尽传播的义务,曾经的接受者也没有再续前缘,这倒是值得另外研究的题目。

(三) 对21世纪中国对外出版有哪些启示?

从《海娃的故事》到"乌贾马运动",毫无疑问,中国十五年间出版发行斯瓦希里文书刊所产生的传播效果是巨大的。20世纪中国留在非洲大地上的"中国映像",是接受者——东非国家,与传播者即20世纪六七十年代的中国所共同构建的。值得21世纪中国借鉴的有如下两点。

一是21世纪中国文化海外传播的路径从哪里开始?20世纪六七十年代的十五年间,中国斯瓦希里文出版物传播效果比之中国同一时期在欧洲、北美、南美的地区取得的效果都大。从传播效果发生的轨迹来看,东非国家当时普遍需要争取民族独立,从这个最为迫切的现实需求出发,才使大量的毛泽东著作、中国政治理论读物发行到东非地区,而并非是传播者——中国自己单方面的主观行为。显而易见的是,以今天苏丹解体、利比亚的政治剧变为代表,因为20世纪的民族独立革命运动没有彻底完成而带来的后患:经济不能独立而丧失了发展的大好时机从而导致各种矛盾加剧,与20世纪六七十年代极为相同的历史一幕又重新上演。中国改革开放40多年的经验对非洲国家具有广泛的影响力,向改革开放的中国学习已经成为一些国家的自觉行为。因此,21世纪中国文化对外传播的路径离不开对于中国经济崛起的解读和分析,而且像当年翻译毛泽东著作一样译成多种语言,利用图书、报纸、期刊、网络以及数字载体等多种喜闻乐见的形式广为传播,恐怕是一种必然选择。

二是中国对外出版的内容设计,为什么不应该忽略儿童读物?中国斯瓦希里文儿童出版物在东非的影响,展现了毛泽东著作以及政治理论读物之外的另一种文化传播图景:从识字开始的教育传播,真正沁入心灵,因此,产生的影响力也最为持久。由此提醒当下的出版界,中国儿童出版物的海外传播,其效果恐怕要远远高于一定历史阶段的思想、价值观的传播,因此,绝不能忽略儿童读物的设计。但遗憾是,中国自2005年开始的中国文化走出去战略实施以来,其中"中国图书对外推广计划""中国文化经典出版工程""中华学术外译"等政府支持的重大项目中,都没有特别提出儿童读物的海外传播部分,这一点应提请相关政府主管部门以及业界充分重视。

(本文原发表在《济南大学学报》(社科版)2012年第5期)

三、《我的前半生》一书对外传播的半个世纪

由爱新觉罗·溥仪署名的自传体文学作品《我的前半生》,自1964年3月由群众出版社出版以来,就成为一个轰动世界的话题,关于本书的书内、书外、幕前幕后,一直是海内外媒体密切关注、唯恐遗漏的热点和卖点。一度纷纷扬扬的版权纠纷,更增加了该书的知名度。《我的前半生》由最初的"悔过书"、控制发行的"灰皮本",再到2009年群众出版社再次推出的没有删节的全本,迄今该书中文版在境内的总印数已超过187万册以上(另一种说法是200万册[①]),并有英、日、德等多种译本行销世界各国和地区,尤其是《我的前半生》英文版迄今仍在亚马逊网站上热销。20世纪80年代,根据此书改编、由意大利著名导演贝尔纳多·贝尔多鲁奇执导的电影《末代皇帝》,一举夺得九项奥斯卡金像奖,由此这位奇人和这部奇书更引起世人的广泛关注。可以说,《我的前半生》已经成为新中国70多年历史上对外传播最成功一部作品。梳理总结该书所以获得巨大成功的原因,对于探讨中国文化走出去的路径,具有深刻的启发意义。

那么,该书在海外的出版传播到底是个什么情形呢?海外读者对于这部作品有怎样的解读和反馈?学界少有此类探讨的文章,即便是涉及到外译的情况,也大多语焉不详,笔者根据自己掌握的有限史料,对《我的前半生》一书在海外的传播情况作一简单梳理,以就教于方家。

---

① 苌苌:《〈我的前半生〉的三个版本》,《中外文摘》2011年第12期。

(一) 海外出版商争先出版

《我的前半生》最初出版时确定的主旨思想,是把末代皇帝溥仪作为新中国改造人的成功案例,写出一个皇帝如何被改造成为一个新人,充分反映党的改造罪犯事业的伟大胜利。本着这样的指导思想,当时作为唯一一家对外翻译发行的专业出版机构——外文出版社,便组织力量翻译这本书。最先出版了英文版,英文书名几经讨论后,最后确定为《从皇帝到公民》,译者詹纳尔(W.J.F.Jenner)精装/平装两种,1964年率先出版了上册,印发15300册;1965年出版了该书的下册,同样首印15300册,精装/平装两种。1965年,出版了德文版,首发4150册。此后外文出版社四次再版该书,最为引人注目的是,2002年外文出版社在1964年版本的基础上,增补了很多内容,后面附有詹纳尔的后记,书名改为《从皇帝到公民——爱新觉罗·溥仪自传》(From Emperor to Citizen:The Autobiography of Aisin-Gioro Pu Yi b)。本文为了行文方便,只用《我的前半生》一书代替。

根据现有史料记载,当时外文出版社除自己翻译之外,还向海外中国同业——即最早经销中国图书的世界各地经销商推荐这部图书,一些经销商了解了这部图书大致内容后,都很感兴趣,纷纷表示要翻译出版。日文版出版面世最早,根据孟向荣先生的研究可知,日文版是与中文版差不多同步,"早在1961年春天,陈毅副总理就曾指示,由外文出版社将《我的前半生》修改后的定稿译出对国外发行。笔者不知英文、德文等版本是何时译成出版的,但日文版产生得较快,它与中文版同步——从1964年3月到1965年12月,在《人民中国》月刊连载了22次"①,连载后由当时中国在日本最大的图书代理商——日本大安株式会社在1964年结集出版发行,日文版出版后赠送国际书店10本,《人民中国》杂志社5本,作为对中方无偿提供日语译文和书中照片的回赠。根据现有史料记载,当时大安株式会社的小林先生来函介绍该书的宣传情况,称计划在日本《赤旗报》《朝日新闻》《每日新闻》《读卖新闻》《共同通信》等报刊上刊登连载和一些书评。该书在日本获得轰动性影响,但销售数

---

① 孟向荣:《〈我的前半生〉出版始末》,《从横》2006年第8期。

字没有查到。《我的前半生》一书，在 1964 年日本一家专门经销出版中国图书的出版机构——中日出版社的书单上有销售记录，该书的人民币价格是 2.15 元，曾经一次性进口 40 本，很快就销售一空，并有 86 元人民币的收入记录。

《我的前半生》法文版由当时中国在欧洲的代销商——法国凤凰书店在 1965 年推荐，法国的 CALMANN-LEVFEDITEUR 来函，希望购买该书的法文版版权。

除英、法、德、日外，《我的前半生》其他小语种文版，则计划由中国资助出版，计划语种有瑞典语，但遗憾的是中途夭折了。事情的经过是 1964 年瑞典的达耐留斯（Danelius Handels & Förlags AB）出版社成为中国图书在北欧的经销商之一，在中国所推荐的翻译书目中，该出版社当时的负责人之一赫尔木先生首先挑选了《小城春秋》《我的前半生》两书。几次洽谈后在 1965 年达成的合作条件是，《小城春秋》一书翻译费需要 3800 克朗，印刷装订 3000 册（2000 册纸面平装、1000 册半布面精装）的费用为 11800 克朗；《我的前半生》的翻译费是 3200 克朗，印刷装订费是 10000 克朗，瑞典文版是从英文版转译。外文局在 1965 年 10 月先期支付了 1000 克朗的前期费用。1967 年"文化大革命"爆发后，出版《我的前半生》瑞典文版这项工作便中途停止了。

根据 wordCat 联机检索，自 1964 年至今，《我的前半生》一书可以查到的文种有四种：英、法、德、日，英文版影响最大。英文版共三个版本：英国牛津大学出版社 1987 年版、美国太平洋大学出版社 2001 年版（夏威夷火奴鲁鲁）、伦敦外文出版社 1964 年版，其余均为北京外文出版社的版本。北京外文出版社的《我的前半生》分别有 1964 年版、1979 年版、1989 年版、2002 年版四个版本。

（二）对外传播最成功的作品

对于跨文化传播而言，一部作品的成功与否，关键是看这部作品的反馈效果是否达到了传播者的预期目标。那么《我的前半生》是否达到了最初确定的目标：一是表明旧制度的腐朽和没落，二是把一个皇帝改造成为一个新人，反映党改造罪犯事业的伟大胜利？

作为面向海外专门出版发行中国外文图书的专业机构——外文局曾于

1966年统计过中国外文图书在美国的反馈情况,在美国读者来信中,反响最正面、积极的就是《我的前半生》这本书。笔者根据相关资料,整理如表1。

表1　1966年美国读者对《我的前半生》一书评价

序号	来信人	时间	评价摘要
1	Kenehel Jaels	1966年3月	印象很好,内容有趣
2	Forest W.Baker	1966年3月	①好,写得很好!原以为会有很多中国政府的宣传和官方的陈词滥调,但却没有发现;②但图书装订太差劲
3	Harry A.Mohler	1966年3月	是一本有趣的书,有更多的历史事实就更好了
4	Anna L Buke	1966年7月	作者表现了前中国旧制度的腐朽性,我喜欢!对于改造寄生虫、说谎者和空洞政治家成功的图书,我都愿意看

在60多年前,一本图书的反馈多是依靠夹在书后面的读者意见表来收集,读者通常要填写意见后再交到邮局,几经周折后出版方才能得到这些来信,因此,这些来信就成为最珍贵的效果评估依据。1966年3月至9月,外文出版社英译室收到美国读者来信共计106封,信中提到《我的前半生》一书的仅有上述4封,占总体比例的3.8%,但全部是正面的、积极的评价,可以说传播效果是比较理想的。除了读者来信的反馈十分珍贵之外,还有一个原因就是在当时中美严重对立的冷战背景下,西方社会对于中国所出版的所有图书期刊,都给打上共产党红色宣传的"烙印",一个普通读者很难有自己的判断。《我的前半生》能够得到积极的评价是十分难得的。遗憾的是,只有美国读者的反馈记录,而法国、德国等欧洲读者的反馈,现在已经无法得到了。

所幸的是,外文出版社在1964年版本的基础上,此后在1979年、1989年分别再版,最有影响的是在2002年1月出版了最新版,补充了内容,增加了译者詹纳尔(W.J.F.Jenner)的后记,全书由1964年的200多页增加到2002年的400多页,在亚马逊网站推出后一直受到热捧。那么,半个世纪后的读者对这本书的评价是怎么样呢?除美国之外的其他地方读者又是怎样看这本书呢?

笔者收集了《我的前半生》一书今天在亚马逊上的读者留言,整理如表2。

表 2　亚马逊网站读者《我的前半生》一书留言统计表①
（2002 年 2 月至 2011 年 8 月）

序号	人名	国别	时间	评价摘要
1	F.Dawg	德国	2002.2.2	一本好书,有点单调,但作者溥仪提供了可靠的历史信息
2	Collins		2002.5.10	我是在中国学习期间,在北京紫禁城买的这本书,虽然翻译的有点生硬,但书中的内容真是让人大开眼界。看过贝纳尔多·贝托鲁奇《末代皇帝》电影的人都熟悉这个故事,但这本自传的内容远比电影要深刻得多……我希望要了解中国历史的人,尤其是在这样一个世纪之交的时代,都能够看看这本书
3	JimO'Grady	美国	2002.5.17	作为一个熟悉溥仪的人,我告诉你他是一个自怜、自私和任性的人。他承认没有任何不法行为,在他 40 年的皇帝生涯中,只有一两行涉及他的妻子——皇后婉容。他喜欢谈是一个英雄,而事实上他毁了他的家庭……
4	Hiromi	英国伦敦	2004.7.7	虽然许多左翼学者和记者认为,由伟大的"思想改造方案"和"慷慨"的中国共产党,溥仪的确是"再教育",极大地从一个傲慢无礼的小暴君在紫禁城相当能干的工人获得共产主义思想,然而,事实上,那根本不是真的……当局显然已经认定溥仪是可以用于宣传目的,早在 1956 年就把他作为介绍给外国人的活广告了……
5	Sadam	立陶宛	2004.8.18	该书的前半部分是有趣的,它让人了解了皇帝的生活,并作为一些重大历史事件的目击者提供了许多历史事实。然而,第二部分的内容,对于生活在苏联的任何一个人,都是心知肚明的
6	Nadia Azumi		2005.11.15	这本书介绍了末代皇帝溥仪的一生。作为一本翻译的书,我认为这本书写得很好,把历史已经发生的事情、正在发生的事情以及发生了什么事情,一直到溥仪的生命终结都写了出来。这本书很容易阅读,它有很多的黑白照片……如果你对中国文化着迷的话,我建议你阅读这本书。我在读高中的女儿,把末代皇帝这本书当作中国指南来用。我希望这个建议对你有用

---

① 根据亚马逊网站读者留言制作,详见 http://www.amazon.com/From-Emperor-Citizen-Autobiography-Aisin-Gioro/dp/7119007726/ref=cm_cr_pr_product_top。

中国近现代图书文化的海外传播效果

205

续表

序号	人名	国别	时间	评价摘要
7	Steve.J	韩国	2006.1.2	这本书充满了悲伤和不可思议的事件……溥仪皇帝,是这本图书的主人公……他作为一个皇帝所享有的特权,有许多太监和仆人为他服务,他可以品尝丰富多彩的食物……但幸福和喜悦并没有持续多久,有一天日本侵略中国,中国沦为可怕的混乱的战争状态……总之,清朝只不过是日本政府一个傀儡,这是令人心碎的情况……中国共产党开始管理国家时,溥仪已经变成一个公民,一个普通人的生活。通过这本书,我了解了很多事情。谁若是想了解中国历史,我推荐他阅读这本书。这本书不是一个末代皇帝的自传,而是一个中国最为混乱、动荡、最为激烈时代的目击者证言。这就是为什么这本书比其他中国现代史书优秀的原因
8	Caphas Lim "Cephas"	新加坡	2007.8.30	我买这本书时,是我在马来西亚度假的时候。我一直对溥仪着迷,他从皇帝的宝座下来,转变成一个普通公民,是一个很棒的故事。我认为他的结局有点颂扬共产党,但总之是一个很客观的评价,书中描写了他的生活、他的怯懦、他的痛苦,你几乎可以感受他的痛苦。我强烈地推荐这本书
9	V.Engle	美国	2007.8.25	这是一本很好的再版重印书……
10	Jillith		2009.5.28	我强烈推荐这本书,它让我看到了作者曾经在紫禁城里的一切生活,尤其是高兴地看到他经过"改造后"的生活道路……
11	Luc REYNAERT	比利时	2009.8.8	这是难得一见的书,它揭示了紫禁城里绝对权力的皇帝与大臣、太监、皇室家族之间的真实生活。皇帝拥有绝对的权利,但他被阴谋包围着,没有什么人可以信赖……当共产党人征服中国大陆,他们没有杀了皇帝,把他试图重塑成一个普通公民,把他变成一个'人'。他写出了一个令人惊讶的溥仪的自传,显示人类深不可测的能量和绝对的权力
12	J		2009.9.13	……本书提供了日本人如何利用溥仪而更好地控制中国的许多信息,溥仪也提到了日本人的很多暴行。但令人惊讶的是,他不断地歌颂共产主义……本书也揭示了溥仪本人的弱点,非常以自我为中心的,傲慢,没有同情心,残酷的夸张等等……他已经成为共产党宣传的典型

中国近现代图书文化的海外传播效果

续表

序号	人名	国别	时间	评价摘要
13	James W.Taylor	美国	2010.7.20	中国的末代皇帝写了一本很好的自传……要想了解清朝晚期的历史以及他个人从皇帝到囚犯的历史,都应该看看这本书
14	Ni Yachen	美国	2011.8.31	这是一个宏大的中国末代皇帝的叙事,很感动人,但也揭示了为什么共产主义在中国崛起的原因。令我着迷的是,溥仪承认个人的错误和缺点,并因此深刻反省自己……

由表2可知,14个留言的读者中美国有四人,德国、英国、立陶宛、新加坡、比利时、韩国各一人,没有留下国别的有四人。从14个读者的留言来看,有三个共同点。

一是本书对于紫禁城里皇帝的生活的揭示给所有读者以深刻的印象,一些细节的描写、介绍是非常成功的,因此,14位读者的感受都很相近,有的读者甚至把这本书当作参观北京故宫的指南来用;

二是本书成功地写出了中国末代皇帝溥仪的一生历程,他本人的忧虑、痛苦和自责等情感,都深深吸引了这些读者;

三是作为中国末代皇帝,以历史亲历者身份介绍了中国最为混乱的20世纪初叶一些重大历史事件,对于海外读者,尤其是西方读者了解中国现代史具有巨大作用。从14位读者的反馈看,《我的前半生》的效果恐怕是胜过许多本历史理论书籍。

2002年至2011年间的14位读者反馈与1966年美国读者反馈相近,而且比之更加详细和深入,基本实现了1964年出版这本书时的基本宗旨。把《我的前半生》一书说成是中国60年来对外传播最为成功的作品之一,是名副其实的。

不同的是,东西方读者对于中国现代史关注的侧重点完全不同。我们看到韩国、新加坡的读者更容易理解本书所要传达的思想感情,尤其是日本利用溥仪控制中国的前因后果都深有同感,而比利时、德国、英国、美国等西方的读者则更加关注新中国成立后,对溥仪经过改造后成为自食其力的公民的过程,尤其是对书中溥仪自我反省的认识多有不解,甚至有读者把这种"反省"与前苏联的高压统治相提并论，并因此怀疑这是中国共产党的"宣传"。

笔者注意到今天四位美国读者与1966年四位美国读者的评价中间，有着十分相近的地方，那就是对于本书所揭示的内容是感兴趣的，但对于是否是中国共产党的"宣传"一直保持着高度敏感，尽管已经有了获得奥斯卡金像奖的《末代皇帝》的电影面世，一些历史背景已经昭然若揭，而警惕"中国宣传"这一观点，21世纪的今天与1966年没有多少改变。这表明中国文化的海外传播被西方社会从冷战时代就形成的"妖魔化"仍然具有巨大的市场，如何破解这个难题已经成为中国对外传播领域必须面对的挑战。

其实，中国有着悠久的自我反思、自我检讨、"吾日三省吾身"的历史文化传统，溥仪作为一个末代皇帝，在书中所写下的自我反思的文字，并非都是来源于强制性的"思想改造"。站在中国文化传统的基点上，新中国把一些战犯进行思想改造，包括把一个皇帝改造成为一个新人，都源于这样一个文化传统，这没有什么可奇怪的。而这种在中国约定俗成的东西，在西方读者的眼里就是难以理解的。可见东西方普通读者之间的思想鸿沟，不仅源于截然不同的政治制度，更多地还源于截然不同的文化背景。由此可知，中华文化海外传播的重任早已超越一些浅层次的政治制度、社会现象的说明和解读，从人文宗教、社会心理以及历史传统方面传播一个悠久的文化中国，已经十分迫切和必须。而这不仅需要一些临时性策略、工程计划，还要有系统、长期性的政策支持体系，这也许是对《我的前半生》一书在海外出版传播60年来效果分析研究最大的启发。

（本文初刊于《出版广角》2012年6期，《中国文化报》2013年3月21日以"末代皇帝自传的域外回声"全文转载）

四、《马燕日记》：一个先苦后甜的出版故事

中国作家莫言获得2012年诺贝尔文学奖后，一位西方读者想买一本莫言的书看，因为不太清楚具体书名，就按照作者名字在亚马逊网站搜索。花

15.99 美元买回来一看,作者却不是莫言,而是中国宁夏一个小姑娘马燕。这也难怪,英语世界里把莫言(Moyan)当成马燕(Mayan)的人一定不少。这个读者没有大发雷霆,读完全书后反而十分高兴,认为自己犯了一个"幸运的错误"!

(一) 奇特的来历

宁夏西海固,1972 年就被联合国粮食开发署认定为不适宜人类生存的地方。这里有一个女孩,用稚嫩的肩头承受着贫困的压力,从小学四年级起就坚持不懈地写日记,将自己对上学的渴望、对辍学的担心都写到日记中,到小学毕业时已经攒了 6 本,其中 3 本还被粗心的父亲卷烟抽了。这个女孩就是马燕。

家里供不起马燕和两个弟弟都上学。她考上初中,妈妈要她退学。为了打动母亲坚硬的心,她把日记和一封"我要上学"的信塞给妈妈,让弟弟读给不识字的妈妈听。当听到"妈妈,如果我上不了学,我的眼泪一辈子都流不干"时,母亲白菊花终于决定借钱让女儿上学。

就在这时,马燕的命运出现了转机。法国《解放报》驻中国记者彼埃尔·阿斯基(中文名韩石)一行来到了小山村。白菊花将女儿的信和日记交到了他们手里,彼埃尔被马燕稚嫩的文字震撼了。2002 年 1 月 14 日,《解放报》以两个整版发表了他撰写的《我要上学》的长篇通讯。

马燕的故事一经刊出,立即引起法国民众的关注。3 天后,曾出版《密特朗夫人回忆录》的法国拉姆赛出版社打来越洋电话,表示愿意出版马燕的日记。

(二) 马燕轰动欧洲

一年后,定价为 20.5 欧元的法文版《马燕日记》在巴黎出版,很快登上法国的畅销书榜第一名,销售超过了 20 万册。

"当我读完马燕的故事后,好几个同学都哭了。一个学生问道:老师,我们应当怎么做来帮助她?"巴黎一位中学老师说。"我觉得她很勇敢,现在很多年轻人没有认识到,他们能去上学有多么幸运"。一位 14 岁的法国中学生说。

随着法文版热销,荷兰文版、西班牙文版、英文版等相继推出。荷兰文版名叫《一个中国女孩的日记》,今天能在荷兰58家各类图书馆中找到这本书,这在国土面积不大的荷兰,传播范围已经十分广泛了。英文版《马燕日记——一个中国女学生的日常生活》,2004出版后2005年再版,好评如潮。

《马燕日记》法文版① 　　　　《马燕日记》美国版

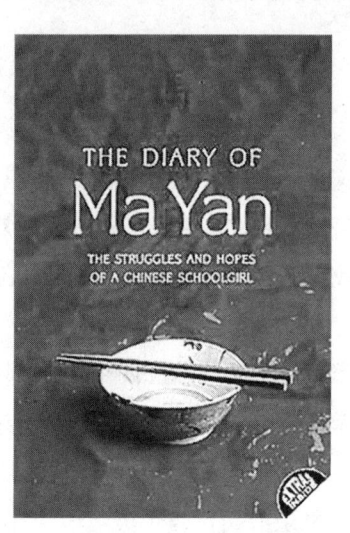

笔者依据世界图书馆联机书目(OCLC)的检索,截至2013年底,《马燕日记》的文种版本已经超过20个,其中影响最广泛的当属美国哈泼柯林斯出版社2005年推出的美国版《马燕日记——一个中国女孩子的挣扎和期望》。据媒体报道,该书在美国销售近100万册。OCLC数据显示,全美2000多家图书馆收藏了《马燕日记》,比例超过了OCLC图书馆总数的10%,而且80%以上是美国初中、高中图书馆。

《马燕日记》连续几年成为西方舆论界持续关注的重大事件。笔者注意到,在一贯以批评和谴责态度对待中国的西方主流媒体笔下,《马燕日记》是少有的获得正面评价的图书之一。西方读者和主流媒体对马燕这个中国女孩子积极向上的精神的阐发,远远超过了对书中中国西北地区贫穷生活的关注。中国传统文化中知识改变命运的信念坚守,对于西方优越物质生活环境中的

---

① 本文图片均来自于亚马逊。——笔者注

中国近现代图书文化的海外传播效果

青少年具有生动的教育价值,因此,主流媒体超乎寻常地鼓励和号召更多的西方青少年读这本书。

2004年3月24日,《纽约时报》刊发了署名埃伦·莱丁的《一个中国女孩日记成为农村脱贫的桥梁》,介绍马燕日记的前因后果,还感谢这本日记的出版帮助马燕一家摆脱了贫穷的生活,还帮助了那么多中国青少年重新回到学校读书。

《马燕日记》中文版

2005年6月12日,《华盛顿邮报》刊发了署名伊丽莎白·沃德的文章,题为《致年轻的读者》,号召读者不要过多责问中国致力于经济发展而忽视了教育的投入、地区发展不平衡导致的贫富巨大差距,不要停留在议论、评价上面,而是期望更多的成人、孩子们阅读这本小书,并有所行动。

(三) 中华文化的世界价值

无疑,这是一个成功感动了西方世界的中国故事。笔者认真梳理了这本书的书评、读后感,发现《马燕日记》获得认可最多的,是书中充盈的积极向上的力量、顽强的奋斗精神,马燕成为西方发达社会那些身处优越教育环境但却沉湎在网络、游戏等青少年励志学习的中国榜样。

名为 Becky 的读者于 2005 年 8 月 8 日在亚马逊网站留言:"这是令人难以置信和令人难忘的一本书……马燕是一个女孩子,她知道接受教育、学习知识是摆脱贫穷生活的唯一出路,因此坚持与各种困难作斗争。马燕最后成功了,她的精神令人鼓舞。"住在美国加州的一位名为 Quazz & Blapp 的读者留言:"这令人揪心的日记,充满了勇气和决心,是所有具有梦想的女孩子都应该阅读的一本书。我们全家都很喜欢这本书,特别是我 12 岁的女儿!"

加拿大佛蒙特的 Dale Blanchard 留言:"我怎么能不喜欢这本书呢?这个 13 岁的女孩让我哭,她是如此坚定、顽强,决心要取得成功……我记不得还有哪本书让我如此感动了。人们能不能在这种贫穷和困苦中坚持下去?马燕的回答是不仅能而且也做到了,而且还让更多的人受益。"

其实,这正是中华文化的世界价值。《马燕日记》所体现出的对于知识、对于教育的渴望,来自于源远流长的中华文化传统,中国自古就有"书中自有黄金屋"的古训,"天行健,君子以自强不息"也已成为每一个华夏儿女的精神基因。《马燕日记》在西方世界十多年热度不减,倒是给国人提供了一个重新认识中华文化世界价值的机会,那就是如何用世界听得懂的语言和传播方式,向世界传播中华文化的精髓,如何从那些浸透在中国人血液中而又习焉不察的东西里发现普遍的世界意义,这恐怕是中国图书出版界迫在眉睫的重任!

(四) 求知改变命运

该书不仅改变了马燕本人的命运,也改变了当地许多女童的命运,甚至改变了当地人一些根深蒂固的观念。

《马燕日记》出版后,马燕的稿酬暂由韩石代为管理,等马燕满 18 岁后再转交给她。韩石每月给马燕寄去 500 元生活费,家中若有其他开支,韩石也会寄钱过来。马燕家里买了彩电和摩托车,马燕说:"我妈妈会笑了!"

彼埃尔·阿斯基利用欧洲寄来的捐款成立了"阿斯基—马燕基金会",马燕也捐出了 2/3 的稿酬,用来资助预旺乡的孩子们。资助的标准是高中每学期 700 元,初中每学期 500 元,小学每学期 200 元,到目前为止,这笔钱已经使 63 个孩子重新回到了校园,其中大部分是女生。

马燕依靠基金会的帮助,如今在法国读大学。马燕的故事也使故乡的家长重新考虑孩子的出路,学校里女生的比例大大增加。去年预旺中学只有137个女生,今年已达到400个。"学校的前五名全是女生。"马燕自豪地说。

(本文原刊发在《人民日报(海外版)》2014年11月7日,最初以"《马燕日记》何以感动西方世界?"发表在《光明日报》2013年10月1日版)

第三篇　中国文学对外传播综述

中国文学对外传播的价值体系

在学术上,亚洲文学有时又被称之为"东方文学",与西方文学相对应。本文所指的亚洲文学,是包含中国大陆在内的东亚、东南亚、南亚和西亚、中亚等广大亚洲、非洲地区,在漫长的政治、经济、文化生活中所产生的各种文学作品、各类文学题材以及丰富多样的文学风格。

文学直接脱胎于文化与文明,因此,亚洲文学具有浓厚的亚洲文明特色,即亚洲文学是亚洲智慧、亚洲价值和亚洲精神的鲜活载体。概括起来,亚洲文学大体有如下三个方面的特征。

一、天人合一的宇宙观

亚洲文明中最为突出的特征就是倡导天人合一的宇宙观。即人与自然、人与社会是统一的,个体的生命历程就是要获得这种统一。中国古代先秦哲学中有"天地与我并生,而万物与我为一"(庄子《齐物论》)的概念,古印度哲学中有"梵我合一"的倡导,阿拉伯文化中则有"亲近真主"之说,虽然所用表述的概念不同,但主旨都是将人视作自然万物的一分子,"顺天以和自然",主张彼此和谐共处、共生。

天人合一的宇宙观在文学中的突出体现,就是亚洲文学特别偏爱大自然的题材,从来没有哪一个文化中的文学像亚洲文学这样有这么多的山水诗、咏物诗。山川草木、花鸟虫鱼、风霜雨雪等自然万物,都是亚洲作家直抒胸襟的对象。从中国2000年前《诗经》中的"荇菜""木瓜""卷耳",唐诗宋词中的风、霜、雨、雪,春、夏、秋、冬,到印度文学作品中"海洋""沙漠""山岭""日月初升"都是诗人吟诵的对象。波斯人珍爱蔷薇,甚至将蔷薇升华为伊斯兰教创始人穆罕默德的汗水凝成,伟大的阿拉伯作家纪伯伦的诗作就直接以《蔷薇园》命名。

在亚洲文学中,大自然不是人类的敌对力量,甚至不是探索研究的对象,而是与之平等对话、精神沟通的媒介。因此,亚洲文学的表现形式多以抒写人类个体精神体验为主,充满了对自然的敬畏之心,在直觉和精神体验中,完成内心的修炼和个体的道德升华。从中国古典文论中"诗言志",到庄子提倡的"静观玄览",再到中国源远流长的"咏志"诗词,都表现了亚洲文学描写主观真实的审美特征。

印度佛教中提倡个体修炼的"顿悟",因此,印度文学中"顿悟"传统在亚洲地区影响深远。佛教传入中国之后,这种精神自省的"悟"也深深影响了中国文学家,中国诗歌史上自成一派的"禅诗",绝大部分描写的就是这种内心修炼的过程。特别是印度文论中所倡导的"韵",对于中国诗歌音韵的发展起到一定的作用。印度古典文论《韵光》中认为,"诗的灵魂是韵",这个"韵"指的就是诗歌字面含义背后的引申意义,这个引申意义就是诗人表现的主旨,这个主旨需要体验而不是解释。

十分遗憾的是,亚洲文学中这种基于天人合一宇宙观,强调人与自然和谐,追求普遍统一,主张彼此共处、共生的文学审美特征,长期被一些西方中心主义者解释为"神秘的""愚昧的",甚至亚洲文学就成为"落后的""野蛮的"代名词。伟大的印度诗人泰戈尔在100多年前就说到"在东方,我们不必追求细节,不必看重细节,因为最重要的东西就是这普遍的灵魂。东方圣人为寻求这一灵魂而静坐沉思,东方艺术则通过艺术与圣人一起实现这一灵魂"[①]。

二、文以载道的文学传统

与天人合一的宇宙观相联系,亚洲文明中将人与自然万物的和谐关系推及人类社会。即维系一个社会共同体的和谐关系为至善,而达到这个至善的

---

① 曹顺庆主编:《东方文论选》,四川人民出版社1996年版,第82页。

路径是个体自身道德养成与社会伦理的遵守。

因此,亚洲文学倡导教化和引导。中国汉代编刻的《毛诗序》就明确提出,诗的作用是"经夫妇、成孝敬、厚人伦、美教化、移风俗","文以载道"成为数千年中国文学史一以贯之的文学传统。印度最早的文论《舞论》就提出"戏剧(泛指各种文学)将导向正法,导向荣誉,导致长寿,有益于人,增长智慧,教训世人"(来源同上),这种文学观念也使印度文学中不仅出现了《摩诃婆罗多》《罗摩衍那》等宣言正法思想的作品,也有《五卷书》《三百咏》等智慧文学、训诫文学作品。在近代,亚洲文学中涌现出大量的现实主义文学作品,如反映中华民族站起来强起来的"抗战文学""革命文学""改革文学"等都是"文以载道"传统的薪火相传。在印度的近代文学中,也出现了用诗歌反对战争、反对侵略和殖民统治的作品。如泰戈尔早在1881年就写过《死亡的贸易》,谴责英国向中国倾销鸦片的罪行。当日本军国主义者侵略中国时,泰戈尔多次发布公开信和诗词,谴责日本的侵略行为。如讽刺日军在佛寺祈祷侵华战争胜利的行为时,写了《敬礼佛陀的人》,揭露日本侵略者的丑恶嘴脸。

阿拉伯文学的诗论强调,"仅有优美的词藻,而没有好的内容,那是有缺陷的,有如一首令人着迷的歌曲,应当是内容好,又词藻优美再配以动听悦耳的曲调"(来源同上)。古代阿拉伯文学中涌现出了很多的"劝世诗",近现代阿拉伯文学中,也出现了大量反映反对西方大国在政治、经济、文化上征服和渗透阿拉伯文化的文学艺术作品。

文以载道的文学传统,是亚洲文学中最为鲜明的一个特色。在漫长的历史发展过程中,尽管文学题材、风格、主题等各个方面都发生了各种各样的变化,但亚洲文学从来没有大规模出现过单纯的"娱乐文学""色情文学"。文学在社会生活中的定位与职责一直处于教化和引导,正是这一点,亚洲文学鲜明地区别于西方文学。

三、多元开放的文学环境

亚洲文学或者说东方文学所处的地理位置,是世界四大文明古国、三大文化中心和五大宗教的摇篮和发源地,也是西方文明的一个重要源头,因此,可以说,多元发展、交流开放是亚洲文明、亚洲文化的一个主要特征。亚洲文学也长期处在这样一个文学环境之中。

众所周知,西亚两河流域是世界文化发展最早的地区,文字、天文、法律、数学、雕刻等都达到了一定的文明水平。在古巴比伦、古苏美尔、古埃及等多种文明的相互交流中,诞生了今天的希伯来文学。在漫长的历史进程中,阿拉伯文化成为东方文化与西方文化交流发展的中介。中华文化通过丝绸之路传播到阿拉伯世界,并经由阿拉伯地区传播到西方世界。印度佛教对于东亚文化圈的文学产生了深刻的影响,例如,梵文传入到中华大地,促进了中国诗歌音律的规范化。

特别是在今天的东南亚国家和地区,同时并存着印度文化、中华文化、伊斯兰文化和西方文化的影响。各种文学流派和文学创作,集中在这一地区多元发展。亚洲地区的人们,既阅读中国古典文学的四大名著,也接受好莱坞电影大片,还能够欣赏具有浓厚印度教特色的戏剧《沙恭达罗》演出。可以说,多元发展、交流开放,是亚洲文学的特征。正因为如此,在亚洲文学中,没有定于一尊的文学流派,也没有因为唯我独尊而导致文学冲突的主张。

总之,亚洲文学是根植于亚洲文明的产物。理解和认识亚洲文学,需要从天人合一的宇宙观、文以载道的文学传统和多元发展、交流开放的文学环境等多个层面去理解阐发和发扬光大。

(本文曾以"让亚洲文学重放光芒"为题发表在2019年5月15日的《人民日报·海外版》上)

中国文学的世界影响力

2012年10月,莫言获得了诺贝尔文学奖,这是一个重要的标志性事件,它代表着近百年来中国文学走向世界的努力告一段落,并开启了一个崭新的时代。在这样一个关键的时刻,有必要对于此前的历程给予回顾和总结,从而增强对下一个高峰攀登的信心和力量。正如李白诗云"却顾所来径,苍苍横翠微"。回首的目光也不必太远,21世纪十年足够,因为2000—2011年间,中国文学界所发生的一切仍然历历在目,因此,这种总结更具有现实性和指导性。

一、影响最大的中文作品

所谓世界影响,一个核心指标就是中国文学在海外的传播情况,而分析这种影响的一个客观依据,就是中国出版的文学图书在全世界图书馆系统的收藏数据。这是一个客观的可以稽核的数据。图书馆的馆藏对于一本图书的文化影响、思想价值的衡量是严格的,也是检验出版机构知名度、知识生产能力等诸项要素最好的一个标尺。世界图书馆界通常采用某一学科划定若干个核心出版社的评价办法来采购图书,这个办法也被中国图书馆界所广泛采用。同时,欧美社会的图书馆系统高度发达,一本中文作品能够进入欧美图书馆系统,就等于进入了西方社会。以美国为例,其公共图书馆、社区图书馆系统遍及全美每个社区,这是美国社会高度发达的一个鲜明特征。有学者统计,截止到2011年在美国122101所各类型图书馆中,公共图书馆达到9221所,约每

18400人就拥有1所图书馆。68%的美国人拥有公共图书馆的读者证,比持Visa卡的人数还多。美国公共图书馆每年接待约15亿人次到馆访问,人均年到馆5.1次,馆藏年总流通量227754.9万册(件),人均年借阅馆藏7.7册(件)(徐大平:"美国公共图书馆发展现状及启示",《图书馆建设》2011年11期)。因此,用中文图书的全球图书馆收藏数据来衡量中国文学的世界影响力,是一个经得起推敲的评估标准。

目前能够提供全球图书馆收藏数据的OCLC(Online Computer Library Center,Inc联机计算机图书馆中心),即联机计算机图书馆中心,属于覆盖范围相对较大的公益性组织之一,总部设在美国的俄亥俄州,成立于1967年。截至2011年底,加盟图书馆数量已达为23815家(公共图书馆5051家、大学图书馆4833家、中小学校图书馆8897家、各类政府图书馆1604家、职业学院和社区学院图书馆1074家、企业图书馆1296家、协会机构图书馆661家,其他图书馆297家),涉及全世界112个国家和地区,470多种语言。从图书馆国家分布来看,OCLC的数据还不能做到100%全部覆盖,但可以基本衡量出中国文学在当今世界的影响范围。

本文数据检索的设定标准如下。

1. 截至2011年底,WORLDCAT(OCLC公司的在线编目联合目录)的书目数据来源为全世界23815家图书馆,按照千分之一稍强(大约为1.25‰)的比例,设定全球图书馆30家为中国出版社排名依据。即凡是一个中国出版社所出版的中文文学图书,图书馆收藏数量超过了30家(含30家)以上的,即进入排名,以进入品种的多少排名。图书品种不足30家的出版社则不在此列。

2. 中国文学图书的出版时间设定在2000年至2011年间,这样一个时间跨度更具有现实性。

3. 本文分析的是中国大陆出版的中文版文学图书,中国出版社出版的外文版、非中国大陆出版的外文版文学图书研究拟单独行文。这样区别的意义在于,能够更好地厘清中国文学在世界影响中的出版社因素,同时还能够发现中文与其他语言在世界文坛上的排名。

依据上述检索标准,本文检索出中国文学图书被世界30家以上图书馆收藏的总品种为419种,限于篇幅,本文只给出前30名,形成表1。

表1 世界图书馆收藏中国文学图书数量TOP30

排名	书名	作者	出版社	出版时间	收藏图书馆数量
1	狼图腾	姜戎	长江文艺出版社	2004年	150
2	兄弟	余华	上海文艺出版社	2005/2006年	143
3	秦腔	贾平凹	作家出版社	2005年	129
4	高兴	贾平凹	作家出版社	2007年	120
5	中国式离婚	王海鸰	北京出版社	2004年	119
6	藏獒	杨志军	人民文学出版社	2005年	116
7	鲁迅小说选	鲁迅 杨宪益选编	外文出版社	2000年	114
8	山楂树之恋	艾米	江苏文艺出版社	2007年	112
9	借我一生：记忆文学	余秋雨	作家出版社	2004年	108
10	1988：我想和这个世界谈谈	韩寒	国际文化出版公司	2010年	106
11	小姨多鹤	严歌苓	作家出版社	2008年	102
12	遍地枭雄	王安忆	文汇出版社、上海文艺出版社	2005年	100
13	雷雨	曹禺 王佐良选编	外文出版社	2001年	98
13	笨花	铁凝	人民文学出版社	2006年	98
14	三国演义	罗贯中	湖南人民出版社、外文出版社	2000年	97
15	和我们的女儿谈话	王朔	人民文学出版社	2008年	96
15	莲花	安妮宝贝	作家出版社	2006年	96
16	启蒙时代	王安忆	人民文学出版社	2007年	94
16	如焉	胡发云	中国国际广播电视出版社	2006年	94
17	空山：机村传说	阿来	人民文学出版社	2005年	92
18	我叫刘跃进	刘震云	长江文艺出版社	2007年	91
19	蛙	莫言	上海文艺出版社	2009年	89
20	刺猬歌	张炜	人民文学出版社	2007年	87
20	金婚	王宛平	作家出版社	2007年	87

续表

排名	书名	作者	出版社	出版时间	收藏图书馆数量
21	憩园	巴金	外文出版社	2001年	86
	手机	刘震云	长江文艺出版社	2003年	86
22	新闻界	朱华祥	中国广播电视出版社	2006年	85
23	乐府	杨宪益选编	外文出版社	2001年	81
24	林家铺子·春蚕	茅盾 杨宪益	外文出版社	2001年	80
	茶馆	老舍 霍华	外文出版社	2001年	80
	楚辞选	屈原、杨宪益	外文出版社	2001年	80
25	伊人，伊人	梁晓声	湖南文艺出版社	2006年	77
	大浴女	铁凝	春风文艺出版社	2000年	77
26	女神	郭沫若	外文出版社	2001年	76
	一句顶一万句	刘震云	长江文艺出版社	2009年	76
27	宋明平话选	冯梦龙 凌濛初 杨宪益选编	外文出版社	2001年	75
	深牢大狱	海岩	作家出版社	2003年	75
	舞者(冰卷)	海岩	作家出版社	2007年	75
28	誓鸟	张悦然	光明日报出版社	2006年	74
29	病相报告	贾平凹	上海文艺出版社	2002年	73
30	诗经	野莽、杨宪益、戴乃迭选编	外文出版社	2001年	71
	杜拉拉3:我在这战斗的一年里	李可	江苏文艺出版社	2010年	71

表1列出的中文图书总共有42种，可以说是2000年至2011年的12年间，在世界上传播范围最广的中文作品，收藏图书馆数量最多的是151家，最少的是71家，这42种图书可以说是中国文学在世界文坛上基本面貌的缩影。在作品年代上，既有《三国演义》《楚辞》《宋明平话选》《诗经》等中国古代文学经典，也有中国现代文学名著《鲁迅小说选》、曹禺的《雷雨》、茅盾的《林家

铺子·春蚕》,老舍的《茶馆》,还有 80 后作家韩寒的"公路小说"《1988:我想和这个世界谈谈》和张悦然的魔幻小说《誓鸟》。在上榜的作家名单里,既有余华、贾平凹、余秋雨、严歌苓、王安忆、铁凝、王朔、阿来、刘震云、莫言、张炜、梁晓声、海岩、杨志军等在 20 世纪 80 年代以来成名的专职作家,也有姜戎、李可等以前并不出名,而是新近十年间才成名的兼职作家,还有韩寒、张悦然等新生代的 80 后。按照上榜文学作品的年代划分,具体如图 1。

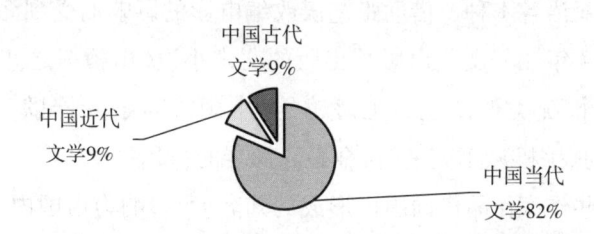

图 1 近十年世界影响最大的中国文学作品年代示意图

图 1 显示了中国古代文学、中国现代文学作品的比例分别为 9%,合计为 18%,而中国当代文学则为 82%,占据了绝对的份额。对于上述中国文学作品获得世界影响的途径解读,大体可以有如下三个方面。

第一,中国文学经典作品在对外传播历程中积累的海外知名度。本文设定的时间段是 2000 年至 2011 年的 12 年间中国出版的文学作品,但同样有 18% 的比例为中国古代、现代文学经典内容上榜,这表明中国古代、现代文学经典在长期的对外传播过程中积累起了一定的知名度,在 21 世纪的世界文坛依然占据着一定位置。《三国演义》《楚辞》《诗经》等作为中国古代文学代表,早在 400 年前就开始通过各种渠道不断地向海外传播,而鲁迅、曹禺、巴金、茅盾等现代文学名家的作品,曾经是新中国成立后至 1979 年 30 年间对外传播的主要内容之一,这些作品有外文出版社出版的英、法、德文版,其中英译者就是杨宪益、王佐良等著名翻译家,而且还在国家财力极为有限的情况下,由国家资助个别海外出版机构翻译出版了一些非通用语版,如瑞典文版、希腊文版、西班牙文版、阿拉伯文版等。因此,在半个多世纪的对外传播过程中,这些古代、现代文学作品在世界上逐步积累了广泛的知名度,相应这些作品的中文版本也逐步获得了海外图书馆系统的认可。

第二，借助影视媒介的影响而获得了海外知名度。余华的《兄弟》之所以得到143家世界图书馆的青睐，除了作品本身的高质量外，一个主要因素是余华的作品，如《活着》借助导演张艺谋改编成为电影获得第47届法国戛纳国际电影节评委会大奖等多个国际奖项，作者海外知名度因此大增。根据北京师范大学的刘江凯博士的统计，余华的一些作品翻译成法语出版的有15种，韩语9种，越南语6种，英语5种，瑞典语2种，捷克语、德语、希伯来语、西班牙语、塞尔维亚语各1种。借助张艺谋改编电影的影响而受到海外图书馆青睐的还有2007年江苏文艺出版社出版的艾米小说《山楂树之恋》，馆藏达到112家。与此情况类似的还有王海鸰的《中国式离婚》、严歌苓的《小姨多鹤》、刘震云的《手机》、王宛平的《金婚》、海岩的《舞者》等。

第三，一些作家作品借助国内形成的知名度，影响力由国内传递到海外，带动了世界文坛的认可。进入表中的作家名单有贾平凹、余秋雨、王安忆、铁凝、王朔、阿来、刘震云、莫言、张炜、梁晓声、海岩、杨志军等著名作家，这些都是在国内文坛成名很早的作家。以贾平凹、王安忆、铁凝为例，作家出版社2005年、2007年出版的贾平凹的《秦腔》《高兴》，收藏图书馆数量分别是129家、120家，上海文艺出版社、文汇出版社2005年联合出版的王安忆的《遍地枭雄》收藏图书馆为100家，人民文学出版社2006年出版的铁凝的《笨花》收藏图书馆达到98家。这些图书馆数据与贾平凹、王安忆、铁凝获得过茅盾文学奖等多种奖项高度相关。贾平凹、王安忆、铁凝三位作家的作品均有大量海外译本，据不完全统计，贾平凹的作品法语译本有7种、英语译本5种、日语译本1种、韩语1种；王安忆有法语译本7种、英语译本5种、越南语译本2种、德语译本和韩语译本各1种；铁凝有法语译本5种、越南语译本4种、英语译本3种、韩语译本2种。这些海外译本证明了三位作家在世界文坛上的知名度。

还有一些作者此前默默无闻，但因为作品在国内突然畅销而带动了海外的市场，由此进入了世界图书馆的收藏系统。其中最为典型的有两部，一部是长江文艺出版社推出的《狼图腾》。作者姜戎是文坛上的一名新手，但该书在2004年出版后大获成功，连续6年蝉联文学图书畅销榜的前十名，在中国大陆发行300余万册，获得各种奖项几十余种，并作为向国外推荐的重点图书，有30多种语言的译本,在全球110个国家和地区发行。该书中文版因此被世界151家图书馆重点收藏。另外一部是李可的《杜拉拉升职记》。李可原本不是专职作家,但自2007年9月出版《杜拉拉升职记》后,由于题材内容与时代社会热点、目标人群的高度契合,在国内上市后即获成功,截至2010年《杜拉拉升职记》一、二、三部总共发行400余万册。而根据该小说改编、由徐静蕾执导的同名电影和陈铭章执导的32集白领职场励志剧《杜拉拉升职记》,均在2010年同期首映,国内市场形成了持久的"杜拉拉"热。国内的热度迅速传递到海外市场,导致江苏文艺出版社2010年推出的《杜拉拉3:我在这战斗的一年里》,收藏图书馆数量达到71家,而此前的一、二部却没有上榜,这是十分典型的国内市场热度向国外的传递现象。

中国文学在国内的影响向世界文坛传递的现象,特别值得深入研究。它意味着中国当代文学已经成为世界文坛的一个重要组成部分,随着中国经济实力的增强,由此带动包含中国文学在内的中华文化在世界上的影响力日益增大,初步具备了一些影响世界文坛的能力,与20世纪中国文学在世界文坛上的地位截然不同。《狼图腾》与《杜拉拉3:我在这战斗的一年里》这两部作品都属于近十年间先是在国内成名而后走向世界的作品,这两个案例更进一步验证了这个结论。

二、中国文学的传播范围

衡量一部文学作品的世界影响,还有一个最为重要的因素就是这部文学作品的传播范围。WORLDCAT的书目数据给出了收藏中国文学作品的图书馆国家分布情况,依据数据就可以大致勾画出中国文学作品的传播范围。本着这样的思路,本文梳理海外收藏图书馆数量最多的《狼图腾》一书的国家分布状况,这样就可以大体清楚中国文学在世界上的传播范围了。

图2数据显示了《狼图腾》一书收藏图书馆的国家分布,美国最多,达到116家,其次是澳大利亚12家,加拿大10家,新西兰5家,英国和中国香港均为2家,以色列1家。美国是中国图书的最大买家这个结论,在这里再次得到

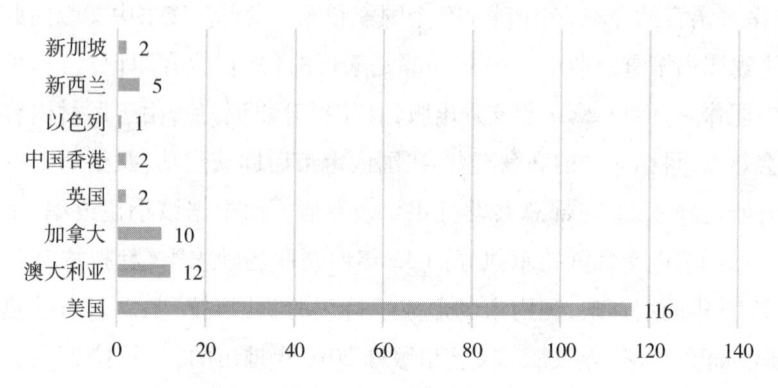

```
新加坡  ▍2
新西兰  ▍5
以色列  ▍1
中国香港 ▍2
英国    ▍2
加拿大  ▍10
澳大利亚 ▍12
美国    ████████████████████ 116
     0   20   40   60   80  100  120  140
```

图 2　《狼图腾》中文版海外馆藏图书馆国家分布

2011 年 12 月检索,图中数字为图书馆家数。

了证实。这里有三个层面的内涵值得探讨。

一是中国文学图书的市场重心问题。就《狼图腾》一书中文版的图书馆国别分布来看,中国文学图书最大的市场就是美国,欧洲国家的图书馆数量大大少于北美国家,英国仅有 2 家,尚不足美国加利福尼亚州 29 家图书馆的十分之一,而作为翻译出版《狼图腾》外文版的法国、德国等欧洲国家,竟然没有一家图书馆收藏该书中文版。当然不可能贸然做出这种判断,因为 OCLC 联盟图书馆的覆盖范围还有很大局限,但这个数据似乎说明了欧洲图书市场在全世界图书市场格局中所占的份额。在中国人的心目中,似乎欧洲国家与美国具有同等重要的地位,但从对于中国图书的关注程度和购买实力来看,其实相差很大。

二是中国文学在收藏量最大的美国社会的传播范围、影响深度问题。美国有 116 家图书馆收藏了这本图书,分布在美国 29 个州,其中加利福尼亚州最多,为 29 家,其次是纽约州 13 家,马萨诸塞州以 8 家位列第三。

这些图书馆可以分为大学图书馆和公共图书馆两个层次,代表着不同的传播人群和传播范围。第一类是 43 家大学图书馆,如斯坦福大学图书馆、哈佛燕京图书馆,美国麻省理工学院图书馆,美国克莱蒙特学院等。这些图书馆有私立大学,也有公立大学,还有社区学院,总之这些都是长期购买中国中文图书的大学图书馆,其主要目的是用于学术研究。这就是国内学界所说的,中文图书长期处在边缘化、小众化地位的真正含义。

第二类,即公共图书馆总数达到73家,远远超过了大学图书馆,这是一个值得惊喜的变化,标志着传统中文图书长期处在边缘化、小众化地位开始发生转变。收藏《狼图腾》中文版的这些公共图书馆,在全美29个州都有分布,每个州至少一家,比如,在加利福尼亚州有美国弗雷斯诺郡图书馆(fresno cnty free libr)等17家社区图书馆,在密歇根州有美国安阿伯社区图书馆(ann arbor dist libr)等4家,在纽约州有美国纽约公共图书馆(new york pub libr)等7家。特别值得提出的是73家公共图书馆的名单上还有中学图书馆,如在纽约州有美国福明顿高中图书馆(fort hamilton high sch libr)。

前文说过,美国的公共图书馆、社区图书馆遍及全美每个社区,星罗棋布,高度发达的社区图书馆是美国社会的一个鲜明特征,《狼图腾》这本中文作品,能够进入美国公共图书馆系统,标志着中国文学作品开始彻底摆脱小众化地位,从传统的大学、研究机构开始大步深入到美国的主流社会中间,能够与普通美国人贴身接触。这是21世纪十年间中国当代文学在美国传播范围、传播层次发生的革命性的变化,其意义不可小觑。

三是中文作品的海外推广问题。根据笔者长期对于海外图书馆的数据监测,可知《狼图腾》一书应该是公共图书馆数量超过大学图书馆数量的第一本中文作品,这与长江文艺出版社借助法兰克福书展、伦敦书展、北京BIBF等国际推广平台不遗余力地推广高度相关。而其他大量中国当代作家的作品与《狼图腾》相比不相上下,有的甚至高于《狼图腾》的作品水准,却没有获得如此大的世界影响。面向世界推广中文图书,据笔者所知,除一些长期从事对外出版业务的出版社之外,中国出版社还普遍缺乏针对性的海外推广意识,中文图书长期以来缺乏海外宣传推广,甚至可以说根本没有什么海外推广活动,这也是大量高质量中文图书难以进入全球图书馆系统的根本原因。强化中国出版在选题、营销以及推广的世界意识,一直是笔者积极主张的观点。通过本文对于2000年至2011年近十二年间中国文学图书的数据来看,世界上还存在着一个如此巨大的全球图书馆网络,通过这些图书馆的再次传播,覆盖全世界的人群数量不可低估。面向那些设施优良并坐落在西方社会社区内的图书馆开展一些针对性的营销推广活动,与海外读者密切接触,这不仅是扩大中文图书市场的一个有效途径,也是增强中华文化世界影响力的一个针对性举措。

因此，面向海外人群大力推广中文图书的阅读活动，应该值得充分重视。

三、英文译作传播范围最广

梳理中国文学的世界影响，除了关注中文作品的海外影响之外，还有一个重要的维度就是对于中国当代文学各种外译本的研究。国内学界习惯于将外文版本、翻译语种数量作为一个指标（高方、许钧："现状、问题与建议——关于中国文学走出去的思考"，《中国翻译》2010年6期，5—9页），这显然是不够的，必须关注中国文学外译本的传播范围，而这个传播范围才是中国文学世界影响力的一个关键指标。本文设定外译作品影响力排名的理论依据。

1. 一个国家的图书馆收藏某种中国文学作品的外译本的数量，代表了这种图书在这个国家的知名度的大小，这种知名度包含了作品的思想价值、创作水平以及出版机构品牌影响、语种使用范围等各种因素，尤其是对于出版机构的评估，世界图书馆系统往往在某一些学科、领域划定几个核心出版社作为图书采购收藏的依据。因此，本文依然依据WORLDCAT书目数据库，把收藏图书馆数量作为2000年至2012年十三年间中国文学世界影响力的主要指标。从覆盖国家、地区数量上看，WORLDCAT是目前世界上相对广泛的一个书目系统（OCLC：Online Computer Library Center, Inc 联机计算机图书馆中心）；

2. 由于是对中国文学外译本的研究，因此，可以排除中文在世界文化格局中所处地位较为边缘的语言因素，将中国文学放在整个世界文学的格局里来考察，所以把收藏中国文学各种外译本的图书馆数量设定为200家，即按照2011年底WORLDCAT的书目数据来源为全世界23815家图书馆的标准，采取百分之十稍弱的比例，设定全球图书馆200家为中国文学外文版图书的排名依据。即凡是一个中国作家的作品外文版，收藏图书馆数量超过了200家（含200家）以上的，即进入排名，品种不足200家的则不在此列。这样的比例能够看得出中国文学体裁在世界上的真正影响力。

3. 本文的检索时间为2012年11月15日至12月5日。检索排名如表2。

表2　21世纪十三年间中国当代文学外译作品世界收藏图书馆数量排名

序号	作品名称	作者	出版社	译者	出版时间	图书馆数量
1	狼图腾	姜戎	纽约:企鹅出版社	葛浩文	2008年	940
2	十个词汇里的中国	余华	纽约:万神殿图书公司	白亚仁	2011年	850
3	兄弟	余华		周成荫、罗鹏	2009年	836
4	尘埃落定	阿来	波士顿:霍顿米夫林出版社	葛浩文、林丽君	2002年	824
5	活着	余华	纽约:锚点图书公司	白睿文	2003年	679
6	长恨歌	王安忆	纽约:哥伦比亚大学出版社	白睿文、陈毓贤	2008年	675
7	生死疲劳	莫言	纽约:拱廊出版社	葛浩文	2008年	644
8	青衣	毕飞宇	波士顿:霍顿·米夫林·哈克特出版社	葛浩文、林丽君	2010年	630
9	恋人版中英词典	郭小橹	纽约:南·A·塔利斯出版社		2007年	614
10	丁庄梦	阎连科	纽约:格罗夫出版社	辛迪·卡特	2009、2011年	613
11	贪婪青春的20个片断	郭小橹	纽约:南·A·塔利斯出版社		2008年	592
12	我的帝王生涯	苏童	纽约:远东图书公司	葛浩文	2005年	565
13	苍河白日梦	刘恒	纽约:格罗夫出版社	葛浩文	2001年	505
14	英格力士	王刚	纽约:维京图书出版社	Martin Merz、Jane Weizhen Pan	2009年	489
15	丰乳肥臀	莫言	纽约:拱廊出版社	葛浩文	2004年	487
16	马桥词典	韩少功	纽约:哥伦比亚大学出版社	蓝诗玲	2003、2005年	482
17	三姐妹	毕飞宇	波士顿:霍顿米夫林·哈科特出版社	葛浩文、林丽君	2010年	471
18	上海宝贝	周卫慧	纽约:袖珍图书出版公司	徐穆实	2001年	450
19	1937年的爱情	叶兆言	纽约:哥伦比亚大学出版社	白睿文	2002年	426

续表

序号	作品名称	作者	出版社	译者	出版时间	图书馆数量
20	为人民服务	阎连科	纽约:黑猫图书公司	蓝诗玲	2007年	423
21	酒国	莫言	纽约:拱廊出版社	葛浩文	2000年	406
22	爱的艺术	虹影	伦敦:玛丽恩家族图书公司	赵义恒、哈曼·奈克	2002年	386
23	师傅越来越幽默	莫言	纽约:拱廊出版社	葛浩文	2001年	380
24	黄泥街	残雪	纽黑文:耶鲁大学出版社	凯伦·格南特、陈泽平	2009年	372
25	寒夜	李乔	纽约:哥伦比亚大学出版社		2001年	363
26	在细雨中呼喊	余华	纽约:锚点图书公司	Allan Hepburn、Barr	2007年	352
27	私人生活	陈染	纽约:哥伦比亚大学出版社	Howard Gibbon、John	2004年	350
28	大浴女	铁凝	纽约:斯克里布纳出版社	张洪凌、杰生·索摩	2012年	349
29	许三观卖血记	余华	纽约:万神殿图书公司	安德鲁·琼斯	2003年	332
30	惊恐与聋子:两篇现代讽刺	梁晓声	火奴鲁鲁:夏威夷大学出版社	陈汉明、詹姆斯·贝尔彻	2001年	303
31	河岸	苏童	纽约:远望出版社	葛浩文	2010、2011年	298
32	古船	张炜	纽约:哈伯柯林斯出版社	葛浩文	2008年	260
33	碧奴	苏童	爱丁堡:纽约卡农盖特出版社	葛浩文	2007年	250
34	受活	阎连科	纽约:格罗夫出版社	罗鹏	2012年	250
35	恋人版中英词典	郭小橹	伦敦:查托和温达斯出版社		2007年	248
36	苹果的味道	黄春明	纽约:哥伦比亚大学出版社	葛浩文	2001年	241
37	贪婪青春的20个片段	郭小橹	伦敦:查托和温达斯出版社		2008年	239

续表

序号	作品名称	作者	出版社	译者	出版时间	图书馆数量
38	这一代：中国最受欢迎的文学明星和赛车手杂文集	韩寒	纽约：西蒙和舒尔特出版公司	Barr、Allan Hepburn	2010、2012年	235
39	千万别把我当人	王朔	纽约：远东图书公司	葛浩文	2000年	231
40	恋人版中英词典	郭小橹	底特律：惠勒出版社		2007、2008年	231
41	空中的蓝光及其他小说	残雪	纽约：新趋势出版社	凯伦·格南特、陈泽平	2006年	222
42	上海王	虹影	伦敦：纽约玛丽恩家族图书公司	刘虹	2008年	220
43	变	莫言	伦敦：纽约海鸥出版社	葛浩文	2001年	202
44	她眼中的UFO	郭小橹	伦敦：查托和温达斯出版社		2009年	201

列入表2中的是出版时间在2000年至2012年之间，达到200家以上收藏图书馆数量的中国文学作品英译本排名，总共有44种。即这44种是21世纪十三年间传播范围最广的中国文学译作。可以确定的是，这个排名肯定还有遗漏，但大体可以看得出21世纪十三年间中国文学获得世界影响的几个因素。

第一，是中国文学在世界图书市场上竞争力开始崭露头角。与中国文学中文版的排名一样，排在榜单第一位的依然是《狼图腾》。中文版全球收藏的图书馆数量是150家，而英文版则达到940家，是中文的6倍多，这个数字体现了中文与英文在世界文化格局中的差距。但不管怎样，《狼图腾》这本作品可以说是迄今为止在世界上影响最大的中国文学作品。英文版的收藏数字，超过了所有中国文学作品的外译本。以中国经典文学名著《红楼梦》外译本为例，有杨宪益和戴乃选的翻译本，在1980年由北京外文出版社出版，全世界收藏图书馆数量为459家；英国著名汉学家大卫·霍克斯（David Hawkes）译本，由英国企鹅出版集团在1973年至1986年用14年的时间出版完四卷本，其收藏图书馆数量为616家，都没有超过《狼图腾》的数量。

　　进入21世纪以来，随着中国经济的崛起，西方政界、学界以及舆论界，解读"中国崛起"的图书、电视、网络专栏铺天盖地，凡是和中国相关的图书就能够畅销，与中国相关的电视专栏就有收视率，关于中国崛起的解读已经成为一场"文化盛宴"，从大众文学较为容易接受的文学角度理解中国社会，早已经成为世界文坛上一个具有巨大市场潜力的文学主题。这里有一个数字可以对比。企鹅集团在《狼图腾》之后，2011年又推出了美籍华裔学者蔡美儿撰写的《虎妈战歌》，在全世界图书馆收藏的数字为2080家，是《狼图腾》的2.2倍多，当然两者不能简单相比。因为一个是纯文学的作品，一个是涉及更为广泛的家庭教育题材，但都是中国题材，都是企鹅出版集团一家来操盘，都是面向英语世界的读者，两本书的图书馆收藏数字有如此之大的差别，只能说明中国主题的图书在世界市场上所存在的巨大潜力仅仅是冰山一角。事实上也确实如此。《虎妈战歌》在全世界掀起了一场关于中美教育的世界性大辩论，在东西方网络留言、视频点击留言的人群数量数以亿计，这些都是中国题材巨大市场潜力的证明。

　　从出版社层面上看，44种中国文学的外译作品，共有24家出版社，其中出版最多的是位于纽约的美国哥伦比亚大学出版社（New York：Columbia University Press），有5种，其次美国拱廊出版社（New York：Arcade Pub）为4种，位于纽约的万神殿图书公司（New York：Pantheon Books）、波士顿的霍顿米·夫林·哈科特出版社（Boston：Houghton Mifflin Harcourt）、纽约的锚点图书公司（New York：Anchor Books）、纽约的格罗夫出版社（New York：Grove Press）、英国查托和温达斯图书公司（London：Chatto & Windus）分别是3种。这24家出版社中，除企鹅集团的两家出版社之外，还有万神殿图书公司属于美国兰登集团旗下的出版机构，其余大部分属于大学出版社和独立出版社。著名出版集团的营销渠道、市场推广网络、媒体宣传是中小出版机构所不能比拟的。以哥伦比亚大学出版社为例，按照著名翻译家葛浩文的话说，每年中国文学作品的译本在全美国销售的册数，基本保持在300种左右，但贵在坚持，保持学术品位，不断翻译出版，而企鹅集团的销售量却可以达到每年2万册以上（季进:"我译故我在——葛浩文访谈录",《当代作家评论》2009年11月25日)。从出版机构上看,中国文学的翻译与传播基本还是以保持学术性、研究性的大学出版社和独立的中小出版机构为主,由世界著名出版机构操盘的中国文学作品还不多。而且44种中国文学图书的翻译出版机构中没有一家中国出版机构,这种局面亟须彻底改变。

第二,是影视因素依然是中国文学获得世界影响的一个主要途径。从上榜的作家来看,共有24位中国作家上榜。作品最多的是郭小橹,有6部,其次是莫言、余华,分别有5部,再次是阎连科和苏童,分别有3部。这个数字比较耐人寻味。郭小橹是中国当代作家中的70后,国内知名度远不能与榜单上的其他中国作家相比。但这位1973年生于温岭石塘的北京电影学院硕士,2002年赴英国,号称"左手影像右手小说",兼具小说家、评论家、编剧、导演数种身份,曾出版许多长篇小说,如《芬芳的三十七度二》《我心中的石头镇》等。2007年,用英文创作出版的小说《恋人版中英词典》(A Concise Chinese-English Dictionary For Lovers),讲恋爱故事,阐述语言隔阂和文化冲突,凭借这部小说进入英国著名文学奖橙子文学奖最终入围名单,由此获得英语世界的文学声誉。这部浅显易懂的作品居然有美国南 A 塔利斯图书公司版、英国查托和温达斯图书版和美国底特律惠勒出版公司的三个版本上榜,分别位列第9、第35、第40位;另外一本《贪婪青春的20个片断》(Twenty fragments of a ravenous youth)也有美国纽约的南 A 塔利斯图书公司版、英国查托和温达斯图书公司两个版本上榜,分别位列第11、第37位。郭小橹一个人竟然占到整个中国当代作家外译作品上榜总量的14%,而如果按照国内中国当代文学家的影响力排名,郭小橹无论如何也不可能占据第一位的。可见,中国文学在世界上的影响力地图与国内学界的想象是完全不同的。

郭小橹在英语世界里的知名度,一个不可忽视的原因是来自于她的电影与纪录片的创作。由郭小橹任编剧、导演、主演及制片的第一部长片《你的鱼今天怎么样》(How Is Your Fish Today?)夺得2006年鹿特丹影展亚洲影评人奖,2007年又获得巴黎克雷泰伊国际妇女电影节大陪审团奖。2009年,郭小橹执导、黄璐主演的电影《中国姑娘(She, a Chinese)》获得瑞士洛迦诺电影节的最高荣誉最佳影片金豹奖。由影视作品带来的聚光灯效应,再次从郭小橹身上得到体现,与莫言、余华、苏童等中国当代作家第一次获得世界文坛的关注十分相似。通过影像带动使图书获得更多读者的青睐和关注,已经成为中国文学获得世界影响的手段。

第三,是上榜所有语种都是英文版,凸显了英语在世界文化格局中的强势地位。根据中国作协理论部李朝全主任的统计,中国当代文学的外译语种多达25种,但仅有英语上榜,中国文学进入全世界200家以上图书馆的上榜名单,无一例外全部是英译本,再次证明了英语的强势地位。

其中特别值得研究的是,在上榜的中国作家名单中,有许多作家的第一个外译本并非是英语,而往往是由法译本开始。根据刘江凯博士的研究(刘江凯:"本土性、民族性的世界写作——莫言的海外传播与接受",《当代作家评论》2011年4期),莫言最早的外文译本是1990年出版的《红高粱家族》法译版,三年后才由企鹅集团所属的维京出版社出版英译本。苏童获得海外知名度的第一个译本也是法译本,他的《妻妾成群》最早译本是1992年由法国Flammarion出版,此后多次再版,值到1993年才由美国纽约的William Morrow出版英译本。铁凝、毕飞宇获得海外的知名度路径也是如此。法译本甚至充当了中国文学走向世界文坛的第一个台阶。

从历史上看,法国、德国、意大利等欧洲国家自明末清初就开始与中国进行文化交流,对于中国文化的解释与发现成为400多年间延续至今的一个欧洲传统,可以确定的是,中国当代文学的外译依然在延续这样一个历史惯性。因此,对于中国当代文学外译语种之间互动关联研究,尤其是发现不同语言之间的相互作用,对于中国主动传播自己并建构世界传播体系具有巨大帮助。

第四,是中国当代文学译者队伍的专业化问题已经迫在眉睫。在上榜的译者名单中,共有18位,其中葛浩文夫妇翻译了16部作品,堪称中国文学英译的"劳模",白睿文翻译了3部作品,蓝诗玲翻译了2部,Allan Hepburn、罗鹏(Rojas, Carlos)与凯伦·格南特(Karen Gernanat)、陈泽平(Chen Zeping)分别翻译了2部。除去郭小橹的六部作品无须翻译之外,其他11个译者各有1部作品上榜。葛浩文是英语世界里中国当代文学译介首屈一指的翻译家,他的翻译清单包括萧红、陈若曦、白先勇、李昂、张洁、杨绛、冯骥才、古华、贾平凹、李锐、刘恒、苏童、老鬼、王朔、莫言、虹影、阿来、朱天文、朱天心、姜戎等20多位名家的40多部作品,因此,有16部作品进入世界影响最大的中国文学排名原本在情理之中。而白亚仁(Allan H.Barr)等译者,有些是著名研究机构的学者,有些是大学教师,有些是生活在海外的华侨和留学生。可以说,这18名译者是中国文学走向世界的第一个门槛,他们决定了中国文学以何种面貌、什么时间来到英语世界的读者面前。从上述译者的翻译属性来讲,中国文学的翻译工作绝大部分属于偶然为之,像葛浩文这样专业从事中译外的翻译家屈指可数。从对中国文学译介选择的倾向性来看,基本处于凭借译者对于中国文学的兴趣出发,而且最终是否能够与英语世界的读者见面,决定权完全来自于西方出版机构的选择,其中市场驱动性差不多是第一选择。

众所周知,翻译家队伍不仅是越多越好,而且还是越专业越好,而且中国文学作品的海外传播如果缺少中国人自己的议程设置,那么,中国文学最终会沦落为世界文坛的一个边缘化补充角色。44部上榜作品已经呈现出这种端倪,以介绍中国人性爱为主题的作品占据了绝大多数,这是译者直接受制于西方读者阅读趣味选择的结果,而且译者在翻译过程中大量背离原著去迎合读者,对原著不够尊重,删节和删改的现象较为严重,影响了原著的完整性。如虹影的《上海王》,其英文书名直译为"上海姘妇"(The concubine of Shanghai),备受中国学者批评的卫慧的《上海宝贝》也赫然上榜,并位列18位,收藏图书馆数量达到450家,这些都是需要充分警惕的现象。

四、中国文学的阅读人群

除了海外图书馆收藏数据之外,还有一个最为重要的因素就是这些作品的阅读人群。本文依然遵照中国文学中文作品的影响研究思路,依据WORLDCAT的书目数据给出的图书馆国家分布以及图书馆服务人群情况,衡量中国文学的世界影响。而收藏图书馆数量最多的《狼图腾》英文版的数据,最能够代表中国文学在英语世界里的阅读人群状况的变化。

根据WORLDCAT显示的数据,《狼图腾》英文版的世界图书馆收藏数量为941家,其中有一家为中国国家图书馆,这样有效数字就为940家。这940

家的排名分别是美国 869 家,加拿大 28 家,新西兰 17 家,澳大利亚 12 家,新加坡 5 家,中国香港 4 家,中国台湾和南非各 2 家,德国、以色列、斯洛文尼亚各 1 家。《狼图腾》的外译语种多达 30 多种,如法语译本、意大利语译本、西班牙语译本、瑞典语译本、芬兰语译本、匈牙利语译本、日本语译本等,但这些语言的译本都没有上榜,这显然是因为 WORLDCAT 数据库覆盖范围的局限。这个数据的意义在于,《狼图腾》其实际上的传播范围要比 WORLDCAT 数据库显示的要大。

而最为翔实的数据是《狼图腾》英文版在美国的图书馆名单,具体如图 3:

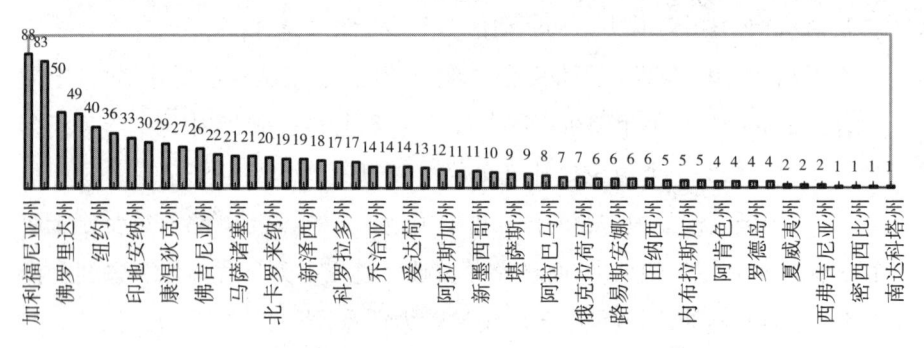

图 3 美国收藏《狼图腾》英文版的图书馆州级分布图

检索时间为 2011 年 12 月,图中数字图书馆家数。

图 3 显示了美国 52 个州收藏《狼图腾》英文版的图书馆数字,以加利福尼亚州最多,达到 88 家,其次伊利诺伊州 83 家,佛罗里达州 50 家,德克萨斯州 49 家,纽约州 40 家,宾夕法尼亚州 36 家,印地安纳州 33 家,俄亥俄州 30 家。众所周知,加利福尼亚州是美国人口最多的州,为 3720 万,收藏该书的图书馆数量也应该最多;而美国怀俄明州的人口最少,只有 56.4 万,但收藏图书馆数量也达到 10 家,按照绝对的人口比例估算,差不多每 5.6 万人就有 1 本英文版《狼图腾》。这个数字显然还不太乐观,但与中国文学在 20 世纪之前的影响力相比,已经是一个跨越式的巨大进步。

图书馆的性质决定了中国文学译作的阅读人群结构。《狼图腾》英文版在全美国 869 家图书馆中,社区公共图书馆数量就达到了 465 家,占总体数量的 54%,超过了大学、研究机构图书馆的 404 家,这个对比标志着阅读人群的结构性变化,开始彻底摆脱小众化地位,从传统的大学、研究机构大步深入到美国的主流社会中间,能够与普通美国人贴身接触,这是 21 世纪十多年间中国当代文学在美国传播范围、传播人群发生的革命性的变化,更是中国当代文学大步走进西方社会并获得广大普通民众接受的一个开始。《狼图腾》英文版阅读人群的这个可喜变化,从一个侧面也证实了莫言获得 2012 年诺贝尔文学奖的原因,那就是中国文学的世界影响,已经成为世界文坛上一股无法忽视的重要力量。

(本文曾以"中国文学的世界影响——新世纪十年回眸之一、之二"为标题发表在《中国图书评论》2013 年第 1 期、第 2 期)

中国红色经典在世界的传播效果

伟大的时代需要伟大的书写者!

中国当代文学如何书写中国富起来到强起来的时代转变?是沉醉于虚幻的想象臆造,拘泥于个人偏狭的情感,还是抒写这个时代中人类共同的创新与创造,展现中华儿女磅礴的气势与情怀?

显然,答案是后者。

中国文学曾经成功的书写过中华民族站起来的时代,这个先行探索者,就是建国初期涌现出的一批红色经典。这些红色经典,自出版以来便拥有了海内外广泛的读者群,特别是获得了海外学界、舆论传播界的高度关注,历久弥新,并成为中华人民共和国文学的鲜明代表。今天研究其在世界上获得广泛传播的原因,对于当代文学如何抒写富起来、强起来的伟大历程,具有非同寻常的启示意义。

一、精神力量是文学永恒的生命

红色经典,通常以"三红一创,青山保林"为代表,即《红岩》《红日》《红旗谱》《青春之歌》《山乡巨变》《保卫延安》《林海雪原》,实际上是指新中国成立初的十七年时间内,涌现出的一大批反映抗日战争、解放战争以及土地革命等时代巨变的文学作品。这些作品中无不贯穿着一种昂扬的精神力量,展现的是中华儿女在时代浪潮中超越个体局限实践革命理想的精神历程。由于作者绝大部分都是这些社会巨大变革的参与者、亲历者甚至是领导者,因此故事鲜活、细节真实。作品中洋溢着的蓬勃、高昂的理想主义精神,是这些红色经典历久弥新,并具有不朽的生命力的主要原因。

　　这批红色经典最初走向海外,外文出版社起到了关键的推动作用。外文出版社几乎与中文版同步,先后将这批红色经典逐一翻译成为各种外文版在海外发行。如1953年出版赵树理的《李家庄的变迁》(英文版,对外首发2万册),1954年出版丁玲的《太阳照在桑乾河上》(英文版,对外首发1.5万册),1955年出版周立波的《暴风骤雨》(英文版,对外首发1.8万册)和徐光耀的《平原烈火》(英文版,对外首发1.2万册),1958年出版杜鹏程的《保卫延安》(英文版,对外首发6000册),1961年出版吴强的《红日》(英文版,巴恩斯译,对外首发1万册册)、梁斌的《红旗谱》(英文版,戴乃迭翻译,对外首发1万册)、1962年曲波的《林海雪原》(英文版,沙博理翻译,对外首发2.5万册),1964年杨沫的《青春之歌》(英文版,南英翻译,侯一民插图,对外首发5.8万册)。苏联以及中东欧等国家也先后翻译出版了《暴风骤雨》《太阳照在桑乾河上》《小二黑结婚》等作品的俄语版以及相关中东欧国家语种。

《林海雪原》1965年英文版,图片来源于亚马逊网站

　　由于这批红色经典极其鲜明的文学特色,因此在海外一面世,就获得了海外学界、媒体界以及相关领域的高度关注。如《林海雪原》英文版出版后,很快就有俄语版、阿拉伯语版、挪威语版、日语版、越南语版、希腊语版等10多个

外语版本相继面世。其中日语版就有两个，一是东京黑潮出版社在1961年出版的日文版，由冈本隆三翻译；另一个是由著名翻译家饭冢朗先生的译本，在1962年由日本平凡社出版，在日本有145家图书馆收藏。《林海雪原》1962年的英文版，在全世界收藏图书馆达到75家；1965年，外文出版社再版时增加到110家；1978年第三版为75家，三个版本合计达到271家图书馆。

《青春之歌》也有20多个外文版，除英语、日语外，还有阿尔巴尼亚语、德语、韩语、僧伽罗语、世界语、泰语、泰米尔语、西班牙语等。外译最早的是日语版，由著名汉学家岛田政雄、三好一翻译，由至诚堂于1960年出版，比英文版早两年面世，到1965年已经印刷了12次，日文版累计发行了20万册，1977年，日本青年出版社又再版了该版本。1960年，同名电影在中国上映后，再次增加了该部作品在海内外的知名度。1960年5月至7月，《青春之歌》电影在日本东京、仙台、札幌、大阪、京都、广岛、福冈、名古屋等地放映了36场，受到日本观众特别是青年观众的热烈追捧。1960年8月24日，人民日报专门刊登了一篇文章《〈青春之歌〉在日本》，介绍了这部影片在日本青年人中受欢迎的情况。1961年春，林道静的扮演者谢芳作为中国妇女代表团成员去日本访问时，看到在东京的大街上，林道静的巨幅画像有一层楼高。代表团的汽车开到哪里，哪里就有拥挤的人群拿着笔记本要求谢芳签名留念。

《青春之歌》的英文版影响最大，外文出版社1964年出版后，全世界收藏图书馆分别为50家，1978年再版时扩大到142家。从美国、加拿大、英国、澳大利亚、新西兰等英语国家，到欧洲的法国、德国、丹麦、瑞士、瑞典、荷兰、西班牙，再到中东的以色列，东南亚的新加坡、泰国，东亚的日本、韩国，还包括拉美的小国巴巴多斯、特立尼达和多巴哥等图书馆都有收藏。

随着这批红色经典外文版在海外的广泛传播，欧美主流学术界、媒体界对这些具有鲜明特色的中国文学作品给予了高度关注。英国伦敦大学的《中国季刊》、美国哈佛大学《亚洲研究学刊》、美国俄克拉荷马州大学《当代世界文学》(1977年之前刊名为《海外书览》)、美国威斯康星大学的《中国文学》、美国加州大学洛杉矶分校的《现代中国》、澳大利亚的《中国研究》、荷兰莱顿大学的《通报》等欧美影响较大的主流学术期刊上，很快就出现了相关研究文章。根据笔者基于JSTOR数据库的检索，在这些主流学术期刊上，今天能够检索的书评、文学批评中,提及的作品就有贺敬之、丁毅的《白毛女》、赵树理的《小二黑结婚》、欧阳山的《三家巷》、梁斌的《红旗谱》、杨沫的《青春之歌》、杜鹏程的《延安保卫战》、吴强的《红日》、周立波的《暴风骤雨》、艾明之的《火种》、柳青《创业史》等50多部十七年期间的文学作品。

欧美一批知名学者、专家纷纷发表相关研究文章或者书评,如美国汉学家毕晓普、雷金庆、葛浩文、邓腾克,法国汉学家巴狄,荷兰汉学家佛克马,澳大利亚汉学家杜博妮,德国汉学家卫德明等。在最有影响力的《中国季刊》上,1963年(总13期)专门集中刊发了三篇美国学者的研究文章,分别由当时在西雅图华盛顿大学、加州大学伯克利分校教授的中国台湾学者夏济安、德国汉学家卫德明、美国学者白芝等撰写,专门研究《青春之歌》。在当时东西方严重对立的国际政治背景下,这些研究文章难免具有浓厚的意识形态特色,有的将《青春之歌》归类于《红日》《红岩》等"共产主义文学的英雄崇拜",有的利用《青春之歌》中研究新中国的女性审美观念变化,有的学者甚至注意到了《青春之歌》在1958年一出版就被印刷了13次,发行量达到121万册,《林海雪原》在1959年出版后,并分别在1962年、1964年再版重印,三个版本的印数累计到了144万册,利用这些数据研究新中国的作家收入。但不论从哪个角度,都共同认定《青春之歌》是一部充满了英雄主义激情的作品,"激情"是这部作品的核心。汉学家毕晓普在1964年的一篇书评中就提到了《林海雪原》,并对其内容进行了介绍,同时发表了自己的评论,认为该书每一章都融合了细致的悬疑、幽默、英雄事迹等,对正反面人物的描写区分非常明显,英文译本流畅易懂。澳大利亚《中国研究》杂志在1979年发表的一篇学术文章中,将《林海雪原》中的杨子荣与《红岩》中的江姐、《青春之歌》中的林道静、《红旗谱》中的朱老忠一同作为共产主义理想的化身,表现了中国共产党员们为共产主义事业奉献一切的英雄形象是成功的。

在全世界最大的读者网站Goodreads上,今天仍然能够找到对于这批红色经典的读者评论。一个37岁的女图书管理员,2015年在Goodreads上对于《林海雪原》的英文版给出4分的评价,并留下了她的读后感。她认为《林海雪原》内容有趣、十分吸引人,并为书中的人物精神所感动,翻译精准,该书使美国读者对故事发生的中国时代背景有了一定的理解,同时对改编的电影

《青春之歌》1978年英文版,图片来源于亚马逊

《智取威虎山(3D)版》给予了较高的评价。弗吉尼亚大学的东亚研究中心主任罗福林(Charles Laughlin)教授在今天仍然向该校研读东亚文学的研究生、本科生们推荐《林海雪原》一书,他认为从文学写作角度来看,《林海雪原》等红色经典是中国文学的代表,特别是对中国俗语的运用更加通俗易懂。来自斯里兰卡、尼泊尔、巴基斯坦、加拿大和美国的13位读者对于《青春之歌》给予了评分,有位读者认为该书"精彩地描写了在社会改造过程中的青春热情";有位印度的读者在2010年的留言中甚至表达了感激之情:"(《青春之歌》)这本书让我进入了共产主义文学的世界。在我读5年级的时候哥哥把它送给了我。这本书让我爱上了文学……也是因为这本书,我开始写诗歌、小说和文章。它将我带入文学的大门,因此,在我心中有特殊的地位。这本书我至少读了5遍,而且我之后所以阅读中国文学,都是因为受到了它的影响"。

可见,这批红色经典之所以能够在海外获得广泛传播,其主要原因在于大量的历史细节中,真实、鲜活体现了时代精神风貌,因此,获得了海外具有舆论领袖地位的文学批评期刊以及相关舆论精英的高度关注,其影响范围逐步扩大,并逐渐影响到普通读者。从20世纪50年代至今天,以这批红色经典为源头,在国内不断被改编成为舞剧、歌剧、京剧、连环画以及电影、电视剧,影视媒体的传播,再次增加了这些红色经典作品的感染力,并获得不同国家以及地区读者的共鸣,历久弥新。可见,红色经典展现的精神力量,正是支撑中华民族能够站起来的时代力量,精神力量才是文学活动的永恒生命力。

二、重塑中国文学的精神品格

红色经典作为新中国成立后十七年文学的代表,描写了一大批朴厚、博大、真诚和正直的劳动人民形象,一大批不畏艰险、勇于奋争、舍生取义和无私奉献的革命者形象,其中革命理想主义的精神是其普遍的特征。也因此有观点认为红色经典的人物形象流于概念化、脸谱化和"高、大、全"式的标签化。但不管怎样评价红色经典,文学作为一个古老的精神活动,彰显不同时代的人类的精神力量是其不变的主轴。经历了战火硝烟的洗礼,在中华民族终于站起来的特定时代里,革命理想主义精神为中国人民的革命实践提供了精神动力,在一定程度上完成了它所承担的社会责任和历史任务。但无数可敬可爱的先烈们展现的纯洁高尚、可歌可泣的献身精神,永远具有不可磨灭的历史价值。也正是在这一点上,"三红一创、青山保林"等一批红色经典在世界上才获得了广泛的传播。

这一点提醒今天的文学界,必须要塑造中国文学的精神世界。其必要性在于:

第一,中国文学的精神品格必须要超越个体体验,重塑共同精神价值。这里特别指出的是,自20世纪80年代以来中国社会步入改革开放历程,商品经济影响无处不在,社会普遍的思想观念是以个体自我价值的实现为准则,"小我"的人生幸福成为个体追求的终极目标。尽管这些观念使个体在很大程度上获得了自由,但同时也使人们也逐渐陷入精神失重、信仰缺失的尴尬境地。80年代以来的中国当代文学也普遍失去了红色经典时期的英雄文学境界。仅有武侠、玄幻的中国当代文学是不完全的,沉迷于个体私欲的文学情感是苍白的。只有展现中华儿女在改革开放30年来,自强不息、顽强奋斗的精神风貌的作品,展现其超越个体情感体验的普遍性精神力量,才能具有不朽的生命力。因此,中国当代文学一个迫在眉睫使命就是对共同理想的召唤和精神价值的重塑。

　　第二,中国文学的精神品格必须具有世界视野,放眼天下,即老子所说的"以天下观天下"。在中国综合实力影响日益增强的时代背景下,即中华民族富起来、强起来的时代里,今天中国的一切,每一天发生在今天中国大地上的故事,都是具有世界意义的内容,都是前无古人的伟大实践,有些甚至是世界奇迹,因为身处其间而习焉不察。中国当代文学要不缺席这个伟大的时代,就必须要站在国际化的视野下,关照这个时代,并站在中华文化的逻辑起点上解读当今世界、书写当今世界,实现从阐释中国到中国阐释的转变。以天下观天下,以天下为天下,才能称得上富起来、强起来时代的中国文学。

　　总之,中国当代文学,要开阔胸襟,着力于抒写超越个体情感体验的普遍性的精神力量;要放眼天下,站在世界化的高度认识和理解中国的富强时代,彰显时代的世界性价值,才能彪炳史册,不辜负这个伟大的时代。书写富强时代的精神,是红色经典给予今天中国文学最有价值的启发。

　　(本文曾以"红色经典在世界的传播"发表在《人民日报(海外版)》2017年11月8日)

《暴风骤雨》英文版在海外的传播

中国文学的对外出版历史,是伴随着中华人民共和国诞生后才开始真正起步的,一直到1966年"文化大革命"爆发,其间有过十几年的辉煌,史称"文学十七年"。其中有周立波的《暴风骤雨》、杨沫的《青春之歌》、赵树理的《小二黑结婚》、梁斌的《红旗谱》等,这些作品大都在1966年之前外译出版并广泛传播到世界各地,这是新中国主动对外传播的一次努力,对于这些红色经典取得的传播效果,学界关注不多。本文尝试着对60多年前的这一次努力给予总结,以便今天的"中国文化走出去"借鉴和汲取。

一、《暴风骤雨》在哪些国家传播?

在这些得到外译的新中国文学作品中,《暴风骤雨》属于收藏图书馆数量最多的作品之一,达到172家。本文借助OCLC数据库WORDCAT书目数据,查阅到了172家图书馆的国家分布情况,详见图1。

由图1可以看出,全世界收藏《暴风骤雨》英文版一书最多的国家是美国,达到135家图书馆,英国8家、加拿大和澳大利亚分别是7家,荷兰4家,日本和中国香港地区是3家,新西兰2家,比利时、德国、以色列各1家。

我们看看收藏《暴风骤雨》英文版最多的美国,都有哪些类型的图书馆,限于篇幅,本文列举出具有代表性的一些图书馆,它们分别是:

ARIZONA STATE UNIV(美国亚利桑那州立大学)、UNIV OF ARIZONA(美国亚利桑那大学)、CALIFORNIA STATE UNIV,LONG BEACH(美国加州

中华文化对外传播研究

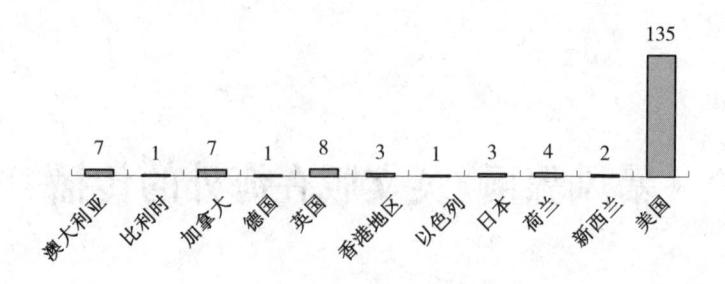

```
  7   1   7   1   8   3   1   3   4   2        135
澳  比  加  德  英  香  以  日  荷  新        美
大  利  拿  国  国  港  色  本  兰  西        国
利  时  大      地  列              兰
亚          区
```

图1 《暴风骤雨》英文版的馆藏国家分布

州立大学长滩分校)、CHAPMAN UNIV LEATHERBY LIBR(美国查普曼大学)、CLAREMONT COL ACQRC(美国克莱蒙特学院)、LOS ANGELES PUB LIBR(洛杉矶国立图书馆)、OCCIDENTAL COL LIBR(美国洛杉矶西方学院)、SAN FRANCISCO STATE UNIV LIBR(美国旧金山州立大学)、SAN JOSE STATE UNIV(美国圣何塞州立大学)、STANFORD UNIV LIBR(美国斯坦福大学)、UNIV OF CALIFORNIA,DAVIS,SHIELDS LIBR(美国加州大学戴维斯分校)、UNIV OF CALIFORNIA, IRVINE(美国加州大学欧文分校)、UNIV OF CALIFORNIA,LOS ANGELES(美国加州大学洛杉矶分校)、UNIV OF CALIFORNIA,RIVERSIDE(美国加州大学河滨分校)、UNIV OF CALIFORNIA,S REG LIBR FAC(美国加州大学外交图书馆)、UNIV OF CALIFORNIA,SAN DIEGO(美国加州大学圣地亚哥分校)、UNIV OF CALIFORNIA,SANTA CRUZ(加州大学克鲁兹分校)、UNIV OF SOUTHERN CALIFORNIA(美国南加州大学)、UNIV OF THE WEST(美国西部大学)、COLORADO COL(美国科罗拉多学院)、UNIV OF COLORADO AT BOULDER(美国克罗拉多大学波尔德分校)、UNIV OF DENVER,PENROSE LIBR(美国丹佛大学)、CONNECTICUT COL(美国康涅狄格学院)、UNIV OF CONNECTICUT(美国康涅狄格大学)、YALE UNIV LIBR(耶鲁大学图书馆)、GEORGE WASHINGTON UNIV(美国乔治华盛顿大学)、GEORGETOWN UNIV(美国乔治敦大学)、LIBRARY OF CONGRESS(美国国会图书馆)、UNIV OF W FLORIDA(美国佛罗里达大学)、GEORGIA STATE UNIV(美国乔治亚州立大学)、UNIV OF HAWAII AT HILO(美国夏威夷大学希洛分校)、UNIV OF HAWAII AT MANOA LIBR(美国夏威

夷大学马诺分校)、GRINNELL COL(美国格林内尔学院)、UNIV OF IOWA LIBR(美国艾奥瓦大学)、NORTHWESTERN UNIV(美国西北大学)、SOUTHERN ILLINOIS UNIV(美国南伊利诺伊大学)、SOUTHERN ILLINOIS UNIV AT EDWARDSVILLE(美国南伊利诺伊大学爱德华分校)、UNIV OF CHICAGO(美国芝加哥大学)、UNIV OF ILLINOIS(美国伊利诺伊大学)、DEPAUW UNIV(美国德宝尔大学)、EARLHAM COL(美国厄勒姆学院)、INDIANA UNIV(美国印第安纳大学)、UNIV OF KANSAS(美国堪萨斯大学)、UNIV OF KENTUCKY LIBR(美国肯塔基大学)、BOSTON COL(美国波士顿学院)、BOSTON PUB LIBR(美国波士顿州立图书馆)、HARVARD UNIV,HARVARD COL LIBR(美国哈佛学院图书馆)、HARVARD UNIV,YENCHING LIBR(哈佛燕京图书馆)、NORTHEASTERN UNIV(美国东北大学)、SMITH COL(美国史密斯学院)、UNIV OF MASSACHUSETTS AMHERST(美国马萨诸塞大学安默斯特分校)、WELLESLEY COL,MARGARET CLAPP LIBR(美国韦尔斯利学院 玛格丽特·克拉普图书馆)、HOOD COL(美国伍德学院)、NATIONAL AGR LIBR(美国农业图书馆)、BOWDOIN COL(美国鲍登学院)、DETROIT PUB LIBR(美国底特律国立图书馆)、EASTERN MICHIGAN UNIV(美国东密歇根大学)、MICHIGAN STATE UNIV(美国密歇根州立大学)、OAKLAND UNIV(美国奥克兰大学)、UNIV OF MICHIGAN LIBR(美国密歇根大学)、WAYNE STATE UNIV(美国韦恩州立大学)、WESTERN MICHIGAN UNIV(美国西密歇根州立大学)、CARLETON COL(美国卡尔顿学院)、MINNESOTA STATE UNIV MOORHEAD(美国明尼苏达州立大学莫尔里德分校)、ST CATHERINE UNIV(美国圣凯瑟琳大学)、UNIV OF MISSOURI—COLUMBIA(美国密苏里大学哥伦比亚分校)、MONTANA STATE UNIV,MSU LIBR(美国蒙大拿州立大学图书馆)、DUKE UNIV LIBR(美国杜克大学)、UNIV OF N CAROLINA,CHAPEL HILL(美国北卡罗来纳教会大学)、UNIV OF NEBRASKA AT LINCOLN(美国内布拉斯加林肯大学)、DARTMOUTH COL(美国达特茅斯学院)、UNIV OF NEW HAMPSHIRE(美国新罕布什尔州大学)、EAST ASIAN LIBR AT PRINCETON UNIV(普林斯顿大学东亚图书馆)、FAIRLEIGH DICKINSON UNIV(美国弗莱格狄金森大学)、RIDER UNIV LIBR(美国里德大学)、

UNIV OF NEVADA LAS VEGAS（美国内华达大学拉斯维加斯分校）、BUFFALO STATE COL（美国水牛城州立学院）、COLUMBIA UNIV（美国哥伦比亚大学）、CORNELL UNIV（美国康奈尔大学）、HOFSTRA UNIV（美国霍夫斯特拉大学）、NEW YORK PUB LIBR（纽约州立图书馆）、NEW YORK UNIV（纽约大学）、STATE UNIV OF NEW YORK, BINGHAMTON LIBR（美国纽约州立大学宾汉姆顿图书馆）、SUNY AT BUFFALO（纽约州立大学水牛城分校）、UTICA COL（美国犹他大学）、VASSAR COL（美国瓦萨学院）、MIAMI UNIV（美国迈阿密大学）、OHIO STATE UNIV（美国俄亥俄州立大学）、UNIV OF OREGON LIBR（美国俄勒冈大学）、DICKINSON COL（美国迪金森学院）、UNIV OF PITTSBURGH（美国匹兹堡大学）、RICE UNIV, FONDREN LIBR（美国莱斯范登图书馆）、BROWN UNIV（美国布朗大学）、SUNY COL AT FREDONIA（纽约州立大学弗雷多尼亚分校）、UNIV OF TEXAS AT AUSTIN（美国德克萨斯大学奥斯汀分校）、IBRIGHAM YOUNG UNIV LIBR（美国杨百翰大学）、UNIV OF VIRGINIA（美国弗吉尼亚大学）、UNIV OF WASHINGTON LIBR（美国华盛顿大学）、WASHINGTON STATE UNIV（美国华盛顿州立大学）、MIDDLEBURY COL（美国米德尔伯里学院）、UNIV OF WISCONSIN, GREEN BAY（威斯康星大学格里森图书中心）、UNIV OF WISCONSIN, MADISON, GEN LIBR SYS（美国威斯康星大学麦迪逊分校中心图书馆）等135家。

由上述一长串的美国图书馆名称可以看出，《暴风骤雨》一书的英文版几乎涵盖了美国本土的48个州和海外的夏威夷州，从东海岸到西海岸，从常春藤大学到各个州立大学，甚至一些城市图书馆、博物馆、社区图书馆，都收藏了这部作品。可见，这本书受到了极为特殊的关注。

在英国收有《暴风骤雨》的图书馆有：BRITISH LIBR（大英图书馆）、CAMBRIDGE UNIV（剑桥大学）、NATIONAL LIBR OF WALES（国立威尔士图书馆）、UNIV OF LEEDS（英国利兹大学）、UNIV OF LONDON, SCH OF ORIENTAL & AFRICA（伦敦大学东方与非洲研究院）、UNIV OF MANCHESTER LIBR THE（曼彻斯特大学图书馆）、UNIV OF OXFORD（牛津大学）、UNIV OF SHEFFIELD（谢菲尔德大学）。我们看到上述名单中除了世界闻名的大英图书馆、剑桥、牛津大学、伦敦大学东方与非洲研究院之外，还有英国利兹大学、国立威尔士图书馆、曼彻斯特大学、谢菲尔德大学这些一般性大学和地方图书馆。

《暴风骤雨》英文版封面①

这种情况也同样出现在澳大利亚和加拿大。如澳大利亚的名单上,除了UNIV OF MELBOURNE(墨尔本大学)、UNIV OF SYDNEY(悉尼大学)、NATIONAL LIBR OF AUSTRALIA(澳大利亚国家图书馆)这些著名大学、公立图书馆之外,还有不太知名的 MURDOCH UNIV LIBR(澳大利亚莫道克大学)、GOLD COAST CITY COUN(澳洲昆士兰金海岸城市公会)。在加拿大的名单上,除有 TORONTO PUB LIBR(多伦多大学)、UNIV OF ALBERTA(加拿大埃尔伯塔大学)、UNIV OF BRITISH COLUMBIA LIBR(加拿大不列颠哥伦比亚大学)之外,还有 UNIV OF VICTORIA,MCPHERSON LIBR(加拿大维多利亚大学麦克弗森图书馆)、UNIV OF NEW BRUNSWICK,FREDERICTON(新不伦瑞克大学佛雷德里克分校)、WESTERN UNIV(加拿大西方大学)、CONCORDIA UNIV LIBR(加拿大康克迪亚大学)。可见《暴风骤雨》一书在东西方对立的年代,确实被当作新中国的代表性图书被"特殊"馆藏,才得到广泛传播的。

---

① 封面图片来源自孔夫子网。——笔者注

二、为什么《暴风骤雨》会得到广泛传播？

本文注意到该书在 OCLC 的登记时间是 1977 年，表明这些图书起码是 1977 年之前被输入到美国和西方一些国家的各大图书馆的。以收藏该书最多的美国为例，1977 年之前的中美之间，绝大部分时间属于彼此对立的时代，美国反共和封锁中国的麦卡锡主义盛行，虽然 1972 年中美建交后有所缓和，但对于一本 1955 年中国出版的外文图书，不可能一下子有这么多图书馆前来购买，因此，肯定是 1972 年之前输入到美国各大图书馆的。

笔者查阅了当时外文局所属的唯一一家对外图书发行机构——国际书店（今天的中国国际图书贸易总公司）的发行记录，得知该书是在 1955 年出版后即印发 18550 册。而当时国外代销网点仅有 42 个国家，总共 278 家书商，美国本土能够获准代理新中国图书的代理商还基本没有。因此，可以断定，美国图书馆购买的《暴风骤雨》有可能绝大部分是通过英国转运的，也就是说当时中国在英国的销售商，如英国克列茨书店、英国朗格公司等起了非常关键的中转站作用。

为什么《暴风骤雨》会得到广泛传播？这里有三层原因值得探讨：第一，是在中西方对立的冷战时代，因为正常交流的渠道被隔绝，西方社会关于中国的一切信息都被屏蔽了，但对于能够通过第三方传播到西方社会的新中国图书文献，就受到"特别关注"，俗话说物以稀为贵。通过美国、英国、加拿大、澳大利亚的图书馆藏分布来看，《暴风骤雨》英文版就属于受到特别关注的图书之一。

第二，这部小说真实地反映了新中国土地改革运动的实际状况，一些西方学者把这部文学作品作为研究中华人民共和国土地改革的现实材料使用，而不仅仅是被当成一部文学作品来看的。

据考证，《暴风骤雨》所记录的生活完全来自于作者周立波的实际生活。他于 1946 年 10 月到松江省珠河县（后改称尚志县）元宝区元宝镇参加土改，1947 年 7 月完成上卷初稿，感到材料不够，又带初稿去五常县周家岗继续深入生活,参加"砍挖运动",10月回哈尔滨,完成上卷创作。其中,《暴风骤雨》第一节、第二节、第三节、第四节分别连载于1947年12月25、26、27、28日的《东北日报》,"抓地主"(第十六节)、"欢天喜地"(第十八节上、下)分别连载于1948年1月15、24、25日《东北日报》。1948年4月,《暴风骤雨》上卷由东北书店出版。1948年7月13日开始写作下卷,8月26日写出初稿,9月4日起,对初稿进行修改。第三稿到1948年12月2日,完成下卷的创作。1949年5月,《暴风骤雨》下卷由东北书店出版。

因为生活的真实,所以作品一出版便获得巨大成功,并于1951年获得斯大林文学奖。此后大约有十几个版本:(1)收入"中国人民文艺丛书",北京新华书店1949年10月初版。(2)人民文学出版社,1952年4月北京第一版。(3)人民文学出版社,1956年8月北京第2版。(4)人民文学出版社,1977年8月第19次印刷。(5)收入《周立波文集》第一卷,上海文艺出版社,1981年10月第1版。(6)收入"红色经典",1997年12月北京第1次印刷。此外还有进行改编的版本:(7)电影剧本版,林兰改编,中国电影出版社1960年3月出版。修订本由林蓝、谢铁骊改编,北京出版社1961年7月出版。(8)简写本。适宜具有初等汉语水平的外国读者阅读,魏怀鸾改写,盛炎翻译,北京语言学院一系改写、注释,商务印书馆1984年9月出版。(9)改写本。周立波原著,杨廷治摘录,林易改写,外国语学院出版社(今天的外研社)1985年10月出版,以汉英对照形式出版,主要供学习英语的人和懂英语的外国人在学习现代汉语时用作阅读材料。(10)少年版。谢明清、宋昌琴节编,四川少年儿童出版社1987年第一版。(11)收入《中华爱国主义文学名著文库》。童心缩写,北京燕山出版社2000年修订版。(12)连环画。杨根相改编,施大畏绘画,上海人民美术出版社2008年3月第1版。①

第三,是高水准的翻译。这本书完全是中国人自己翻译的,它创造了一个典型案例,那就是中国人英译自己的作品,尤其是翻译中国方言、土语要比老外好。

《暴风骤雨》英文版是1955年外文出版社出版,英文书名为《The hurrican》,

---

① 程娟娟:《〈暴风骤雨〉的版本变迁研究》,《现代中国文化与文学》2011年第2期。

409页。译者是著名翻译家许孟雄先生。对于许孟雄,今天知道的人可能不多。他1922年毕业于福州格致中学,1929年毕业于清华大学英语系,为该系首届毕业生。1938年,抗战爆发后,他只身到武汉八路军办事处,以党外人士身份参加由周恩来直接领导的、王炳南具体负责的对外宣传小组工作。期间,许孟雄首次把毛泽东的《论持久战》等多篇著作译成英文,同时还翻译了大量有关抗战的文章,陆续在国外刊物上发表,让海外人士更好地了解中国共产党及中国人民的抗日战争。当时美国著名记者兼作家斯诺看了他的译作,曾对他的精湛译艺大加赞赏。1949年新中国成立后,先后任北京外国语学院(今北京外国语大学)和中国人民大学英语教授,一面教书,一面翻译。《暴风骤雨》《子夜》等就是这一时期翻译的成果。

《暴风骤雨》20余万字,他于1954年5月开始动笔翻译,只用了四个多月时间就向出版社交了稿。《子夜》约25万字,许先生于1956年动笔翻译,按合同需一年完成,他却提前五个月就交了稿。其速度之快,令人赞叹。两书的英文版(The Hurricane 和 Midnight)问世后,在国外引起很大反响,读者纷纷对小说的内容和翻译质量给予很高的评价。后来两书的英文版在1979年和1981年又两次重印发行。

对于许孟雄先生在《暴风骤雨》一书的英译特色,福建师范大学张培基先生在2000年的一篇文章中介绍到:许孟雄的译作语言地道,流畅自然,富于表现力,不仅忠实于原文,而且又特别注意语篇神韵的再创造,力求保持原文的信息和体现原文的功能。并在文章中多处以《暴风骤雨》的一些段落为例,说明土语、方言的英译是多么传神[1]。许孟雄的英译水准不仅受到西方人的高度认可,也引起了周总理的注意。周总理曾对许孟雄先生说:"你翻译的《实践论》和《矛盾论》,美国著名记者斯诺先生读后大为赞扬。"根据长期从事中译外工作的胡志辉先生回忆,1981年,《中国文学》发表了长篇小说《死水微澜》下半部后,因深受好评,90年代初又打算出单印本,便写信邀请美国著名汉学家葛浩文先生续译此书的上半部。但他回复说:"你们不是已经有很好的译者了吗?还来请我干什么!"这个事实充分说明:中国人的翻译质量不一

---

[1] 详见 http://www.fli.com.cn/xumengxiong.htm。

定就比外国人逊色①。

三、对今天中国文化走出去的启示

周立波的《暴风骤雨》、杨沫的《青春之歌》、赵树理的《小二黑结婚》、梁斌的《红旗谱》等这些新中国文学作品的外译,是在当时国家在有限的财力下所作的传播自己国家文学产品的一种伟大实践,今天看来这是无比正确的选择。它对于今天正在进行的"中国文化走出去"战略,有两点启示:

一是中国对外文化传播的主角应该是中国人自己,指望西方社会弘扬中国文化是不现实的。

所以这样说,是因为东西方社会的制度、文化具有根本的区别。早在20世纪30年代,由鲁迅主持编辑的我国现代短篇小说选《草鞋》,早已在美国记者伊罗生等中外友好人士的共同努力下完成英译工作。但因美国麦卡锡主义的限制,它被压了足足40年,直到1974年才问世。时光步入到21世纪,东西方冷战时代已经结束,但在资本主义盛行的西方社会,尤其是中华文化尚且没有成为世界主流,传播中华文化是不能带来巨大商业利益的,因此是不可能有奇迹发生的。外文局的胡志辉先生曾指出,英文版《中国现代女作家散文选》,尽管前几年美国大学生对中国当代女性的现状颇感兴趣,尽管应邀去美国大学讲课的朱虹女士一再争取,但她在当地迟迟找不到出版单位,最后只能回到国内来自费出版后再带出去当教材。由此可见,要指望由西方人出钱来弘扬中华文化,那是一厢情愿,万不可能②。

二是要保持文化传播的主动权,这种主动权指的是要传播具有中华文化特色、能够说明自己价值观的文学作品。以"文化大革命"十七年间外译的红色经典为例,如果不是中国自己主动传播自己,在当时的西方社会,是没有任

---

① 胡志辉:《从弱小到强大——汉译英的六十年发展之路》,《中华读书报》2009年9月23日。

② 胡志辉:《从弱小到强大——汉译英的六十年发展之路》,《中华读书报》2009年9月23日。

何一家出版社愿意出版、愿意翻译这些文学作品的。

英文版《暴风骤雨》出版后，仅仅在东欧的社会主义国家里得到译介和出版，范围较小。目前能够查到的仅有《暴风骤雨》捷克语、波兰语和罗马尼亚语版。捷克曾有三家出版社出版，分别是 Ceskoslovensky Spisovatel 在 1951 出版，此后 C'eskoslovensky' Spisovatel 在 1953 年再版，Statni Nakladatelstvi Krasne Literatury 在 1958 再次出版。罗马尼亚语版由 Editura de Stat Pentru Literatura' şi Arta' 在 1952 年出版，波兰语版由 Czytelnik 在 1953 出版。

为了进一步扩大该书的影响，从 1960 年开始，国家在当时财力极其有限的情况下，拿出一部分经费，资助《暴风骤雨》一书由英语译介成其他小语种版，增加传播范围。比如，乌尔都文版由印度的沙西恩出版社出版，翻译费为 1000 卢比、纸张费为 1800 卢比，印刷费为 2000 卢比，合计 4800 卢比（约等于 42972 元人民币）。乌尔都文版于 1961 年 5 月在印度出版发行，当时发行 2000 册，定价 6 个卢比，464 页。希腊文版于 1964 年出版，印发 2000 册，定价为 190 德拉克马，由费克西斯出版社出版。希腊文版资助金额达到 9120 德拉克马（约等于 26760 元人民币）。

这种资助新中国文学作品在海外出版的做法，取得了极佳的传播效果。如在中印边境冲突刚刚结束的 1961 年 12 月，在印度发行比较广泛的《书评月刊》上，就刊发了署名为廉尔·阿巴斯·阿巴西关于《暴风骤雨》乌尔都文版的一篇书评，文章写道："从写作的意图来看，这本中国文学作品是一个思想性的小说，写得很成功。小说对于阶级斗争特别是农民和封建地主间的冲突，运用马克思主义观点做了极有教育意义的非常详尽的描写。由此我们认识到，像暴风骤雨一样起来的千百万农民，正在形成一股力量，这股力量是任何外力都不能摧毁的。"显而易见，这对于印度人民了解中国的农村土地变更，是极其有益的。

总之，60 年前的经验证明，今天的"中国文化走出去"，除了鼓励西方开明人士多做文化交流工作之外，恐怕重担应主要落在我们中国人自己的肩上，这已经是被历史证明的真理。

（本文原发表在《出版广角》2012 年第 10 期）

中国当代文学的世界影响评估

一、从《三国演义》到鲁迅，中国文学在泰国的传播

在文化区归属上，学界共同的认识是东亚属于中华文化区，而东南亚各国除越南之外属于中国文化与印度文化的交汇区。钱存训的观点具有一定的代表性："印度与东南亚的交流造成印度人口及思想向东迁徙，到达缅甸、马来西亚、泰国、印度尼西亚及中南半岛的许多地方，而印度文化与中国文化在中南半岛相遇而产生融合，今日的越南、柬埔寨与老挝三国所在地又被称之为印度支那地区即可说明。一般说来，除越南以外，这一地区的人民不属于东亚文化范畴，虽然在不同时期这些国家中的某些地区曾通过贸易及移民受到中国的一些影响。"[①]因为地缘与人缘的关系，来到东南亚地区中国移民的数量、来源地变化，中国文化超过印度文化曾长期占据主导地位，并在19、20世纪的200多年里，与西方文化几度交锋，这个地区成为中国文化与西方文化交汇的战场。中国文学影响泰国的200年历程，典型地体现了中国文化影响力的变迁过程。对这样一个地区跨文化传播案例的研究，为21世纪中国进行文化"软实力"建设具有一定的借鉴意义。

中泰两国往来的历史很漫长，政治、经济、文化各个方面丰富多样。但文化交往，尤其是书刊交往的近代历史似可粗线条划分为三个历史阶段。第一阶段是1802年至1932年，有学者称之为"三国演义"的影响时期；第二阶段是

[①] 钱存训：《中国纸和印刷文化史》，广西师范大学出版社2004年版，第328页。

1932年至1975年,是中国传统文化与中国现当代文化交替影响的过渡时期,称之为"鲁迅、金庸时期";第三个阶段是以1975年中泰建交至今多样化、多元化的历史时期,这三个时期,恰好是200年时间。

二、"三国演义"时期

历史上,泰国与中国往来的历史可以追溯到中国的汉代,唐、宋、元、明、清的历代史书均有记载,中国文学对泰国产生重大影响是在18世纪末至20世纪初这一段,即曼谷王朝拉玛一世在位(1782—1809年)到拉玛七世(1925—1935年)这130多年间,既是中国社会从传统到现代转变的历史时期,也是泰国民族文化借助图书、报刊出版在对中国历史演义文学作品的接受过程中逐渐形成自己体系的历史阶段。

对于中国历史演义文学作品,尤其是《三国演义》对泰国的文化影响,学界已经成果很多,但综观已有研究成果,从不同的角度都涉及到图书、报刊的出现使中国历史演义作品对泰国文化影响进一步加大,可惜都没有作进一步考察。一个国家、民族对于异国文化的接受,尤其是对于大众文学作品而言,传统与现代的标志就是传播载体的变化。而现代社会的标志是传播迅速、范围广泛、生产量巨大等大众传播的载体的出现——机械化印制生产的图书、报纸、期刊和声光电技术的现代影视,乃至于今天的互联网。中国文化对于泰国的影响,正是因为图书、报刊等现代传媒在泰国的发展,才得到了更广泛的传播。而这种现代媒体的发生、发展又与泰国从传统社会迈向现代社会所发生的政治、经济诸多方面的剧变交织在一起,呈现出了现代与传统杂糅的文化景观。

据泰国方面的记载,拉玛一世王曾在1802年指令翻译中国两部历史古代通俗小说《三国演义》(泰文版译为《三国》)《西汉通俗演义》(泰文版译为《西汉》),这两部小说的翻译,揭开了中国文学在泰国流传的序幕。《三国》由当时的财政大臣、宫廷作家昭披耶帕康(宏)主持并资助,译于1805年。《西汉》由后宫亲王资助,译于1806年。拉玛二世(1809—1824年)时期翻译了《水浒传》《西游记》《红楼梦》《金瓶梅》《聊斋志异》《东周列国志》《东汉通俗演义》《封神演义》。最初的翻译一般是由懂中文的华裔口译成泰文,昭披耶帕康(宏)再根据华裔口译出来泰文意思,润色加工,形成了具有泰文特点的《三国》,以手抄本形式在王宫贵族之间流传。而泰国有史以来就有大量福建、广东等潮汕人移民到此地,连绵不断,因此最初泰文译本中《三国演义》的人名、地名都是闽地发音。因为认识汉字、而精通中国历史演义文学作品的华裔很多,所以泰国在很长一段时间里,对中国文学的翻译采用一组或若干组中国人与泰国人互相对译的方法翻译完成。而一些泰文译本的印刷刻印,据张秀民先生的资料,清代中叶,有来自中国广东茂名的华侨林某来到泰国从事中文刻书业,历史时期大概与拉玛一世、拉玛二世这一阶段很相近,只是不知所刻书目以及文种①。据记载,在拉玛二世时,在泰国居住的华人已达几十万人,泰国的水上、陆地大小商店均由来自中国的潮汕人经营,拉玛三世时68%的税务官由华人担任,泰国碾米业、橡胶、锡矿等国家支柱产业长期都由华人把持②。中国刻书业具有近千年的历史,技术水平高度发达,大量来自广东、福建的中国人移民至泰国,肯定会把刻书的技术与工艺带到此地。在施坚雅的名著《泰国华人社会:历史的分析》一书中,提到来自中国广东的移民曾经长期垄断了泰国的印刷业与出版业③。中国人崇尚文献记载的文化传统肯定会对印度文化中重视口传心授而不重视文献记载的习惯有所影响,无疑也会对中国作品在泰国的传播具有推动作用,只是目前尚无史料佐证。

自拉玛三世(1824—1851年)开始,西式印刷机开始引进泰国,一些作品印刷量大增。如冒叻莱印刷所首次印刷了95部《三国》,最初也是满足王宫贵族的阅读需要。根据钱存训先生的考证,1836年美国浸礼会教士在曼谷开始用泰文印刷,采用铅字,一些早期泰文书刊文献在新加坡印刷,而教会出版的印刷品主要是宗教小册子与《圣经》,有时也印一些词典、语法课本以及对于欧洲情况的介绍等④。据戚盛中的文章,这个冒叻莱印刷所是由西方人

---

① 张秀民:《中国印刷史》(下),浙江教育出版社2006年版,第700页。
② 李未醉:《中外文化交流与华侨华人研究》,华龄出版社2006年版,第166—168页。
③ 【美】施坚雅:《泰国华人社会:历史的分析》,厦门大学出版社2010年版,第317页。
④ 钱存训:《中国纸和印刷文化史》,广西师范大学出版社2004年版,第335页。

开设的①,估计就是钱存训先生所说的由美国浸礼会教士开设的那一家。对于泰国社会而言,总之是用西方技术,传播了中国文化。

拉玛四世(1851—1868年)翻译出版了《说岳全传》《五虎平西前传》《隋唐演义》《南宋中兴通俗演义》《五代史平话》等通俗演义小说,连一些中国正史书籍也开始收入,如《西晋》《东晋》《两宋志传》等。拉玛四世是现代出版业开始萌芽的历史时期。1844年7月,泰国出现了由美国传教士办的第一张报纸《曼谷记事报》,每月一期,总共出版了17期,1845年停刊。而拉玛四世即位后,面对西方传教士的宣传,他力主办报,印刷发行书籍,用以抵制天主教在泰国民间的侵袭。1859年,他创办了《皇室公报》(Royal Gazette),在报上开辟"佛教徒运动"专栏,并用笔名发表文章,宣传本土佛教,抵制西方天主教的宣传与扩张。

拉玛五世(1868—1910年)时期,因为报业的发展,翻译出版的中国古典作品更多,如《韩信》《罗贯扫北》《薛仁贵东征》《黄烈传》《大红袍》《包公案》《西游记》《说唐后传》《岭南逸史》等通俗历史演义作品也得到翻译引进。拉玛五世时期专门设有出版印刷中国古典文学作品的印刷厂"乃贴印制所"。据记载,有位亲王因酷爱中国古代通俗小说,特出资兴建一座剧院和一个木偶戏院,专演中国古代通俗小说改编的剧目。亲王本人还取材《说岳》编出木偶剧本《兀术攻打潞安州》,交剧团上演。在泰国流传的海南戏、广东戏、潮州戏、木偶戏等都取材于《东汉》《西汉》等通俗小说。尤其是这一时期,正值19世纪末与20世纪初叶之交,泰国具有现代意义上的报刊出版机构迅速发展,总数达到59家,因此一些中国历史演义小说也开始交由报刊发表,译者通过报社获得翻译稿酬,不再由王宫贵族资助,翻译的范围从由中国历史小说转为中国大众读物,如《聊斋志异》《金瓶梅》《卖油郎独占花魁》等被一一引进翻译。

拉玛六世(1910—1925年)时期,翻译出版了《五虎平南传》《武则天》《元史演义》《清史演义》等。随着现代出版机构的迅速发展,已经翻译出版过的中国小说不断扩大传播范围。如早在1805年就去世的泰籍华人乃汉翻译的

---

① 戚盛中:《中国文学在泰国》,《东南亚》1990年第9期。

泰文《三国演义》译本，于1865年正式出版，其中的《赤壁之战》单行本，在1935年—1945年就发行了25万册，在当时人口只有1200万的泰国，可见其流行程度。而现代印刷技术的成熟使现代报刊的发展步伐加快，到在20世纪30年代，泰国报刊总数已达到165家，绝大多数报刊都登载中国的通俗演义故事，传播范围家喻户晓，超过了历史上的任何一个时期。第一张中文报纸《华声报》于1907年问世，从此开启了华文报纸与泰文报纸并行传播中国古代历史小说的时代。据吴琼的研究，中国小说从1921年开始在各类报纸上连载，一些报纸因为刊登了中国历史小说，发行量迅速增加，有一家报纸因为刊登了中国小说，发行量从3000份迅速增加到30000份[①]。报纸的迅速发展反过来促进了泰国翻译中国小说的大量需求。因为报刊需求量大，而翻译中国小说有时很慢，供不应求，就开始出现了"伪中国翻译小说"。一些泰国作家借用中国小说的人物、地名，借用好莱坞电影的情节创作所谓的中国历史小说，在报纸上连载，导致一些假冒中国作品大量出现。

　　通过这130多年历程的大概梳理，可以发现，以"三国演义"为代表的中国历史演义小说对泰国的影响，由王室开始，逐步步入普通寻常百姓之家，现代意义上的印刷技术以及报刊出版发挥了重要的作用。对于中国小说的翻译，从最初由王公贵族的资助到从报刊连载获得报酬，从西人开设的冒叻莱印刷所到王室的图书印刷机构——乃帖印制所，再到以专门印刷报纸为生的印刷厂，现代传播载体以及传播技术的发展大大拓展了中国文学作品的传播速度与传播范围，使中国文化影响进一步扩大到民间。众所周知，古代印度神圣经文主要是通过口授与心记而传达，博学之士一般不使用书面文本，因此深受印度文化影响的东南亚地区因此早期的书面记录绝少发现，其历史全靠口头相传或中国的历史文献记录，所以泰国等地无论是印刷术还是造纸技术，基本上是由外面传入。泰国上层对于中国小说的翻译、资助，以至于自己办报纸、创办图书印刷机构，是在西方文化的影响下摆脱印度文化影响的重要标志。而通过现代图书报刊传播中国历史演义文学作品，无疑使中国文化影响力大大超越了传统的印度文明。但遗憾的是目前尚没有看到中国刻书业在泰国拉

[①]　详见吴琼：《三国演义在泰国》，《明清小说研究》2002年第4期。

玛王二世、三世时代的发展情况,泰国王室对中国小说翻译的资助情况,以及大量华裔翻译中国历史演义文学作品的具体细节研究文字,相关资料的挖掘也不够。

1840年以后,中泰之间的民间交往有很大的发展,中国广东、福建等地的移民成批流入泰国,每年达数万人,直至到今天在泰国居住的华侨、华裔总数超过几百万人。而逐渐走向衰落的清王朝在1878年与泰国中断了近千年的藩属国关系,泰国不再向清朝纳贡。1908年,孙中山亲自到泰国曼谷去宣传民主革命的思想,大批华侨、华裔也相继开办中文报纸、期刊,面向泰国华侨、华裔以及能够读中文的泰国读者传播中华文化。但拉玛六世以狭隘的民族主义看待在泰国的华人,断定华人是泰国政治的潜在威胁,在位16年里推出了一些排斥与打压华人的政策与措施,改变了泰国王室近百年来优待华人的历史传统,这种排华思想对1932年上台的君主立宪政府以及以后的军人执政府都产生了极坏的"示范"作用。1932年泰国王室成沙耶空王子创办了《民族周刊》,这份周刊成为泰国新闻记者的"摇篮"。西方资产阶级民主思想的传播、教育的普及、报刊的增多、留学生的派遣,特别是西方文学开始被翻译和引进,并与中国历史演义文学作品相竞争,使泰国逐步形成了具有独立特色的文化体系。

三、鲁迅、金庸时期

中国文化对泰国影响的第二个时期,上溯1932年泰国君主立宪政体的成立,下限到1975年中泰建交。其间历经1939年由暹罗更名为现在的泰国,1941年的日本占领时期,1947年銮批汶军政府时期,1957年沙立军政府时期。而泰国政府对华人、中华文化的态度也在专制与开放之间左右摇摆,1932至1934这两年时间,大约有30家报纸被封闭,此后历经短暂开放,1942年重新经历"新闻黑暗年代"。期间1949年新中国成立是一个巨大的政治事件,如同二千年历史上中国的历次社会变迁对东南亚国家都会产生巨大影响一样,也给泰国以巨大震动。沙立军政府跟随美国对新中国采取遏制政策,逮捕华侨,搜查华人开办的商店、学校,封闭中文报馆,1959年甚至禁止中国货物进口,有关中国内容的报刊、图书在泰国出版、发行受到限制。一直到1973年沙立军政府倒台后,泰国又出现了"中国热",直到中国改革开放前夕,迎来中泰建交的新时期。在这44年时间里,因为鲁迅的小说在1957年前和1973年后有两个翻译出版的热潮出现,所以又被一些学者称之为"鲁迅时期"。

在1932年—1975年这44年间,尽管泰国政府左右摇摆,但中国传统历史文化内容依然成为泰国社会文化生活的主要内容。而新中国成立后在政治、文学、艺术等方面的时代内容也被引进,中国传统的历史内容与新中国当代内容混杂在一起,传统与当代影响杂糅,是这一时期的主要特色。

在拉玛七世(1925—1934年)时期,泰国著名作家兼文学评论家、皇家图书馆馆长丹隆·拉查努帕亲王(1862—1943年)为了弥补首版《三国》的不足,于1927年组织人力进行修补,并指定精通汉语的华裔二级军官素娥·丹塔嘎与精通英语的尤尔兹·塞德斯教授一起研究、查阅资料,写出了"三国史话"作为新译本前言,同时适应泰国人的阅读习惯,改公元纪年为佛历纪年,并增加了注释和插图,进一步获得了泰国读者的认可,截至1972年已重印15次。在原三国演义基础上进行再创作也成为泰国文坛的一个传统。如泰国通俗文学作家雅各(Jakhop)的编译本《乞丐版三国》,乃温·克立亲王的《资本家三国》(又称《永恒的宰相——曹操》),乃温惠的《咖啡馆三国》,等等。除三国演义之外,在此阶段,由泰国翻译家妮·古叻罗希翻译的《金瓶梅》《水浒传》也得到出版并且十分畅销①。正如泰国教育协会出版的《中国历史故事》(泰文版)序言中所写:"中国历史故事,不论哪一类,都拥有为数众多的读者,男女老少,均爱不释手,犹如一日三餐之不可缺少。"②

在这一阶段,中国出版的大量泰文书刊也通过各种渠道发行到泰国,泰国文坛也接受了新中国的"文艺为人生""文艺为社会"的思想,因此一批具有进步思想的泰国知识分子,大量翻译中国现代文学作品。1952年由叻察·班差猜翻译的《阿Q正传》轰动泰国,很快被抢购一空,1956年再版又很快售罄。

---

① 马祖毅、任荣珍:《汉籍外译史》,湖北教育出版社2003年版,第625页。
② 马祖毅、任荣珍:《汉籍外译史》,湖北教育出版社2003年版,第625页。

1966年，中国外文出版社出版的《中国短篇小说九篇》，印发1150册，反响很大。中国外文出版社出版了一大批泰文版政治理论图书，也通过各种渠道在泰国传播，对中国现代文学作品引进起到了一定的引导作用。

1957年泰国沙立军政府执政后，禁止中国大陆的图书期刊进口，也严禁翻译出版大陆的图书，而此时香港的武侠小说却趁势进入泰国。1957年泰国翻译家占龙·皮那卡与那云·皮那卡两位兄弟翻译出版了金庸的《射雕英雄传》（泰文版译名为《玉龙》），出版后成为泰国家喻户晓的畅销书。1963年，沃·那梦龙翻译了卧龙生的《玉钗盟》（泰文版译为《复仇剑》），书店购者如云，一天内两次重印，早上印发6000册，下午再版2000册。做中文教师的译者沃·那梦龙从此后辞去教师职位，专以译书谋生。此后金庸、古龙的其他作品源源不断地引进、翻译出版，如《天龙八部》《倚天屠龙记》《楚留香》《无情壁剑》《小李飞刀》《鹿鼎记》，等等。浙江大学的泰国留学生王苗芳在《中国武侠小说在泰国的影响》一文中对武侠小说进入泰国有过详细的介绍。最早是由泰国华文报纸《守信日报》率先转载《香港商报》上登载的《射雕英雄传》，由此开启了泰国报纸连续登载武侠小说的先河。而泰文的《暹罗日报》率先购买了《射雕英雄传》的版权，两家因此发生纠纷震动泰国上层。但由此武侠小说成为泰国报纸的头号金字招牌。刊载古龙武侠小说的《泰叻日报》曾一度由日发行40万份提高到60万份。①

香港武侠小说的泰译本图书出版，最早是由金庸武侠小说的报刊连载被禁后，报社以传单形式传播，传单可以折叠到类似32开、56开本大小，便于携带。由此影响到一些涉及武侠小说出版的出版社，多是以小开本形式传播，如1958年出版《玉龙》的彭寄（泰文音译）出版社，1959年的斯利阿松（泰文音译）出版社，此后有巴判散（泰文音译）出版社（1971年）、班达松出版社（1972年）、暹罗国际书出版社（1995年）等多以小开本形式印刷发行，一部武侠书的泰文译本多达到30多册，有的甚至超过50册。王苗芳在论文中列举了大约有50多家出版社出版的泰文版武侠小说作品。武侠小说在此阶段受到泰国读者的追捧程度，堪与泰国最初接受"三国"之热可比，正如1985年泰国《民

---

① 详见王苗芳：《中国武侠小说对泰国的影响》，国家图书馆硕博论文库2009089416。

意》报写道:"武侠小说成了书店里、书摊上不可缺少的书籍,武打题材充斥文坛和影视界。"

1973年沙立军政府被推翻后,泰国爆发"十月十四日运动",对泰国文学产生了促进作用,前后出现的一批青年作家极为活跃,他们不满现状,渴望变革,泰国社会又兴起认识和了解当代中国的思想热潮,再次兴起"当代中国文化热"。在1952年出版的《阿Q正传》在1974年重新再版两次、1976年第三次再版。有关中国内容的书籍,又开始大量被翻译成泰文出版发行,其中包括中国哲学、禅学、中国政治理论以及具有浓厚意识形态的文艺作品。不仅《红楼梦》《三国演义》等中国古代经典名著又重译出版,而且中国现当代的一些代表作家,如巴金、茅盾、鲁迅等的图书也得到重新出版。

鲁迅与金庸时期,泰国社会政体剧烈变动,从君主立宪到军政府独裁,政治、经济、文化等政策左右摇摆,泰国华文教育与华文报刊一会儿遭禁,一会儿又放开。尤其是泰国军人政府对新中国独立的态度,由惧怕到加入再到以美国为首西方阵营共同抵制,体现了一种极为矛盾的心态。但对于一个已经基本脱离传统社会的东南亚国家而言,可以很快接受西方文化中技术层面的东西,但在整个社会的文化思想深处,依然是中国传统文化占据主导地位,而一旦涉及传统,就与中国文化紧紧勾连。鲁迅的作品代表了新中国的文化追求,而金庸的武侠作品则代表了大众心理深层所津津乐道的中国文化传统,这些积淀在泰国社会深层的东西不管是皇室贵族居于社会统治地位时代,还是通过民主选举轮流执政,基本没有发生大的改变。

四、新中国的泰文书刊出版

在鲁迅与金庸这一时期的前半段,即1949年之前中国文学作品被泰国翻译出版,大多是由泰国方面主导的。而到1949年之后,尤其是新中国组建专门的出版发行机构之后,中国的主导地位日渐增强,而内容选择、倾向性方面都与传统历史文学占主导地位的"三国演义"时期完全不同。比如中国外文出版社专门出版一些图书、期刊的泰文版,并在一些特定的销售网络中发行传播,这就改变了1949年之前由泰国本土人,或者泰籍华裔、华侨主导中国文化内容翻译引进的局面。

比如在内容方面,新中国面向泰国发行的书刊,既有中文书刊,也有各种书刊的泰文版,其中值得一提的是各种泰文版图书。自1956年开始中国外文局所属外文出版社开始出版的泰文著作最大量的是毛泽东著作,第一本是《中国社会各阶级的分析》(1956年3月、1968年重印,印刷册数是15500册,人民币定价0.08元);此后有《湖南农民运动考察报告》(1964年版,人民币定价0.71元;1969年修订,0.18元,总印刷册数是12705册);《反对本本主义》(1969年,64开,33页,人民币定价0.08元,总印刷册数是13405册);《怎样分析农村阶级?》(1969年,64开,10页,总印刷册数是11505册);《关于蒋介石的声明》(1968年,64开,19页,人民币定价0.08元,总印刷册数是27410册);《全世界人民团结起来,打倒美国侵略者及其一切走狗!》(1970年,8页,64开,人民币0.05元,总印刷册数16212册)等共有139种。印发量最大的是泰文版《毛主席语录》(1967年出版,总印量170320册),139种毛泽东著作的总印发册数已达到2334018册。

此外还有马恩列斯著作7种,如《共产党宣言》(1974年出版,泰文版印发5575册),列宁的《论国家》(1975年出版,泰文版印发8024册),7种总共泰文版印发量为45219册。

理论政治83种,如刘少奇的《在庆祝中国共产党成立四十周年大会上的讲话》(1963年出版,泰文版印3000册),林彪的《人民战争胜利万岁——纪念抗日战争胜利二十周年》(1966年出版,泰文版印发8705册),83种总印发量达到263116册。

国情介绍6种,如郑实著的《中国经济概况》(1975年出版,泰文版印发1275册),翟边著的《中国文化简况》(1975年出版,泰文版印发1215册),《红旗渠》(1976年出版,泰文版印发3824册),6种国情介绍图书总印发量是9372册。

最为引人注目的是新时期中国文学艺术作品有61种,在泰国华侨以及当地读者中引起很大反响。其中有儿童读物29种,如王叔晖创作的儿童连环画《孔雀东南飞》(1957年出版泰文版,印发4320册)、《西厢记》(1962年出版泰文版,印发1210册),这在今天已经成为连环画收藏者追逐的上上品。顾笑呆画的《秦香莲》(1962年出版泰文版,印发1190册),钱笑呆等画的《孙悟空三打白骨精》(1964年出版泰文版,印发4025册)。现当代小说有21种,如《中国短篇小说九篇》(1966年出版,泰文版印发1150册),《鲁迅小说选》(1976年出版,泰文版印发3024册),陆柱国著的《上甘岭》(1973年出版,泰文版印发1285册),冯志的《敌后武工队》(1977年出版上册,印发1524册,1979年出版下册,印发1024册),《闪闪的红星》(1974年出版泰文版,印发1575册),《小兵张嘎》(1975年出版泰文版,印发2096册)。摄影画册有11种,如中国摄影杂志社编辑、外文出版社出版的泰文版《中国风光》(1962年出版,印发600册),外文出版社编辑出版的《越南人民必胜,美国侵略者必败》(1965年出版泰文版,印发1600册)。文学艺术类61种总印发量达到113161册。

从1956年至1987年近30年里,仅外文出版社一家就出版发行泰文图书286种,占中国出版泰文图书总品种446种的64%。全国其他出版单位出版的泰文读物,约有160种,主要以明信片、旅游风光、画册等为主。自20世纪80年代后期,泰文图书出版逐渐走向低潮,代之以周期更短、传播信息更为及时的泰文版《中国画报》出版发行。根据新中国成立后专门从事海外书刊发行的机构——中国国际书店的记载,泰国的銮洲书店是第一家从新中国购买书刊的书店,购买的是新中国出版的《水浒传》连环画,同时还有《人民画报》。不久銮洲书店又介绍了泰国的民族商人韦提雅巴嚷书店(Vityabarran·Book House)与中国国际书店建立贸易联系,上述具有浓厚意识形态特色泰文版图书就是通过这些渠道源源不断地发行到泰国各地。受到中国出版泰文书刊的影响,一些泰国当地书店还自发重印、翻印过一些毛泽东著作单篇,如泰文版《实践论》《论人民民主专政》《论联合政府》,等等。总之,传统中国与当代中国的影响杂糅,这是中泰文化交往第二个历史时期的主要特征。

五、多元化新时期,中国当代文学失去了影响力?

中国文化对泰国影响的第三个时期应为1975年至今,这是一个平等、互惠、多样、多元的全方位往来的历史时期。1975年7月1日，中国与泰国建立外交关系，此后江泽民、李鹏、胡锦涛等中国领导人先后访泰。2000年后泰国诗丽吉王后代表普密蓬国王对中国进行访问。此后，泰国哇集拉隆功王储、诗琳通公主、朱拉蓬公主等王室成员多次访华。

1975年中泰建交之后是一个重要的分水岭。尽管泰国政府对华文教育以及华文书刊的管制到1990年之后才放宽，但中泰建交后无论是中国历史文学作品还是现当代文学作品的引进与翻译，政治氛围相对宽松。一些王室成员也加入到中国文学作品的翻译与引进队伍中。比如，诗琳通公主不仅翻译了中国唐代的诗歌，还翻译了巴金的小说《爱尔克的灯光》和中国当代作家王蒙的《蝴蝶》以及女作家方方的小说《行云流水》，诗琳通公主因此在2000年被中国教育部授予"中国语言文化友谊奖"。这是一个重要的文化现象，标志着泰国社会重续历史前缘，文学接受习惯与步伐进一步向中国当代文化靠近。

中国传统文学作品一直是泰国文化消费的基本底色，这在多样化、多元化交流的新世纪体现得更为明显。中泰建交后的1975年就出版了《红楼梦》节译本，由瓦叻塔、台吉功两位泰文翻译家根据王际真的英译本节译的。但这个译本受到许多华裔以及泰国懂中文的上层批评，为了弥补这个节译本的不足，泰国著名诗人他威·瓦拉迪洛和北京大学毕业的夫人合译全本《红楼梦》，这是泰国文坛继1809年、1825年两次翻译《红楼梦》之后的第三次翻译，无奈不久又告停。

根据北京外国语大学亚非学院副院长白湻老师的介绍，泰国对中国的《论语》《道德经》《庄子》《孙子兵法》等传统经典作品，在新时期几乎每年都有新译本出现且长盛不衰。李白、杜甫、王维、苏轼等唐宋诗歌，差不多年年有新译本。一些佛教经文，如《金刚经》《坛经》等在寺院中广为传播。最值得一提的是普通人心理修炼的读物《了凡四训》更是广为人知，泰国的上百家出版社差不多都出版过泰译本，按照每版3000册计算，发行量每年超过30万册，成为与《三国演义》影响接近的超级畅销书。中国近几年一些具有历史演义背景的电视剧和电影，如电视剧《还珠格格》、张艺谋的电影《英雄》等，许多泰国观众每集必看，而且如醉如痴。一些电影评论杂志对张艺谋的追捧都不知用何种语言来表述，就在每行文字里反复重复"张艺谋、张艺谋、张艺谋！"可见中国传统历史文化以及历史演义文学在当代泰国的影响依然十分巨大。

北京外国语大学的邱苏伦教授近年集中精力完成了玄奘法师《大唐西域记》的泰文翻译工作。《大唐西域记》是蜚声中外的名著,在宗教、历史、文化交流、考古等方面具有极高的学术价值。该书泰文译稿2003年完成后得到泰国著名学术刊物《文化艺术》主编、泰国著名历史学家素吉·翁铁的赞赏,并由《文化艺术》所属的民意出版集团2004年出版发行,首印3000册,2006年又再版发行3000册,受到泰国民众的热烈欢迎。该译本是《大唐西域记》第一个泰文全译本,也是第一个由中国学者独立完成的外文全译本。根据白湁老师的介绍,邱苏伦教授已经动笔翻译《洛阳伽蓝记》《五灯会元》等带有一定佛教色彩的中国传统经典作品。

在中国现代文学方面,在1975年之前私下翻译不能得以出版的一些作品,又得到重新传播。下面是笔者根据所见到部分中文文献整理出来的目录:

鲁迅的作品:

《阿Q正传》,第一个译本是1952年有昑察·班差猜译本,并在1973年由曼谷卜批出版社再版,151页;第二个译本是由张·陈翻译,1975年曼谷明光出版社出版,156页;第三个译本由阿尼瓦翻译,1975年曼谷集团学院出版社出版,125页,并在1984年由曼谷新青年出版社再版;第四个译本是由玛尼·吉般中翻译,1997年由曼谷健心出版社出版。

《呐喊》(鲁迅的短篇小说集),1978年由泰国烛焰出版社出版,385页。

《野草》,由庞雷·康良翻译,1977年由曼谷朱拉隆功大学出版社出版,501页;1980年由交竹林(又译"三簇竹林")出版社再版。

《伤逝》由素帕尼翻译,1987年由曼谷南美出版社出版,104页。

《狂人日记》由1976年曼谷佳壬育出版社出版,189页;该译本1978年曼谷少年出版社再版,431页。

《鲁迅优秀小说》,由阿丽·莉维拉翻译,1979年由曼谷照耀出版社出版,270页。

《鲁迅小说全篇》,由巴功·林巴努松翻译,2003年由曼谷合艺通常出版社出版,383页。

一些研究鲁迅的理论译著,也被引进到泰国。如《走进鲁迅》(中文作者不详),由纳瓦冲翻译,1974年由曼谷男青年出版社出版,该社同年还出版了《鲁迅的生平与作品》,148页。1981年由素帕·西里玛暖等四人合译的《阿Q与鲁迅思想》(中文作者不详)一书由泰国曼谷花草(又译为"小草")出版社第四次再版,168页。根据《祝福》改编的话剧在曼谷上演,颇受瞩目。由他伟旺翻译的《鲁迅诗歌》,2000年由曼谷健心出版社出版,198页。

茅盾的作品:

1979年交竹林(又译"三簇竹林")出版社出版了朱丽叶(化名)翻译的茅盾小说《秋收》,72页。

1980年交竹林出版社出版了由吉滴玛·翁腊塔(又译为"吉迪玛·阿模勒塔")翻译的茅盾小说集《残冬》,书中有茅盾的《残冬》《秋收》《春蚕》《林家铺子》等名篇,共231页。

1995年曼谷健心出版社出版了由寿沃坡(泰文音译)、阿拉亚合译的《子夜》,671页。

巴金的作品:

1980年8月,泰国纳帕拉出版社出版了巴金的中篇小说《死去的太阳》,由哲·探玛琅沙旺和沃·威拉差合译,224页,初版印发3000册。

1980年9月,哲·探玛琅沙旺和沃·威拉差合译的《毁灭》由诺帕腊出版社出版。

1981年4月,加杜加出版社出版了巴金的《灭亡》,由维瓦隆宛塔纳翁和哲·探玛琅沙旺合译,254页。

1981年,曼谷度假出版社出版了由博皮莱·叻泰和哲·探玛琅沙旺合译的《新生》,224页。

1982年,曼谷爱戴书信出版社出版了由纳提·阿鲁诺泰翻译的《寒夜》,392页。

1982年,曼谷小草出版社出版了由纳雷亚翻译的《春》,804页。

1982年泰国纳帕拉出版社出版了由阿尼瓦翻译的《家》,615页,此书发行后,深受读者欢迎,不久改编成电影,参加了1987年在莫斯科第十五届国际电影展。

1985年,曼谷奔差出版社出版了由谭国安翻译的《春天里的秋天》,

243页。

2005年曼谷南美出版社出版了诗琳通公主翻译的《爱尔克的灯光》,19页。

老舍的作品:

老舍的作品最早进入到泰国的是《骆驼祥子》,最初书名以《拉车的人》被引进,此后中国外文出版社1985出版了老舍小说集《月芽儿》,在泰国发行。2007年,同名小说《月芽儿》的第二个译本,不是老舍小说集,而仅是小说单篇,由阿尼瓦翻译,曼谷书界出版社出版,88页。

1993年,曼谷合力出版社出版了《骆驼祥子》的第二个泰文译本,名为《骆驼祥子——平民的命运》,376页。

2001年,朱拉隆功大学媒介集团出版了由必达·俄克拉捷翻译的《茶馆》,72页。①

除了鲁迅、茅盾、巴金、老舍等著名现代文学作品外,还有郭沫若的《奔流》等文学作品也被翻译引进。受到中国出版大量毛泽东著作的影响,泰国先锋出版社还出版了泰文版《毛泽东诗词》,译者是巴柏·维赛塔,音调铿锵,韵味十足,并把中国诗词与泰文律诗作了比较。1980年9月,泰国文学出版社还出版了《周恩来诗选》,译者是他维巴温。

除了一些文学作品的交流之外,中国书画、美术、工艺、陶瓷等方面拓展交流也日渐密切。1980年3月国图公司(由中国国际书店更名)开始派员参加一年一次的泰国书展,一直持续到1985年。1985年后除定期参加每年3月在曼谷举办的国际书展之外,还增加了书画、艺术品展览。比如1985年4月22日至26日与泰国陶松斋书画艺术公司、广大国际贸易公司联合举办中国画家陈政明的中国画展览等。

1987年11月20日至28日《中国画报》(泰文版)试刊,取得成功后于11月(11期)正式在泰国创刊,在香港印刷,港澳地区总代理为香港和平图书有限公司,泰国总经销为泰国南美公司。泰国南美公司每期包销泰文版5000

---

① 资料来源:马祖毅、任荣珍:《汉籍外译史》,湖北教育出版社2003年版,第625页;[泰]罗敏慧:《中国现代文学在泰国的流传研究》,华侨大学硕士论文。

份,香港和平书店按照港元7元定价,南美公司享受2.5元净价优惠包销。《中国画报》泰文版出版,更进一步增加了中国书刊在泰国的影响。曾经在各大书店、图书馆均能见到这本介绍宣传中国当代变化的杂志。但遗憾的是,《中国画报》在1990年代末期因经费问题不得已停刊。

2002年,云南省委外宣办主办泰文版《湄公河》杂志创刊,大16K,全彩色铜版纸印刷,每期定价10元,在泰国设有300多处销售点。中国驻泰国大使馆和清迈、宋卡总领事馆以各种方式赠送给泰国政要、皇室成员、各级官员、佛教主持。在泰国发行8300余册。成为唯一在泰国发行的中国杂志。2008年10月《湄公河》与泰国传媒暨探索有限公司合作,在泰国注册发行,该刊进入了泰国报刊发行的主渠道,深受泰国广大读者的欢迎和好评。2009年12月24日,《湄公河》杂志在泰国曼谷成功举办"泰国首届学唱中文歌曲大赛",受到中泰两国的高层关注。

2007年8月30日,高等教育出版社在第十四届北京图书博览会现场举办了"泰国中小学体验汉语教学资源合作出版签约仪式"。"泰国中小学体验汉语教学资源"项目涉及中小学汉语教育系列教材近百种和泰国20所学校的数字化整体解决方案,这是中国编写的对外汉语教材首次大规模进入国外主流教育体系。据泰国教育部基础教育委员会统计,从2007年开始,已有15万名泰国中小学生使用了这套全新的汉语教材学习汉语①。

新世纪的中泰文化往来,呈现一个多元化、多样化的局面。但有一个值得关注的现象是,在新时期的中泰文化交往过程中,中国当代文学严重缺位。比如自1982年至2008年,中国长篇小说的最高奖项茅盾文学奖已经有30多部作品,但泰文译本很少,只有王蒙、张贤亮等少数作家的零星短篇、中篇作品得到翻译引进,自20世纪90年代至21世纪的第一个十年,中国当代文学作品被引进翻译的数量很难与鲁迅、茅盾等现代作家相比,更无法超越《三国演义》等历史经典文学作品对泰国持续几百年的影响。

中国当代文学是否失去了影响力,这是一个大问题,不是本文所能回答

---

① 中国新闻出版总署网站:《中国出版走出去》专栏 http://www.gapp.gov.cn/cms/html/21/1066/List-1.html。

的。但通过梳理中国文学在泰国 200 多年的影响历程来看,当代文学确实还没有一部作品能够在泰国产生较大的影响。这足以引起学界深刻反思:21 世纪的中国如何才能够在文化方面重新焕发活力,创造出已有的灿烂和辉煌?文化大国"软实力"的建设应该从哪里开始起步?对于像泰国这样在各个方面都深受中国历史文化影响的国家,在近 200 年内不仅出现过"三国演义"时期,还有鲁迅时期、金庸时期,毫无疑问,历史传统的内容无疑能够找到共鸣,但无法包容新世纪的探索与实践。一个确定的结论是,文化大国建设绝不仅是对已有历史文化的重新诠释,而是要在传统基础上大胆进行既具当代价值又具有世界意义的创新发展,这恐怕是摆在当代文化界迫在眉睫的历史重任。

(本文原发表在《济南大学学报(哲学社会科学版)》2011 年第 6 期)

莫言作品的世界影响地图

——基于全球图书馆收藏数据的研究视角

莫言获得2012年诺贝尔文学奖,无疑是中国文学出版的一件大事,对于中国出版走出去,更具有标志性的意义,此时认真研究莫言作品的世界影响因素,梳理其逐步获得广泛知名度的路径,对于推出更多的中国文学、艺术名家,对于中国出版走出去具有实实在在的借鉴意义。

图书馆的馆藏对于一本图书的文化影响、思想价值的衡量是严格的,也是检验出版机构知名度、知识生产能力等诸项要素最好的一个标尺。世界图书馆界通常采用某一学科划定若干个核心出版社的评价办法来采购图书,这个办法也被中国图书馆界所广泛采用。因此用莫言中外文作品的全球图书馆收藏数据来衡量其世界影响力,是一个经得起推敲的评估标准。

目前能够提供全球图书馆收藏数据的OCLC(Online Computer Library Center, Inc),即联机计算机图书馆中心,属于覆盖范围相对较大的公益性组织之一,总部设在美国的俄亥俄州,成立于1967年。截至2011年底,加盟图书馆数量已达23815家(公共图书馆5051家、大学图书馆4833家、中小学校图书馆8897家、各类政府图书馆1604家、职业学院、社区学院图书馆1074家、企业图书馆1296家、协会机构图书馆661家,其他图书馆297家),涉及全世界112个国家和地区,470多种语言。从图书馆国家分布来看,OCLC的数据还不能做到100%全部覆盖,但可以基本衡量出莫言作品在当今世界的影响范围。本文分别就莫言中外文作品的馆藏数量、出版时间、国家分布等数据给予分析,力争勾画出莫言作品的世界影响地图。

一、莫言作品英译本世界馆藏

本文根据 OCLC 提供的书目数据检索（检索时间为 2012 年 8 月 11 日至 18 日），再结合其他学者的研究①，发现莫言的中外文作品出版已有 355 种，其中中文作品有 250 种，外文品种有 105 种。目前比较确切的数字是法语 27 种，越南语 20 种，英语 17 种，日语 11 种，韩语 7 种，德语 7 种，西班牙语、瑞典语各 3 种，意大利语 5 种，挪威语、波兰语各 2 种，希伯来语 1 种。

本文按照收藏图书馆数量在 30 家以上的品种进行筛选，这样在 355 种中共有 64 种符合条件。限于篇幅，本文只给出了 TOP30 明细，具体如表 1。

表 1 莫言作品世界馆藏量排名 TOP 30

排名	语种	作品名称	译者	出版社	出版时间	馆藏量
1	英语	红高粱	葛浩文	纽约：企鹅集团所属维京出版社（New York：Viking）	1993 年	644
2		生死疲劳		纽约：阿卡德出版社（NewYork：Arcade Pub.）	2008 年	618
3		天堂蒜薹之歌		纽约：企鹅集团所属维京出版社（New York：Viking）	1995 年	504
4		丰乳肥臀		纽约：阿卡德出版社（NewYork：Arcade Pub.）	2004 年	472
5		酒国			2000 年	398
6		师傅越来越幽默			2001 年	357
7		红高粱家族		纽约：企鹅图书（New York：Penguin Books）	1993 年、1994 年	265
8	中文	生死疲劳		北京：作家出版社	2006 年	146
9	英语	莫言短篇小说选		香港：香港中文大学研究中心（Hong Kong：Research Centre for Translations，Chinese University of Hong Kong）	1991 年	130

---

① 刘江凯：《本土性、民族性的世界写作》，《当代作家评论》2011 年第 4 期。

续表

排名	语种	作品名称	译者	出版社	出版时间	馆藏量
10	中文	檀香刑		上海：上海文艺出版社	2009 年	127
11	英语	变	葛浩文	伦敦：纽约海鸥出版社（London：New York Seagull）	2010 年	101
12		酒国	葛浩文	伦敦：企鹅集团所属汉密尔顿出版社（London：Hamish Hamilton）	2000 年	77
13		丰乳肥臀	葛浩文	伦敦：梅休因出版社（London：Methuen）	2004 年	76
14		师傅越来越幽默	葛浩文		2001、2002 年	75
15		天堂蒜薹之歌	葛浩文	伦敦：企鹅集团所属汉密尔顿出版社（London：Hamish Hamilton）	1995 年	75
16	中文	红耳朵		沈阳：春风文艺出版社	2003 年	69
17		白棉花		中国台湾：麦田出版有限公司	2001 年	66
18		酒国		中国台湾：洪范书店有限公司	1992 年	64
19	英语	天堂蒜薹之歌	葛浩文	纽约：企鹅图书（New York：Penguin Books）	1996 年	64
20		师傅越来越幽默	葛浩文		2001、2003 年	63
21		天堂蒜薹之歌	葛浩文	伦敦：梅休因出版社（London：Methuen）	1995、2006 年	58
22		丰乳肥臀			2005、2006 年	58
23	中文	丰乳肥臀		北京：作家出版社	1996 年	56
24		拇指扣（合集）		南京：江苏文艺出版社	2003 年	54
25		酒国		南海出版公司	2000 年	51
26		十三步		中国台湾：洪范书店有限公司	1990 年	50
27		美女倒立		中国台湾：麦田出版有限公司	2006 年	49
28		丰乳肥臀		北京：中国工人出版社	2003 年	49
29		梦境与杂种		中国台湾：洪范书店有限公司	1994 年	49
30		红高粱家族		中国台湾：洪范书店有限公司	1988 年	45

表1可以发现三个问题,一是莫言英文版的作品馆藏量最多,意味着其影响力超过了其他品种。排名前7名的均是英文版,分别是英文版《红高粱》《生死疲劳》《天堂蒜薹之歌》《丰乳肥臀》《酒国》《师傅越来越幽默》《红高粱家族》,馆藏量分别是644家、618家、504家、472家、398家、357家、265家,分别由企鹅集团和它所属美国维京出版社(New York:Viking)、美国纽约阿卡德出版社(New York:Arcade Pub)出版,译者均是葛浩文。中文作品只有一本进入前8名,为作家出版社2006年出版的《生死疲劳》,馆藏量为146家。中国大陆的上海文艺出版社、春风文艺出版社、江苏文艺出版社、南海出版公司、中国工人出版社分列前第10名、第16名、第24名、第25名、第28名,位列第23名的是作家出版社的《丰乳肥臀》,即在莫言作品馆藏TOP30的排名中,作为中国文学出版的重镇,作家出版社有两本上榜。而中国台湾的两家出版社出版的5种中文繁体版也进入了排名。

依据上表的全球馆藏数据,可以确定是莫言的英译作品为其赢得了广泛的世界影响,而莫言的法语、德语、日本语、越南语等其他翻译作品则没有上榜。如果再把上表中的数据由30种扩大到64种,则法语和越南语均有一种上榜,上榜作品都是《生死疲劳》的法语版、越南语版,出版社是法国巴黎的埃德杜出版社(Paris:Ed.du Seuil)和越南的妇女出版社(Ha`Noˆi:Nha`xuaˆ't ba'n Phụ nư~),出版时间为2009年、2007年,馆藏量为33家和32家,排名分列第57名、第63名。德语、意大利语、瑞典语、挪威语、波兰语等作品均未上榜。

日本语、越南语作为区域语言不用说,但是法语、德语这些欧洲语言,在中国出版界心目中长期是与英语等量齐观的,但从莫言翻译作品的馆藏数据来看,其影响并不如中国出版界期待中的那样大。这从另外一个角度提醒中国出版界,在今天真正具有世界级影响力的语言方阵中,队形排列在悄悄发生变化,传统认知可能已经过时了。

二是与上一个问题相关,莫言英语作品的集中度非常高,显示了市场运作的高效和成熟,相应其传播范围也广,认知接受度也最高。所谓市场集中度,指的是在某一特定市场上,某一产品的竞争能力越强,在市场上所占市场份额也就越大,表明规模经济水平和企业的效率越高。由表1可以发现,莫言英译作品有17种,但仅有5家出版社,其中企鹅集团(含集团下属的美国维京出版社、英国的哈米什·汉密尔顿）合计出版了 6 种，属于英国联合出版集团的梅休因出版公司（Methuen）一家就出版了 5 种，美国的阿卡德出版公司（NewYork：Arcade Pub）出版了 4 种，英国的海鸥出版社（London；New York Seagull）和香港中文大学各出版了 1 种。实际上莫言作品的英文版就控制在美、英两国的大出版集团手中，企鹅集团一家出版社 6 个品种的收藏图书馆数量就达到 1629 家，美国阿卡德出版社的 4 个品种收藏图书馆数量达到1845 家。

而反观莫言作品的中文出版，共有 13 个品种，却由中国大陆的作家出版社、上海文艺出版社、春风文艺出版社、江苏文艺出版社、南海出版公司、中国工人出版社、中国台湾麦田文化、中国台湾洪范书店等 8 家出版，除了中国台湾洪范书店出版了 4 种，中国大陆作家出版社、中国台湾麦田文化各出版 2 种外，其余出版社均为 1 种，8 家出版社的莫言图书在全球图书馆收藏家数为 875 家，仅仅是企鹅集团一家出版社的一半。这也从另一个角度验证了中文出版在世界上的地位：规模小、实力弱，市场集中度低，无法与西方出版集团相抗衡，自然中文的影响力就要远远弱于英语。

这一点也可以通过莫言获得诺贝尔文学奖之后，西方主流媒体对莫言作品的提及率上得到验证。纽约时报网站在 2012 年 10 月 11 日刊发的评论文章里，提到了《生死疲劳》，另一篇文章里提到了《师傅越来越幽默》《天堂蒜薹之歌》《红高粱家族》；华尔街日报网站的文章里提到了《生死疲劳》和《丰乳肥臀》；美国《基督教科学箴言报》刊发的文章里提到了《丰乳肥臀》《蛙》《红高粱家族》《生死疲劳》；英国金融时报网站刊发的文章中提到了《酒国》，德国之声电台网站刊发的德国法兰克福大学教授罗特雅·维普曼的文章里提到了《酒国》。可见，莫言获得西方社会广泛认知的作品，完全是进入馆藏排名前10 名的英文作品。

三是尽管中文无法与英文相抗衡，但莫言作品的中文版作品馆藏量排名却超过法语、德语，表明中文图书在国际上的影响力在逐步扩大。在表 1 前 30 排名中，有 13 种中文作品进入排名，分别由 6 家中国大陆出版社和两家中国台湾出版社出版，占整个上榜品种的 40%，如果把表 1 数据进一步扩大到 64 种，则莫言作品的中文版共有 42 种进入排名，占 64 种的 66%。进入全球

30家以上图书馆收藏排名的64种图书,分别由26家中外出版社出版,其中中国大陆出版社13家,美国4家,英国3家,中国台湾3家,中国香港、越南、法国分别是1家。在64种作品的整体排名中,中国出版机构、中文作品上榜数量都占据了绝对的比例,显然大大超过法语、德语等传统认为具有世界影响力的语言译作,表明中文图书在国际上的影响力在逐步扩大。当然这和莫言是中国本土作家、作者用中文创作并用中文第一时间发表作品有关。但通过全球馆藏数据的排名可以清楚地说明,中文图书的国际地位在逐渐提升,已经超过法语、德语,并位列英语图书之后,中国出版已经成为影响世界图书市场的一股重要力量。

这个判断也可以从莫言的另外一本中文图书《生死疲劳》的馆藏数据上得到验证。中国出版的中文图书出口到北美市场,其服务对象长期限于美国、加拿大的一些高校图书馆和研究机构,很少进入北美的主流社会。然而此次本文在莫言中外文作品的馆藏检索中发现,由中国大陆作家出版社2006年出版的《生死疲劳》一书,开始出现在美国一些社区公共图书馆中。比如在美国的加利福尼亚州就有20家图书馆收藏该书,在名单中不仅有美国斯坦福大学、伯克利大学、美国加州州立理工大学、美国盖洛普研究所这些长期收藏中文图书的研究机构图书馆,还出现了像美国阿拉梅达郡图书馆(ALAMEDA CNTY LIBR)、美国阿罕不拉中心图书馆(ALHAMBRA CIVIC CTR LIBR)、美国丘拉维斯塔图书馆(CHULA VISTA PUB LIBR)、美国康特拉科斯塔郡图书馆(CONTRA COSTA CNTY LIBR)、美国克罗纳多公共图书馆(CORONADO PUB LIBR)、美国加州帕罗奥图城市图书馆(PALO ALTO CITY LIBR)、美国帕罗斯佛迪市图书馆(PALOS VERDES LIBR DIST)、美国普莱瑟郡图书馆(PLACER CNTY LIBR)、美国加州萨利纳斯公共图书馆(SALINAS PUB LIBR)、美国加州圣博纳迪诺郡图书馆(SAN BERNARDINO CNTY LIBR)、美国圣莱安德罗社区图书馆(SAN LEANDRO COMMUN LIBR)、美国加州圣马特奥郡图书馆(SAN MATEO CNTY LIBR)、美国加州圣路易·奥比斯堡城市图书馆(SAN LUIS OBISPO CITY/CNTY LIBR)、美国加州圣克拉拉郡图书馆(SANTA CLARA CNTY LIBR DIST)等一批社区图书馆、公共图书馆。这表明中文图书已经开始进入美国人日常生活的社区中,中文图书长期处于边缘化、小众化地位开始发生了改变。

李长春同志在祝贺莫言获得诺贝尔文学奖的贺信中提到,莫言获奖"既是中国文学繁荣进步的体现,也是我国综合国力和国际影响力不断提升的体现",可谓一语中的。语言是一个国家综合实力的体现,从莫言作品的世界影响力来看,有充分理由相信,汉语在中外文化交流中的影响会逐步扩大,中文图书出版在全球文化格局中的地位将愈来愈重要。

二、莫言作品在北美传播范围

限于篇幅,本文只以出版最早的《红高粱家族》英文版(美国维京出版社1993年版)为例,分析该部作品的全球馆藏国家分布,以此勾画莫言作品在全球的传播范围和影响力。具体详见图1。

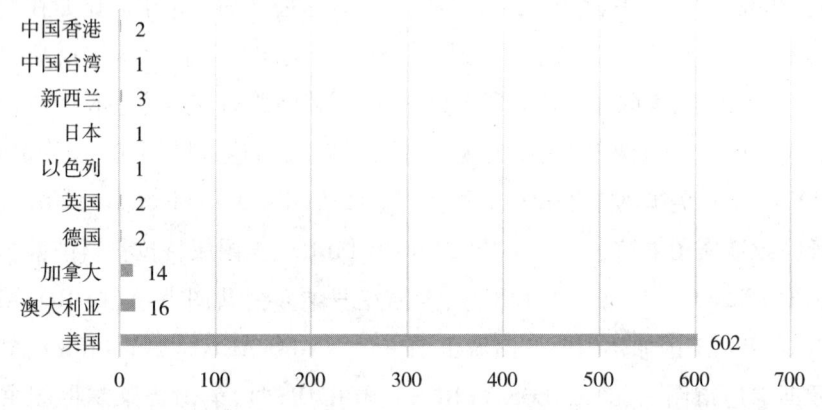

国家/地区	图书馆家数
中国香港	2
中国台湾	1
新西兰	3
日本	1
以色列	1
英国	2
德国	2
加拿大	14
澳大利亚	16
美国	602

图1 收藏莫言《红高粱家族》英文版一书的图书馆国家分布图

检索时间为2012年12月,图中数字为图书馆家数。

由图1可以发现,美国是该书的最大买家,在644家的总量中有602家图书馆收藏,比例高达92%,而澳大利亚为16家图书馆,加拿大有14家图书馆,新西兰有3家图书馆,英国、德国、中国香港分别有2家,以色列、日本、中国台湾分别有1家。

这个数据再次验证了作者对于中国图书海外影响力的总体研究的结论:

就当前中国图书海外市场而言,美国是中国图书的最大买家①,中国出版走出去,其实主要是面对北美市场,而其中最大的市场就是美国。欧洲国家的馆藏数量大大少于北美国家,英国、德国的馆藏量还不及美国的一个州。而作为最早翻译出版莫言作品的法国,法国图书馆界竟然没有一家收藏该书英文版。当然不可能贸然做出这种判断,因为 OCLC 联盟图书馆的覆盖范围有很大局限,但这个数据似乎说明了欧洲图书市场在全世界图书市场格局中所占的份额。莫言《红高粱家族》英文版的全球馆藏数据,再次证明了上文的判断,在中国出版人的心目中,似乎欧洲、英国与美国具有同等重要的地位,但从对于中国图书的关注程度和购买实力来看,其实相差很大。

再看美国收藏莫言《红高粱家族》的 602 家图书馆分布情况,具体如图 2。

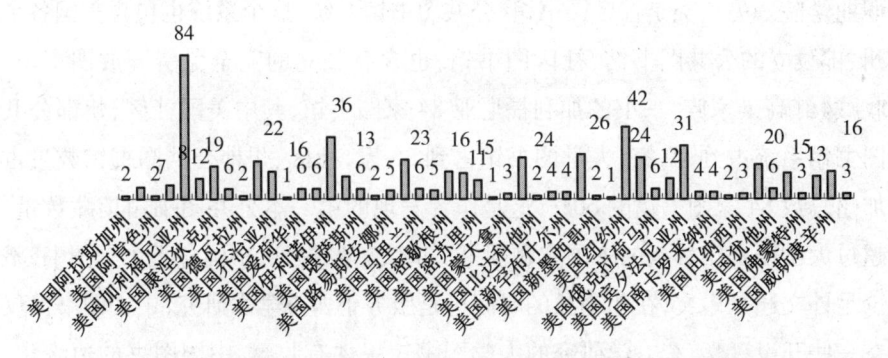

图 2　收藏莫言《红高粱家族》英文版的美国图书馆分布图(602 家)
检索时间为 2012 年 12 月,图中数字为图书馆家数,合计 602 家。

由图 2 可发现,收藏莫言《红高粱家族》一书的美国图书馆,分布在美国 50 个州,其中最多的是美国加利福尼亚州,有 84 家图书馆,其次分别是纽约州 42 家,伊利诺伊州 36 家,宾夕法尼亚州 31 家,新泽西州 26 家,北卡罗来纳州、俄亥俄州各 24 家,马萨诸塞州 23 家,佛罗里达州 22 家,德克萨斯州 20 家,康涅狄克州 19 家,威斯康辛州、密歇根州各 16 家,弗吉尼亚州、明尼苏达州各 15 家,华盛顿州、印帝安纳州各 13 家,科罗拉多州、俄勒冈州各 12 家,密苏里州 11 家,其余 28 个州收藏图书馆数量各在 2 家至 9 家之间,收藏图书馆

---

① 参见作者的《中国图书世界影响力分析报告》,《中国图书商报》2012 年 8 月 28 日。

最少的三个州是夏威夷、内华达、密西西比州,各有1家。笔者注意到,OCLC的图书馆输入时间,是从1993年开始,这就意味着,这本《红高粱家族》在1993年由纽约维京出版社(Viking)出版之后,就被美国50个州的图书馆纷纷购买。

值得注意的是,美国602家图书馆中,其中大部分是社区、州郡的公共图书馆和免费图书馆。限于篇幅,本文无法给出美国602家图书馆的全部数据,只以美国收藏该书最多的加利福尼亚州84家图书馆为例,探讨本书所能够影响的人群范围。

美国图书馆系统种类众多,但一般分为两大类,一类是大学图书馆系统,这个系统包含私立、公立的世界级顶尖大学,也以基础教育为主的社区大学、职业学院。另一类是社区图书馆、公共图书馆系统,这个系统也包含美国各个州、郡设立的公共图书馆、社区图书馆,也含有私立的完全免费开放图书馆。收藏《红高粱家族》一书的加利福尼亚84家图书馆,其中美国社区、州郡公共图书馆系统占到49家,大学图书馆占到35家,社区、州郡公共图书馆数量占加州总数84家图书馆的60%,这是作者发现的第一本公共图书馆馆藏数量,超过大学图书馆数量的中国主题图书。前文曾经提到,中国各类主题图书,不论是外文还是中文,在相当长的时间里是服务于西方学术研究,中文图书仅仅在一些开设汉学、东方学研究的大学图书馆里才有收藏,中国图书的边缘化、小众化的地位,在几百年的时间里没有发生过根本的变化。

但在莫言《红高粱家族》的英文版馆藏名单中,在大学图书馆项目下,此次除了有伯克利大学、加州大学戴维斯分校、欧文分校、洛杉矶分校、河滨分校、圣地亚哥分校、克鲁兹分校、圣塔芭芭拉分校、旧金山大学格里森图书馆、南加州大学等图书馆等这些传统收藏中国图书的图书馆外,还有一些像美国加州萨撒学校图书馆(THACHER SCH LIBR)、美国加州帕萨迪纳城市大学(PASADENA CITY COL)、美国海岸社区学院,橙色海岸学院(COAST COMMUN COL DIST,ORANGE COAST COL)、美国德安扎学院(DE ANZA COL)、美国埃弗格林学院(EVERGREEN VAL COL)、美国加州默塞德学院(HUMBOLDT、MERCED COLL LIBR)等相当一批私立大学、社区大学图书馆加入,这是中国主题图书获得广泛认知的一个标志性变化。社区大学,是美国高等教育的基础,约有1600所,在校生约1000多万人,占美国大学生总数的44%,每年社区大学接纳美国大学新生总数的比例达到50%,莫言这本《红高粱家族》进入社区大学图书馆系统,表明中国主题图书在美国传播范围的扩大。

企鹅出版社的《红高粱》英文版①

更值得欣喜的是,《红高粱家族》一书开始进入美国的社区图书馆、公共图书馆系统,这是以前从未有过的。在加利福尼亚州的馆藏数据中,这些州郡图书馆,大量属于相当于中国县一级开设的公共图书馆和免费图书馆,有相当一部分是中国大陆出版界不熟悉的。如 ALAMEDA FREE LIBR(美国阿拉梅达免费图书馆)、ALHAMBRA CIVIC CTR LIBR(美国阿罕不拉中心图书馆)、CERRITOS LIBR(美国塞里托斯图书馆)、CHULA VISTA PUB LIBR(美国丘拉维斯塔公共图书馆)、CONTRA COSTA CNTY LIBR(美国康特拉科斯塔郡图书馆)、CORONADO PUB LIBR(美国克罗纳多公共图书馆)、El Dorado County Library(美国艾多拉多郡图书馆)、ESCONDIDO PUB LIBR(美国埃斯孔迪多公共图书馆)、FRESNO CNTY FREE LIBR(美国弗雷斯诺郡免费图书馆)、GLENDALE PUB LIBR(美国格伦代尔公共图书馆)、HAYWARD PUB LIBR

---

① 图片来自于亚马逊。——笔者注

(美国海沃德公共图书馆)、MENDOCINO CNTY LIBR(美国门多西诺郡图书馆)、MENLO PARK PUB LIBR(美国门洛公园公共图书馆)、MERCED CNTY LIBR(美国默塞德郡图书馆)、MODOC CNTY LIBR(美国莫多克郡图书馆)、MONTEREY CNTY FREE LIBR(美国蒙特雷郡免费图书馆)、MOUNTAIN VIEW PUB LIBR(美国芒廷公共图书馆)、NEWPORT BEACH PUB LIBR(美国纽波特海滩公共图书馆)、OC PUBLIC LIBRARIES(美国奥兰治郡公共图书馆)、OXNARD PUB LIBR(美国奥克斯纳德公共图书馆)、PALO ALTO CITY LIBR(美国加州帕罗奥图城市图书馆)、PALOS VERDES LIBR DIST(美国帕罗斯佛迪市图书馆)、PLACER CNTY LIBR(美国普莱瑟郡图书馆)、SACRAMENTO PUB LIBR(美国加州萨克拉门托公共图书馆)、SAN BERNARDINO CNTY LIBR(美国加州圣博纳迪诺郡图书馆)、SAN JOSE PUB LIBR(美国圣荷西公共图书馆)、SAN LUIS OBISPO CITY/CNTY LIBR(美国加州圣路易·奥比斯堡城市图书馆)、SANTA CLARA CNTY LIBR DIST(美国加州圣克拉拉郡图书馆)、SANTA MONICA PUB LIBR(美国加州圣莫尼卡公共图书馆)、SIGNAL HILL PUB LIBR(美国加州信号山公共图书馆)、SOLANO CNTY LIBR(美国加州索拉诺郡图书馆)、SONOMA CNTY LIBR(美国加州索诺马郡图书馆)、TORRANCE PUB LIBR(美国加州托兰斯公共图书馆)、VENTURA CNTY LIBR(美国加州文图拉郡图书馆)、WATSONVILLE PUB LIBR(美国沃森维尔公共图书馆)、WOODLAND PUB LIBR(美国伍德兰公共图书馆)、YOLO CNTY LIBR(美国约洛郡图书馆)、YUBA CNTY LIBR(美国尤巴郡图书馆),等等。

美国的公共图书馆、社区图书馆遍及全美每个社区,星罗棋布、高度发达的社区图书馆是美国社会的一个鲜明特征,也是每一个美国普通人进行文化活动的基本场所。它提供给社区各个层面的人群以不同的服务,如儿童可以把社区图书馆、公共图书馆当作放学后的安全之所,社区老人把它当作排解寂寞之处,成年人把它当作自我完善之地,就是大批来美国的新移民也把它当作融入美国社会的第一课堂。有学者统计,截止到2011年在美国122101所各类图书馆中,公共图书馆达到9221所,约每18400人就拥有1所图书馆。68%的美国人拥有公共图书馆的读者证,比持Visa卡的人数还多。美国公共图书馆每年接待约15亿人次到馆访问,人均年到馆5.1次,馆藏年总流通量

227754.9万册(件),人均年借阅馆藏7.7册(件)①。莫言的《红高粱家族》进入美国公共图书馆系统,能够与普通美国人密切接触,证明其传播范围之广,恐怕超过了此前任何一本中国图书,表明中国主题图书已经进入了美国主流社会,中国文化的影响已经深入美国民间。

三、对于中国出版"走出去"的启示

本文基于OCLC的书目数据,通过莫言中外文作品世界馆藏量和收藏图书馆的国家分布,粗线条地勾画出莫言作品的世界影响地图,即莫言已出版的中外文作品中,英语作品馆藏数量最多,影响力也最大,而传播范围最广、认知度最高的国家地区仍然是美国、加拿大、澳大利亚等地区。莫言作品的法语、德语译作影响力并没有国人心目中的那么大,反倒是中国出版的中文作品在全世界馆藏数据的排名中有大幅提升。

梳理莫言作品获得世界影响的历程可以发现,莫言1986年出版中文版《红高粱家族》时,并没有引起海外的注意,1988年张艺谋改编自该部作品的电影《红高粱》获得柏林金熊奖之后,才有中国台湾洪范书店在当年出版了中文繁体版《红高粱家族》,两年后的1990年才有了这部作品的法文版,三年后的1993年才推出英文版、德文版。此后随着莫言作品翻译的不断增多,影响愈来愈大,并逐步获得一系列国际奖项,如2001年获得过法国"LaureBataillin外国文学奖"、2004年获得"法兰西文化艺术骑士勋章"之后,2005年获得意大利"NONINO国际文学奖"、2006年获得日本"福冈亚洲文化大奖"及美国"纽曼华语文学奖"等国外奖项。电影带动作品翻译,外译作品影响逐渐扩大,最终获得诺贝尔文学奖,这是莫言作品走向世界的一个大致路径。

从进入全球30家以上图书馆收藏排名的64种作品出版时间来看,在1989年至2009年的20年间,其中经历两个出版高峰,一是1993年至1996年,二是2000年至2005年。这两个年度出版最多时间段正是莫言作品改编

① 徐大平:《美国公共图书馆发展现状及启示》,《图书馆建设》2011年第11期。

影视剧,或者获得一些国际性奖项最多时间。2000年达到年度出版7种,其次是1993年、2001年、2002年、2005年,分别是年度出版6种,再次是1992年、2003年、2004年,分别是年度出版5种。具体详见图3：

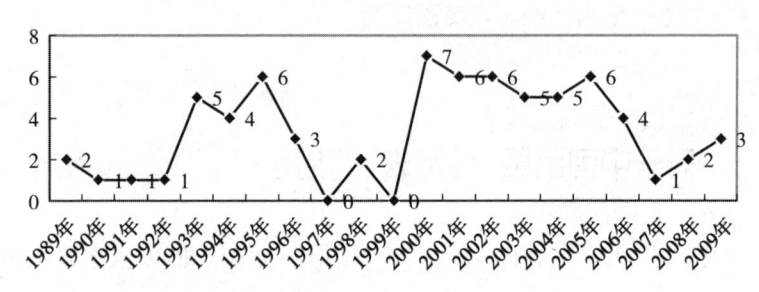

图3　莫言中外文作品的出版走势

检索时间为2012年12月,图中数字为种数,含再版。

由于莫言作品改编的电影获得国际大奖的推动,才使其开始步入国际文坛,此后逐步获得了广泛的世界知名度,而维京出版社1993年出版的《红高粱家族》英文版,也是在这个时候广泛地进入美国社区图书馆、免费图书馆、大学图书馆系统的时间相吻合。

可见,莫言走向世界文坛路径的起点是从20多年前的1990年开始的,截止到2012年获得诺贝尔文学奖,已经过去了22年,这差不多是一代人的时光。值得提出的是,从上文的梳理中可以发现,莫言尽管是中国本土作家,创作语言是中文,但获得世界级知名度的却是翻译成英文的少数作品,所获得的世界影响却不是由中国出版传媒所带来的,而是最先由电影带动,并借助世界出版巨头企鹅集团的影响才实现的。而这个目标的获得,就用了22年的时间。这对于中国出版人而言,除了承认中文还不具有英语那样强大的世界影响力之外,还有一丝无可奈何。因此,在现有世界文化格局中,中国出版"走出去",要想获得预期的世界影响力,其实还有漫长的路要走。

(本文原发表在《中国出版》2012年第11期)

由《解密》的海外热销看欧美对于中国当代文学的"接受屏幕"

所谓接受屏幕,原为计算机术语,指的是只有通过一定的程序编码输入之后才能在计算机屏幕上显现所要输出的结果,后来被传播学借用,其意义主要是传播者所要传播的信息必须要经过一定过滤才能抵达受传者那里,使受传者已有的教育、文化、语言以及历史知识等形成一个综合信息过滤系统,这个信息接受前的过滤被称之为"接受屏幕"。

事实上,中国文学在欧美世界的传播史,就是欧美学术界按照西方文化价值观解释、评价中国文学的历史。在学术研究、出版机构、媒体评论甚至大众书店、读者口碑等几个层次,共同形成了对中国文学的"接受屏幕"。其核心层次往往是从学术界开始形成解释中国文学的基本理论和观点,这些观点再凭借欧美主流大众传媒的传播进一步放大,最后影响读者的阅读选择,再反过来间接影响出版机构的选题投入。可以说近 400 年的中外文化交流史,差不多都是西方文化中心主义的视角对于中国文化的重新"发现史"。特别是近些年,随着中国综合国力的日益增强,中国日益走进欧美舆论的中心地带,一些率先由西方"发现"中国当代作家、当代作品的频率也似乎越来越快,"墙外开花墙内香"似乎已经成为中国当代文坛波澜不惊的一个惯例。图书出版界乐见其成,而本土文学批评界则呈现集体失语,使得中国文学批评的话语权,基本掌握在欧美的学术界手里。

那么,这种以"西方发现"为核心的"接受屏幕"到底是一个什么样的话语逻辑?为了更清楚地发现其主要特征,笔者一直跟踪麦家《解密》的英文版、法文版和西班牙文版一年来海外的传播历程,收集自 2013 年下半年开始至2014年底,西方主要学术媒体所刊发的书评和大众媒体所关注这部作品的报道要点,在这里汇集成文,以此提醒中国学术界掌握中国文学批评话语权的重要性,并为今后中国当代文学加大在欧美世界的出版与传播起到参考作用。

一、欧美大众媒体的传播视角

本文梳理了英国企鹅出版集团和美国FSG出版公司,自2013年6月推出《解密》英文版之后,在长达八个月的宣传日程以及主流传媒的推广要点。具体如表1。

表1 《解密》作品在欧美报纸、电视台宣传、市场推广一览表①

时间	日期	推广事项	关键词摘要
2013年9月	10日—17日	英国企鹅出版社总部派出摄像和编辑,从伦敦飞到杭州,为麦家拍摄宣传片。	
2013年12月	23日	美国《BOOKLIST》刊载内容介绍、封面	"小说的结尾令人痛心而发人深省,让读者开始思考密码世界中的集体智慧。才华横溢的作者给英语读者展现了一块中国文化瑰宝"。
	27日	美国《纽约时报》派出记者及摄影师从美国飞抵杭州,专访麦家	
	29日	英国《伦敦书评》刊登书评文章。	
	30日	美国《华尔街日报》派出记者从香港飞到杭州,专访麦家。	

① 笔者根据表中相关报刊网站等资料整理,来源分别详见相关报刊网站。

由《解密》的海外热销看欧美对于中国当代文学的"接受屏幕"

续表

时间	日期	推广事项	关键词摘要
2014年1月	25日	英国《泰晤士文学增刊》刊登书评。	"小说《解密》于微妙与复杂中破解秘密、探索政治、梦想及其意义……从奇特而迷信的开始到二十世纪社会进步中容氏家族的逐步衰落，全书引人入胜……然而，释卷之后，揭示人性的复杂才是本书永恒的旨趣之所在……上世纪八十年代中国文坛出现了莫言、苏童、余华、王安忆等一大批优秀作家，但从新世纪以来中国文坛崛起的只有一个作家就是麦家"。
	26日	英国《星期日独立报》刊登书评。	"《解密》是一部引人入胜和非同寻常的作品，也许我们的身边有许多像容金珍一样未曾被发现了解的英雄人物"。
	27日	英国《泰晤士文学增刊》刊登书评。	
2014年2月	2日	英国《卫报》刊登书评。	"不出意外，当你看完《解密》，一定会让你想阅读更多麦家的作品"。
	2日	英国《观察家报》刊登书评。	"麦家有一种独特的叙述语言，他描述了一个冷漠的主人公为了一个尚未解密的目标挣扎的故事，而这些故事正是他和战友们在中国战后时期留下的剪影"。
	14日	英国《独立报》刊登书评。	"《解密》是一部让人沉迷并爱不释手的非同寻常的小说"。
	15日	美国《华尔街日报》刊登书评。	"《解密》的可读性和文学色彩兼容包并，暗含诸如切斯特顿、博尔赫斯、意象派诗人、希伯来和基督教经文、纳博科夫和尼采的回声"。
	16日	英国《出版人周刊》刊登书评。	"《解密》通过独特的视角和灵感的叙述，与复杂的数学理论巧妙交汇，为读者讲述了一个引人入胜的故事"。
	20日	美国《纽约时报》刊登长篇专访稿。	"麦家在作品中所描述的秘密世界，是大多数中国人并不所知的，外国人更是一无所知，并援引哈佛大学东亚系教授王德威的评论：麦家的小说艺术风格'混合了革命历史传奇和间谍小说，又有西方间谍小说和心理惊悚文学的影响'"。
	26日	美国《世界日报》刊登新闻。	

续表

时间	日期	推广事项	关键词摘要
2014年3月	1日	英国、美国开始预售麦家《解密》,并正式投放广告宣传片。	
	5日	英国《每日电讯报》刊登书评。	"《解密》很好的将一九四九年前后的中国,及中国在世界历史上所扮演的角色和地位生动地描绘了出来。这个令人惊喜万分的故事不仅着重描写了容金珍以及他家族的那些数学天才们,还以令我们熟知的角度重新梳理了那段历史"。
	7日	麦家应邀参加北京"老书虫"国际文学节,与海外媒体及读者见面交流。	
	10日	美国著名书评网站bustle介绍麦家和《解密》一书。	
	15日	英国BBC电台在《星期六》书评栏目介绍《解密》一书。	"《解密》是部伟大的小说……麦家是你尚未知道的全世界最成功的作家"。
	15日	英国《泰晤士报》刊登书评及麦家专访。	"麦家的天才智慧并不只是他在叙述故事的技法上,而更是将一个迷宫般的传奇、人物不幸的境遇、和最终非常规的陨灭写的那么动人。麦家打破了中国作者在国内畅销而在国际无声的窘境,成为了当下全球炙手可热的作家"。
	18日	英国企鹅总部和美国FSG出版社在全球21个英语国家同步上市英文版《解密》。	
	18日	中国《环球时报》(英文版)刊登麦家长篇专访稿。	
	20日	《亚洲周刊》刊登麦家长篇专访稿。	"给世界展示一个不一样的中国作家:中国谍战之父麦家走向国际"。
	24日	英国《经济学人》周刊刊载专访。	文章标题为"一本每个人都该读的中文小说",文章第一句话是:"终于,出现了一部伟大的中文小说"。

由《解密》的海外热销看欧美对于中国当代文学的"接受屏幕"

续表

时间	日期	推广事项	关键词摘要
2014年3月	25日	美国《纽约时报》书评栏目刊登书评。	"我看过大量高品质的中国小说，但这是其中唯一一本具有真正迷人的特质作品，它把读者带入一个高度专业化和针对性的世界，从中不难发现我们自己的身影"。
	28日	英国《金融时报》刊登书评。	"麦家的写作结合了博尔赫斯和纳博科夫的特点，而且令人惊喜的是，《解密》是一部完全独创的文学类型——将谍战小说、历史元素和数学逻辑学术融合成了一个具有震撼力的整体"。
	28日	美国《新共和》杂志刊登书评。	"正如麦家对爱国主义解码者的描述所暗示的那样，容金珍可以被奉为中国式英雄"。
	28日	美国《芝加哥报》刊登书评。	"如宫崎骏的最新电影《起风了》一般，麦家的《解密》探索一个天赋异禀的天才，他在作品中塑造的不仅是在黑暗中寻找光明的英雄，更是令人肃然起敬的坚持国家信念的执着努力"。
2014年4月	3日	美国午间新闻《LUNCH BREAK》播放麦家《解密》新闻长达2分17秒。	"麦家在中国是明星作家，作品有超过500万册惊人的销量，更有最高奖项的荣誉，他的写作更像博尔赫斯，让人们爱不释手"。
	4日	美国《华尔街日报》整版头条刊登麦家《解密》新闻。	"中国小说家麦家誉满世界，打破海外出版'因果难定'的窘境，引领全球阅读狂潮"。
	5日	英国《卫报》刊登书评。	
	7日	美国《纽约客》杂志刊登《解密》书评。	"麦家将自己无人能及的写作天赋与博尔赫斯的气质巧妙结合，为读者呈现了一段复杂而又好看的中国历史以及独特的政治魅力"。

表1中的媒体名单，既有《纽约时报》《华尔街日报》《泰晤士报》《卫报》《每日电讯》等主流英文大众媒体，也有《纽约客》《出版人周刊》《伦敦书评》《BOOKLIST》等专业学术媒体，还有影响更为广泛的BBC电视台、美国午间新闻《LUNCH BREAK》等电视媒体。在短短半年时间内，迅速把《解密》推向畅

291

销书榜,展示了英国企鹅出版集团和美国 FSG 出版公司,所具有的世界媒体资源的整合和舆论调动能力。在这一点上,中国出版机构确实难以望其项背。在近 8 个月的媒体推广过程中,其报道主要集中在如下几个方面:

第一,是把《解密》在欧美出版,定义成为对于中国当代作家作品的一个重新发现,是中国作家的一种荣誉。

显然,这种话语逻辑背后是长期以来的西方中心主义的文化视角在作怪,这是欧美接受屏幕的一个鲜明特征。比如大力抬高"企鹅经典"文库(penguin classics)的世界性,强调自该文库诞生 80 年来,已成为国际文学界最著名的品牌,中国文学作品仅收录过《红楼梦》《阿 Q 正传》《围城》《色戒》。这使当代中国作家麦家与马尔克斯、乔伊斯、博尔赫斯、卡尔维诺、弗洛伊德、乔治·奥威尔、纳博可夫、海明威、萨特等世界级作家排到了一起。企鹅出版集团出版《解密》,将之收入"企鹅经典"文库象征着给予中国作家麦家一种特别的荣誉和权威。美国 FSG 出版公司也如出一辙,无论是书评还是专访,都宣称美国 FSG 是美国最负盛名的文学出版商业集团,有"文学帝国守护神"之美誉,因其旗下有 22 位诺贝尔文学奖得主,被誉为"诺奖御用出版社",麦家成为 FSG 出版公司书单上的第一位中国作家,是麦家的荣誉。

在对于《解密》的作品评价时,媒体书评以及大众传媒报道中,充满着对于这部作品的一种重新发现的语气。比如 FSG 出版公司总编辑艾瑞克·钦斯在扉页写道:"麦家可能是这个世界上你们尚未听闻的最受欢迎的作家"。一些媒体书评更为明确地宣称麦家"是当今世上闻所未闻的最为风靡的小说家"。甚至一些较有影响的评论家也称《解密》为"2014 年最出人意料的悬念作品""中国最重要的文学现象登陆西方"。其实,对于麦家《解密》,国内文学界早有自己的判断。作家本人的声望早已经在中国本土获得承认和认可。麦家的《解密》是他十年前的一部作品,而且,就文字的流畅、写法的娴熟而言,《解密》远不及后来的《风声》《暗算》等更为成熟。此次企鹅集团和美国 FSG 出版公司热炒《解密》,无非是为了强调西方文坛这种对于中国作家作品的"发现"与"眷顾",是西方文化中心主义一以贯之的视角。

第二,强化对于中国作家作品的意识形态的阐释与政治解读,这是欧美舆论界对于中国当代文学一贯持有的"有色眼镜"。所谓意识形态化特征,就是凡是中国当代文学作品,都差不多被贴上"文革烙印"或者"人权迫害"的标签,仿佛如果不如此,这本书就不会引起读者的充分重视。

此次麦家《解密》小说的系列宣传报道依然如此。如《纽约时报》2014年2月20日刊发的对麦家本人的长篇采访中,就刻意突出麦家本人的家庭经历:"对麦家而言,17岁从军是对其不幸童年的一种逃离和解脱。在解放之初,他的家庭有着三重'污点':地主、基督徒和右派——他爷爷是基督徒,外公是地主,父亲是右派。事实上,麦家先生说,他的父亲被定为右派其实是公社为了完成上级分配的额度,理由是因为他平时说话太出格。"《纽约客》主笔Jiayang Fan发表在美国《新共和》杂志(2014年3月25日)的文章也提道:"20世纪60年代,时值共产党将有神论、资本主义思想以及拥有私有财产这三者视为最反动政治的时期,而麦家就不幸地出生于这样的家庭——一个信仰基督教、有财产的、反革命的地主家庭。对幼年的麦家来说,孤独和遭受排挤早已司空见惯⋯⋯麦家曾说过,'文学的诉求是高于政治的',但这不代表他是一个持政治异见或与当局唱反调的作家。审查部门找不到任何理由封禁他的作品,甚至他已经获得过诸多省部级的最高文学奖项,受到当局极大的鼓励。麦家作品成功的部分原因源于他的某种能力。"这种强化作家本人受到中国政治"迫害"的身份,欧美文坛从中国改革开放之初向西方读者介绍80年代的知青作家,到2008年推广姜戎的《狼图腾》,再到2013年的麦家,一直持续了30多年没有改变。其实,无论是姜戎还是麦家,抑或是整个中国当代作家群,其创作早已没有禁区。以至于美国《新共和》杂志在2014年3月25日的书评中也承认,"纯文学作家极少获得商业成功,而同时做到打破小说类型、以寓言呈现历史、挖掘专制国家隐匿的真实,而且据说又有数百万的销量,这样的作家只有一位。更令人惊讶的是,这个人竟来自中国"。西方媒体对于中国作家个人经历不惜"无中生有"的解读,多少损害了学术批评的严肃性。这种话语逻辑的背后,显示的是欧美翻译出版中国当代文学作品,这种根深蒂固的意识形态化阐释习惯是多么地顽固而难以改变。

第三,有意无意与斯诺登等国际政治事件挂钩,表面上是借助国际事件炒作《解密》,但也不乏影射中国政府之意。如《纽约时报》2014年2月20日刊发DIDI KIRSTEN TATLOW对于麦家的专访中,就特别提到,"随着斯诺登新

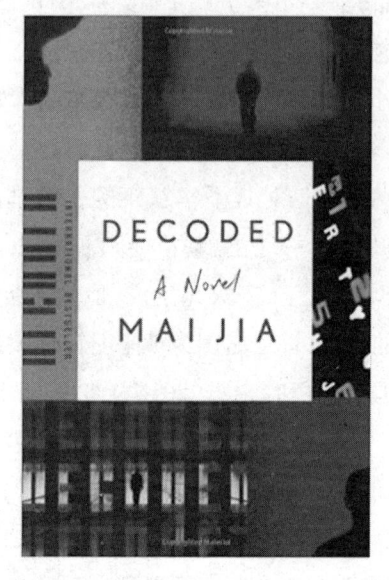

美国FSG出版公司的《解密》英文版①

闻事件的发生,美国情报部门对全世界大规模实施监视、侦听这一耸人听闻的事件公之于众后,人们对麦家的作品顿时又有了新的认识和感受,其现实意义不容置疑","这在一党执政的国家尤其明显,如中国,政府当局具有无可争议的洞察人们生活的权力","斯诺登事件使麦家的写作具有世界性"。言外之意已经把《解密》小说中呈现的20世纪60年代,中国与美国对立时代的中国监听破译,与斯诺登所爆料的美国中情局对于全世界的监听画上了等号。英国《每日电讯》在2014年3月5日刊发的书评中甚至明确认为,"他(指麦家——笔者注)的所有小说都很容易被归类为间谍惊悚类,然而对于西方读者来说,绝对跟传统意义上所熟知的譬如约翰·勒·卡雷和罗伯特·哈里斯等同类小说截然不同。麦家的作品在中国可以获得如此成功,为我们提供了一个全新的视角和线索,从不同的根源探索当代中国人民的思想模式和现状"。英国《卫报》周刊在2014年4月25日的书评中甚至写道:"小说以它自己的方式,展示了个体在强大的国家(中国与美国——笔者注)敌对状态下难以预知的如密码破译的命运历程。"这种生拉硬拽的做法,连作家麦家都感觉

---

① 图片来自于亚马逊。——笔者注

到有些诧异。他在接受北京青年报记者采访时说："他们(指企鹅集团和美国FSG出版公司——笔者注)给我寄来一堆明信片,要我签名……我可以感觉到,他们在宣传上动了很多脑筋,花了不少精力,比如频繁安排海外记者来采访我,采访的有些问题可以说是挖空心思的,比如把我的书跟斯诺登联系在一起。"

斯诺登事件把美国中情局借助于现代科技手段对于全世界的监听丑闻公布于世,使一贯标榜自由、人权、公正的美国主流舆论界颜面尽失,欧美很多普通民众对于美国主流舆论的权威性逐渐失去了信任。此时推出中国当代作家同类性质小说,企鹅集团与美国FSG出版公司有意无意借助斯诺登事件来宣传推广《解密》,吸引欧美社会的普通读者对于情报、监听等作品的兴趣,固然是为了加大市场销售力度的目的,但也有借机影射中国政府的嫌疑。

当然,对于《解密》这样一部与欧美文坛上流行的悬疑、探秘之风格十分接近的作品,除了上述特征明显的"接受屏幕"之外,欧美舆论界此次给予了相当大的正面评价,这是近些年少见的。如美国FSG出版社的主编艾瑞克(Eric),在美国版《解密》扉页上致读者的信中写道："在《解密》中,人物的取胜筹码确实也是攸关生死,但是整体呈现出的却是心理剖析和形而上的神秘迷宫,而不是简单的曲折小巷和禁闭密室。你可能会辨认出在其他优秀悬疑小说中同样存在的相似技巧,你也会找到中国民间传奇、历史小说元素、亨利·詹姆斯式的心理描写和元小说的特色。在此基础上,麦家写就的是一部难得一见、引人入胜、语言优美的小说。"在一些相对较为专业的书评里,都特别称赞《解密》的艺术特色。如表1中美国《BOOKLIST》在2013年12月23日刊登的书评就有"小说的结尾令人痛心而发人深省,让读者开始思考密码世界中的集体智慧。才华横溢的作者给英语读者展现了一块中国文化瑰宝";英国《泰晤士文学增刊》(2014年1月25日)刊登的书评中也有"小说《解密》于微妙与复杂中破解秘密、探索政治、梦想及其意义"。《华尔街日报》(2014年2月15日)评价道："《解密》一书趣味和文学色彩兼容并包,从一种类似寓言的虚构故事延伸到对谍报和真实的猜测中,暗含诸如切斯特顿、博尔赫斯、意象派诗人、希伯来和基督教经文、纳博科夫和尼采的回声之感。"在笔者收集整理的麦家书评中,对于麦家《解密》写作手法、艺术风格等正面称赞,要远远超过2008年企鹅集团在欧美推广《狼图腾》的时候。表1已经将欧美主要传媒中的关键词部分分别作了摘要,这里不再一一赘述。

二、边界模糊的文学研究

欧美主流大众媒体对于《解密》这种站在西方中心主义的文化立场对于中国文学的发现与重新塑造,有意无意借助重大政治事件,对于中国作家作品进行意识形态解读和阐释,这种特征明显的"接受屏幕",与欧美学术界对于中国当代文学的研究具有一脉相承的逻辑。

欧美学术界对于中国文学研究,特别是中国当代文学研究的定位边界模糊,并与中国政治、经济、文化、历史研究混杂在一起,有时甚至以文学现象作为历史研究、政治研究的史料与例证,使一些学术判断的严肃性受到损害。这种源自于欧美学术界的研究倾向直接影响了欧美大众媒体对中国作家作品的阐释与解读。本文依据OCLC世界图书馆在线目录数据库,检索时间为2013年12月10—20日,排名标准是最低收藏图书馆家数为30家(约为2011年底OCLC数据库的会员图书馆数量23815家的千分之1.25)以上的期刊,发现涉及中国当代文学研究的学术期刊大约有24家。具体如表2。

表2 欧美关注中国文学研究的学术期刊影响力排行榜

序号	期刊名称	主办单位	馆藏数量
1	美国历史研究评论(The American Historical Review、网络版、纸介版)	美国历史研究协会、美国芝加哥大学、英国牛津大学	2007
2	亚洲研究学刊(The Journal of Asian Studies)	美国亚洲研究协会、美国密歇根大学	1069
3	比较文学(Comparative Literature)	美国比较文学协会、美国现代语言协会、美国俄勒冈大学	1052
4	当代世界文学(Word Literature Today)	美国俄克拉荷马大学	1002
5	哈佛亚洲学刊(Harvard Journal of Asiatic Studies、网版版、纸介版)	哈佛燕京学社	705

续表

序号	期刊名称	主办单位	馆藏数量
6	近代中国(Modern China)	美国加州大学洛杉矶分校	467
7	边界2(Boundary2)	美国纽约州立大学	442
8	中国月刊(The china Journal)	澳大利亚国立大学	343
9	东西方文学(Literature East and West)	美国现代语言协会	305
10	东亚论坛(The East Asia Forum)	美国现代语言协会	305
11	形势:东亚文化批评(Positions: East Asia Cultures Cultures Critique)	美国杜克大学	300
12	中国文学(Chinese Literature: Essays, Articles, Reviews)	美国印第安纳大学	239
13	通报(International journal of Chinese studies)	荷兰布睿尔出版社	231
14	译丛(Renditions)	香港中文大学	227
15	中国研究书评(China Review International)	美国夏威夷大学	219
16	中国文化(Chinese Culture)	中国台湾"中央研究院"	201
17	中国现代文学与文化(Modern Chinese Literature)	美国俄亥俄州立大学	191
18	淡江评论(Tamkang Review)	中国台湾淡江大学	151
19	亚洲电影(Asian cinema: a publication of the Asian Cinema Studies Society)	亚洲电影研究学会	96
20	美国汉学研究(The American Journal of Chinese Studies)	美国中国研究协会	94
21	澳大利亚东方协会杂志(Journal of Oriental Society of Australia)	澳大利亚东方学会	88
22	中国观察(China Perspectives)	法国现代中国研究中心(香港)	82
23	亚洲社会科学杂志(Asian Journal of Social Science)	新加坡国立大学	62
24	中文教师协会学报(Journal of the Chinese Language Teacher Association)	美国威斯康星大学	36

仅从表2的学术期刊名称中就可发现,在这25种英语世界影响较大的杂志中,专业以中国文学研究为主的期刊其实只有美国比较文学协会主办的《比较文学》、美国俄克拉荷马大学主办的《当代世界文学》、美国现代语言协

会主办的《东西方文学》、美国俄亥俄州立大学主办的《中国现代文学与文化》、美国杜克大学主办的《形势:东亚文化批评》、美国印第安纳大学主办的《中国文学》和香港中文大学的《译丛》、亚洲电影学会的《亚洲电影》等8种。其他16种都包含了中国哲学、中国政治、中国历史、中国社会甚至民族学、宗教学、人类学、语言学等其他领域的研究。将中国当代文学与其他领域研究结合在一起,使得中国当代文学研究的边界异常模糊,这是欧美学术界研究中国当代文学的一个突出特点。

这个结论还可以从欧美学术界对于中国当代文学研究的主要学术论文所刊发的媒体中得到验证。在北京师范大学收集的2001年—2003年《新世纪国外中国文学译介与研究文情报告》的期刊名单就有50多个,除表2已经出现的24本杂志之外,还有《翻译期刊:加中文学》(2001年新创刊)《亚洲电影》《亚洲教育》《当代中国学刊》《中国哲学季刊》《亚洲戏剧研究》《二十世纪中国》《新文学史》《女权主义研究》《戏剧评论》《戏剧杂志》《美亚学刊》《修辞与公共事务》《亚洲哲学》《诗歌评论》《男女同性恋杂志》《亚洲太平洋通讯》《图书馆学报》《亚洲评论》《国际文化研究》《电影季刊》《亚非研究》《国家》等23个期刊[①]。按照中国当代文学总论、专论所收录的学术论文数量统计,在近三年时间里共有300多篇与中国当代文学研究相关的论文。这些论文混杂在政治学、哲学、历史学、图书馆学、教育学、考古学、女权主义甚至同性恋研究的人文社会杂志里。

以表2中收藏图书馆数量最大的《美国历史研究评论》为例,将中国文学研究与中国历史研究综合交叉的学术取向十分明显,可以说代表了美国学界对于中国当代文学的基本定位。该刊物主办者是美国历史学会(American Historical Association, AHA),是美国历史最悠久、规模最大的历史学家和历史教授协会组织。被北京师范大学收入《新世纪国外中国文学译介与研究文情报告》的篇目中,在2001年—2003年有83篇学术论文,涉及古代中国宫廷礼仪、古代中国法律、中国古代城市长安、清代承德、清代县衙胥吏、中国书籍历

---

① 刘洪涛、黄承元:《新世纪国外中国文学译介与研究文情报告》(北美卷),中国社会科学出版社2012年版,第215—323页。

由《解密》的海外热销看欧美对于中国当代文学的"接受屏幕"

史、古代中国女性、中国道教、荆轲刺秦王、朱子哲学、诗经、楚辞、蒲松龄、满清八旗、天津盐商、石涛绘画、圆明园、鸦片战争、20世纪30年代的上海广告文化、山东的天主教、新四军渡江战役、中国与越战、20世纪50年代的新疆伊宁事件等相关研究，范围十分广泛。但仅有3篇研究中国当代文学的文章，一篇是高乐（Kraus, Richard）的书评，题为"文学之用：中国社会主义文学体制中的生活"，刊发在《美国历史评论》2001年6月这一期上；另一篇是唐纳（Tanner, Harold M）的书评，题为"中国的正义小说：现代中国的法制与文学"，刊发在《美国历史评论》2001年8月这一期上；第三篇是罗森（Rosen, Stanley）的书评，题为"家庭革命：城市和乡村的政治、爱情和离婚（1949—1968）"，刊发在《美国历史研究》2002年12月这一期上。仅就论文题材所涉及的时代而言，中国当代文学所占比例是3∶83，约为千分之三的比例。中国当代文学研究在美国学术界的分量可见一斑。

表2排名第二位的是《亚洲研究学刊》，收藏图书馆数量达到1069家。该刊属于是美国密歇根州的亚洲研究协会（The Association for Asian Studies, AAS）的会刊。这份《亚洲研究学刊》自1941年开始出版，迄今已有70多年的历史，主要刊发亚洲研究中的经验研究与跨学科研究的成果，涉及的学科领域包括文学、艺术、历史、社会科学和文化研究等；以中国、亚洲内陆、东南亚、东北亚、南亚为重点研究区域。该刊有高品质的书评，也关注新兴的研究话题，在亚洲研究学界享有较高的学术声誉。但对于中国当代文学研究的论文，被北京师范大学收入《新世纪国外中国文学译介与研究文情报告》当代文学研究篇目下的，在2001年—2003年仅有5篇左右，研究内容涉及市场经济对于中国当代文学的冲击、中国当代文学中的男性气质（主体性研究）、中国当代戏剧、当代电影研究等内容，与《美国历史评论》的学术定位十分相近。

《美国历史评论》和《亚洲研究学刊》的学术倾向，代表了美国综合性学术刊物对于中国当代文学研究的态度。这种边缘化的学术定位，在一些专业文学研究的学术期刊中同样如此。

这里值得提出的是收藏图书馆数量排在第四位的是《当代世界文学》，收藏图书馆数为1002家，由美国俄克拉荷马大学主办。这本杂志应该是欧美刊发中国当代文学研究最多的期刊之一。根据刘江凯博士的研究，该刊由罗依·坦普尔·豪斯(Roy Temple House)创办于1927年,最初名字为《海外书览(Book A broad)》,1977年改用现名。该刊主要刊登包括中国在内的当代世界各国文学作品,发表相关作家、作品评论,报道各类图书出版以及相关学术信息。杂志所创办的钮斯塔国际文学奖,从20世纪80年代开始邀请中国知名作家担任评委,多名中国作家获得提名候选人。2008年开始设立的纽曼华语文学奖主要推介中国当代作家,中国作家莫言、姜戎等都曾获得该奖项。2007年与北京师范大学文学院合作出版《当代中国文学》,截止到2013年底出版了6期,使中国当代作家作品获得了广泛的世界影响。从1979年开始,刊发的论文涉及中国转折时期的新文学、中国文学的复苏、中国当代文学走向世界、中国当代女性作家等话题研究。评论的作家有丁玲、田汉、莫言、王安忆、王蒙、余华、马原、翟永明、北岛、张爱玲、聂华苓、哈金、余光中等[①]。被北京师范大学收入《新世纪国外中国文学译介与研究文情报告》的篇目,在2001年—2003年约有9篇学术文章,每年保持3篇的比例,应该是表2中欧美影响力较大学术期刊中关注中国当代文学研究较多的一份学术杂志。但是十分遗憾的却是仅此一份。

总体上看,欧美学术界对中国当代文学的研究尚且没有达到专业化发展阶段,而是混在极为宽泛的中国政治、经济、文化、历史研究之中,这从学术期刊、刊发的学术论文数量、内容都可以得到验证。国内学界长期以来认为欧美文学研究界,是采取一种跨学科的研究方法,重视文学艺术与语言、神话、宗教、历史、科学关系的研究[②],并把这种方法引进到国内文学批评之中。从传播学的角度来看,边界模糊的欧美中国当代文学研究,与其说是文学研究方法的一种丰富,倒不如说是中国当代文学在美国学术界处于边缘化地位的一种表现。

这个判断可以日本学术界对中国当代文学的研究倾向上得到相反的证明。日本学术界不仅翻译中国当代文学作品的数量多,学术期刊专业,而且还有单一中国当代作家的研究会。如2008年日本学人就组建了"残雪研究

[①] 刘江凯:《认同与延异,中国当代文学的海外接受》,北京大学出版社2012年版,第146—148页。

[②] 童庆斌:《中国古代文论的现实意义》,北京师范大学出版社2001年版,第4页。

会",发行《残雪研究》会刊,截止到 2012 年已经发行了 4 期。当然,这是日本学术界长久以来保持着的一个优良学术传统。如对于中国古代文学研究有白居易研究会,中国现代文学研究有鲁迅研究会、老舍研究会、闻一多研究会、郭沫若研究会,这是中国文学在日本学术界、研究界具有重要学术地位的一种体现,也是中国文学在日本具有广泛深刻文化影响的一种标志。与日本相比,中国文学在欧美的影响力显然还相差一个档次。

总之,通过麦家小说《解密》在海外热销的案例分析,再次提醒中国出版界以及文学批评界,要充分重视欧美对中国作家作品的"接受屏幕",切不可盲目乐观。随着我国国际影响力的日渐增强,欧美一些跨国出版集团逐步加大在中国市场掘金的力度,其中中国当代文学将成为最主要的关注领域。一些中国作家作品被"发现"的频率越来越大,作家作品也会越来越多,甚至中国当代文学创作与欧美主流文坛的一些现象日渐合流。此次麦家《解密》就与欧美文坛近 10 年来流行的探秘、悬疑风格几乎同步,这也是欧美出版集团不惜花费巨资推广《解密》的原因。值得提出的是,在面向欧美普通民众解释中国当代文学作品,中国的学者以及相关研究机构要有自己的观点和声音,不可听任西方大众媒体人云亦云。中国文学批评界以及中国主流媒体要面向欧美普通大众指出欧美学术界对中国文学研究的缺陷,指出欧美舆论的意识形态化缺陷和对中国文学长期持有的"有色眼镜",有针对性地开展关于中国当代文学批评话语权的正面交锋。中国主流对外媒体的传播能力,也必须在一些具体传播任务中得到锤炼和提升。这正是麦家《解密》的海外热销给以中国文学出版界、文学批评界最有价值的提醒。

(本文原发表在《对外传播》2014 年第 11 期,发表时有删节)

世界读者眼中的麦家

2014年,在企鹅出版社拍摄的宣传片里,麦家向全世界读者表示:谍战小说不一定都是007那样的打打杀杀,在我的作品中你甚至找不到一把刀,我就是要写出中国特色的谍战小说。截止到2016年,《解密》英文版面世已经3年多了,其西班牙语、德语等外文语种已经达到了36个。

麦家目标是否实现了?

2016年上半年的研究生课,我带着同学们在世界各数据库平台上寻找读者对《解密》的评价数据,就是要寻找这个答案。

在英语世界里有个类似中国豆瓣的读者网站,名为Goodreads,全世界的读者在读什么样的书,想读什么样的书,读后感如何等等,都能够在上面找到数据,是全世界最大的阅读网站。从2014年至2016年6月底的三年里,有5417个读者关注了麦家的《解密》,1061个读者参与了评分,197人留下了书评。

评价一个作家作品的世界影响,要综合中文作品的海外销售册数、世界馆藏数量、外译语种种类及数量、专业书评情况、专家学术评价等多个指标,但我最看好的是读者评价这个指标,因为它直接来源于普通读者最直接的阅读感受。一部作品呈现在不同国家的读者面前,阅读背景不尽相同、生活经历各异的读者们,给予作品的评价都是发自内心的读后感。

我们梳理了这些鲜活与丰富、甚至是意见悬殊的读者评价,才能真正触摸到中国当代文学影响世界的脉搏。当然,麦家要写出中国特色的谍战小说,而读者是不是认可,也就一目了然了。

图1显示出了Goodreads上对麦家《解密》进行评价的读者国别分布情

世界读者眼中的麦家

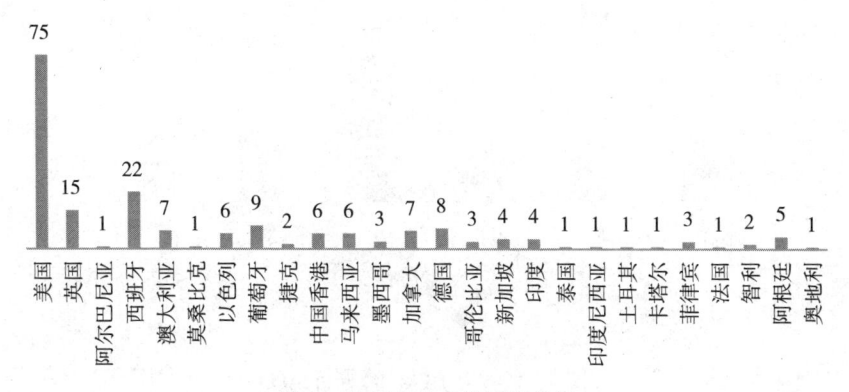

图 1 《解密》读者的国别分析

检索时间为 2016 年 6 月，图中数字为人数。

况。读者是来自 26 个国家和地区的 197 人，去掉两个来自中国大陆的读者评价，有效数据为 195 人。这个读者分布情况，与《解密》的出版商密切相关。2014 年 3 月，英国、美国同时推出两个英语版本的《解密》，书评、媒体专访、视频宣传、书店展示等宣传推广风生水起，最重要的英文媒体如《纽约时报》《经济学人》《纽约客》《华尔街日报》和《卫报》等各大媒体纷纷参与其中。西班牙文版由行星（PLANETA）出版集团稍后推出，2014 年秋麦家出访西班牙语诸国，安排了 107 家西语媒体采访麦家。其中有阿根廷、哥伦比亚、智利、墨西哥四个南美国家的众多读者关注《解密》，主要得益于西班牙的行星（PLANETA）出版集团。这是中国文学史上的第一次。

读者写评语的时间，分别为 2014 年是 124 人，2015 年是 58 人，2016 年是 15 人。有将近 63% 的读者是在 2014 年，随着《解密》的高调推出而关注和阅读这本书的。随着时间的推移，还会有一些读者不时地在上面发言，这个时间段可以长达 5 年、10 年甚至更长时间。我注意到 2015 年的亚马逊网站上，还有英语世界的读者，在撰写自己阅读半个世纪前的《孔乙己》（英文版）的读后感。互联网的出现为文学影响研究提供了绝佳的平台。

在 Goodreads 上显示，对于《解密》打分的读者有 1061 人，有 389 人给了 3 分，288 人给了 4 分，140 人给了 5 分，187 人给了 2 分，57 人给了 1 分。累计 3 分以上的读者为 817 人，占全部读者的 77%，这表明大部分读者看好这部书。

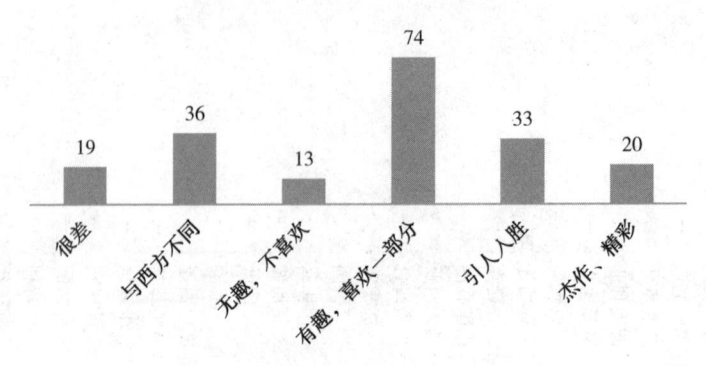

图 2　读者对于《解密》评价态度

检索时间为 2016 年 6 月，图中数字为读者人数。

依据故事情节以及语言翻译两个纬度，对 195 条来自 26 个国家和地区的读者意见进行细分显示，在故事情节这个纬度上，许多读者都提到了"中国式惊悚小说（Chinese Triller）"这一词汇，可见出版机构的宣传取得了预期的效果，很多读者都是冲着这一卖点购买《解密》的，希望一睹中国悬疑惊悚小说的真面目。有的读者很认同甚至很喜欢这种异国风格，就给打了高分。如有的人认为："这是部优秀的中国小说，不是真正的间谍故事或一部惊悚片或一个爱情故事，描述令人信服。"有的读者还很喜欢这种迥异于西方风格的作品："和别的作品不一样，但这也许是我最喜欢的。我推荐这部小说，原因在于东方风味以及数学作为主角。"有的读者评价更富有诗意："这本书易读但也并不轻松，直接引语很少，充满迷人的瞬间，这本书就像一条安静的河，有自己的灵魂。"对于这样一部具有中国特色的间谍小说，36 个读者明确地给出了"与西方不同"的评价，如果加上 74 个读者"有趣，喜欢一部分"、33 个读者给出了"引人入胜"和 20 个读者的"精彩"的评价，合计为 163 人，占总数的 80% 多。从图 2 可见，大部分读者都感受到了《解密》与西方通常意义上的谍战小说不同，在这一点上，麦家要写出中国特色的谍战小说的努力基本实现了。

但也正是因为《解密》与西方的不同，一些读者很不接受这种风格，因此给了低分。有的读者写道："这本身是东西方思维不同的完美证据，结构、风格、叙事方法都与西方不同。读起来很奇怪、很慢，不是惊悚小说，更像是哲学和心理的。虽然有优点,但不论从感情上还是故事方面都是分离的,乐趣主要在知识方面";有的意见很委婉:"写作风格与众不同,是非常不寻常的间谍惊悚片,故事的节奏很慢,比寻常的间谍的惊悚小说更有人性";有的认为"中国小说的外表背后往往隐藏着历史,中国以外的读者和年轻人难以进入";有的就直接表明自己的态度:"这本书不是神秘或者紧张的间谍惊悚小说,它是心理学的研究。整体的写作有很多重复的,有太多的细节。人物形象以及人物之间的关系写得不够好,我不喜欢写作方式。"可见,节奏慢、细节多、复杂的中国背景,都是《解密》这部谍战小说与西方同类作品的区别,这也是中国当代文学要进军世界文坛必须小心的陷阱。

对于《解密》迥异于西方谍战小说的风格认识,在亚马逊网站的150名读者中也获得了大体一致的共识。一个美国读者在亚马逊网站上写道:"阅读这本小说的时候你必须要放下对悬疑小说应该是什么样的认识,专注于这个特别的小说家写的特别的故事,故事的核心是解密一个复杂的天才的故事,而不是不可破解的密码。"

在语言翻译这个纬度上,Goodreads 上读者们的意见极为悬殊,认为"很好""很流畅"的占到54%,认为"翻译僵硬、语言呆板""翻译导致了阅读不流畅"为46%,二者大体相当。如有的读者认为,"由于中西文化和语言的许多细微差别,翻译得不好,但是本书是可以接受的";有的读者提出"翻译对于作品理解没有很大的帮助";有的读者甚至觉得"在翻译中遗失了一些东西"。在亚马逊网站上的读者对于《解密》翻译也是如此。有的读者认为小说开头的部分很好,但是后边冗长,结构不符合西方的观点。有的直接指出"翻译之后的校对不到位",不认为《解密》是中国间谍小说或者惊悚小说的代表。可以看出,东西方风格的不同,甚至影响了对于作品翻译语言的接受。在"信、达、雅"的三个层面上,准确传达作品的原意是前提,但是适应不同文化习惯也很重要,如何拿捏这三个翻译的标准确实是艺术。

总之,以往中国当代文学的形象,在大多数西方出版商、媒体,甚至欧美学术界的脑海中,不是封闭的古老乡村、就是政治迫害或扭曲的性爱等等,这种带有意识形态偏见的"接受屏幕",长期左右着普通读者的阅读选择。通过麦家的《解密》,我们看到了有77%的读者接受甚至喜欢这种不同于西方的中国风格,就是一个良好的开始。这是不同国家和地区、不同文化背景下的读者,对于中国当代文学的真实反馈,麦家《解密》将这个长期形成的"接受屏幕"掀开了一角。

(本文原发表在《人民日报(海外版)》2016年10月27日)

中国当代文学的世界影响评估研究

——以《三体》为例

如何对中国文学的世界影响进行效果评估,这是一个涉及文学研究与传播学研究交叉的学术领域。文学批评是一个历史悠久、理论积淀深厚的传统人文学科,相关文学批评理论、研究方法要比传播学这个20世纪80年代从西方引进来的新学科成熟得多。但是传播学的好处是吸收了统计学、心理学、信息学等相关领域的成果,在研究方法上要比传统的文学批评理论视野宽泛。比如,对于文学作品的欣赏,中国传统文论对于作品的意境、表现等关注较多,没有区分作者与读者。传播学则是从传播者、传播媒介、接受者三个层面去研究讨论,这就大大拓展了文学批评的视野。因此笔者近些年来,一直游走于传播学与文学批评之间,运用传播学的视野探讨文学批评所不能回答甚至不能深入的一些问题。中国当代文学的世界影响效果评估研究就是如此。

中国当代文学的影响评估研究,既涉及中国当代作家作品,也涉及文学作品的传播,还涉及中国当代文学的接受,这样就把作者、出版者、读者三个层面紧密结合到一起,只不过这种研究是从读者的接受维度去探讨。将读者纳入文学批评,这是中国传统文学批评的研究框架此前所从没有涉足过的。也就是说,一部贯穿数千年的中国文学史,此前从没有读者接受是不完整、起码是不充分的。这就是传播学与文学研究相结合的好处。因此,笔者将中国当代文学作品的传播范围、媒体报道、读者接受三个层面,探讨中国文学的世界影响评估体系建设。

一、传播范围广泛

根据传播效果研究理论,一本图书能够被世界不同国家的图书馆收藏,是一本图书思想价值、作者影响以及出版社品牌等综合影响的结果,收藏的图书馆越多,表明其影响力越大,传播的范围越广。图书馆的收藏数据是中国当代文学图书在传播对象国到达率的客观标志,是在海外传播范围的有效证据。

依据这一理论判断,本报告整理了2009年以来接受中国当代作品翻译工程资助的33部文学译作在海外图书馆的收藏数据,以此衡量33本图书的海外传播范围情况,具体如表1、图1。

表1 中国当代文学译著馆藏情况一览表[①]

序号	中外文书名	作者	语种	域外出版机构名称	进入世界图书馆数量
1	三体(The three-body problem)	刘慈欣	英语	纽约:托尔出版社	1145
2	解密(Decoded)	麦家	英语	伦敦:企鹅出版社(Allen Lane, an imprint of Penguin Books)	295
3	高兴(Happy dreams)	贾平凹	英语	西雅图:亚马逊出版公司	164
4	小姨多鹤(Little Aunt Crane)	严歌苓	英语	伦敦:Harvill Secker	108
5	跑步穿过中关村(Running through Beijing)	徐则臣	英语	洛杉矶:Two Lines Press	46
6	推拿(Massage)	毕飞宇	英语	墨尔本:企鹅(澳大利亚)出版社	31
7	解密	麦家	法语	罗贝尔·拉封出版社	13

[①] 数据来源:表中数据根据中国作家协会提供。——笔者注

续表

序号	中外文书名	作者	语种	域外出版机构名称	进入世界图书馆数量
8	解密	麦家	德语	兰登书屋集团 德意志出版社	12
9	解密	麦家	西班牙语	命运出版社	11
10	青铜葵花	曹文轩	意大利语	君提出版集团	8
11	额尔古纳河右岸	迟子建	西班牙语	五洲传播出版社	4
12	老生	贾平凹	日语	中央公论新社	3
13	安魂	周大新	德语	Bussert & Stadeler	2
14	涸辙	赵本夫	日语	朝日出版社	2
15	隐身衣	格非	西班牙语	Adriana Hidalgo editora	2
16	安魂	周大新	西班牙语	Cooperacion Editorial	2
17	曲终人在	周大新	德语	布塞特和斯塔特勒出版社	1
18	中国天机	王蒙	德语	欧洲大学出版社	1
19	高兴	贾平凹	瑞典语	万之书屋	1
20	一句顶万句	刘震云	瑞典语	万之书屋	1
21	苏童短篇小说集	苏童	意大利语	国际联合出版社	1
22	额尔古纳河右岸	迟子建	法语	毕基埃出版社	0
23	韩少功短篇小说集	韩少功	韩语	Changpi Publishers, Inc	0
24	徐坤小说选集	徐坤	韩语	韩国 Asia 出版社	0
25	秦腔	贾平凹	瑞典语	万之书屋	0
26	媳妇的美好时代	王丽萍	斯瓦希里语	肯尼亚文学局	0
27	悲悯大地	范稳	英语	新加坡仁钦宝典图书公司	0
28	梅子涵图书画系列	梅子涵	英语	仙娜都出版公司	0
29	生命册	李佩甫	英语	欧若拉出版公司	0
30	生命第一	何建明	英语	英国新经典出版社	0
31	天行者	刘醒龙	英语	欧若拉出版公司	0
32	誓鸟	张悦然	英语	欧若拉出版公司	0
33	湖光山色	周大新	英语	欧若拉出版公司	0

中华文化对外传播研究

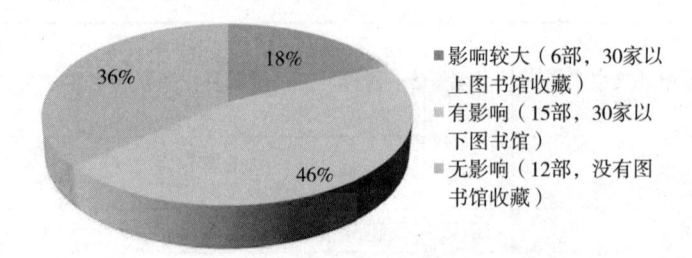

图1 中国当代文学外译作品传播效果比例图

由表1、图1的数据可以发现,此次评估的33部作品,按照进入全世界30家图书馆的比例来衡量①,30家以上的译著有6部,占比为18%;1至30家的译著有15部,占比为46%;没有一家图书馆收藏的有12部,占比为36%。这个数据表明了将近有64%的作品在海外具有一定的传播效果,初步实现了该工程影响和推动中国当代文学外译的基本目标。

特别值得欣慰的是,在此次资助的译著当中,以中国科幻小说《三体》出现为标志,成功地使欧美社会主流媒体的接受屏幕开始发生变化。《三体》(三部曲)系列是刘慈欣创作的系列长篇科幻小说,由《三体》《三体Ⅱ·黑暗森林》《三体Ⅲ·死神永生》组成,第一部于2006年5月起在《科幻世界》杂志上连载,第二部于2008年5月首次出版,第三部则于2010年11月出版,在国内中学生、大学生等青年群体中获得了轰动性影响。经中国教育图书进出口公司的中介运作,与美国托尔出版社达成英文版的共同出版协议,并同时申请了中国当代文学作品翻译工程的翻译资助,第一部英文版名为 *The Three-Body Problem*,由华裔作家刘宇昆翻译,2014年11月在美国面世;第二部英文名为 *The Dark Forest*,由乔尔·马丁森(Joel Martinsen)翻译,2015年8月在纽约出版面世;第三部英文名为 *Death's End*,仍然由刘宇昆翻译,2016年9月在纽约面世。截至2018年3月31日统计,《三体》开创了有史以来馆藏数量最多的历史纪录。

---

① CLC数据库在2011年底的世界会员图书馆数量为23815家,本研究设定30家为标准,即约为全世界成员馆数量的千分之1.25比例,超过30家以上为"较大影响",30家至1家为"有影响",没有图书馆收藏为"无影响"。

《三体》英文版在西方世界面世后,迅速获得美国科幻迷的响应,截至 2018 年 3 月 31 日,根据评估团队依据全球图书馆数据平台的检索发现,英文版《三体》第一部(The Three Body Problem)全球收藏图书为 1149 家。具体国家、地区的馆藏名单详见表 2。

表 2 《三体》进入 1149 家海外图书馆的国家、地区分布

国家、地区	图书馆数量
阿联酋	1
澳大利亚	37
加拿大	31
瑞士	1
英国	4
黎巴嫩	1
荷兰	1
新西兰	22
新加坡	3
日本	4
其他国家、地区	6
美国	1038

1149 家图书馆的馆藏数量,可以说创造了中国图书译著有史以来的最高馆藏纪录,是迄今为止中国当代文学英译作品按照馆藏数量排名最多的一部,远远超过了新时期在海外传播最为广泛的译著《狼图腾》(2005 年为长江文艺出版中文版,2008 年企鹅出版社英文版,全世界收藏图书馆为 867 家),更超过了获得诺贝尔文学奖的《红高粱》(莫言著,1993 年企鹅出版社英文版,全世界收藏图书馆为 699 家)。同时也打破了被联合国教科文组织誉为发行量超过"圣经"的、世界影响最大的中国图书《道德经》(全世界收藏图书馆为 1300 多家)的历史纪录。

根据收藏《三体》的 1149 家图书馆的名称来判断,其中专业研究型图书馆为 309 家,占比为 27%,而公共图书馆为 840 家,占比为 73%。这表明《三

体》英文版图书的读者群为海外普通读者,已经进入了美国的主流社会人群。具体比例如图2。

专业研究图书馆,320,28%
公共图书馆,840,72%

图 2 收藏《三体》英文版的图书馆类型对比图

检索时间为2018年2月。

二、读者评价积极正面

读者评价,是一本图书思想内容、风格特点能否获得读者接受的晴雨表,同时也是对于出版该书的出版机构在市场营销、渠道推广等能力的综合评价反馈。本书梳理了33部中国当代文学译作的读者评价情况,具体如表3:

表3 中国当代文学译著读者评价数量一览表①

序号	作品名称	作者	语种	读者留言数量
1	三体	刘慈欣	英语	499
2	高兴	贾平凹	英语	151
3	解密	麦家	英语	127
4	小姨多鹤	严歌苓	英语	7
5	跑步穿过中关村	徐则臣	英语	5

① 根据 goodreads 平台整理,日期为2018年5月。

续表

序号	作品名称	作者	语种	读者留言数量
6	推拿	毕飞宇	英语	5
7	青铜葵花	曹文轩	意大利语	4
8	中国天机	王蒙	德语	3
9	安魂	周大新	德语	1
10	曲终人在	周大新	德语	1
11	解密	麦家	法语	1
12	苏童短篇小说集	苏童	意大利语	1
13	生命第一	何建明	英语	0
14	天行者	刘醒龙	英语	0
15	誓鸟	张悦然	英语	0
16	湖光山色	周大新	英语	0
17	韩少功短篇小说集	韩少功	韩语	0
18	徐坤小说选集	徐坤	韩语	0
19	涸辙	赵本夫	日语	0
20	老生	贾平凹	日语	0
21	高兴	贾平凹	瑞典语	0
22	一句顶万句	刘震云	瑞典语	0
23	秦腔	贾平凹	瑞典语	0
24	媳妇的美好时代	王丽萍	斯瓦希里语	0
25	解密	麦家	西班牙语	0
26	隐身衣	格非	西班牙语	0
27	安魂	周大新	西班牙语	0
28	额尔古纳河右岸	迟子建	西班牙语	0
29	悲悯大地	范稳	英语	0
30	梅子涵图书画系列	梅子涵	英语	0
31	生命册	李佩甫	英语	0
32	额尔古纳河右岸	迟子建	法语	0
33	解密	麦家	德语	0

通过表3的读者评价数据可以发现，中国当代文学的33部译著中，仅有12部作品在公共互联网平台上有读者评价，比例仅为36%，其余21部作品、64%的译著在公共互联网没有任何反响。这个数据与馆藏数据相比，相对较低。这表明，中国当代文学图书能够获得世界读者接受的图书仍然很少，同时表明承接中国当代文学资助项目的域外出版机构在渠道、市场推广能力等方面还有很大的提升空间。尽管一部作品的读者接受，会受到读者所在国家的政治倾向、语言文化以及思想宗教等影响，但这种读者评价，对于中国当代文学对外推广而言，如何加大进入海外主流舆论平台，特别是加大专业书评（舆论领袖）的工作力度，通过专业书评的评价，影响普通读者对于该书的关注，提供了极有价值的启发。

值得提出的是《三体》一书为今后的努力方向提供了很好的实践。《三体》的读者评价，表中的499条评价仅仅是随机选取的评价数量，实际上《三体》自2014年11月在英语世界面世后，截至2018年3月31日，共有7482名读者在亚马逊、goodreads上留下了读者评论，参与评价读者数量为60075人。超过了获得诺贝尔文学奖的《红高粱》（亚马逊与goodreads的读者留言合计数量为546条，参与评价的读者为4170人）。与中国哲学经典《道德经》的读者参与人数86621人相比，《三体》要少26546人，但是要比《道德经》读者留言数量的3536条多3919人，读者留言数量比《道德经》多一倍。可以说《三体》是迄今为止读者评价数量最多的一本中国图书，创造了中国当代文学图书西方读者反馈最多的历史纪录。本报告从中选取了典型评论499条，累计字数为12字。通过关键词词频统计，具体如下图3：

在上述态度关键词中，出现频率最高的为"中国科幻小说"，多达245次，其次"喜欢"为196次，"有趣"为113次，"翻译棒"为102次。在30个态度词频的统计中，其中正向词汇为多达24个，分别是"中国科幻小说""喜欢""翻译棒""吸引力""伟大""兴奋""愉快""最好""惊人""有趣""精彩""出色""感兴趣""高兴""必读""发人深思""惊人""美丽""迷人""引人入胜""优秀""满意"；仅出现5个负向词汇，"感觉糟糕""感到沮丧""情节慢""失望""文化大革命"等。应该说，这是有史以来获得域外读者正面评价最多的一部作品。

中国当代文学的世界影响评估研究

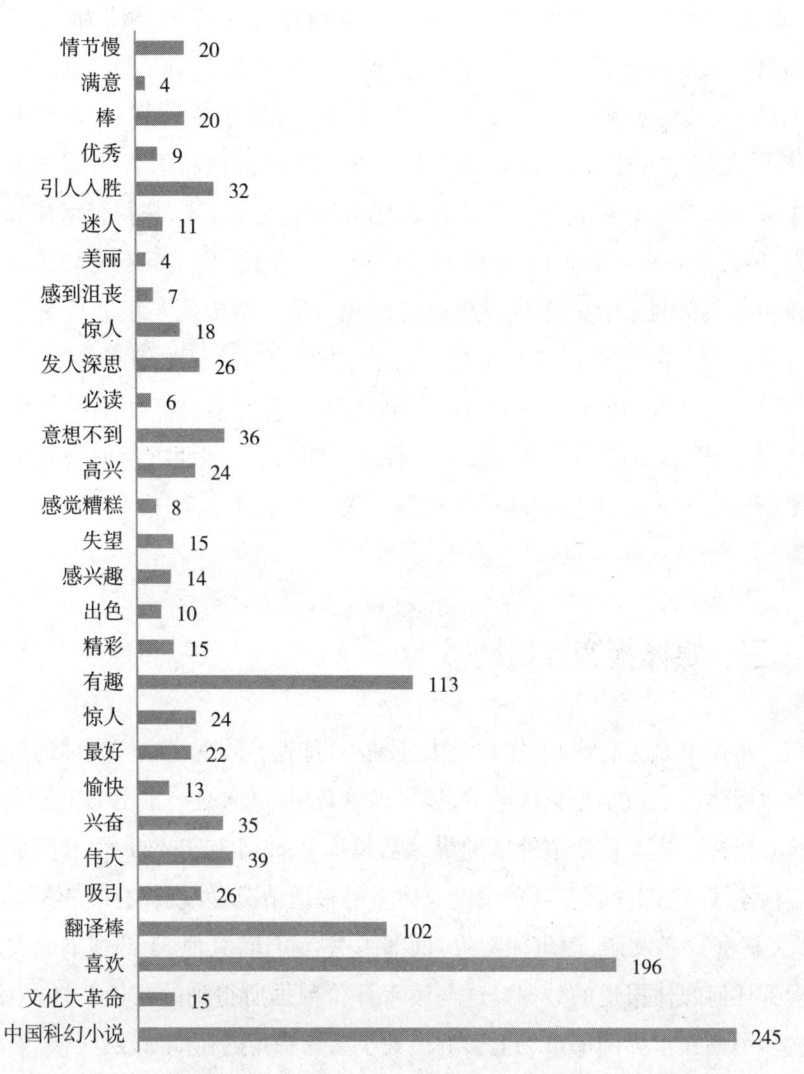

关键词	数量
情节慢	20
满意	4
棒	20
优秀	9
引人入胜	32
迷人	11
美丽	4
感到沮丧	7
惊人	18
发人深思	26
必读	6
意想不到	36
高兴	24
感觉糟糕	8
失望	15
感兴趣	14
出色	10
精彩	15
有趣	113
惊人	24
最好	22
愉快	13
兴奋	35
伟大	39
吸引	26
翻译棒	102
喜欢	196
文化大革命	15
中国科幻小说	245

图 3 《三体》读者评论关键词统计图①

整理统计时间为 2018 年 4 月,来源 goodreads。

在众多的读者中间,有许多是西方社会的精英阶层。其中值得提出的是 2017 年 1 月 17 日,由美国托尔出版社网站上,披露了美国总统奥巴马在与纽约时报首席书评专家 Michiko Kakutani 交谈时,提到了刘慈欣的《三体》。认

---

① 根据亚马逊、goodreads 整理,日期为 2018 年 5 月。

为"非常有趣,极具想象力"。世界幻想奖获得者 Lavie Tidhar 认为《三体》是一部杰作";雨果奖、星云奖、轨迹奖、世界科幻奖等多个文学奖项的获得者乔治·马丁(George Raymond Richard Martin)认为《三体》是"一本突破性的书……,是科学和哲学猜测,政治和历史与宇宙论的独特组合";美国著名专栏作家 Mike Resnick 认为"《三体》值得所有人为之喝彩";美国越南裔法国女作家、星云奖获得者 Aliette de Bodard 评价"《三体》将现实问题与外来文明入侵和令人兴奋的科学融合在一起,耳目一新,是一场中国与世界历史上的巡演";美国"极光奖"获得者 Eric Choi 认为,"《三体》的科学幻想传奇,体现在一个引人入胜,独特的中国环境中。刘慈欣的迷人小说抓住了所有西方读者"。《三体》作为一本中国当代文学译著,获得这么多西方世界精英读者的高度评价与正面认可,这是历史上的第一次。

三、媒体报道数量增多

一本图书是否有影响,影响是大还是小,首先会体现在主流媒体的报道数量上。媒体报道数量与馆藏数量、读者评价数量一样,是一本图书世界影响力的核心指标。本文依据道琼斯的媒体数据库 Factiva 和 Google 学术搜索引擎分别检索了 33 部译著在欧美主流媒体上的报道情况,发现仅有《三体》(英文版)、《解密》(英文版、西班牙文版)两部图书有报道,其他 31 部图书此次没有检索到任何媒体报道的数据。这与读者评价数据所得到的结论一样,中国当代文学图书在世界图书市场上影响还处于崭露头角的初期阶段。

本报告特别整理了《三体》的媒体数据:

《三体》系列的媒体报道情况:依据 Factiva、Google 学术搜索引擎,以《三体》(The Three-Body Problem)为关键词搜索,数据显示,大约有 4390 条各类新闻报道提到了该书。其中特别值得提出的是,一贯以接受屏幕来评价中国当代文学的欧美主流媒体,首次开始正面介绍和报道该书。如,《纽约时报》第一次以《三体》为美国科幻小说迷换口味"为题,在 2014 年 11 月 10 日刊发了正面书评。认为"目前美国的很多顶尖科幻小说作家摒弃传统的外星人入侵情节,更青睐反映现实世界的题材,诸如气候变化和性别转变之类",而《三体》第一部讲述的是异于地球的三体人文明与地球人互动的故事,这种不同文明之间的冲突故事会更受到美国读者的青睐。此后有关该书的书评分别出现在英国《卫报》《每日电讯》《海峡时报》,美国《华尔街日报》《芝加哥论坛报》《大西洋月刊》《纽约客》《洛杉矶时报》、美国公共广播电台、美国康纳仕集团GQ杂志,澳大利亚《悉尼先驱晨报》《澳大利亚人报》,《印度快报》杂志等主流媒体,以及专业科幻类杂志,如《轨迹(Locus)》杂志、网站,专业科技类杂志《有线(WIRED)》杂志、网站,专业物理空间杂志《物理学(Phys)》、网站等近100多家主流大众媒体与科学幻想类、物理学类等专业媒体,开创了中国当代文学图书在西方媒体首次被大规模报道的历史纪录。主要媒体报道情况如表4。

表4 报道《三体》英文版的代表性媒体统计表①

媒体数量	媒体名称	刊登时间	报道形式
1	纽约时报	10-Nov-14	书评
		16-Jan-17	报道
2	卫报	14-Dec-16	采访
		11-Sep-15	报道
		11-Jan-18	报道
3	熵(ENTROPY)网站	9-Jan-15	书评
4	伦敦书评	22-Jan-18	书评
5	纽约客	6-May-15	书评
		30-Jul-17	报道
6	华尔街日报(Wall Street Journal)	12-Dec-14	书评
		30-Oct-14	报道
		4-Nov-14	报道
		22-Feb-18	报道
7	Strange Horizons 网站	25-May-15	书评

① 依据 Fctiva、Google 学术搜索整理,日期为2018年5月。

续表

媒体数量	媒体名称	刊登时间	报道形式
8	中国电影内参(China Film Insider)杂志、网站	11-Apr-18	报道
		22-Jun-16	报道
9	The Hindu 杂志	22-Jan-18	报道
		4-Feb-17	报道
10	新德里电视台(NDTV)	29-Mar-18	报道
		10-Oct-16	书评
11	美国公共电台(NPR)	13-Nov-14	报道
		9-Apr-15	报道
		27-Sep-16	报道
12	有线(WIRED)杂志、网站	7-Oct-16	书评
		16-Jun-16	报道
		29-Sep-16	书评
13	悉尼先驱晨报(Sydney Morning Herald)	28-Aug-15	报道
14	物理(Phys)杂志、网站	12-Oct-17	报道
15	Deadspin 杂志、网站	26-Dec-17	报道
16	Locus Online(杂志、网站)	13-Dec-14	书评
		2-Feb-18	书评
17	澳大利亚人(The Australian Financial)	7-Dec-17	书评
18	Gizmodo 网站	18-Feb-15	书评
19	印度快报(The Indian Express)	13-Jan-17	报道
20	e27(杂志、网站)	10-Oct-16	报道
21	大西洋月刊(The Atlantic)	8-Nov-17	报道
		15-Oct-17	书评
		4-Aug-17	报道
22	南华早报(South China Morning Post)	10-Oct-16	书评
		16-Nov-16	报道
		29-Oct-15	书评
23	商业内参(Business Insider)杂志、网站	21-Oct-15	报道
		13-Dec-17	报道

续表

媒体数量	媒体名称	刊登时间	报道形式
24	新兴技术伦理研究（Institute for Ethics and Emerging Technologie）网站、杂志	25-Aug-15	报道
25	洛杉矶时报（Los Angeles Times）	22-Sep-16	报道
26	Reason 杂志、网站	18-Dec-16	报道
27	探索杂志（Discover Magazine）	31-Oct-15	报道
28	海峡时报（The Straits Times）	1-May-17	报道
29	Quartz 网站	20-Aug-17	报道
30	芝加哥论坛报（Chicago Tribune）	20-Nov-14	报道
31	英国每日电讯（Telegraph.co.uk）	16-Jun-15	报道
		31-Aug-15	报道
32	Milwaukee Journal Sentinel	22-Nov-14	书评
33	美国波士顿 WBUR 广播、网站	3-Jul-17	报道
34	美国康纳仕集团 GQ 杂志印度（India 版）	19-Sep-17	书评
35	Inverse 网站、杂志	21-Feb-17	报道

由表4中的活动主题、海外推广时间密度可以发现，在中国当代文学体裁的系列作品中，此前十分少见。

总之，从传播范围数据、读者评价数据、媒体评价数据的角度进行中国当代文学的世界影响效果评估，初步尝试了客观的第三方数据链的搜集、整理和确认方法，那就是充分依据互联网信息平台为文学传播研究带来的好处，可以搜集到及时、客观的第三方数据。这种研究使传统的定性研究向定量研究大大推进了一步。除此学术意义之外，通过中国当代文学外译作品的影响评估，可以发现中国文学对外翻译出版事业，在新时期达到了一个此前从没有过的深度与广度。新时期的中国当代文学外译，开创了许多历史记录。在此意义上，《三体》是为中国当代文学带来尊严的一部转折性作品。

（本文原发表在《出版广角》2019 年第 8 期）

文化接近性下的传播典型

——中国网络文学在越南的翻译与出版

文化接近性（Cultural Proximity）理论，最早由 J·斯特劳哈尔（Joseph Straubhaar）(1991)提出，指受众基于对本地文化、语言、风俗等的熟悉，较倾向于接受与该文化、语言、风俗接近的节目内容。当所有其他条件相当时，观众会比较偏好与本国文化相似的节目内容。也就是说，外来媒体内容或节目，若要受本地欢迎，其先决条件就是必须先贴近或符合当地的文化，这就是文化接近理论。文化接近性已经成为文化传播成功与否的重要因素。

近些年，随着中国文学世界影响力的日益增大，中国文学，特别是中国网络文学作品，被越南出版机构自发地翻译成越南语并广泛出版发行，成为继《三国演义》《西游记》等传统文学经典之后的另一个热点内容。这个案例是文化接近性背景下中国文化在东南亚成功传播的典型案例，对于"一路一带"战略顺利实施具有重要的启发与借鉴作用。

一、中国网络文学在越南的成功传播

在历史上很长时期，越南（主要指今越南中部和北部）就是儒家文化圈内的成员之一，这个历史可以上溯到秦朝时期。自秦代以后，不断有华人迁徙进入越南，对越南的政治、经济和文化产生重要的影响。直至今日，中越两国在政治、经济、历史、文化等方面都存在着许多相似甚至相同之处。从越南各地贴有汉字对联的庙宇祠堂，到越南各大电视台热播的中国电视剧，再到越南百姓使用的中国商品,中国文化的影响与痕迹依然处处可见。越南所有庙宇、祠堂和村社古迹都有精美的汉字诗词对联衬托,孔子、关公也受到顶礼膜拜。已故的越南国家主席胡志明在谈到中越关系时,经常强调越中两个民族是"同文同种""血统相通,文化根基相同"的事实①。由于彼此拥有共同的文化背景,中国古代文学经典《西游记》《红楼梦》《三国演义》和《水浒传》等中很早就在越南广泛传播,一些人物形象深入人心。

除了中国古代文学经典之外,进入21世纪以来,中国网络文学又成为越南读者的新宠。笔者在撰写《中国文化翻译出版调研报告(2009—2013)》时,发现五年间越南语翻译出版中国图书的数量之多,超出了一贯以接受中国文化最多的日本和韩国,五年间累计达到841种。其中翻译自中国网络文学的品种为617种,纯文学品种为74种,合计达到691种,占整个翻译出版总量的73%。在越南翻译中国文学的书单上,既有莫言、王安忆、麦家、格非、阎连科、铁凝等中国当代纯文学作家的系列作品,也有备受中国内地读者欢迎的畅销书,如海岩的《舞者》《永不瞑目》等影视剧小说,李可的《杜拉拉升职记》等职场小说系列,还有长期在东南亚流行的金庸、古龙、卧龙生等香港武侠小说。特别是中国网络文学代表作,几乎差不多都被翻译成越南语出版。如天下霸唱的《鬼吹灯》系列,蔡骏的《诅咒》系列、《荒村公寓》系列,黄易的《寻秦记》《大唐双龙传》系列等等;言情类的代表作家慕容雪村、温瑞安、明晓溪、步非烟、饶雪漫、青衫落拓等近百位中国网络作家都有越南语译本。许多作品都是榕树下、晋江文学网、红袖添香网、起点中文网、17K小说网等知名文学网站点击率超过百万级以上的代表作、成名作。

表1是按照全球收藏图书馆数量排名,中国文学越南语翻译出版的前10名排行榜。

---

① 李法宝、王长潇:《从文化认同看中国电视剧在越南的传播》,《现代视听》2013年第11期。

表1 全球收藏图书馆数量最多的中国文学越南语译本TOP10(35种)

排名	书名	作者、译者	出版、再版年	出版社	内容类型	全球收藏图书馆量
1	人面桃花	王安忆	2009	河内文学出版社	纯文学	26
2 (4种)	上海的夜晚	吴郁(音译)	2009	河内文学出版社	纯文学	24
	人间大结局	蔡骏	2009	河内文化通信出版社	网络文学·悬疑小说	24
	永不瞑目	海岩	2009	胡志明西贡文化出版社	纯文学	24
	神在看着你	蔡骏	2009	河内文化信息出版	网络文学·悬疑小说	24
3 (3种)	那些年我们一起追的女孩	九把刀	2013	胡志明妇女出版社	网络文学·言情小说	22
	虎妈战歌	蔡美儿	2011	河内时代出版社	文化、科学、教育、体育	22
	灵感女孩	谭恩美	2011	河内文化通信出版社	纯文学	22
4 (3种)	青楼(3)	曹婷	2010	河内文化通信出版社	网络文学·言情小说	21
	鬼吹灯(1)精绝古城	天下霸唱	2009	河内文化通信出版社	网络文学·悬疑小说	21
	鬼吹灯:昆仑神宫	天下霸唱	2010	河内文学出版社	网络文学·悬疑小说	21
5	鬼吹灯(2)珑玲迷窟	天下霸唱	2009	河内文化通信出版社	网络文学·悬疑小说	20
6	杜拉拉升职记	李可	2010	河内时代出版社	纯文学	19
7 (4种)	遇上是劫数爱上是注定	红九	2012	河内妇女出版社	网络文学·言情小说	18
	风语者	麦家	2012	河内妇女出版社	纯文学	18
	泡沫之夏(1)丝绸花边纱绿色	明晓溪	2009	河内文学出版社	网络文学·言情小说	18
	泡沫之夏(2)婚纱	明晓溪	2009	河内文学出版社	网络文学·言情小说	18

文化接近性下的传播典型

续表

排名	书名	作者、译者	出版、再版年	出版社	内容类型	全球收藏图书馆量
8(4中)	蛙	莫言	2010	河内文学出版社	纯文学	17
	中国10位作家的25本畅销书		2009	河内文学出版社	纯文学	17
	幸福阶梯	叶政聆	2011	河内文学出版社	文化、科学、教育、体育	17
	幸福阶梯	叶政聆	2012	河内文学出版社	文化、科学、教育、体育	17
9(4种)	中国新年	王芳(音译)	2010	伦敦通用出版公司	儿童读物	16
	对不起(SORRY SORRY)	金国栋	2012	河内文学出版社	网络文学·言情小说	16
	听说你爱我	瞬间倾城	2011	河内劳动出版社	网络文学·言情小说	16
	当糟糠遇见黑色会	瞬间倾城	2011	河内劳动出版社	网络文学·言情小说	16
10(9种)	微伤爱之恋曲	谢妆妆	2010	河内文学出版社	网络文学·言情小说	15
	三生三世:枕上书	唐七公子	2013	河内文学出版社	网络文学·言情小说	15
	威威——我的爱情(水银言情小说节译)	水银	2011	河内文学出版社	网络文学·言情小说	15
	粉墨之国(赵凝小说选译)	赵凝	2009	河内民警出版社	纯文学	15
	温柔一刀	温瑞安	2012	河内文学出版社	武侠小说	15
	三月的婚礼	曹婷	2010	河内文学出版社	网络文学·言情小说	15
	生死疲劳	莫言	2009	河内文学出版社	纯文学	15
	无人过问	江琴(音译)	2012(2011)	河内妇女出版社	网络文学·言情小说	15
	走婚	老三	2013(2011)	河内文学出版社	纯文学	15

笔者特别整理了 2009 年至 2013 年的全部 841 种图书的出版时间,具体如图 1:

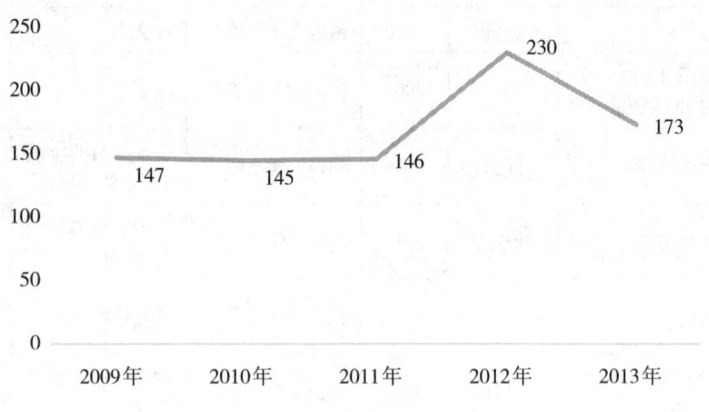

图 1　2009 至 2013 年五年来越南翻译出版中国图书的年度品种图

由图 1 可以发现,越南语翻译出版中国图书的年度品种数量,最低年份的是 2010 年为 145 种,最高年份是 2012 年为 230 种,这就意味着平均每 3 天就有一本中国图书被翻译成为越南语出版,这是一个十分惊人的数量。

这么大量的中国网络文学作家在越南走红,根据笔者查阅到的文献资料,似乎可以做以下两点判断:

第一,是充满了无限活力与生机的中国网络文学经过 20 年的发展,涌现出了许多脍炙人口的名篇佳作。由于网络文学的创作平台、阅读平台的开放性,使中国网络文学在越南拥有了一大批读者,并由此推动越南语翻译出版的热潮得以形成。

中国网络文学以开放的互联网平台为基础,任何有志于文学创作的青年人,只要在各大文学网站注册,就可以实现自己的作家梦想。并且通过网络阅读点击、手机终端浏览付费等方式,按照阅读比例分成方式获得自己的创作报酬。这一过去将文学创作视为"高、大、上"的领域,成为无数青年人挥洒创作激情和想象力的舞台。网络文学的题材从言情小说、都市生活也逐渐细化为玄幻、奇幻、武侠、仙侠、都市、言情、历史、军事、游戏、竞技、科幻、灵异、美文、同人等丰富多彩的文学派别。其中语言风格、内容题材、阅读体验之丰富多样,是纯文学创作队伍所无法比拟的。自 20 世纪 90 年代开始,中国网络文学从游兵散勇式的混乱格局,截止到今天已经变成一个庞大的文学产业。许多源自于网络走红的文学作品都被拍成了电影、电视剧,并逐步与游戏产业紧密融合。中国网络文学的迅猛发展,已经成为全世界绝无仅有的文学现象。

由于网络文学的创作平台、阅读平台的开放性,为2004年才开始历经新闻出版体制改革开放后的越南出版社、书店和图书发行公司,提供了取之不尽、用之不竭的出版资源。

越南自2004年开始,仿效中国进行新闻出版体制改革。目前越南有64个出版社、1500个印刷厂和1.37万个书库、书店、购书中心,类似中国的省级发行公司就有119家。据越南出版总局的统计数字,2000年越南共有书店、图书发行代理店、私营图书发行商、图书中心等8000家,到2009年此数目达1.3万家,至2013年这个数字已经达到1.5万家。目前越南图书出版能力日益改善,图书内容越来越丰富多样,市场上50%的出版物是发行商与出版社合作的结果,其中大型图书及有价值的书籍都是联营合作的结果。根据2013年度数据,越南全国已出版书籍22万种,发行25亿册①。

越南北部由于和中国广西、云南接壤,具有1000多公里的边界线。近些年,由于中国与东盟关系的迅速发展,中越两国的政治、经济、贸易、文化往来频繁。目前中国是越南最大的贸易伙伴,中国在越南投资项目多达800多个,并在越南的莱州、奠边、老街、河边、凉山、高平、广宁等地,建有与中国广西、云南省合作的边境贸易合作区、保税区和"经济走廊"。除双方旅游、贸易的人员之外,仅以中越两国交换留学生为例,仅2009年,越南就有12000名留学生在中国学习,中国有2000人在越南留学。中国成为越南人出国留学人数最多的国家之一,仅次于韩国、日本、美国,居第四位②,而且这个数字不断在增加。如果加上通过边境进入中国内地生活、工作的越南青年人,这个数量将十分庞大。中国丰富多彩的网络文学作品不仅为在华学习、生活、工作的越南人提供了便捷方便的阅读和欣赏,也成为越南翻译出版界取之不尽的文学出版

---

① [越]陶青翠:《越南民族文化出版社转型制度研究(2003—2013)》,华东师范大学2014届硕士论文。
② 古小松、梁炳猛:《恩怨过后正常化———中越关系60年回顾与展望》,《东南亚纵横》2010年第1期。

资源。一些出版社、发行公司雇佣在华留学生和广西、云南等省份的一些中国人,直接从中国各大文学网站获取出版资源,翻译、改编、改写成适宜越南读者阅读的长度后,又以中国作者的名义出版发行。从某种程度上说,这些越南语翻译出版的中国文学作品,在笔者借助 OCLC 能够查阅到的 841 种书目中,除部分知名作品外,相当一部分是没有经过中国各大文学网站授权的盗版作品。

中国网络文学的开放性,使以网络作品为主要翻译出版对象的越南文学出版与文学接受,带来了中越文学欣赏之间的错位。如根据华东师范大学 2012 届越南博士生裴氏翠芳的研究可知,一些在中国并不知名的网络写手,在越南却如日中天。如越南河内文学出版社翻译出版中国网络女作家宝妻的作品。她的第一部小说《抱歉你只是妓女》被越南女作家庄夏译成越南语并刊载在她的博客后,立即引起越南网友的注意,轰动一时。2007 年河内文学出版社正式出版后,在越南非常畅销,成为不少越南读者网络论坛的主题。此书不断被再版发行。2009 年《抱歉你只是妓女》,还被一个越南剧团通过作家庄夏的引荐,向中国购买了版权,并改编成剧本在越南公演。2008 年是宝妻作品在越南译介的高峰期。她的《我比死神还爱你》《落尘埃的天使》《红杏的苍白呼吸》和《兄妹》共四部小说陆续被译介到越南,并受到大量年轻读者的欢迎。前三本都由文学出版社出版,《兄妹》由作协出版社出版。2009 年文学出版社出版宝妻的小说《四月的婚礼》,此书由著名翻译家阮成福翻译。到目前似乎宝妻所有的作品在越南都被翻译出版。2010 年文学出版社又出版宝妻的最新小说《花粉青楼》,译本由阮氏翠玉翻译[①]。附录 3 中就有 2011 年河内文学出版社再版的《我比死神还爱你》。但是这样一位在越南如日中天的网络作家,在中国的名气并不大,许多人甚至不知道还有"宝妻"这个人。

第二,中国热播的电影、电视剧带动翻译出版,影像带动图书翻译出版的"反向模式"已经成为中国文化在亚洲地区传播的主要模式。

由于影像传播具有直观性,因此一些在中国热播的影视剧在亚洲周边国家接受度较高,并因此直接带动了图书的翻译出版。据相关学者研究发现,自 20 世纪 90 年代以来,中国电视剧与影片持续不断在越南播放。越南各家电

[①] 【越】裴氏翠芳:《中国现当代文学在越南》,华东师范大学 2012 届博士生论文。

视台,包括越南国家电视台(VTV)和各个地方电视台都对中国电视剧的播放给予了较多时间。甚至有人已经说过在越南"打开电视机至少会有一个频道正在播放中国的电视剧"。① 所以越南电视观众从城镇到乡村都熟识了中国电视剧的内容和风格。越南很多观众都看过中国有名的电视剧,如《渴望》《西游记》《红楼梦》《情满珠江》《北京人在纽约》《三国演义》《英雄无悔》《宰相刘罗锅》《水浒传》《还珠格格》《橘子红了》《秦始皇》《射雕英雄传》《天龙八部》《神雕侠侣》《省委书记》等等。这些电视剧普遍受到越南观众的喜爱与好评②。本报告整理的 2009 年至 2013 年的 841 种越南翻译书目中,有相当一部分是由影视剧的改写或者编译的。一些改编自网络文学的影视剧,公共上映之后还会带来第二波翻译出版热潮,如《蜗居》《双面胶》《失恋 33 天》等都配有电视剧照的图书译本。尤其是在爱奇艺、优酷、搜狐等网络播放的一些中国最新影视剧,来自东南亚以及海外的点击率居高不下,并成为东南亚一些国家源源不断的出版资源。

  中国台湾作家琼瑶的作品在东南亚一带的传播历程特别值得关注。自 20 世纪 70 年代至今天,琼瑶一直是越南、老挝、泰国等东南亚一带最受欢迎的言情代表作家,无论是影视剧和图书,只有一打上琼瑶的名字,都会有大量读者和观众。琼瑶在越南被广泛接受始于 20 世纪 70 年代,特别是越南西贡地区。据当时的报纸记载:"琼瑶的小说在 1970 年至 1972 年三年期间,受到西贡读者的热烈欢迎,比它的出生地中国台湾、香港还要热烈。"当时琼瑶的全部作品包括 16 部长篇、2 部短篇小说集都被翻译过来,全部在西贡出版。在越南西贡地区,当时就出现了黄艳卿、韦玄得、廖国尔、芳桂、永田、彭勇宗、洪峰、春河等近 60 个琼瑶小说翻译者。甚至出现了专门译介琼瑶小说的出版社。一部作品常常有两至三家出版社同时抢着出版发行。1975 年越南全国解放之后,和金庸武侠小说的命运一样,琼瑶小说遭到了越南学者的排斥,根据越南文化部 1975 年 8 月 20 日规定,琼瑶小说被列为禁书。但到了 90 年代后期,特别是新世纪之后,越南再次掀起琼瑶热。迄今为止,琼瑶的 42 部长篇

---

① 陈海丽:《中国影视剧对越南文化生活的影响》,《社科论坛》2009 年第 8 期。
② 陈海丽:《中国影视剧对越南文化生活的影响》,《社科论坛》2009 年第 8 期。

小说,已经全部在越南翻译出版。加上一些影视剧在越南的同步播出,使琼瑶小说的越南读者相当广泛。一本图书出版后,大、中学生都抢着购买。许多读者对琼瑶的小说以及影视剧的热爱到了如醉如痴的程度。

二、对于"一路一带"倡议的启示

中国网络文学在越南的翻译出版,是文化接近性下的中国文化传播的成功典型。它揭示了因为文化相通,中国文化在亚洲周边国家、地区的传播渠道、传播方式以及传播效果发生的基本轨迹。随着中国经济实力的日益增强,社会生活水平的丰富和提高,使中国成为亚洲周边国家,特别是"一带一路"国家地区最具有吸引力的近邻。在一个共同的历史文化背景下,日益密切的经济、贸易、人员往来,使中国影视、图书、报刊以及互联网信息迅速形成一个广泛的读者群体。人际传播、地缘辐射,这是几千年历史上中国文化影响周边国家的主要方式。中国当代文学图书,特别是中国网络文学在越南不断得到翻译出版,其背后的主要推动力来自于广大普通民众共同的阅读需求,以至于成为一股社会时尚和潮流,推动着一些出版机构、专业译者再根据市场需要,不断翻译、不断出版。无需中介、无缝传播、人际为主,是中华文化在亚洲传播与欧美社会传播最为根本的不同点。

中国网络文学在越南的成功传播,对于"一路一带"战略实施的启示在于以下三点:

(一)打造民心相通的文化平台,是"一路一带"战略顺利实施的核心与关键保障。"一路一带"战略的核心是政策沟通、道路联通、贸易畅通、货币流通和民心相通,而民心相通是政策相通、道路相通、贸易相通、货币流通的前提与基础。"一带一路"沿线各国文化各异,民族宗教复杂,经济发展水平差异显著,各国人民利益诉求不一。但是这些国家共处在一个时空地理环境下,有些国家还有共同的历史经历,因此通过共同挖掘历史文化遗产,本着文明互鉴、尊重文化多样性的基本理念,尽快制定和出台包含新闻出版、广播影视以及文化演艺、汉语国际传播、教育交流培训等涉及人文交流的政策、资金、人才机制,打造"一路一带"国家的文化平台,要比道路相通、贸易相通和货币相通重要得多。这个平台甚至是保障"一路一带"战略顺利实施的核心与关键。中国网络文学能够在越南得到如此大规模的翻译出版和传播,完全得益于两国读者在一个共同的文化背景下所形成的共同文学欣赏心理,由此才推动了出版机构的文化翻译出版行为。

(二)大力塑造亚洲命运共同体的发展理念,主导"一路一带"地区的舆论话语权建设。习近平总书记倡导亚洲命运共同体理念,倡导睦邻友好、守望相助、邻居之间亲诚惠融,这种积淀着深厚儒家文化思想的理念在亚洲周边国家具有广泛的社会心理基础,因此这种发展理念一提出,就得到了亚洲周边国家的积极响应。这种共同体理念也是"一路一带"战略顺利实施的舆论保障,更是应对西方舆论极力宣扬的"国强必霸""中国威胁论"的有力回应。因此要大力宣传这种命运共同体理念,特别是通过大众传播媒介,全景展现丝绸之路经济带周边各国民众的生产生活图景,广泛传播丝绸之路上古往今来各国人民友好交往的生动故事,充分阐释丝绸之路经济带建设对于各国的积极意义,从而增进各国民众间的相互了解,促进国家间的合作共识。强化丝绸之路周边国家形成"利益共同体"和"命运共同体"的发展理念,是未来对外文化工作领域涉及中华文化话语权建设的主要工作之一。

(三)在亚洲开发投资银行等相关金融机构中,要单独设立用于"一路一带"文化交流发展的专项资金,确保文化平台的稳定、独立、长期运营。"一路一带"所涉及的国家、地区,由于经济不发达,文化发展水平低,在全球信息传播的"知沟"现象明显。正如前文所说,中国网络文学在越南的成功传播,得益于越南近些年快速发展的经济水平,得益于广西、云南等周边省份日益密切的经贸往来。经贸往来带动了人员交流,加上日渐增长的来华免费留学生名额,翻译人才得到了显著增加。而与之相近的缅甸、尼泊尔和印度、巴基斯坦以及中亚国家、蒙古等,却没有出现相应的文化交流热点。全球信息传播的"知沟"现象在"一路一带"地区十分普遍。

但中国一些周边国家,在切身感受到中国经济快速发展的同时,迫切需要了解中国,特别是了解当代中国经济发展的成功经验,了解中国社会发展的实际状况。中国自古就遵循着国与国之间开展平等交流、文化互鉴、尊重语言多样性的基本态度,这是中国对外文化领域60多年来始终遵循的基本原则。因此,要在亚洲开发投资银行(ALLB)等相关金融机构中,单独设立用于"一路一带"文化交流发展的专项资金,支持"一路一带"国家地区的新闻出版、广播影视以及汉语国际教育等文化产品交流和专业人才的培训资助,特别是将"一路一带"地区使用人口基数大、与中国具有密切往来的国家、民族语言,如乌尔都语、泰米尔语、孟加拉语、波斯语等纳入中国政府对外翻译资助的语种范围内,组织专业机构,对于这些地区的中国学家、友好人士、志愿者进行规模化培训,推动中国当代文学艺术、当代影视剧等文化产品进入"一路一带"地区。

特别提出的是,中国相关机构要适时主动与"一路一带"国家开展文化合作,推出合拍影视剧、主动译介对方图书等在尊重文化多样性、弥补文化逆差等平等交流活动,在尊重亚洲周边国家民族自尊心的前提下,保障中国文化在亚洲的迅速崛起,不受一些民族、宗教势力的阻碍而耽误崛起的进程。总之,通过中国网络文学在越南成功传播的案例,说明中国文化在亚洲周边国家、地区的影响已经达到了一个新的高度,如何引导这个势头继续朝着有利于中国和平发崛起的方向发展,并与未来要实施的发展战略有机结合,值得相关方面高度关注。

(本文原发表在《中国出版》2015年第6期)

中国文学的翻译与传播

一、欧美翻译出版中国当代文学作品的现状及其特征

欧美地区通常是指欧洲、北美、澳洲等以英语为主的经济发达国家和地区,这个地区长期以来是世界文化的高地,有一整套基于西方社会制度、文化价值为核心的成熟文化体系,并向世界输出自己关于文学、艺术的创作和大众文化消费的价值评判。在这样一个文化体系中,中国当代文学的翻译与传播现状究竟如何? 国内学界的研究大部分成果是基于比较文学和跨文化接受视角的研究,对于出版主体的现状、影响力研究则还不多。本文借助日渐丰富的海外数据库资料,试图尝试勾画出目前中国当代文学在欧美世界翻译与传播的现状,以期对于正在实施的中国当代文学外译工程起到一定参考作用。

为了更清楚地发现欧美世界翻译出版中国当代文学的特征,本文特意扣除了中国外文局所属的外文出版社、新世界出版社翻译出版的英文作品。依据 OCLC 世界图书馆在线目录数据库[①],检索时间为 2013 年 12 月 10 日—20 日,排名标准是最低收藏图书馆家数为 30 家(约为 2011 年底 OCLC 数据库的会员图书馆数量 23815 家的千分之 1.25)以上的译作。共发现有 114 部作品上榜,出版时间从 1970 年至 2013 年,由 59 家出版机构出版。限于篇幅,本文只给出 114 部作品的前 30 名,如表 1。

[①] OCLC(Online Computer Library Center),即联机计算机图书馆中心,属于覆盖范围相对较大的公益性组织之一,总部设在美国的俄亥俄州,成立于 1967 年。截至 2011 年底,加盟图书馆数量已达到 23815 家。——笔者注

表1 中国当代文学英文译作世界的影响力 TOP30

序号	出版社名称	作家	作品名称	出版时间	馆藏量
1	布卢明顿:印第安那大学出版社	[美]林培瑞编选	倔强的草:"文化大革命"后中国的流行文学及争议性作品(收录刘真、郑义、陈国凯、金彦华和王景全、白桦、蒋子龙、安东等作品)	1978年	988
2	纽约:哥伦比亚大学出版社	夏志清编选	20世纪中国小说(收录郁达夫、张爱玲、白先勇、沈从文、聂华苓等作品)	1971年	984
3	檀香山:夏威夷大学出版社	古华	贞女(网络版)	1996年	976
4	布卢明顿:印第安那大学出版社	作家合集,许芥昱编选	中华人民共和国文学	1980年	968
5	檀香山:夏威夷大学出版社	余华	往事与刑罚(网络版)	1996年	958
6	企鹅出版集团:纽约、伦敦	姜戎	狼图腾	2008年/2009年	932
7	纽约:万神殿出版社	余华	兄弟	2009年	835
8	纽约:牛津大学出版社纽约分社	[美]萧凤霞、塞尔达·斯特恩编选	毛的收获:中国新一代的声音(收录张洁、刘心武、蒋子龙、陈忠实、金河、甘铁生、金河等作品)	1983年	734
9	纽约安可图书公司	余华	活着	2003年	693
10	纽约:哥伦比亚大学出版社	王安忆	长恨歌	2008年	692
11	纽约:哥伦比亚大学出版社	[美]杜博妮、[美]雷金庆编选	20世纪中国文学(收录汪曾祺、茹志娟、高晓声、邓友梅、刘绍堂、浩然、王蒙、谌容、张贤亮、张洁、蒋子龙、冯骥才、刘心武、古华、郑万隆、张承志、赵振开、梁晓声、阿城、史铁生、孔捷生、韩少功、贾平凹、残雪、王安忆、刘恒、刘索拉、莫言、王朔、苏童等作品)	1997年	686

中国文学的翻译与传播

续表

序号	出版社名称	作家	作品名称	出版时间	馆藏量
12	纽约:哥伦比亚大学出版社	朱文	我爱美元	2007年	681
13	纽约:长河出版社	张爱玲	倾城之恋	2007年	660
14	纽约:维京出版社、企鹅现代经典丛书	莫言	红高粱	1993/1994年	645
15	纽约:格罗夫出版社	阎连科	丁庄梦	2009年、2010年	625
16	纽约:阿凯德出版社	莫言	生死疲劳	2008年	618
17	纽约:哥伦比亚大学出版社	[美]王德威、[美]戴静编选	狂奔:新一代中国作家(收录莫言、也斯、余华、钟玲、朱天文、杨炼、西西、阿城、顾肇森、唐敏、李佩甫、苏童、杨照等作品)	1994年	612
18	波士顿:霍顿米夫林赫克托出版社	毕飞宇	青衣	2007年、2009年	607
19	纽约:威廉·莫罗出版社	苏童	妻妾成群	1993年	593
20	纽约:格罗夫出版社	张洁	沉重的翅膀	1989年	592
21	纽约:奎纳尔出版	铁凝	大浴女(小说合集)	2012年	592
22	纽约:亥伯恩出版社	苏童	我的帝王生涯	2005年	574
23	纽约:维京出版社	马波	血色黄昏	1995年、1996年	549
24	路易斯安娜州立大学出版社	贾平凹	浮躁	1991年	540
25	旧金山:中国图书和期刊公司	张洁	爱是不能忘记的	1986年	519
26	纽约:双日出版社	陈冠中 杜迈克(澳)翻译	盛世	2011年	518

333

续表

序号	出版社名称	作家	作品名称	出版时间	馆藏量
27	纽约:兰登书屋	作家合集	春笋:中国当代短篇小说选(收录王安忆、韩少功、郑万隆、陈建功、李陀、扎西达娃、史铁生、莫言、阿城、张承志等作品)	1989年	513
28	纽约:维京出版社、企鹅现代经典丛书	莫言	天堂蒜薹之歌	1995年/1996年	504
29	华盛顿大学出版社	杨绛	干校六记	1984年	499
30	纽约:格罗夫出版社	刘恒	沧河白日梦	2001年	479

　　本次研究参照了美国亚洲研究协会的《亚洲研究文献目录》(Bibliography of Asian Studies)、俄亥俄州立大学的现代中国文学与文化资源中心(MCLC Resource Center)等书目资源,再结合OCLC数据库检索收藏图书馆数量排名而成。由于本文挑选的是馆藏量较大的中国当代文学译作,因此这个数字肯定会有遗漏。但这样一个列表,基本可以判断出欧美英语世界里翻译出版中国当代文学作品的出版机构特征。

　　我们发现,按照全世界30家以上图书馆收藏的标准检索中国当代文学的翻译与出版,出版114部作品的59家欧美出版机构,大体上可以分为两大类,一类是以大学出版社为主,包含研究机构、期刊社在内的翻译出版,这类出版机构共有14家。这一类从事翻译出版活动的主体人群是欧美大学里的中国研究专家、教授和在中国台湾、香港地区以及中国大陆出生移居欧美世界的海外华裔学者,以学术研究为主,翻译出版中国当代文学作品属于中国研究的一个组成部分。另一类大众出版社,翻译出版中国当代文学作品主要是为了获取出版商业利润,这部分出版机构自20世纪90年代以后,开始逐步增多,此次进入排行榜的出版机构数量为45家。正是这些商业出版机构,才使中国当代文学作品在英语世界的普通读者中间,产生了较为广泛的影响。

二、作为学术研究为目标的翻译与出版

在本次研究中，11家大学出版社、1家大学设立的研究机构、2家期刊社，合计为14家出版机构出版的39种中国当代文学作品上榜，品种占总比例的34%。不难发现，这些出版机构翻译出版中国当代文学作品，是欧美中国学研究专家、学者、研究机构中学术研究活动的一部分，学术出版的意义更大一些。为了更好区别大学出版社与期刊社、研究机构的出版性质，本文分开论述。

在11家大学出版社中，美国哥伦比亚大学出版社出版的品种最多，此次上榜的有11种；其次是夏威夷大学出版社4种，伯克利大学出版社、康奈尔大学出版社（东亚项目）、印第安那大学出版社各是3种，华盛顿大学出版社和香港大学出版社各是2种，牛津大学出版社纽约分社、路易斯安娜州立大学出版社、斯坦福大学出版、杜克大学出版社各是1种。这些大学出版社背后都有权威专业的中国研究机构。如哥伦比亚大学有一个全球著名的美国智库——布鲁金斯学会，云集了全美国一流的中国学研究专家，以鲍大可（A. Doak Barnett）、黎安友等人最为有名。其东方语言与文化系成立于1901年，许多著名学者都曾任教于该系，能够从事中国政治、中国文化、人类学、电影、电视等方面的研究。再如伯克利大学的东亚语言文化系，现有教职员50多人，能够从事东亚人类学、建筑学、艺术史、比较文学、经济学、电影、地理、历史、新闻学、政治学等领域的广泛研究，一些研究能够直接影响美国对华政策。

美国大学出版社对于中国当代文学的翻译出版选择，可以说是欧美英语世界接受中国文学的风向标，直接影响着整个欧美大众图书市场，乃至于普通读者对于中国当代文学的接受。这个结论可以从以下两个方面得到证实：

第一，是大学出版社翻译出版的中国当代文学作品最早，因此所获得的影响力也最大，并因此成为整个欧美英语世界读者对于中国当代文学接受与欣赏的引领者。如在本次研究排名位列前五名的都是大学出版社，收藏量最大的一本是印第安那大学出版社在1978年出版的中国当代作家选集，书名为《倔强的草：文革后中国的流行文学及争议性作品》，收录了刘真、郑义、陈国

凯、金彦华和王景全、白桦、蒋子龙、安东等的作品。这些作品都是当时在中国改革开放之初，在整个社会引起很大争议性并在当时尚且没有明确结论的作品。如刘真的《黑旗》、郑义的《老井》、陈国凯《我应该怎么办》、蒋子龙《乔厂长上任记》等，堪称中国社会思想解放的第一波。这本书在海外出版几乎与国内同步，因此获得了欧美文坛的广泛关注，收藏图书馆家数达到988家，迄今35年过去了，这个记录一直没有被突破。排名第二位的是《20世纪中国小说》，出版时间为1971年，当时国内的"文化大革命"尚没有结束。由著名学者夏志清编选，是最早按照"文学是人学"观念选编的一部当代文学作品选集，延续了他在1961年用英文出版并使他一举成名的《中国现代小说史》研究逻辑，对以前被忽略和屏蔽的作家钱钟书、沈从文、张爱玲等人给予高度的评价，翻译和收录了郁达夫、张爱玲、白先勇、沈从文、张天翼、钱钟书、聂华苓等较有影响的英语译作。收藏图书馆数量为984家，影响巨大。有评论称夏志清的《中国现代小说史》是中国现代小说批评的拓荒巨著，不亚于一次文学的革命，从这本书以后，中国现代文学研究才进入西方高等院校。位列本表第三名的是夏威夷大学出版社在1996年翻译出版的古华的《贞女》，这部作品是古华短篇小说的合集，也是中国当代作家中较早关注中国妇女摆脱传统婚姻观念束缚、所产生内心矛盾与冲突的作品。纸介版收藏图书馆为284家，与之同时开发了互联网在线版，收藏图书馆家数为976家。

　　按照刘江铠博士的研究，自20世纪50年代至70年代，欧美文学批评界甚至有"世界社会主义文学"和"共产主义下的文学"的概念。欧美早期对于中国当代文学的接受，首先是当做"世界社会主义的文学"一部分来进行研究，强调意识形态的分析，注重与苏联模式的比较、并从历史根源上探寻这一文学形态的形成发展过程。直至90年代末期，才开始逐步从政治意识形态的视角拓展到历史、文化、语言研究等方面，时至今日，仍然没有回归到纯粹从审美接受的角度去研究和评价中国当代文学[①]。本次研究上榜的114部书目似乎验证了刘江铠博士的结论。仅从书名就可以发现，无论1978年印第安纳大

---

① 刘江铠：《认同与"延异"，中国当代文学的海外接受》，北京大学出版社2012年版，第33页。

学出版社的《倔强的草:文革后中国的流行文学及争议性作品》,还是企鹅出版集团在2008年推出的《狼图腾》,似乎都带有强烈的意识形态视角,尤其是企鹅集团不惜造假特别渲染《狼图腾》是一本"中国禁书"的噱头来增加市场销售,更是这种意识形态倾向在大众消费文化市场的一种表现,纯粹从审美角度翻译出版中国当代文学作品的出版社几乎罕见。而欧美这种对于中国当代文学接受倾向的形成,与上述最早翻译出版中国当代文学作品的大学出版社选择倾向不无关系。

第二,与上一个问题密切相关,就是大学出版社这种风向标作用的发挥,赖以一大批中国研究专家、学者队伍,这些学者、专家的研究倾向决定了大学出版社的翻译与选择。由学者、出版社、杂志、大众书店,共同构成了接受中国当代文学作品的接受屏幕。

如编选了欧美英语世界影响最大的《倔强的草:文革后中国的流行文学及争议性作品》的林培瑞(Perry Link),1944年生于纽约州,父亲是纽约州立大学历史教授。林培瑞主要研究中国现代文学、社会史、大众文化。1966年获哈佛大学文学学士,1969年获文学硕士,1976年获哲学博士。曾在1972年中国乒乓球代表团访美时担任中文翻译,1973年担任普林斯顿大学东亚研究系讲师,1978年出版该书之后知名度大增,被聘任为加利福尼亚大学河滨分校校长。1989年担任美国科学院中国办事处主任,现任美国普林斯顿大学东亚研究系教授。

林培瑞主要从意识形态的视角研究中国当代文学,同时辅之以中国历史、文化的分析,同时还积极参加中国的一些文化活动,因此他更像一个政治活动家。此次上榜的还有他在1984年编选的《玫瑰与刺:中国小说的第二次百花齐放,1979—1980》,该书收录了王蒙、汪浙成和温小钰、刘庆邦、林斤澜、曹冠龙、孔捷生、黄庆云、金河、张洁、谌容等的作品,收藏图书馆数量为476家,排名第32位,影响也很大。林培瑞翻译出版的刘宾雁的报告文学《人妖之间》也榜上有名。

编选《毛的收获:中国新一代的声音》一书的萧凤霞(He lenSiu),出生于香港,其后负笈美国,先在美国明尼苏达州的卡尔顿学院本科毕业,后转至史丹福大学攻读研究生,获博士学位。现为耶鲁大学人类学系教授,曾担任耶鲁大学东亚研究委员会主席一职。该书1983年由牛津大学纽约分社出版,收录了张洁、刘心武、蒋子龙、陈忠实、金河、甘铁生、金河等当代作家作品的英译作品。收藏图书馆数量为734家,本表排名第8位。从严格意义上讲,萧凤霞教授其实是一位人类学家,对于中国当代文学研究是人类学研究的副产品。她从1974年开始,便在珠江三角洲一带的村落和市镇进行广泛的田野考察,萧凤霞关注的重点是中国的文化、历史和政治经济变迁,因此她的中国当代文学研究具有人类学、社会学特点,这也开辟了后来欧美文学界对于中国当代文学研究的另一领域。

进入表1的还有一家学术研究机构和两家期刊社,与大学出版社的翻译出版活动具有同样性质。这三家机构分别是香港中文大学翻译与研究中心5种、纽约读者文摘协会2种、大西洋月刊社1种。从数量上看,香港中文大学翻译与研究中心出版的众多作品中,上榜的数量有5种。香港中文大学翻译与研究中心成立于中国"文化大革命"尚未结束的1971年,并在1973年创办了《译丛(Renditions)》英文杂志,面向全世界出版发行,此后并成功组织出版了《译丛》系列图书。在40多年的时间里,翻译了大量中国当代文学作品,成为西方英语世界了解中国当代文学的一个窗口。此次上榜的5部作品,翻译出版的时间都很早,为王安忆、刘心武、韩少功、莫言这些作家获得世界影响起到了关键的窗口作用。

大西洋月刊社在1993年出版了刘恒的《黑的雪》,收藏图书馆为229家,位列71名,虽然上榜数量仅有一种,从影响力排名方面则远远超过了一些商业出版机构。《大西洋月刊》1857年创立于美国马萨诸塞州的波士顿。该杂志号称坚持无党派、无偏见原则,被称之为"美国最受尊敬的杂志之一"。大西洋月刊社曾就中国的高考、代沟,以及中国的城市发展等方面发表评论文章。2013年7月16日,曾在网站上发表了批评中国流行小说改变电影《小时代》的文章,认为该电影表现了一种扭曲的男性自恋,思想之低俗以及完全缺乏自知之明,对中国女性而言是一种严重倒退。刘恒的小说《黑的雪》,反映的是改革开放后中国社会里,一代都市青年在社会上挣扎、彷徨、迷惘的历程。1990年由谢飞导演,由姜文、程琳、岳红、刘小宁、梁天等著名演员出演,拍摄成电影《本命年》,并获得第四十届西柏林国际电影节银熊奖。大西洋月刊社在 3 年后翻译出版这部已经改编成电影的小说,一方面是出于对英语世界读者知名度的考虑,同时也体现了该刊物对于中国当代文学所坚持的翻译出版倾向。

三、以市场利润为目标的翻译出版

此次研究中,有 45 家商业出版机构的 75 种中国当代文学作品上榜,收藏图书馆数量虽然不如大学出版社,但出版社数量多,占整个上榜品种比例的 66%。出版 4 种以上的有 5 家,出版 3 个品种的有 3 家,出版 2 种以上的有 9 家,其他 28 家出版社各出版了 1 种。这 45 家出版社,相当一批是世界闻名的大众图书出版机构,许多世界闻名的超级畅销书都出自这些出版社。以商业利润为目标,关注、翻译、出版中国当代文学,是这些出版机构的主要特点,与第一类以学术研究为主的大学出版社有着显著的不同。从出版频次上看,对于中国当代文学的关注,还处于偶然为之的状态,但正是这些商业出版机构使得中国当代文学的影响获得了更为广泛的关注。这些商业出版机构,在选择中国当代文学图书翻译出版时,突出表现出以下两个方面的特征:

第一是高度关注已经在欧美世界有些影响的中国作家,这些作家的作品往往会得到优先翻译出版。近些年,先是通过小说改编的中国影视作品在欧美获得知名度,然后才是小说得到翻译出版,这种反向渠道已经成为中国当代作家获得欧美英语世界接受的一个惯例。

维京企鹅出版社(Viking Penguin)、威廉·莫罗出版社(William Morrow)就是这样的典型。纽约维京出版社于 1925 年在美国纽约成立,曾经出版过爱尔兰的著名作家詹姆斯·乔伊斯的《芬尼根的守灵之夜(Finnegans Wake,1931 年出版)》、美国作家肯·凯西的《飞跃疯人院(One Flew Over the Cuckoo's Nest)》(1975 年被改编为同名电影,获得第 48 届奥斯卡最佳影片)、托马斯·品钦的《万有引力之虹(Gravity's Rainbow,1973 年)》多部畅销书作品。尤其是《万有引力之虹》这部小说,质疑并颠倒了西方社会的价值标准,被称之为后现代主义史诗小说。该书的出版一举确立了维京出版社在美国大众文学界的权威地位。1975年英国企鹅买下维京出版社,创立维京企鹅图书公司(Viking Penguin)。借助维京强大的作者队伍,企鹅集团开始进入美国大众文学图书市场。从20世纪90年代至21世纪的第一个10年,维京企鹅差不多每年都有作品进入畅销书榜。21世纪以来,维京企鹅出版社成功签约著名畅销书作家斯蒂芬·金(Stephen King),以每年一本的速度推出他的作品,2007年人民文学出版社引进出版了他在2003年、2004年出版的《黑暗塔系列》中文版。据统计,斯蒂芬·金的作品销售已经超过了3.5亿册,以恐怖小说闻名世界,大多数的作品都被改编为风靡全球的电影、电视剧和大众漫画书。

企鹅维京出版社对于中国当代文学图书的关注,始于1988年张艺谋的电影《红高粱》获得柏林电影节金熊奖,第一个进入维京企鹅视野的是中国作家莫言。1990年前后就邀请葛浩文翻译莫言的一些作品,1993年出版了莫言的《红高粱》,出版后获得西方大众市场的认可,1994年旋即再版,收藏图书馆为645家。此后便进一步锁定莫言,如1995年出版了他的《天堂蒜薹之歌》,1996年再版,收藏图书馆家数为504家。除莫言之外,此次上榜的还有1995年出版、1996年再版的马波的长篇小说《血色黄昏》,收藏图书馆家数为549家。上述三种图书都列入了企鹅现代经典丛书系列,作为长销书在全世界宣传推广和销售。2012年莫言获得诺贝尔文学奖之后,让维京企鹅出版社再次获得了10年前的投资回报。

威廉·莫罗出版社也是一家具有80多年历史的美国著名大众出版机构,是哈珀·柯林斯出版集团(Harper Collins Publishers)所属大众图书品牌之一。旗下拥有一大批畅销书作家,如2007年去世的美国畅销书作家西德尼·谢尔顿,出版了系列享誉世界的畅销书。《灭顶之灾(The Sky is Falling),2001年》和《你怕黑吗(Are You Afraid of the Dark?),2004年》分别被译林出版社引进并出版。西德尼·谢尔顿一生共创作18部小说,其中许多作品都是畅销书,据统计全世界累计销售已达3亿册。

与维京企鹅出版社一样,威廉·莫罗出版社也是首先关注通过电影获得知名度的中国当代作家。张艺谋1991拍摄的电影《大红灯笼高高挂》当年获得威尼斯电影节银狮奖,也为电影改编的小说《妻妾成群》的作者——苏童带来了知名度。于是威廉·莫罗出版社很快与苏童签约,也由葛浩文翻译,1993

年出版了苏童的《妻妾成群》,但为了保持市场知名度,英文版译名仍然是与张艺谋的电影同名,获得市场的积极反馈,此次研究发现该书全世界收藏图书馆数量为593家,影响很大。1995年又接着出版了苏童的《米》,1996年、2004年两次再版,也取得了成功,收藏图书馆数量为474家,再次确立了苏童在英语世界的知名度。在苏童之后,威廉·莫罗出版社于1997年翻译出版了王朔的《玩的就是心跳》,1998年虽然再版,但收藏图书馆数量仅为251家。这个数据表明,在欧美英语世界里,王朔的知名度赶不上苏童。

第二是大众出版社为了获得市场最大回报,往往有意炒作一些中国作品,这就与大学出版社的出版倾向形成遥相呼应之势,彰显出了欧美对于中国当代文学的接受普遍存在的意识形态特征。

在本次研究中,发现一些大众图书出版机构所推出的中国当代文学作品,普遍都带有一定的意识形态化特征,从而彰显了欧美世界对中国当代文学作品接受普遍存在的意识形态化特征。比如,在大众图书出版机构所翻译出版的中国当代文学作品中,企鹅集团在2008年同时在纽约、伦敦推出的《狼图腾》影响最大,收藏图书馆数量为932家,位列第6名,可以说该书是21世纪在欧美世界影响力最大的中国当代文学作品之一。但这种影响的获得,是企鹅集团刻意突出了作者姜戎的敏感身份、有意营造"红色中国的政治想象"的噱头获得的,有学者对此做了专门研究。"北京""文化大革命""为人民服务""天安门"等词汇都是英语世界的读者熟悉的关于中华人民共和国的固定标签,并借助美国《时代周刊》《纽约时报》、英国《泰晤士报》、法国《世界报》及《意大利邮报》《德意志报》等西方主流媒体做了大量报道,使该书在欧美世界的知名度迅速提高,销售量直线上升。出版者正是利用这些凝固在英语中的标签,来唤起读者的阅读兴趣,而这样做的目的,似乎在迎合西方世界的一种固定接受模式:只要一提到中国的文学作品,如果不带有"中国禁书"(Banned in China)的字样,似乎很难引起英语世界读者的关注和阅读[1]。然而其实际情况是,无论中国主流媒体,还是相关政府主管机构,对于《狼图腾》的出版和

---

[1] 李永东、李雅博:《论中国新时期文学的西方接受——以英语视界中的〈狼图腾〉为例》,《中国现代文学研究丛刊》2011年第4期。

发行，都是完全持开放的态度，甚至是鼓励该书被世界更多的国家、地区翻译和出版。因此这种出自于欧美媒体、出版机构的炒作，带有一定的无中生有的造假嫌疑。

总之，通过对欧美英语世界的大学出版社、期刊社、商业出版机构对于中国当代文学作品翻译与出版的选择倾向分析发现，中国当代文学的翻译与出版，已经从20世纪80年代的大学研究机构、学者视野中走出来，开始引起欧美著名大众图书出版机构的高度关注。这些商业机构具有成熟的市场运作经验，覆盖广泛的市场推广网络，开始尝试着将中国当代文学作为一个重要的出版资源加以大力挖掘和推广。如前面曾经提到的企鹅维京出版社、威廉·莫罗出版社、双日出版社、格罗夫出版社之外，此次上榜的名单中还有兰登书屋、伦敦哈米什·汉密尔顿出版社、伦敦梅休因出版社、波士顿霍顿·米夫林赫克托出版社、纽约万神殿出版社等等，这些都是欧美世界具有广泛知名度的大众图书出版机构。这表明中国当代文学已经迎来一个从边缘进入主流的时代。

但与之同时，欧美英语世界从文学评论的学者到普通读者，习惯用意识形态的视角解读中国当代文学作品的倾向，也严重阻碍着中国当代文学在欧美英语世界的发展路径。文学评论、学术研究、期刊社、出版社甚至书店推广等诸多方面共同形成了一个无形的接受屏幕，对于进入英语世界的中国当代文学进行选择和评判。随着大量商业出版机构的介入，在市场力量的驱使下往往会再次放大这种带有一定偏见的意识形态倾向。因此，在这个意义上说，中国当代文学出版拓展欧美市场的基本道路，其核心问题不仅是翻译人才短缺问题，关键是缺少有利于促进中国当代文学全面走进英语世界的出版传播平台。因此，如何加大利用资本手段兼并或收购欧美英语世界的大众图书出版机构，支持或赞助欧美一些专业文学评论期刊、专业文学研究杂志，团结欧美英语世界的舆论领袖，积极打造中国文学的英语传播平台才是迫在眉睫的关键之举。

（本文原发表在《出版发行研究》2014年第3期）

统　　筹:张振明　孙兴民
责任编辑:孙兴民
封面设计:徐　晖
版式设计:王　婷
责任校对:杜凤侠

图书在版编目(CIP)数据

中华文化对外传播研究/何明星 著.—北京:人民出版社,2021.8
(新时代北外文库/王定华,杨丹主编)
ISBN 978-7-01-023674-2

Ⅰ.①中… Ⅱ.①何… Ⅲ.①中华文化-文化传播-研究 Ⅳ.①G125

中国版本图书馆 CIP 数据核字(2021)第 168536 号

中华文化对外传播研究

ZHONGHUA WENHUA DUIWAI CHUANBO YANJIU

何明星　著

人民出版社 出版发行
(100706 北京市东城区隆福寺街 99 号)

北京新华印刷有限公司印刷　新华书店经销

2021 年 8 月第 1 版　2021 年 8 月北京第 1 次印刷
开本:710 毫米×1000 毫米 1/16　印张:22　插页:1 页
字数:338 千字

ISBN 978-7-01-023674-2　定价:96.00 元

邮购地址 100706　北京市东城区隆福寺街 99 号
人民东方图书销售中心　电话 (010)65250042　65289539

版权所有·侵权必究
凡购买本社图书,如有印制质量问题,我社负责调换。
服务电话:(010)65250042